DISTRIBUTION D'ÉNERGIE ÉLECTRIQUE

LOI DU 15 JUIN 1906

ET RÈGLEMENTS ANNEXES

DÉCISIONS DIVERSES PRISES PAR LE MINISTRE
DES TRAVAUX PUBLICS,
DES POSTES ET DES TÉLÉGRAPHES

PARIS & LIÈGE

Ch. BÉRANGER, Éditeur

DISTRIBUTIONS D'ÉNERGIE ÉLECTRIQUE

LOI DU 15 JUIN 1906

ET RÈGLEMENTS ANNEXES

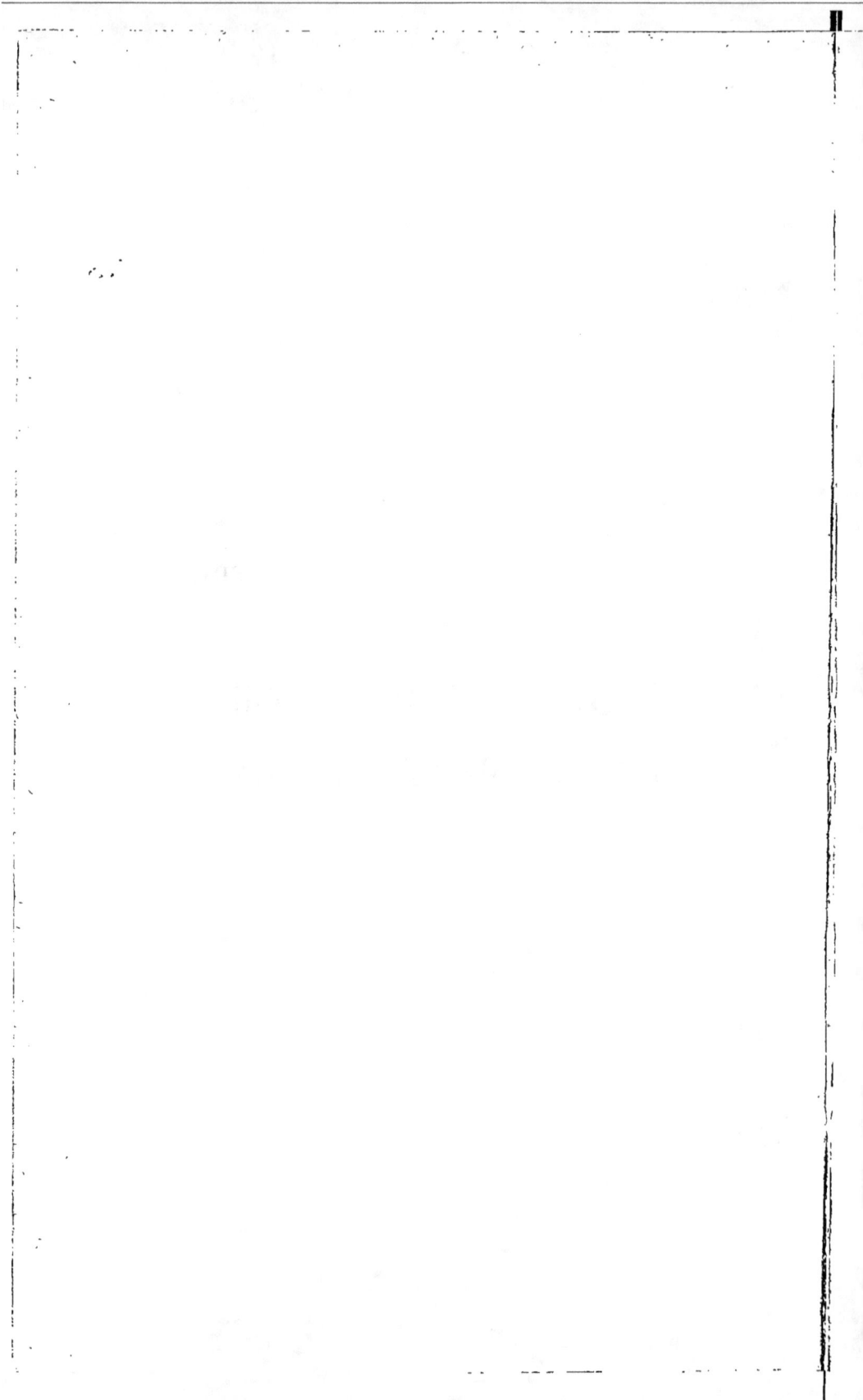

DISTRIBUTIONS D'ÉNERGIE ÉLECTRIQUE

LOI DU 15 JUIN 1906

ET RÈGLEMENTS ANNEXES

Décisions diverses rendues par le Ministre des Travaux publics des Postes et des Télégraphes

pour l'application de la loi et des règlements relatifs
aux distributions d'énergie électrique.

(15 juin 1906 — 31 décembre 1909)

OUVRAGE PUBLIÉ AVEC L'AGRÉMENT
ET LE CONCOURS DU MINISTÈRE DES TRAVAUX PUBLICS
DES POSTES ET DES TÉLÉGRAPHES

PARIS

LIBRAIRIE POLYTECHNIQUE, CH. BÉRANGER, ÉDITEUR

15, RUE DES SAINTS-PÈRES, 15

MAISON A LIÉGE, 21, RUE DE LA RÉGENCE

1911

DISTRIBUTIONS
D'ÉNERGIE ÉLECTRIQUE

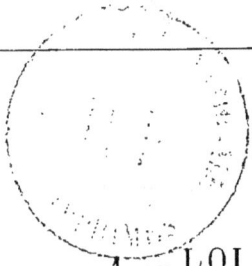

I

1. — LOI DU 15 JUIN 1906

SUR LES DISTRIBUTIONS D'ÉNERGIE

Le Sénat et la Chambre des députés ont adopté,
Le Président de la République promulgue la loi dont la teneur suit :

TITRE PREMIER

Classification des distributions d'énergie électrique.

ARTICLE PREMIER

Les distributions d'énergie électrique qui ne sont pas destinées à la transmission des signaux et de la parole et auxquelles le décret-loi du 27 décembre 1851 n'est pas dès lors applicable, sont soumises pour leur établissement et leur fonctionnement aux conditions générales ci-après.

ART. 2.

Une distribution d'énergie électrique n'empruntant en aucun point de son parcours des voies publiques peut être établie et exploitée, soit sans autorisation ni déclaration, soit lorsque ses conducteurs doivent être établis, en un point quelconque, à moins de dix mètres de distance horizontale d'une ligne télégraphique ou téléphonique préexistante, en vertu d'une autorisation délivrée dans des conditions spécifiées au titre II de la présente loi.

ART. 3.

Une distribution d'énergie électrique empruntant sur tout ou partie de son parcours les voies publiques peut être établie et exploitée, soit en vertu de permissions de voirie, sans durée déterminée, dans les conditions spécifiées au titre III de la présente loi, soit en vertu de concessions d'une durée déterminée, avec cahier des charges et tarif maximum, dans les conditions spécifiées au titre IV s'il n'y a pas déclaration d'utilité publique, ou dans celles spécifiées au titre V s'il y a déclaration d'utilité publique.

Elle peut, suivant la demande de l'entrepreneur, être soumise simultanément dans des communes différentes à des régimes différents, soit celui des permissions de voirie sur une partie de son réseau, soit celui de la concession simple ou celui de la concession déclarée d'utilité publique dans d'autres parties.

TITRE II

Des ouvrages de transport et de distribution d'énergie électrique établis exclusivement sur des terrains privés sous le régime des autorisations.

ART 4.

Les autorisations prévues par l'article 2 sont délivrés par le Préfet, en conformité de l'avis émis par l'Administration des Postes et Télégraphes et dans un délai de trois mois à partir de la demande.

Les installations visées dans ces autorisations devront satisfaire aux conditions techniques déterminées par les arrêtés prévus à l'article 19 de la présente loi.

Elles devront être exploitées et entretenues de manière à n'apporter par induction, dérivation ou autrement, aucun trouble dans les transmissions télégraphiques et téléphoniques par les lignes préexistantes.

Lorsque, pour prévenir ou faire cesser ce trouble, il sera nécessaire d'exiger le déplacement ou la modification des lignes télégraphiques ou téléphoniques préexistantes et en cas de non-entente avec l'exploitant la nature des travaux à exécuter sera déterminée par le Ministre du Commerce, de l'Industrie, des Postes et des Télégraphes, après avis du Comité d'électricité visé par l'article 20. Dans tous les cas, les frais nécessités par ces déplacements ou modifications seront à la charge de l'exploitant.

TITRE III

Des ouvrages de transport et de distribution d'énergie électrique établis sous le régime des permissions de voirie.

ART. 5.

Les permissions de voirie sont délivrées par le Préfet ou par le Maire, suivant que la voie empruntée rentre dans les attributions de l'un ou de l'autre, sous les conditions ordinaires des arrêtés réglementaires relatifs à ces permissions, et en outre sous les conditions stipulées par les règlements d'administration publique visés à l'article 18 de la présente loi.

Elles ne peuvent prescrire aucune disposition relative aux conditions commerciales de l'exploitation.

Elles ne peuvent imposer au permissionnaire aucune charge pécuniaire autre que les redevances prévues au paragraphe 7 de l'article 18.

Aucune permission de voirie ne peut faire obstacle à ce qu'il soit accordé sur les mêmes voies des permissions ou concessions concurrentes.

TITRE IV

Régime des concessions simples sans déclaration d'utilité publique.

ART. 6.

La concession d'une distribution publique d'énergie est donnée, après enquête, soit par la commune ou par syndicat formé entre plusieurs communes si la demande de concession ne vise que le territoire de la commune ou du syndicat, soit par l'État dans les autres cas.

Toute concession est soumise aux clauses d'un cahier des charges conforme à l'un des types approuvés par décret délibéré en Conseil d'État, sauf les dérogations ou modifications qui seraient expressément formulées dans les conventions passées au sujet de ladite concession.

ART. 7.

Lorsque la concession est de la compétence de l'État, l'acte de concession est passé par le Préfet si elle ne s'étend que sur des communes situées dans le territoire du département, ou par le Ministre des Travaux publics, après avis du Ministre de l'Intérieur si elle s'étend sur des communes situées dans plusieurs départements.

Lorsque la concession est de la compétence de la commune, l'acte de concession est passé par le Maire, en exécution d'une délibération du Conseil municipal.

Si la concession est de compétence d'un syndicat de communes, l'acte de concession est passé par le Président du Comité du syndicat, en exécution d'une délibération de ce Comité, homologuée par des délibérations des Conseils municipaux de toutes les communes syndiquées.

La concession donnée au nom de la commune ou du syndicat de communes n'est définitive qu'après avoir été approuvée par le Préfet.

Toutefois, si l'acte de concession passé par le Ministre, le Préfet, le Maire ou le Président du Comité du syndicat de communes comporte des dérogations ou modifications au cahier des charges type, il ne devient définitif qu'après avoir été approuvé par un décret délibéré en Conseil d'État.

ART. 8.

Aucune concession ne peut faire obstacle à ce qu'il soit accordé des permissions de voirie ou une concession à une entreprise concurrente, sous la réserve que celle-ci n'aura pas des conditions plus avantageuses.

Toutefois, l'acte par lequel une commune ou un syndicat de communes donne la concession de l'éclairage public et privé sur tout ou partie de son territoire peut stipuler que le concessionnaire aura seul le droit d'utiliser les voies publiques dépendant de la commune ou des communes syndiquées dans les limites de sa concession, en vue de pourvoir à l'éclairage privé par une distribution publique d'énergie, sans que cependant ce privilège puisse s'étendre à l'emploi de l'énergie à tous usages autres que l'éclairage, ni à son emploi accessoire pour l'éclairage des locaux dans lesquels l'énergie est ainsi utilisée.

Pendant la durée du privilège ainsi institué, les permissions de voirie délivrées par le Préfet et les actes de concession passés au nom de l'État devront tenir compte de ce privilège dans les obligations imposées aux permissionnaires et concessionnaires.

ART. 9.

L'acte de concession ne peut imposer au concessionnaire une charge pécuniaire autre que les redevances prévues au paragraphe 7 de l'article 18, ni attribuer à l'État ou à la commune des avantages particuliers autres que les prix réduits d'abonnements qui seraient accordés aux services publics pour des fournitures équivalentes.

ART. 10.

La concession confère à l'entrepreneur le droit d'exécuter sur les voies publiques et leurs dépendances tous travaux nécessaires à l'établissement et à l'entretien des ouvrages en se conformant aux conditions du cahier des charges, des règlements de voirie et des règlements d'administration publique prévus à l'article 18 ci-après.

L'autorité qui a fait la concession a toujours le droit, pour un motif d'intérêt public, d'exiger la suppression d'une partie quelconque des ouvrages d'une concession ou d'en faire modifier les dispositions et le tracé.

L'indemnité qui peut être due dans ces cas au concessionnaire est fixée par les tribunaux compétents si les obligations et droits de celui-ci ne sont pas réglés soit par le cahier des charges, soit par une convention postérieure.

TITRE V

Régime des concessions déclarées d'utilité publique.

ART. 11.

Sont applicables aux concessions déclarées d'utilité publique l'article 6, les paragraphes 1er, 2 et 3 de l'article 7 et les articles 8, 9 et 10 de la présente loi.

La déclaration d'utilité publique est prononcée, après enquête, par un décret délibéré en Conseil d'État, sur le rapport des Ministres des Travaux publics et de l'Intérieur, après avis du Ministre du Commerce, de l'Industrie, des Postes et des Télégraphes et du Ministre de l'Agriculture.

L'acte de concession ne devient définitif qu'après avoir été approuvé par ce décret.

ART. 12.

La déclaration d'utilité publique investit le concessionnaire, pour l'exécution des travaux dépendant de la concession, de tous les droits que les lois et règlements confèrent à l'Administration en matière de travaux publics. Le concessionnaire demeure en même temps soumis à toutes les obligations qui dérivent, pour l'Administration, de ces lois et règlements.

S'il y a lieu à expropriation, il y est procédé conformément à la loi du 3 mai 1841, au nom de l'autorité concédante et aux frais du concessionnaire.

La déclaration d'utilité publique d'une distribution d'énergie confère, en outre, au concessionnaire le droit :

1o D'établir à demeure des supports et ancrages pour conducteurs aériens d'électricité, soit à l'extérieur des murs ou façades donnant sur la voie publique, soit sur les toits et terrasses des bâtiments, à la condition qu'on y puisse accéder par l'extérieur, étant spécifié que ce droit ne pourra être exercé que sous les conditions prescrites, tant au point de vue de la sécurité qu'au point de vue de la commodité des habitants, par les règlements d'administration publique prévus à l'article 18, les dits règlements devant limiter l'exercice de ce droit au cas de courants électriques tels que la présence desdits conducteurs d'électricité à proximité des bâtiments ne soit pas de nature à présenter, nonobstant les précautions prises conformément aux règlements, des dangers graves pour les personnes ou les bâtiments ;

2º De faire passer les conducteurs d'électricité au-dessus des propriétés privées; sous les mêmes conditions et réserves que celles spécifiées à l'alinéa 1º ci-dessus :

3º D'établir à demeure des canalisations souterraines ou des supports pour conducteurs aériens sur des terrains privés non bâtis qui ne sont pas fermés de murs ou autres clôtures équivalentes ;

4º De couper les branches d'arbres qui, se trouvant à proximité des conducteurs aériens d'électricité, pourraient, par leur mouvement ou leur chute, occasionner des courts-circuits ou des avaries aux ouvrages.

L'exécution des travaux prévus aux alinéas 1º à 4º ci-dessus doit être précédée d'une notification directe aux intéressés et d'une enquête spéciale dans chaque commune ; elle ne peut avoir lieu qu'après approbation du projet de détail des tracés par le Préfet.

Elle n'entraîne aucune dépossession ; la pose d'appuis sur les murs ou façades ou sur les toits ou terrasses des bâtiments ne peut faire obstacle au droit du propriétaire de démolir, réparer ou surelever. La pose des canalisations ou supports dans un terrain ouvert et non bâti ne fait pas non plus obstacle au droit du propriétaire de se clore ou de bâtir. Le propriétaire devra, un mois avant d'entreprendre les travaux de démolition, réparation, surélévation, clôture ou bâtiment, prévenir le concessionnaire par lettre recommandée adressée au domicile élu par ledit concessionnaire.

Les indemnités qui pourraient être dues à raison des servitudes d'appui, de passage ou d'ébranchage, prévues aux alinéas 1º, 2º, 3º et 4º ci-dessus sont réglées en premier ressort par le juge de paix; s'il y a expertise, le juge peut ne nommer qu'un seul expert.

TITRE VI

Conditions communes à l'établissement et à l'exploitation des distributions sous le régime des permissions de voirie ou des concessions.

ART. 13.

L'établissement et l'exploitation des lignes de transport d'énergie électrique placées sous le régime, soit du titre III, soit du titre IV, soit du titre V de la présente loi, sont soumises aux conditions ci-après.

ART. 14.

Les projets sont examinés par les représentants des services intéressés dans une conférence à laquelle prennent part, dans tous les cas, les représentants de l'Administration des Postes et des Télégraphes. Si l'accord en vue de l'exécution des projets n'intervient pas au cours de la conférence, l'affaire est soumise au Comité d'électricité. Si tous les Ministres intéressés n'adhèrent pas à l'avis du Comité, il est statué par décret en Conseil des Ministres.

ART. 15.

La mise en service d'une distribution d'énergie électrique ne peut avoir lieu qu'à la suite des essais faits en présence du service du contrôle et des représentants des services intéressés et après délivrance, par le Préfet, d'une autorisation de circulation du courant.

ART. 16.

Le contrôle de la construction et de l'exploitation est exercé sous l'autorité du Ministre des Travaux publics, soit par les agents qu'il aura délégués à cet effet lorsqu'il s'agit de concessions données par l'État ou de permissions pour des distributions empruntant en tout ou en partie la grande voirie, soit par les agents délégués par les municipalités lorsqu'il s'agit de concessions données par les communes ou les syndicats de communes ou de permissions pour des distributions n'empruntant que les voies vicinales ou urbaines.

ART. 17.

L'Administration des Postes et des Télégraphes peut adresser au service du contrôle, constitué comme il est dit à l'article 16, une réquisition à l'effet de prendre toutes les mesures nécessaires pour prévenir ou faire cesser toute perturbation nuisible aux transmissions par les lignes télégraphiques ou téléphoniques actuellement existantes dans le rayon d'influence des conducteurs d'énergie électrique.

Semblable réquisition peut être adressée au service du contrôle par les fonctionnaires chargés de la surveillance de tout service public dont la marche subirait une atteinte du fait du fonctionnement d'une distribution d'énergie.

Le service du contrôle est tenu de prendre les mesures nécessaires pour qu'il soit immédiatement déféré à la réquisition.

En cas de contestation, il est ensuite procédé comme il est dit à l'article 14.

ART. 18.

Des règlements d'administration publique, rendus sur le rapport du Ministre de l'Intérieur, du Ministre des Travaux publics, du Ministre du Commerce, de l'Industrie, des Postes et Télégraphes, du Ministre de l'Agriculture et, en outre, sur le rapport du Ministre des Finances pour les règlements de l'alinéa 7°, déterminent :

1° La forme des enquêtes prévues aux articles 6, 11 et 12, étant stipulé que l'avis des Conseils municipaux intéressés devra être demandé au cours de ces enquêtes ;

2° Les formes de l'instruction des projets et de leur approbation ;

3° L'organisation du contrôle de la construction et de l'exploitation dont les frais sont à la charge du concessionnaire ou du permissionnaire ;

4° Les conditions générales et d'intérêt public auxquelles devront satisfaire les ouvrages servant à la distribution d'énergie, soit en vertu de concessions, soit en vertu de permissions de voirie ;

5° La forme des réquisitions à adresser en exécution de l'article 17,

6° Les mesures relatives à la police et à la sécurité de l'exploitation des distributions d'énergie ;

7° Les tarifs des redevances dues à l'État, aux départements et aux communes, en raison de l'occupation du domaine public par les ouvrages des entreprises concédées ou munies de permissions de voirie :

8° Et en général, toutes les mesures nécessaires à l'exécution de la présente loi.

Les règlements visés par les alinéas 2°, 4° et 6° seront pris après avis du comité d'électricité.

ART. 19.

Des arrêtés pris par le Ministre des Travaux publics et le Ministre du Commerce, de l'Industrie, des Postes et des Télégraphes, après avis du Comité d'électricité, déterminent les conditions techniques auxquelles devront satisfaire les distributions d'énergie au point de vue de la sécurité des personnes et des services publics intéressés, ainsi qu'au point de vue de la protection des paysages. Ces conditions seront soumises à une révision annuelle.

TITRE VII

Dispositions diverses.

ART. 20.

Il sera formé un Comité d'électricité, composé, pour une moitié de représentants professionnels français des grandes industries électriques et, pour l'autre moitié, de membres pris dans les Administrations de l'Intérieur, des Travaux publics, du Commerce, de l'Industrie, des Postes et des Télégraphes, de la Guerre et de l'Agriculture.

Les fonctionnaires, membres de ce Comité, au nombre de quinze, seront nommés par décret sur les propositions que les Ministres de l'Intérieur, des Travaux publics, du Commerce, de l'Industrie, des Postes et Télégraphes, de la Guerre et de l'Agriculture, présenteront, chacun en ce qui le concerne, à raison de trois par ministère.

Les représentants professionnels des grandes industries électriques, au nombre de quinze, seront nommés par décret, sur les propositions du Ministre des Travaux publics et du Ministre du Commerce, de l'Industrie, des Postes et des Télégraphes.

Le Comité donnera son avis dans les cas prévus par la présente loi et sur toutes les questions dont les Ministres intéressés le saisiront.

Le mode de son fonctionnement sera déterminé par un règlement d'administration publique.

ART. 21.

La déclaration d'utilité publique d'ouvrages à exécuter par l'État, un département, une commune ou une association syndicale de la loi du

26 juin 1865, modifiée par celle du 22 décembre 1888, ou par leur concessionnaire, confère à l'Administration ou au concessionnaire pour l'établissement ou le fonctionnement des conducteurs d'énergie employés à l'exploitation de ces ouvrages, les droits de passage, d'appui et d'ébranchage spécifiés à l'article 12 ci-dessus, avec application des dispositions spéciales dictées à cet effet par les règlements d'administration publique prévus à l'article 18.

Le bénéfice de ces droits restera acquis à l'Administration ou au concessionnaire, même dans le cas où l'énergie serait fournie aux conducteurs par une usine privée ou par une entreprise de distribution publique d'énergie non déclarée d'utilité publique, et aussi dans le cas où les ouvrages serviraient simultanément à un transport d'énergie destiné à des usages autres que le service public ou le service de l'Association syndicale.

ART. 22.

Les contestations et réclamations auxquelles peut donner lieu l'application des mesures prises en vue de la protection des transmissions télégraphiques et téléphoniques, et en général de la marche de tout service public, sont jugées par le Conseil de préfecture, sauf recours au Conseil d'État, comme en matière de dommages causés par l'exécution des travaux publics.

ART. 23.

Toute contravention aux arrêtés d'autorisation pris en conformité des dispositions du titre II de la présente loi sera, après une mise en demeure non suivie d'effet, punie des pénalités portées à l'article 2 du décret-loi du 27 décembre 1851. Elle sera constatée poursuivie et réprimée dans les formes déterminées au titre V dudit décret.

ART. 24.

Lorsque le permissionnaire ou le concessionnaire d'une distribution d'énergie contreviendra aux clauses de la permission de voirie ou du cahier des charges de la concession ou aux décisions rendues en exécution de ces clauses, en ce qui concerne le service de la navigation ou des chemins de fer ou tramways, la viabilité des voies nationales, départementales ou communales, le libre écoulement des eaux, le fonctionnement des communications télégraphiques et téléphoniques, procès-verbal sera dressé de la contravention par les agents du service intéressé dûment assermentés.

Ces contraventions seront poursuivies et jugées comme en matière de grande voirie et punies d'une amende de seize francs (16 fr.) à trois cents francs (300 fr.), sans préjudice de la réparation du dommage causé.

Le service du contrôle pourra prendre immédiatement toutes les mesures provisoires pour faire cesser le dommage, comme il est procédé en matière de voirie. Les frais qu'entraînera l'exécution de ces mesures, ainsi que ceux des travaux que les administrations intéressées auraient été amenées à faire comme suite à la réquisition visée de l'article 17, seront à la charge du permissionnaire ou du concessionnaire. Il en sera de même pour les frais avancés par l'État pour la modification des installations des services publics préexistants.

ART. 25.

Toute infraction aux dispositions édictées dans l'intérêt de la sécurité des personnes, soit par des règlements d'administration publique, soit par les arrêtés visés à l'article 19, sera poursuivie devant les tribunaux correctionnels et punie d'une amende de seize francs (16 fr.) à trois mille francs (3,000 fr.), sans préjudice de l'application des pénalités prévues au Code pénal en cas d'accident résultant de l'infraction.

Les délits et contraventions pourront être constatés par des procès-verbaux dressés par les officiers de police judiciaire, les ingénieurs et agents des ponts et chaussées et des mines, les ingénieurs et agents du service des télégraphes, les agents voyers, les agents municipaux chargés de la surveillance ou du contrôle et les gardes particuliers du concessionnaire agréés par l'Administration et dûment assermentés.

Ces procès-verbaux feront foi jusqu'à preuve du contraire.

Ils seront visés pour timbre et enregistrés en débet.

Ceux qui seront dressés par des gardes particuliers assermentés devront être affirmés dans les trois jours, à peine de nullité, devant le Juge de paix ou le Maire, soit du lieu du délit ou de la contravention, soit de la résidence de l'agent.

ART. 26.

Sont maintenues dans leur forme et teneur les concessions et permissions accordées par des actes antérieurs à la présente loi.

ART. 27.

Sont abrogées la loi du 25 juin 1895 [1] et toutes les dispositions contraires à la présente loi.

La présente loi, délibérée et adoptée par le Sénat et par la Chambre des députés, sera exécutée comme loi de l'État.

Fait à Paris, le 15 juin 1906.

A. FALLIÈRES.

Par le Président de la République :

Le Ministre des Travaux publics,
des Postes et des Télégraphes,

Le Ministre de l'Intérieur,

Louis BARTHOU.

G. CLEMENCEAU.

---

[1] Loi du 25 juin 1895 concernant l'établissement des conducteurs d'énergie électrique autres que les conducteurs télégraphiques et téléphoniques.

LE SÉNAT ET LA CHAMBRE DES DÉPUTÉS ONT ADOPTÉ,

LE PRÉSIDENT DE LA RÉPUBLIQUE PROMULGUE LA LOI dont la teneur suit :

ARTICLE PREMIER

En dehors des voies publiques. les conducteurs électriques qui ne sont pas destinés à la transmission des signaux et de la parole et auxquels le décret-loi du 27 décembre 1851 n'est pas dès lors applicable pourront être établis sans autorisation ni déclaration.

ART. 2.

Les conducteurs aériens ne pourront être établis dans une zone de dix mètres en projection horizontale de chaque côté d'une ligne télégraphique ou téléphonique, sans entente préalable avec l'Administration des postes et des télégraphes.

En conséquence, tout établissement de conducteurs dans les conditions du paragraphe précédent devra faire l'objet d'une déclaration préalable adressée au préfet du département et au préfet de police dans le ressort de sa juridiction. Cette déclaration sera enregistrée à sa date et il en sera donné récépissé. Elle sera communiquée sans délai au chef du service local des postes et télégraphes et transmise par les soins de ce dernier à l'Administration centrale.

Le Département des Postes et des Télégraphes devra notifier, dans un délai de trois mois, à partir de la déclaration, l'acceptation du projet présenté ou les modifications qu'il réclame dans l'établissement des conducteurs aériens.

En cas de non-entente les conducteurs aériens seront établis conformément à la décision du Ministre du Commerce, de l'Industrie, des Postes et des Télégraphes, et après avis du Comité d'électricité visé par l'article 6 ci-dessous.

En cas d'urgence et en particulier dans le cas d'installation temporaire, le délai de trois mois prévu au troisième paragraphe du présent article pourra être abrégé.

ART. 3.

Le Ministre après avis du Comité d'électricité, détermine les modifications à apporter, pour garantir les lignes, aux conducteurs existant actuellement dans la zone ci-dessus, et cela sous réserve des droits qui pourraient être acquis. Le Département des postes et des télégraphes avisera, dans un délai de six mois au plus à partir de la promulgation de la présente loi, les exploitants dont les conducteurs devraient être modifiés. Ceux qui font usage de ces conducteurs sont tenus de se conformer aux prescriptions ministérielles dans un délai maximum d'un an à partir d'une mise en demeure adressée par le département des postes et des télégraphes.

ART. 4.

Aucun conducteur ne peut être établi au-dessus ou au-dessous des voies publiques sans une autorisation donnée par le préfet, sur l'avis technique des ingénieurs des postes et des télégraphes, et conformément aux instructions du Ministre du Commerce, de l'Industrie, des Postes et des Télégraphes.

ART. 5.

Les dispositions ci-dessus ne concernent pas les installations de conducteurs d'énergie électrique faites pour les besoins de leur exploitation par les administrations de l'État ou par les entreprises de services publics soumises au contrôle de l'administration.

Les projets de ces installations électriques ainsi que toutes les modifications qui y sont apportées devront, sauf lorsqu'ils concerneront les chemins de fer et les voies navigables, être soumis à l'approbation du Ministre des Postes et des Télégraphes, après examen en conférence par les services intéressés.

ART. 6.

Il sera formé, près le ministère du Commerce, de l'Industrie, des Postes et des Télégraphes, un Comité d'électricité permanent, composé, pour une moitié, de représentants professionnels de grandes industries électriques de France ou des industries faisant usage des applications de l'électricité.

Les membres de ce comité et son président seront nommés par le ministre. Le président sera choisi en dehors des membres du Comité.

Le Comité d'électricité donnera son avis sur les règles générales applicables dans les cas visés aux articles 4 et 5 ci-dessus et sur toutes les questions qui lui seront soumises par le ministre.

ART. 7.

Toute installation électrique devra être exploitée et entretenue de manière à n'apporter, par induction, dérivation ou autrement, aucun trouble dans les transmissions télégraphiques ou téléphoniques par les lignes préexistantes.

Lorsque l'installation exigera, dans ce but, le déplacement ou la modification des lignes télégraphiques ou téléphoniques préexistantes, le Comité d'électricité sera consulté conformément aux articles 2, 3 et 6 ci-dessus. Les frais nécessités par ces déplacements ou modifications seront à la charge de l'exploitant.

ART. 8.

Quiconque aura contrevenu aux dispositions de la présente loi ou des règlements d'exécution sera, après une mise en demeure non suivie d'effet, puni des pénalités portées à l'article 2 du décret-loi du 27 décembre 1851.

Les contraventions seront constatées, poursuivies et réprimées dans les formes déterminées par le titre V dudit décret.

ART. 9.

Le décret du 15 mai 1888 est abrogé.

La présente loi, délibérée et adoptée par le Sénat et par la Chambre des députés, sera exécutée comme loi de l'État.

Fait à Paris, le 25 juin 1895.

FÉLIX FAURE.

Le Ministre du Commerce, de l'Industrie,

des Postes et des Télégraphes,

ANDRÉ LEBON.

II

DÉCRETS, RÈGLEMENTS ET CIRCULAIRES ÉMANANT DU MINISTÈRE DES TRAVAUX PUBLICS

2. — Décret du 17 octobre 1907 organisant le service du contrôle des distributions d'énergie électrique, en exécution de l'article 18 (3°) de la loi du 15 juin 1906.

Le Président de la République française,

Sur le rapport du Ministre de l'Intérieur, du Ministre des Travaux publics et des Postes et des Télégraphes et du Ministre de l'Agriculture ;

Vu la loi du 15 juin 1906 sur les distributions d'énergie et notamment l'article 18 (3°) portant qu'un règlement d'administration publique détermine l'organisation du contrôle de la construction et de l'exploitation des distributions d'énergie électrique ;

Vu l'avis du Ministre des Finances en date du 31 juillet 1907 ;

Le Conseil d'État entendu,

DÉCRÈTE :

CHAPITRE PREMIER

DISTRIBUTIONS ÉTABLIES EN VERTU DE CONCESSIONS ACCORDÉES PAR L'ÉTAT ET DISTRIBUTIONS EMPRUNTANT EN TOUT OU EN PARTIE LA GRANDE VOIRIE EN VERTU DE PERMISSIONS

ARTICLE PREMIER

Le contrôle des distributions d'énergie électrique établies en vertu de concessions accordées par l'État et des distributions empruntant en tout ou en partie la grande voirie en vertu de permissions, est exercé dans chaque département par un ingénieur en chef.

Deux ou plusieurs départements peuvent, par décision spéciale du Ministre des Travaux publics, être réunis en une circonscription unique.

ART. 2.

L'ingénieur en chef du contrôle des distributions d'énergie électrique est assisté d'agents dont le nombre et la répartition sont arrêtés par le Ministre des Travaux publics suivant l'importance des distributions à contrôler.

ART. 3.

L'inspection des services de contrôle est assurée par des inspecteurs généraux.

ART. 4.

Les inspecteurs généraux, ingénieurs en chef et autres agents du contrôle sont nommés par arrêté du Ministre des Travaux publics et pris dans les cadres des ponts et chaussées, des mines ou des télégraphes, sous réserve des dispositions de l'article 7.

Les ingénieurs en chef et les autres agents du contrôle sont pris dans le personnel en exercice dans le département.

CHAPITRE II

DISTRIBUTIONS ÉTABLIES EN VERTU DE CONCESSIONS DONNÉES PAR LES COMMUNES ET LES SYNDICATS DE COMMUNES ET DISTRIBUTIONS EMPRUNTANT EXCLUSIVEMENT DES VOIES VICINALES OU URBAINES EN VERTU DE PERMISSIONS

ART. 5.

Les agents désignés par les municipalités pour le contrôle des distributions établies en vertu de concessions données par les communes ou les syndicats de communes et des distributions empruntant exclusivement les voies vicinales et urbaines doivent remplir les conditions de capacité fixées par le Ministre des Travaux publics.

ART. 6.

Ces agents sont soumis à la surveillance de l'Ingénieur en chef du contrôle. Des arrêtés du Ministre des Travaux publics déterminent les conditions de détail dans lesquelles est exercée cette surveillance.

ART. 7.

Les agents des municipalités peuvent, sur la proposition de l'ingénieur en chef du contrôle et avec l'assentiment des municipalités qui les ont désignés, être chargés, par arrêté du Ministre des Travaux publics, d'assister l'ingénieur en chef pour le contrôle des distributions visées au chapitre I.

CHAPITRE III

DISTRIBUTIONS DESSERVANT DES CHEMINS DE FER, TRAMWAYS ET AUTRES ENTREPRISES SOUMISES A UN CONTROLE TECHNIQUE DE L'ADMINISTRATION

ART. 8.

Le contrôle des distributions desservant les chemins de fer, tramways et établissements soumis à un contrôle technique de l'Administration est, assuré par le service chargé de ce contrôle pour les canalisations et installations électriques intérieures de ces voies de transport ou établissements et par le service du contrôle des distributions d'énergie électrique pour les canalisations extérieures alimentant ces installations.

Il peut être dérogé à cette règle par décision spéciale du Ministre des Travaux publics.

CHAPITRE IV

FRAIS DE CONTROLE

ART. 9.

Le Ministre des Travaux publics arrête chaque année les base d'après lesquelles sont fixés à forfait les frais de contrôle dus à l'État par les entrepreneurs de distributions établies en vertu de permissions ou de concessions.

Ces frais, proportionnels à la longueur des lignes, ne peuvent dépasser 10 francs par kilomètre de ligne et par an pour les distributions soumises au contrôle exclusif de l'État et 5 francs par kilomètre de ligne et par an pour les distributions soumises au contrôle des minicipalités sous l'autorité du Ministre des Travaux Publics.

ART. 10.

Pour le calcul des frais de contrôle, les branchements desservant les immeubles ainsi que les canalisations établies sur des terrains particuliers n'entrent pas en compte.

Les canalisations aériennes installées sur le domaine public et empruntant les mêmes supports ou poteaux, et les canalisations souterraines dont les conducteurs sont juxtaposés sont considérés comme formant une seule ligne, dont la longueur est égale à celle de la voie canalisée.

Pour les canalisations établies en partie sur des voies publiques et en partie sur des terrains particuliers, chaque section de canalisation établie sur la voie publique est considérée comme ayant un kilomètre au moins, sans toutefois que la longueur totale servant ainsi de base à la fixation des frais de contrôle puisse être supérieure à la longueur réelle des canalisations.

Les frais de contrôle sont calculés par trimestre : tout trimestre commencé est compté pour un trimestre entier.

Chaque permission ou concession donne lieu à perception de frais de contrôle distincts pour les lignes qu'elle autorise.

ART. 11.

Les frais de contrôle dus aux municipalités sont déterminés par le Conseil municipal. Ces frais ne peuvent dépasser 5 francs par kilomètre de ligne et par an.

ART. 12.

Les frais de contrôle dus à l'État sont versés annuellement au Trésor sur le vu d'un état arrêté par le Ministre ou par le Préfet délégué à cet effet et formant titre de perception.

Les frais dus aux communes sont acquittés à la caisse municipale sur le vu d'un ordre de versement établi par le Maire.

A défaut de payement par l'entrepreneur, le recouvrement est poursuivi en conformité des règles générales de la comptabilité publique de l'État ou de la comptabilité municipale.

ART. 13.

Le tarif maximum des frais de contrôle prévus aux articles 9 et 11 ci-dessus sera revisé au plus tard le 1er janvier 1910 [1].

Après la première revision, le tarif pourra être revisé tous les dix ans.

[1] Par décret du 30 décembre 1909, la date de la revision du tarif maximum des frais de contrôle a été reportée au 1er janvier 1912, au plus tard.

CHAPITRE V

DISPOSITIONS DIVERSES

ART. 14.

Lorsqu'une distribution s'étend sur le territoire de plusieurs départements, elle peut être rattachée au service d'un seul ingénieur en chef.

D'une manière générale, en cas de difficulté relative à la compétence des divers services de contrôle, il est statué par le Ministre des Travaux publics.

ART. 15.

Le Ministre de l'Intérieur, le Ministre des Travaux publics et des Postes et des Télégraphes et le Ministre de l'Agriculture sont chargés, chacun en ce qui le concerne, de l'exécution du présent décret, qui sera publié au *Journal officiel* de la République française et inséré au *Bulletin des lois*.

Fait à Paris, le 17 octobre 1907.

A. FALLIÈRES.

Par le Président de la République :

Le Ministre des Travaux publics,
des Postes et des Télégraphes,

LOUIS BARTHOU.

Le Ministre de l'Intérieur,

G. CLEMENCEAU.

Le Ministre de l'Agriculture,

J. RUAU.

3. — Circulaire du 18 octobre 1907, portant envoi du règlement du 17 octobre 1907 sur l'organisation du contrôle des distributions d'énergie électrique.

MINISTÈRE
DES
TRAVAUX PUBLICS,
DES POSTES
ET
DES TÉLÉGRAPHES
_____

DIRECTION
DES ROUTES,
DE LA NAVIGATION
ET
DES MINES
—

DIVISION
DES
ROUTES ET PONTS
—

2ᵉ BUREAU
_____

Distributions
d'énergie électrique.
—

Règlement du 17 octobre 1907 sur l'organisation du contrôle des distributions d'énergie électrique.
—

Série A.
—

Circulaire nᵒ 7.

RÉPUBLIQUE FRANÇAISE

LIBERTÉ — ÉGALITÉ — FRATERNITÉ

_____

Paris, le 18 octobre 1907.

LE MINISTRE,

à Monsieur le Préfet du département d

J'ai l'honneur de vous adresser ampliation d'un règlement d'administration publique, en date du 17 octobre 1907, qui a fixé, conformément à l'article 18-3ᵒ de la loi du 15 juin 1906, l'organisation du contrôle des distributions d'énergie électrique dévolu au Ministre des Travaux publics par l'article 16 de ladite loi. Je vous donne en même temps les instructions qui peuvent vous être nécessaires pour son application.

DISPOSITIONS GÉNÉRALES. — La nouvelle loi a modifié profondément le régime des distributions d'énergie et abrogé explicitement tous les textes antérieurs. Elle s'applique à toutes les distributions, mais non aux usines de production d'énergie ni aux appareils d'utilisation situés dans les usines ou autres immeubles.

En conséquence, le contrôle du Ministre des Travaux publics, tant au point de vue de la construction que de l'exploitation, s'exerce sur tous les ouvrages de distribution dans les conditions générales déterminées par l'article 16 de la loi et suivant les conditions spéciales qui seront indiquées plus loin.

L'application des lois et règlements relatifs à la sécurité des personnes et à la surveillance des appareils dans les usines de production, dans les usines d'utilisation ou chez les particuliers, ne relève pas du service du contrôle des distributions d'énergie électrique ; toutefois, ce service peut exiger que les ouvrages de production et d'utilisation de l'énergie électrique soient munis de dispositifs tels que leur exploitation ne constitue pas un danger pour la distribution et les services qu'elle pourrait intéresser. Le service du contrôle serait fondé à interdire la circulation du courant si les entrepreneurs de la distribution ne justifiaient pas que les précautions nécessaires ont été prises à cet effet.

Il convient, d'autre part, de remarquer que la loi ne vise pas les conditions proprement dites du travail des ouvriers et employés (durée du travail, prévoyance, etc.). Le contrôle de mon Administration ne s'applique qu'à la sécurité, ainsi qu'aux conditions techniques, commerciales et financières des distributions.

COMPÉTENCE DES DIVERS SERVICES DE CONTRÔLE. — Le contrôle de toutes les distributions d'énergie est placé par la loi, ainsi qu'il est dit plus haut, sous mon autorité, mais l'action de mon Administration s'exerce d'une manière différente suivant les cas.

Pour les distributions établies en vertu de concessions accordées par l'État et pour les distributions empruntant en tout ou en partie la grande voirie en vertu de permissions, le contrôle est exercé exclusivement par les fonctionnaires de mon Administration, seule compétente pour assurer l'application de la loi (art 1er du décret).

Au contraire, pour les distributions établies en vertu de concessions données par les communes ou les distributions n'empruntant que des voies vicinales ou urbaines en vertu de permissions, le contrôle de la construction et de l'exploitation est exercé par des agents désignés par les municipalités et remplissant les conditions de capacités fixée par un arrêté ministériel (art. 5 du décret).

Toutefois, ces agents sont soumis à la surveillance de l'ingénieur en chef du contrôle, conformément à l'article 6 du décret.

Quant aux distributions établies sur des terrains particuliers, elles sont exemptes de tout contrôle ; elles doivent cependant faire l'objet, au moment de leur établissement, d'une autorisation administrative délivrée en conformité de l'avis émis par l'Administration des Postes et des Télégraphes, si elles sont à moins de dix mètres d'une ligne télégraphique ou téléphonique (art. 2 de la loi).

DISPOSITIONS SPÉCIALES AUX CHEMINS DE FER, TRAMWAYS ET AUTRES ENTREPRISES ADMINISTRATIVEMENT SURVEILLÉES. — La loi du 15 juin 1906 s'applique à toutes les distributions sans exception. Les installations électriques desservant les chemins de fer, tramways et autres entreprises ou établissements déjà soumis à un contrôle technique de l'Administration sont donc régies par la nouvelle loi, nonobstant toutes dispositions antérieures contraires.

En vue d'éviter une dualité de contrôle qui ne répondrait pas aux intentions du législateur, le règlement d'administration publique a prévu que le contrôle des installations intérieures de ces entreprises (telles que canalisations, rails de prise de courant, fils aériens, sous-stations, etc.)

serait exercé par leurs services ordinaires de contrôle, qui seront ainsi chargés de veiller à l'application de la nouvelle loi. Le contrôle des canalisations extérieures amenant le courant aux chemins de fer et tramways et celui des installations annexes, également extérieures, sera, au contraire, exercé par le service de contrôle des distributions d'énergie électrique (art. 8 du décret).

Ces distinctions, simples en théorie, peuvent toutefois donner lieu à des incertitudes dans la pratique. Telle canalisation peut sortir, sur une courte distance, de l'emprise du chemin de fer, telle autre peut relier un tramway à une usine de production d'énergie située à proximité, sans que ces canalisations puissent être considérées comme constituant des distributions séparées dont le contrôle serait distinct de celui de l'ensemble dont elles font partie. En pareil cas, des décisions ou arrêtés spéciaux du Ministre des Travaux publics détermineront, conformément au deuxième paragraphe de l'article 8 du décret, le service qui sera chargé du contrôle de ces canalisations.

D'une manière plus générale, s'il naît une contestation au sujet de la compétence des divers services de contrôle, si notamment il y a doute sur la connexité de deux systèmes de canalisations, il appartient au Ministre des Travaux publics, sous l'autorité duquel sont placés tous les services de contrôle, de statuer souverainement (art. 14 § 2 du décret).

ORGANISATION DU CONTRÔLE DE L'ÉTAT. — Dans chaque département, le contrôle des distributions d'énergie électrique est assuré, en principe, par l'ingénieur en chef des ponts et chaussées chargé du service ordinaire, assisté d'agents dont le nombre et la répartition sont déterminés par le Ministre des Travaux publics (art. 1, 2 et 7 du décret).

La nouvelle loi attribue à l'ingénieur en chef le contrôle des opérations concernant la voirie, ainsi que le contrôle électrique des distributions.

D'une part, l'ingénieur en chef est chargé, soit seul, soit après accord avec les services intéressés, de l'étude des questions relatives à la délivrance des permissions de voirie sur les voies dont la gestion appartient au Préfet, il instruit les demandes de concession à accorder par l'État; il assiste les Maires de ses conseils pour la délivrance des permissions de voirie sur les chemins et rues qui relèvent de leur autorité et pour l'octroi des concessions communales; il dresse les états servant à la perception des redevances pour l'occupation du domaine public national, départemental ou communal, ainsi que les états relatifs aux frais de contrôle; il étudie tous les projets d'exécution au point de vue de leurs rapports avec la voirie.

D'autre part, l'ingénieur en chef examine les projets au point de vue électrique, et confère à cet effet avec les services intéressés et notamment avec les ingénieurs des postes et des télégraphes; il surveille les services de contrôle organisés par les municipalités et, d'une manière générale, il contrôle la construction et l'exploitation des distributions au point de vue de la sécurité des personnes et des services publics.

Les très grandes différences existant entre les divers départements ne permettent pas d'adopter une organisation uniforme pour toute la France; mais, en principe, le contrôle devra comprendre deux parties bien distinctes (voirie et exploitation électrique), et son organisation devra, dans chaque département, être analogue à celle qui est en vigueur pour le contrôle des chemins de fer d'intérêt local et des tramways. A cet effet, l'Ingénieur en chef sera assisté, conformément aux dispositions du décret, d'ingénieurs et agents pris dans les cadres des ponts et chaussées, des mines ou des télégraphes.

Lorsque le petit nombre des distributions ou leur faible importance ne justifiera pas la désignation d'un ingénieur pour le contrôle purement électrique, ce contrôle pourra être exercé sous l'autorité de l'ingénieur en chef, soit par les fonctionnaires déjà chargés du contrôle au point de vue de la voirie, soit par un ingénieur déjà chargé d'un service analogue dans les départements voisins.

Les circonstances locales, la compétence du personnel disponible, permettent seules, de déterminer, dans chaque cas, l'organisation la plus judicieuse et la plus conforme aux intérêts de l'État et du public.

ORGANISATION DU CONTRÔLE DES MUNICIPALITÉS. — Le contrôle des distributions d'énergie électrique dévolu par la loi aux municipalités est exercé par un service local de contrôle, dont l'organisation est fixée par chaque municipalité, mais dont le personnel doit remplir les conditions de capacité qui seront ultérieurement déterminées par un arrêté ministériel rendu en conformité de l'article 5 du décret. Toutefois, sans attendre cet arrêté, vous voudrez bien informer les Maires que j'autoriserai, en tant que de besoin, les agents du contrôle de l'État à se mettre à la disposition des communes, pour l'exercice du contrôle qui leur est attribué par la loi.

FRAIS DE CONTRÔLE. — La loi du 15 juin 1906 impose au permissionnaire ou au concessionnaire les frais de contrôle : elle crée ainsi une charge qui frappe explicitement l'industrie électrique et elle s'applique à toutes les entreprises concédées ou munies de permissions de voirie, qu'elles soient antérieures ou non à la loi.

Les frais de contrôle dus à l'État seront perçus à forfait, conformément à un tarif arrêté chaque année par le Ministre des Travaux publics, dans les limites du maximum prévu par le décret ci-joint du 17 octobre 1907. Les dépenses des divers services de contrôle seront réglées par décision ministérielle dans les limites du crédit inscrit à cet effet au budget de l'État.

Les frais de contrôle dus aux municipalités et les dépenses nécessaires au fonctionnement des services de contrôle sont déterminés par le Conseil municipal dans les limites prévues par le règlement d'administration publique, sans que l'Administration des travaux publics ait à intervenir autrement que pour fournir aux services tous renseignements utiles sur les longueurs des voies canalisées.

Je vous prie de m'accuser réception de la présente circulaire, dont j'adresse directement ampliation aux ingénieurs des ponts et chaussées et des mines.

LOUIS BARTHOU.

4. — Conditions de capacité des contrôleurs des distributions municipales.

MINISTÈRE
DES
TRAVAUX PUBLICS,
DES POSTES
ET
DES TÉLÉGRAPHES

DIRECTION
DU PERSONNEL
ET DE
LA COMPTABILITÉ

PERSONNEL

1er ET 2e BUREAUX

Circulaire
Série A. — Nº 12.

RÉPUBLIQUE FRANÇAISE

Paris, le 27 décembre 1907.

Le Ministre,

à Monsieur le Préfet du département d

Aux termes de l'article 5 du décret du 17 octobre 1907, publié au *Journal officiel* du 26 du même mois, « les agents désignés par les « municipalités pour le contrôle des distributions établies en vertu de « concessions données par les communes et les syndicats de communes et « des distributions empruntant exclusivement les voies vicinales et « urbaines doivent remplir les conditions de capacité fixées par le Mi- « nistre des Travaux publics ».

Pour me conformer à ces prescriptions, j'ai pris l'arrêté ci-joint qui détermine les conditions de capacité exigée des agents dont il s'agit. Je vous prie de vouloir bien faire publier cet arrêté au *Recueil des Actes administratifs* de votre préfecture.

J'ai décidé, en outre, que le premier examen aurait lieu, dans les villes qui sont ultérieurement désignées, le 30 juin prochain. Les demandes d'admission devront m'être adressées, par une intermédiaire, dans les conditions fixées par l'article 4 et l'arrêté avant le 1er juin, dernier délai.

Louis Barthou.

ARRÊTÉ

FIXANT LES CONDITIONS EXIGÉES DES AGENTS DÉSIGNÉS PAR LES MUNICIPALITÉS POUR LE CONTROLE DES DISTRIBUTIONS D'ÉNERGIE ÉLECTRIQUE.

Le Ministre des Travaux publics, des Postes et des Télégraphes,

Vu la loi du 15 juin 1906 ;

Vu le décret du 17 octobre 1907 et, notamment, l'article 5 ainsi conçu :

« Les agents désignés par les municipalités pour le contrôle des distri-
« butions établies en vertu des concessions données par les communes et
« les syndicats de communes et des distributions empruntant exclusive-
« ment les voies vicinales et urbaines doivent remplir les conditions de
« capacité fixées par le Ministre des Travaux publics » ;

Sur la proposition du Directeur du Personnel et de la Comptabilité,

ARRÊTE :

ARTICLE PREMIER

Nul ne peut être désigné, à titre définitif, par une municipalité, pour être affecté au contrôle des distributions d'énergie électrique, s'il n'a préalablement obtenu un certificat d'aptitude délivré par le Ministre des Travaux publics, des Postes et des Télégraphes, à la suite d'épreuves portant sur les matières définies à l'article 5 ci-après.

ART. 2.

Les épreuves ont lieu lorsque les besoins du service l'exigent et aux dates fixées par le Ministre. Des avis insérés au *Journal officiel* font con-naître ces dates en temps utile.

ART. 3.

Pour être admis à subir les épreuves, les candidats doivent être Fran-çais et âgés de plus de vingt et un ans au premier janvier de l'année dans laquelle ont lieu ces épreuves.

ART. 4.

Les demandes d'admission aux épreuves doivent êtres adressées, sur papier timbré, au Ministre des Travaux publics, par l'intermédiaire du Préfet du département où résident les candidats. Elles sont accompa-gnées :

1o D'une expédition authentique de l'acte de naissance du candidat et, s'il y a lieu, d'un certificat établissant qu'il possède la qualité de Français.

2o D'un certificat de moralité délivré par le Maire du lieu de la rési-dence ou par le Commissaire de police du quartier et dûment léga-lisé ;

3o D'un extrait du casier judiciaire remontant à moins de six mois de date.

Les candidats appartenant déjà à une administration publique n'auront pas à produire ces pièces, mais leur demande d'admission devra être appuyée par les chefs hiérarchiques.

Le Ministre fait connaître aux candidats, par lettres individuelles, s'ils sont ou non admis à prendre part aux épreuves. Il leur indique en même temps la ville où ils auront à se présenter pour les subir.

ART. 5.

Les épreuves sont écrites et réglées ainsi qu'il suit :

	TEMPS ACCORDÉ	COEFFICIENT
1° Questions techniques ou administratives.	4 heures.	2
2° Rapport sur une affaire de service . . .	3 heures.	1
TOTAUX.	7 heures.	3

ART. 6.

Les épreuves ont lieu sur le programme suivant :

Électricité statique. — Distribution de l'électricité sur les corps ; influence potentiel ; machines électro-statiques ; condensation de l'électricité ; électricité atmosphérique.

Électricité dynamique. — Courants électriques : loi d'Ohm ; courants dérivés ; diverses espèces de piles ; actions calorifiques des courants ; actions chimiques ; accumulateurs.

Magnétisme. — Principes généraux ; influence ; procédé d'aimantation ; magnétisme terrestre.

Électro-magnétisme et électro-dynamique. — Mouvements résultant de l'action des courants sur les aimants ; principes généraux de l'électro-dynamique ; mouvements résultant de l'action des courants sur les courants ; action de la terre sur les courants ; assimilation des courants et des aimants ; aimantation par les courants.

Induction. — Phénomènes généraux ; self-induction ; courants de Foucault ; bobine de Ruhmkorff.

Mesures électriques. — Unités ; mesure des intensités. galvanomètres ; ampèremètres ; électro-dynamomètres ; mesure des différences de potentiel ; voltmètres ; mesures de résistances ; mesure de la capacité électrique ; mesure de la puissance et de l'énergie électriques ; wattmètres, compteurs ; mesures magnétiques.

Production industrielle des courants. — Machines à courant continu, à courants alternatifs monophasés ou polyphasés.

Distribution de l'électricité. — Nature des conducteurs ; lignes aériennes ; lignes souterraines ; section des conducteurs ; isolement des canalisations ; stations centrales ; distribution par courant continu ; distribution par courants monophasés ; transformateurs.

Éclairage électrique. — Arc électrique, éclairage par incandescence ; installation de l'éclairage électrique.

Traction électrique. — Travail à développer ; fonctionnement des moteurs ; génération de l'énergie ; systèmes de distribution ; lignes d'alimentation ; conducteurs au niveau de la voie ; conducteur aérien, prise de contact ; ligne en caniveau ; lignes à conducteurs sectionnés ; alimentation par courants polyphasés.

Précautions à prendre contre les dangers pouvant résulter des courants électriques industriels; accidents de personnes: dangers d'incendie; phénomènes d'électrolyse : perturbations sur les communications télégraphiques ou téléphoniques: contrôle des distributions d'énergie électrique (loi du 15 juin 1906 et règlements pris pour son exécution).

ART. 7.

Pour arriver à une appréciation exacte des connaissances des candidats, il est attribué à chaque partie des épreuves une valeur numérique exprimée par des chiffres variant de 0 à 20 et ayant respectivement les significations suivantes :

0	Néant.
1 et 2	Très mal.
3, 4 et 5	Mal.
6, 7 et 8	Médiocre.
9, 10 et 11	Passable.
12, 13 et 14	Assez bien.
15, 16 et 17	Bien.
18 et 19	Très bien.
20	Parfait.

Chacune des notes est multipliée par le coefficient représentant la valeur relative de la partie du programme à laquelle elle se rapporte: la somme des produits donne le nombre total des points obtenus.

Nul ne peut recevoir le certificat d'aptitude s'il n'a obtenu les deux tiers du maximum pour l'ensemble des épreuves.

ART. 8.

Une commission centrale, nommée par le Ministre et comprenant des fonctionnaires de l'État et des villes, choisit les sujets des compositions et procède à leur correction.

Les épreuves s'ouvrent simultanément dans tous les centres d'examens désignés par le Ministre.

Dans chaque centre, il est institué, par le Ministre, une commission qui est chargée de surveiller les épreuves.

Les sujets des compositions sont les mêmes pour toute la France : ils sont envoyés par l'Administration au président de chaque Commission, sous enveloppes cachetées, qui sont ouvertes, en présence des candidats, au moment fixé pour chaque épreuve. Après l'achèvement des épreuves, le président transmet à la commission centrale, par l'intermédiaire du Ministre, toutes les compositions.

Lorsque les corrections sont terminées, la commission centrale dresse et remet au Ministre la liste des candidats susceptibles de recevoir le certificat d'aptitude; celui-ci est délivré par le Ministre des Travaux publics.

ART. 9.

Les candidats n'ont, à leur disposition pendant la durée des épreuves ni livres, ni brochures, ni notes d'aucune sorte. Au cours des séances, ils ne peuvent avoir aucune communication avec le dehors ou entre eux.

Toute fraude, dûment constatée, donne lieu à la radiation du candidat par le Ministre, sans préjudice des mesures qui peuvent être prise en vue de l'exclure définitivement de tous examens ultérieurs, et des peines dont il est passible, en vertu de la loi du 23 décembre 1901, réprimant les fraudes dans les examens publics.

ART. 10.

Sont dispensés des épreuves prévues aux articles précédents.

1° Les ingénieurs des ponts et chaussées, des mines, des postes et des télégraphes, ainsi que les agents qui en remplissent les fonctions, en vertu d'arrêtés du Ministre des Travaux publics;

2° Les conducteurs des ponts et chaussées reçus aux concours ouverts après l'émission de l'arrêté ministériel du 25 novembre 1902;

3° Les contrôleurs des mines admis aux concours réglementés par le décret et l'arrêté du 14 février 1907;

4° Les anciens élèves diplômés;
     de l'Ecole nationale des Ponts et Chaussées;
     de l'Ecole nationale supérieure des Mines;
     de l'Ecole centrale des Arts et Manufactures;
     de l'Ecole des Mines de Saint-Etenne;
     de l'Ecole supérieure d'électricité de Paris;

5° Les fonctionnaires chargés, en vertu de l'article 4 du décret du 17 octobre 1907, du contrôle des distributions établies en vertu de concessions accordées par l'Etat et des distributions empruntant en tout ou en partie la grande voirie, en vertu de permissions;

6° Les fonctionnaires de l'Etat, des départements et des communes étant actuellement ou ayant été attachés, pendant deux années au moins, au contrôle d'une distribution municipale d'énergie.

ART. 11.

Le présent arrêté sera publié au *Journal officiel* et au *Recueil des actes administratifs* des préfectures.

Fait à Paris, le 27 décembre 1907.

Louis Barthou.

5. — **Décret du 17 octobre 1907, portant fixation des redevances prévues par l'article 18-7° de la loi du 15 juin 1906, pour l'occupation du domaine public par les entreprises de distribution d'énergie.**

LE PRÉSIDENT DE LA RÉPUBLIQUE FRANÇAISE,

Sur le rapport du Ministre de l'Intérieur, du Ministre des Finances, du Ministre des Travaux publics et des Postes et des Télégraphes, et du Ministre de l'Agriculture ;

Vu la loi du 15 juin 1906 sur les distributions d'énergie et notamment l'article 18 7° portant qu'un règlement d'administration publique fixe les tarifs des redevances dues à l'État, aux départements et aux communes, en raison de l'occupation du domaine public par les ouvrages des entreprises concédées ou munies de permissions de voirie ;

Le Conseil d'État entendu,

DÉCRÈTE :

ARTICLE PREMIER.

Les redevances pour l'occupation du domaine public par les ouvrages de transport d'énergie électrique alimentant les services publics assurés ou concédés par l'État, les départements et les communes sont proportionnelles à la longueur des lignes, au nombre des supports et à la surface du domaine public occupé ; elles sont perçues conformément au tarif ci-après par l'État, le département et la commune au prorata de la longueur des voies empruntées, suivant que ces voies font partie du domaine public national, départemental ou communal :

SITUATION des emplacements du domaine public occupé.	TAUX de la redevance annuelle par mètre de ligne aérienne ou souterraine.	REDEVANCE annuelle fixe par chaque support. (Poteau ou pylône).	TAUX de la redevance annuelle par mètre carré pour les postes de transformateurs et autres établissements analogues avec minimum d'un franc par poste.
	fr. c.	fr. c.	fr. c.
Paris	0,10	10,00	25,00
Communes de 100 000 habitants et au-dessus. . . .	0,02	2,00	5,00
Communes de 20 000 à 10 000 habitants	0,01	0,50	2,50
Commune ayant moins de 20 000 habitants	0,005	0,26	1,00

ART. 2.

Les redevances pour l'occupation du domaine public par les ouvrages
particuliers de transport et par les ouvrages de distribution, quel qu'en
soit l'objet, sont fixées au double des taux prévus à l'article 1er ci-dessus.

ART. 3.

Les redevances prévues aux articles 1 et 2 pour l'occupation du domaine public communal peuvent, en cas de distribution concédée et en
vertu d'une stipulation spéciale du cahier des charges, soit être réduites
par l'autorité concédante pour tenir compte des avantages particuliers
réservés à la commune par l'acte de concession, soit être remplacées
par des redevances proportionnelles aux recettes brutes totales réalisées
dans la commune, sans toutefois pouvoir dépasser les maxima fixés par
le tarif ci-après :

DÉSIGNATION des communes.	DISTRIBUTION de l'énergie pour l'éclairage. — P. 100 des recettes.	DISTRIBUTION de l'énergie pour tous autres usages. — P. 100 des recettes.
Paris.	10 p. 100	5 p. 100
Communes de plus de 100 000 habitants. .	4 —	1,5 —
Communes de 20 000 à 100 000 habitants. .	3 —	1 —
Communes ayant moins de 20 000 habitants.	2 —	0,5 —

Les entrepreneurs de distributions établies en vertu de permissions de
voirie peuvent demander l'application du tarif maximum prévu au présent article en remplacement du tarif fixé par les articles 1 et 2, à condition de soumettre leurs recettes à la vérification du service du contrôle.

ART. 4.

Pour le calcul des redevances, les canalisations aériennes installées sur
les mêmes supports ou poteaux et les canalisations souterraines dont les
conducteurs sont juxtaposés sont considérées comme formant une seule
ligne, dont la longueur est égale à celle de la voie canalisée.

Les branchements desservant les immeubles ainsi que les supports et
appuis établis sur des immeubles particuliers n'entrent pas en compte.

Les recettes brutes réalisées sur la vente du courant sont seules comptées pour le calcul des redevances. Les recettes provenant de l'emploi
accessoire de l'énergie pour l'éclairage des locaux où elle est employée
industriellement sont assimilées aux recettes provenant de la vente de
l'énergie pour tous usages autres que l'éclairage.

Les redevances prévues à l'article 1er et à l'article 2 sont calculées par trimestre et perçues annuellement. Tout trimestre commencé est compté pour un trimestre entier.

Chaque permission ou concession donne ouverture à une redevance distincte.

ART. 5.

Au commencement de chaque trimestre, l'ingénieur en chef du contrôle adresse au Directeur des domaines de chaque département un relevé, soumis préalablement à l'acceptation des entrepreneurs de la distribution et portant indication des occupations du domaine public national telles qu'elles existent à la fin du trimestre précédent.

Ce relevé qui indique la population des communes traversées, la destination des lignes, leur longueur, le nombre de supports en cas de ligne aérienne et la superficie des ouvrages occupant le domaine public, est transmis par le Directeur des domaines au Receveur compétent, qui calcule les redevances dues par chaque entreprise et procède à leur encaissement conformément aux règles fixées pour le recouvrement des produits et revenus domaniaux.

Pour la perception des redevances dues en raison des occupations du domaine public départemental, le relevé des ouvrages est adressé par l'ingénieur en chef du contrôle au Préfet. Le recouvrement des redevances calculées d'après cet état est poursuivi en conformité des règles générales de la comptabilité départementale.

Pour la perception des redevances dues en raison des occupations du domaine public communal, le relevé des ouvrages ou l'état des recettes de la distribution réalisées dans la commune est adressé par l'ingénieur en chef du contrôle au maire. Le recouvrement des redevances calculées d'après ces états est poursuivi en conformité des règles générales de la comptabilité communale.

ART. 6.

Les redevances fixées par le présent décret ne seront applicables aux distributions établies en vertu de concessions accordées avant la promulgation de la loi du 15 juin 1906 qu'à l'expiration de ces concessions ; elles seront applicables aux distributions établies en vertu de permissions de voirie antérieures à la loi, dès l'époque où les conditions fiscales de ces permissions seront susceptibles d'être revisées.

ART. 7.

Les tarifs prévus par les articles 1, 2 et le tarif maximum prévu par l'article 3 du présent décret seront revisés au plus tard le 1er janvier 1913. Après la première revision, ils ne pourront plus être revisés que tous les trente ans.

Les tarifs revisés seront applicables de plein droit à tous les ouvrages existants, sauf stipulations contraires du cahier des charges des distributions concédées en ce qui concerne les redevances dues à l'autorité concédante.

ART. 8.

Le Ministre de l'Intérieur, le Ministre des Travaux publics et des Postes et des Télégraphes. le Ministre des Finances et le Ministre de l'Agriculture sont chargés, chacun en ce qui le concerne, de l'exécution du présent décret, qui sera publié au *Journal officiel de la République française* et inséré au *Bulletin des lois*.

Fait à Paris, le 17 octobre 1907.

A. FALLIÈRES.

Par le Président de la République :

Le Président du Conseil,
Ministre de l'Intérieur,

G. CLEMENCEAU.

Le Ministre des Travaux publics,
des Postes et des Télégraphes,

LOUIS BARTHOU.

Le Ministre des Finances,

J. CAILLAUX.

Le Ministre de l'Agriculture,

J. RUAU.

6. — Circulaire du 29 octobre 1907, portant envoi du règlement du 17 octobre 1907, qui fixe les redevances dues pour l'occupation du domaine public.

MINISTÈRE
DES
AVAUX PUBLICS,
DES POSTES
ET
S TÉLÉGRAPHES

DIRECTION
DES ROUTES,
LA NAVIGATION
ET DES MINES

DIVISION
DES
IUTES ET PONTS

2º BUREAU

Distributions
Énergie électrique.

avoi d'un règlement,
date du 17 octo-
1907, portant fixa-
des redevances dues
r l'occupation du do-
ne public.

Série A.

Circulaire nº 9.

RÉPUBLIQUE FRANÇAISE

Paris, le 29 octobre 1907,

LE MINISTRE,

à Monsieur le Préfet du département d

Par une circulaire du 18 octobre courant, je vous ai adressé ampliation du premier des règlements d'administration publique à rendre pour assurer l'exécution de la loi du 15 juin 1906 sur les distributions d'énergie électrique. Ce premier règlement détermine l'organisation du contrôle (art. 18-3º de la loi).

Je vous adresse aujourd'hui ampliation d'un deuxième décret du 17 octobre 1907 portant fixation des tarifs des redevances dues à l'État, aux départements et aux communes en raison de l'occupation du domaine public par les ouvrages des entreprises des distributions concédées ou munies de permissions (art. 18-7º de la loi).

Vous recevrez ultérieurement les règlements destinés à l'application intégrale de la loi (1º, 2º, 4º, 5º, 6º et 8º de l'art. 18, et les cahiers des charges-types prévus à l'art. 6) qui sont actuellement en préparation et qui ne tarderont pas à être soumis aux délibérations du Conseil d'État.

J'envoie un exemplaire de la présente circulaire aux ingénieurs des ponts et chaussées et des mines.

Le Ministre de l'Agriculture,
chargé par intérim du Ministère des Travaux publics,
des Postes et des Télégraphes,

J. RUAU.

7. — Circulaire du 30 mars 1908, portant envoi de l'arrêté ministériel de même date pour fixer les frais de contrôle et donner des instructions pour leur recouvrement.

MINISTÈRE
DES
TRAVAUX PUBLICS,
DES POSTES
ET
DES TÉLÉGRAPHES

—

DIRECTION
DU PERSONNEL
ET
DE LA COMPTABILITÉ
—

PERSONNEL
—

3ᵉ BUREAU
—

Distributions
d'énergie électrique.

—

Recouvrement
des frais de contrôle.

—

Application des articles 9 et 12 du décret du 17 octobre 1907.

—

CIRCULAIRE
Série A. — Nº 5.

RÉPUBLIQUE FRANÇAISE

———

Paris, le 30 mars 1908.

LE MINISTRE DES TRAVAUX PUBLICS, DES POSTES ET DES TÉLÉGRAPHES,

à Monsieur le Préfet du département d

J'ai pris, à la date du 30 mars 1908, un arrêté fixant, pour l'année 1908, en exécution de l'article 9 du décret du 17 octobre 1907, les bases du calcul des frais de contrôle dus à l'État par les entrepreneurs de distributions d'énergie électrique établies en vertu de permissions ou de concessions ; vous trouverez ci-inclus le texte dudit arrêté.

Aux termes de l'article 12 du décret précité, les frais de contrôle sont versés annuellement au Trésor sur le vu d'un état arrêté par le Ministre, ou par le Préfet délégué à cet effet ; à défaut de payement par l'entrepreneur, le recouvrement est poursuivi en conformité des règles générales de la comptabilité publique.

Afin d'assurer l'exécution de ces dispositions, j'ai décidé que, dans chaque département l'état des frais (modèle nº 1) sera dressé par l'ingénieur en chef du contrôle des distributions d'énergie électrique, et arrêté ensuite par le Préfet, pour servir de titre de perception ; il sera établi dès que les bases du calcul des frais de contrôle, pour l'année en cours, auront été fixées par le Ministre.

Des états supplémentaires seront dressés dans la même forme, au fur et à mesure des besoins, pour le recouvrement des frais concernant les permissions ou concessions qui seront accordées en cours d'année.

D'après les dispositions de l'article 10 du décret, les frais de contrôle sont calculés par trimestre, tout trimestre commencé étant d'ailleurs compté pour un trimestre entier.

Il y a donc lieu de prévoir le cas où, par suite d'abandon de l'exploitation ou pour toute autre cause, les sommes comprises dans les états de frais (modèle n° 1) ne devront pas être recouvrées en totalité, c'est-à-dire où elles ne seront dues que jusqu'à concurrence d'un prorata correspondant à un, deux ou trois trimestres. Il conviendra, dans ce cas, d'établir un état de réduction (modèle n° 2).

L'ingénieur en chef du contrôle dressera les états de frais, de même que les états de réduction, en double expédition. La première sera remise par le Préfet au Trésorier-Payeur général du département, afin que ce comptable supérieur puisse prendre en charge les sommes à recouvrer. La seconde expédition sera adressée aux parties intéressées par les soins de l'ingénieur en chef.

Dans la première quinzaine du mois de janvier, l'ingénieur en chef devra produire à l'Administration centrale (Personnel — 3º bureau) un relevé sommaire (modèle n° 3) des états de frais délivrés pendant l'année précédente.

Lorsqu'un entrepreneur de distributions d'énergie électrique n'aura pas payé, à cette date, les sommes dont il est redevable envers l'État, l'ingénieur en chef m'adressera, en même temps que le relevé sommaire, une copie de l'état de frais réglant les sommes dues. Au moyen de cet état de frais qui possédera la force exécutoire lorsqu'il aura été revêtu de ma signature, des poursuites pourront être exercées en vue du recouvrement par l'agent judiciaire du Trésor, conformément aux dispositions de l'article 54 de la loi de finances du 13 avril 1898.

Je vous prie de vouloir bien prendre les mesures nécessaires pour l'application des prescriptions de la présente circulaire, dont j'adresse ampliation à M. l'ingénieur en chef chargé du contrôle des distributions d'énergie électrique dans votre département.

LOUIS BARTHOU.

MINISTÈRE
DES
TRAVAUX PUBLICS,
DES POSTES
ET DES
TÉLÉGRAPHES

DIRECTION
DU PERSONNEL
ET DE
LA COMPTABILITÉ

PERSONNEL

3ᵉ BUREAU

RÉPUBLIQUE FRANÇAISE

ARRÊTÉ

LE MINISTRE DES TRAVAUX PUBLICS, DES POSTES ET DES TÉLÉGRAPHES,

Vu la loi du 15 juin 1906 sur les distributions d'énergie et notamment l'article 18 (3°) portant qu'un règlement d'administration publique déterminera l'organisation du Contrôle de la construction et de l'exploitation des distributions d'énergie électrique dont les frais sont à la charge du concessionnaire ou du permissionnaire ;

Vu l'article 9 du décret du 17 octobre 1907 organisant ledit contrôle ;

Sur la proposition du Directeur du personnel et de la comptabilité ;

ARRÊTE :

Les frais de contrôle dus à l'État par les entrepreneurs de distributions d'énergie électrique établies en vertu de permissions ou de concessions sont fixés, pour l'année 1908, à dix francs (10 francs) par kilomètre de ligne pour les distributions soumises au contrôle exclusif de l'État et à cinq francs (5 francs) par kilomètre de ligne pour les distributions soumises au contrôle des municipalités sous l'autorité du Ministre des Travaux publics, des Postes et des Télégraphes [1].

Paris, le 30 mars 1908.

LOUIS BARTHOU.

[1] Des arrêtés identiques ont été pris à la date des 23 avril 1909 et 30 juin 1910.

MINISTÈRE
DES
TRAVAUX PUBLICS,
DES POSTES
ET
DES TÉLÉGRAPHIES

1re SECTION
TRAVAUX PUBLICS

PERSONNEL
3e BUREAU

(1)

RÉPUBLIQUE FRANÇAISE

DÉPARTEMENT D

REMBOURSEMENT DES FRAIS DE CONTRÔLE DES DISTRIBUTIONS D'ÉNERGIE ÉLECTRIQUE

TITRE DE PERCEPTON N°

ÉTAT DES SOMMES DUES

en vertu de l'article 12 (§ 1er) du décret du 17 octobre 1907,
à recouvrer par M. le Trésorier-Payeur général du département d

ANNÉE 19 .

NOMS ET DOMICILE du débiteur.	DATE ET NATURE de l'autorisation.	DÉSIGNATION des lignes de distribution (pour chaque permission ou concession).	LONGUEUR DES LIGNES			SOMMES A RECOUVRER		OBSERVATION
			en construction	en exploitation	totale.	par kilomètre.	totales.	

DRESSÉ par l'Ingénieur en chef soussigné.

A   , le   19 .

ARRÊTE le présent état à la somme de
(En lettres.)

A   , le   19 . .

Le Préfet du département d

33

MINISTÈRE
DES
TRAVAUX PUBLICS,
DES POSTES
ET
DES TÉLÉGRAPHES

1re SECTION
TRAVAUX PUBLICS
—
PERSONNEL
3e BUREAU

(2)

RÉPUBLIQUE FRANÇAISE

DÉPARTEMENT D

ANNÉE 19 .

REMBOURSEMENT DES FRAIS DE CONTROLE DES DISTRIBUTIONS
D'ÉNERGIE ÉLECTRIQUE

ÉTAT DE RÉDUCTION DE TITRE DE PERCEPTION

DÉSIGNATION de la partie intéressée.	TITRE DE PERCEPTION			RÉDUCTION à opérer.	MONTANT définitif du titre.	MOTIF DE LA RÉDUCTION
	Numéro.	Date.	Montant.			

Dressé par l'Ingénieur en chef soussigné.

A , le 19 .

APPROUVÉ :

A , le 19 .

Le Préfet du département,

DISTRIBUTIONS D'ÉNERGIE ÉLECTRIQUE

MINISTÈRE
DES
TRAVAUX PUBLICS,
DES POSTES
ET
DES TÉLÉGRAPHES

1re SECTION
TRAVAUX PUBLICS

PERSONNEL
3e BUREAU

(3)

RÉPUBLIQUE FRANÇAISE

Année 19 .

DÉPARTEMENT D

CONTROLE DES DISTRIBUTIONS D'ÉNERGIE ÉLECTRIQUE

RELEVÉ SOMMAIRE

des états de frais de contrôle délivrés du 1er janvier au 31 décembre 19 ,
en exécution de l'article 12, § 1er, du décret du 17 octobre 1907.

NUMÉROS d'ordre.	DATE des états de frais.	DÉSIGNATION des parties versantes.	MONTANT des états de frais.	RÉDUCTION	RESTE	SOMMES recouvrées au 31 décembre 190	OBSERVATIONS
		TOTAL . .					

DRESSÉ par l'Ingénieur en chef soussigné.

A , le 19 .

8. — **Arrêté du 21 mars 1908, déterminant les conditions techniques auxquelles doivent satisfaire les distributions d'énergie électrique pour l'application de la loi du 15 juin 1906 sur les distributions d'énergie** [1].

---

9. — **Circulaire du 21 juillet 1908, adressant aux Préfets l'arrêté technique du 21 mars 1908** [1].

---

[1] L'arrêté du 21 mars 1908 et la circulaire d'envoi du 21 juillet suivant ont été abrogés et remplacés par l'arrêté technique et la circulaire du 21 mars 1910.

10. — **Décret du 3 avril 1908, portant règlement d'administration publique pour l'application de la loi du 15 juin 1906 sur les distributions d'énergie.**

LE PRÉSIDENT DE LA RÉPUBLIQUE FRANÇAISE,

Sur le rapport du Ministre de l'Intérieur, du Ministre des Travaux Publics, des Postes et Télégraphes, et du Ministre de l'Agriculture ;

Vu la loi du 15 juin 1906 sur les distributions d'énergie, notamment l'article 18 portant que des règlements d'administration publique déterminent :

« 1° La forme des enquêtes prévues aux articles 6, 11 et 12, étant stipulé « que l'avis des Conseils municipaux intéressés devra être demandé au « cours de ces enquêtes ;

« 2° Les formes de l'instruction des projets et de leur approbation :

. . . .

« 4° Les conditions générales et d'intérêt public auxquelles devront « satisfaire les ouvrages servant à la distribution d'énergie soit en vertu « de concessions, soit en vertu de permissions de voirie ;

« 5° La forme des réquisitions à adresser en vertu de l'article 17 ;

« 6° Les mesures relatives à la police et à la sécurité de l'exploitation « des distributions d'énergie ;

. . . .

« 8° Et, en général, toutes les mesures nécessaires à l'exécution de la « présente loi ; »

Vu l'avis du Comité d'électricité institué en vertu de l'article 20 de la loi du 15 juin 1906,

Le Conseil d'État entendu,

DÉCRÈTE

CHAPITRE PREMIER

AUTORISATIONS POUR LES DISTRIBUTIONS D'ÉNERGIE ÉLECTRIQUE ÉTABLIES EXCLUSIVEMENT SUR LES TERRAINS PRIVÉS

Forme et présentation de la demande en autorisation.

ARTICLE PREMIER. — Toute demande en autorisation pour les ouvrages de distribution d'énergie électrique à établir exclusivement sur des terrains privés, mais à moins de dix mètres de distance horizontale d'une ligne télégraphique ou téléphonique préexistante, est adressée en double expédition au Préfet qui la transmet immédiatement à l'ingénieur en chef du contrôle.

Elle est accompagnée d'un plan indiquant le tracé de la ligne et d'un état de renseignements, conforme au modèle arrêté par le Ministre des Postes et des Télégraphes, après avis du Comité d'électricité.

**Instruction
de la demande
et délivrance
de l'autorisation.**

ART. 2. — L'ingénieur en chef du contrôle, après avoir constaté que les ouvrages projetés rentrent dans la catégorie prévue par le titre II de la loi du 15 juin 1906, transmet le dossier à l'ingénieur en chef des télégraphes ou à son délégué ; celui-ci formule son avis sur les conditions techniques auxquelles doit satisfaire l'installation en vue d'éviter les troubles dans le fonctionnement des lignes télégraphiques ou téléphoniques préexistantes ; il indique, s'il y a lieu, les travaux à exécuter à cet effet, fait signer au demandeur les engagements nécessaires et adresse le dossier au Préfet.

Le Préfet, en conformité de l'avis de l'Administration des Télégraphes, accorde l'autorisation demandée.

CHAPITRE II
PERMISSIONS DE VOIRIE

**Forme
et présentation
de la demande.**

ART. 3. — Toute demande de permission de voirie pour une distribution d'énergie électrique ne s'étendant que sur un département est adressée au Préfet, qui en donne récépissé et la transmet immédiatement à l'ingénieur en chef du contrôle.

Si la distribution doit s'étendre sur plus d'un département, la demande est adressée au Ministre des Travaux publics, qui désigne le service chargé de l'instruction, transmet le dossier à ce service et en avise les préfets des départements intéressés et le demandeur.

ART. 4. — La demande indique le lieu où le pétitionnaire élit domicile et où lui seront valablement faites par l'administration toutes notifications utiles. Elle est accompagnée d'un *avant-projet* comprenant :

1° Un extrait de carte à l'échelle de $1/80000^e$;

2° Un plan général et une nomenclature des voies publiques à emprunter ;

3° Un mémoire indiquant la destination et l'importance de la distribution, l'emplacement et la nature des ouvrages projetés ;

4° Des dessins donnant les types des installations à établir sur le domaine public.

Le pétitionnaire fournit, sur la demande du service du contrôle, des exemplaires du dossier en nombre suffisant pour l'instruction.

**Instruction
de la demande
et délivrance
des permissions
pour
les distributions
qui empruntent**

ART. 5. — Lorsque la distribution doit emprunter en tout ou partie des voies dépendant de la grande voirie, des chemins vicinaux de grande communication ou des chemins d'intérêt commun, l'ingénieur en chef consulte les ingénieurs et agents voyers préposés à l'administration de ces voies.

des voies
dépendant
de la grande voirie,
des chemins
de grande
communication
ou des chemins
d'intérêt commun.

Il communique à chacun des maires des communes traversées l'extrait du dossier concernant sa commune. Dans le délai de quinze jours, les maires renvoient à l'ingénieur en chef les pièces communiquées en formulant leurs observations sur les permissions qui sont de la compétence du Préfet et en joignant à leur envoi les arrêtés portant délivrance des permissions de voirie pour les voies qui sont de leur compétence ou, à défaut, en indiquant les motifs qui s'opposent à la délivrance de ces permissions.

Si la demande prévoit une distribution d'éclairage, le délai imparti aux maires est porté à un mois pour les communes où doit être distribuée la lumière ; les maires de ces communes provoquent l'avis du conseil municipal et le joignent au dossier.

Si la demande vise une ou plusieurs communes où existent déjà des concessions de distribution d'énergie, l'ingénieur en chef invite les concessionnaires antérieurs à fournir leurs observations dans le délai de quinze jours.

L'instruction terminée, l'ingénieur en chef transmet, avec son rapport, un exemplaire du dossier au Préfet de chaque département.

ART. 6. — Dans le cas où il y a accord entre les services intéressés et où, en cas de distribution d'éclairage, aucun Conseil municipal n'a fait d'opposition, le Préfet délivre les permissions qui sont de sa compétence en raison de la nature des voies publiques à emprunter et remet au demandeur les permissions délivrées par les maires pour les chemins vicinaux ordinaires, les chemins ruraux et les voies urbaines, ou les délivre lui-même en vertu des pouvoirs qui lui sont conférés qar l'article 98 de la loi municipale du 5 avril 1884 et en avise les maires.

ART. 7. — En cas de désaccord entre les services intéressés ou d'opposition d'un Conseil municipal à une distribution d'éclairage, le dossier est transmis au Ministre des Travaux publics qui, après avis du Ministre de l'Intérieur, renvoie ce dossier au Préfet avec ses instructions.

ART. 8. — Dans tous les cas où la distribution projetée doit emprunter, autrement que par une simple traversée, des voies dépendant de la grande voirie et non affectées à la circulation publique, le Préfet, avant de statuer, transmet le dossier au Ministre des Travaux publics qui, après examen, lui renvoie ce dossier avec ses instructions.

ART. 9. — Lorsque la demande vise plusieurs départements, chaque Préfet transmet le dossier, avec son avis, au Ministre des Travaux publics, qui, après examen, lui renvoie ce dossier, en lui faisant connaître dans quelles conditions les permissions de voirie doivent être accordées. S'il y a désaccord entre les services intéressés ou s'il y a opposition d'une commune en cas de distribution d'éclairage, le Ministre des Travaux publics prend, au préalable, l'avis du Ministre de l'Intérieur.

Instruction de la demande et délivrance des permissions pour les distributionss qui empruntent exclusivement des chemins vicinaux ordinaires des chemins ruraux ou des voies urbaines.

ART. 10. — Pour les distributions qui empruntent exclusivement des chemins vicinaux ordinaires, des voies rurales ou des voies urbaines, l'ingénieur en chef adresse le dossier au maire de chaque commune avec son avis sommaire.

Les maires des communes où existe déjà une distribution publique concédée invitent le concessionnaire antérieur à fournir ses observations dans un délai maximum de dix jours à l'expiration duquel il est passé outre.

Aussitôt après avoir statué, les maires en avisent l'ingénieur en chef et lui envoient un duplicata des permissions délivrées.

Branchement nouveaux.

ART. 11. — Sauf disposition contraire de la permission initiale, tout branchement nouveau doit faire l'objet d'une permission spéciale.

Revision et révocation des permissions de voirie.

ART. 12. — Les permissions de voirie autorisant des distributions d'énergie électrique peuvent être revisés sous les conditions ordinaires des arrêtés réglementaires relatifs à ces permissions.

Elles peuvent être révoquées sous les mêmes conditions et, notamment, si le permissionnaire ne se conforme pas, après mise en demeure, aux obligations qui lui sont imposées, soit par sa permission, soit par les lois et règlements. Les permissions sont également révocables si la distribution cesse d'être affectée à la destination qui avait motivé l'autorisation.

CHAPITRE III

CONCESSIONS SIMPLES, SANS DÉCLARATION D'UTILITÉ PUBLIQUE

SECTION 1

Présentation de la demande et mise a l'enquête.

Forme et présentation de la demande.

ART. 13. — Toute demande en concession d'une distribution d'énergie électrique est adressée :

Au Ministre des Travaux publics si, conformément à

l'article 6 de la loi du 15 juin 1906, la concession est de la compétence de l'État et s'étend sur plusieurs départements ;

Au Préfet, si la concession est de la compétence de l'État et ne s'étend que sur un département ;

Aux maires si la concession est de la compétence d'une commune ou d'un syndicat de communes.

ART. 14. — La demande est accompagnée d'un dossier comprenant :

1° Un extrait de carte à l'échelle de 1,80000° ;

2° Un mémoire descriptif indiquant la destination et l'importance de l'entreprise, les conditions générales et les dispositions principales de la distribution ;

3° Un projet de tarif maximum pour la vente de l'énergie électrique.

Mise à l'enquête. ART. 15. — Si la concession est de la compétence de l'État, le Ministre ou le Préfet statue sur la mise à l'enquête après instruction faite par le service du contrôle.

Si la concession est de la compétence d'une commune, ou d'un syndicat de communes, le maire ou le président du syndicat, après avis sommaire de l'ingénieur en chef du contrôle, soumet le dossier au conseil municipal ou aux conseils municipaux intéressés, qui décident s'il y a lieu de procéder à l'enquête.

Quand l'enquête a été décidée par l'autorité compétente, il y est procédé dans les conditions déterminées ci-après

SECTION II
Enquête, instruction et décision dans le cas de concession à accorder par l'État.

Arrêté d'enquête. ART. 16. — Un arrêté du Préfet de chacun des départements où s'étend la distribution fixe la date de l'ouverture de l'enquête, indique les localités où elle est ouverte, nomme les membres de la commission d'enquête, en désigne le président et fixe le lieu de ses réunions.

Cet arrêté est affiché dans toutes les communes qui doivent être desservies ou traversées par la distribution d'énergie électrique dont la concession est demandée. Il est justifié de cette formalité par un certificat du maire.

Composition de la commission d'enquête. ART. 17. — Chaque commission d'enquête se compose de trois membres au moins et de plus, choisis parmi les principaux propriétaires d'immeubles, négociants et industriels de la région.

Durée de l'enquête. ART. 18. — Le projet de la concession, ainsi que les registres destinés à recevoir les observations auxquelles peut donner lieu l'entreprise projetée, reste déposé pendant quinze jours à la mairie de chaque commune desservie ou traversée.

Les pièces et extraits de dossiers sont fournis par le demandeur en concession et à ses frais, en autant d'exemplaires qu'il y a de communes desservies ou traversées.

Réunion de la commission d'enquête.

ART. 19. — A l'expiration du délai de quinze jours ci-dessus fixé, la commission d'enquête se réunit sur la convocation du Préfet. Elle examine les déclarations consignées aux registres de l'enquête, entend toutes personnes qu'elle juge à propos de consulter et donne son avis motivé, tant sur l'utilité de l'entreprise que sur les diverses questions qui ont été posées par l'Administration ou soulevées au cours de l'enquête.

Ces diverses opérations, dont il est dressé procès-verbal, doivent être terminées dans un délai de huit jours.

Aussitôt que le procès-verbal de la commission d'enquête est clos, et, au plus tard à l'expiration du délai ci-dessus fixé, le président de la commission adresse ce procès-verbal, avec les registres et les autres pièces de l'enquête, au Préfet, qui transmet immédiatement le dossier à l'ingénieur en chef du contrôle.

Remplacement de la commission d'enquête par un commissaire enquêteur.

ART. 20. — Pour les affaires de moindre importance, le Préfet peut désigner, au lieu de la commission d'enquête, un commissaire enquêteur chargé de procéder à l'enquête dans les mêmes formes que la commission.

Avis des conseils municipaux.

ART. 21. — En même temps qu'il est procédé à l'enquête, le Préfet invite les conseils municipaux des communes intéressées à délibérer sur l'utilité et la convenance de l'entreprise.

Les procès-verbaux de leurs délibérations doivent être adressés à l'ingénieur en chef du contrôle dans le délai d'un mois à dater de la communication du dossier.

Instruction de la demande.

ART. 22. — L'ingénieur en chef du contrôle, sur le vu du dossier de l'enquête, entend les concessionnaires antérieurs, provoque, s'il y a lieu, une conférence entre les services intéressés, invite le demandeur à faire connaître ses observations et propositions, dans le cas où des objections ou conditions auraient été formulées, soit au cours de l'enquête, soit pendant l'instruction, et transmet le dossier au Préfet de chaque département, avec son rapport, en y joignant l'adhésion du demandeur, ou ses observations en cas de refus, ainsi que les adhésions des divers services intéressés, ou leurs observations en cas de désaccord.

**Délivrance
de la concession.**

ART. 23. — Lorsque la concession projetée ne doit s'étendre que dans un département, et s'il y a accord entre les divers services et communes intéressés, le Préfet signe l'acte de concession au nom de l'État.

S'il y a désaccord entre les services ou communes intéressés, le Préfet transmet le dossier avec son avis au Ministre des Travaux publics. Le Ministre, après avoir consulté le Comité d'électricité, renvoie le dossier au Préfet avec ses instructions. Le Préfet notifie la décision au demandeur et signe l'acte de concession.

Lorsque la concession doit s'étendre sur plusieurs départements, chaque Préfet transmet le dossier au Ministre des Travaux publics avec son avis. Le Ministre consulte le Comité d'électricité, en cas de désaccord entre les services ou les communes intéressés. Il prend l'avis du Ministre de l'Intérieur, statue sur les conditions auxquelles la concession peut être accordée, les notifie au demandeur et passe l'acte de concession au nom de l'État.

**Modifications
au cahier
des charges-type.**

ART. 24. — Dans tous les cas où l'acte de concession comporte des modifications ou dérogations au cahier des charges type arrêté en exécution de l'article 6 de la loi du 15 juin 1906, le dossier est transmis par les soins du Ministre des Travaux publics au Conseil d'État, avec les avis du Ministre de l'Intérieur, du Ministre de l'Agriculture et de l'Administration des Postes et Télégraphes. L'approbation de la concession est prononcée par décret, conformément aux dispositions de l'article 7 de la loi.

SECTION III

Enquête, instruction et décision dans le cas de concession à accorder par une commune ou un syndicat de communes.

Enquête.

ART. 25. — Lorsque la concession doit être donnée par une commune ou un syndicat de communes, il est procédé à l'enquête comme il est indiqué au chapitre précédent, sauf les modifications ci-après.

Le Préfet nomme toujours un commissaire enquêteur, au lieu de la commission d'enquête prévue à l'article 17, et désigne la commune à la mairie de laquelle le commissaire enquêteur entendra les dépositions.

Le délai pendant lequel l'enquête reste ouverte dans les conditions prévues à l'article 18 est réduit à huit jours.

Le délai imparti au commissaire enquêteur pour effectuer les opérations prévues à l'article 19 est réduit à trois jours.

Aussitôt que le procès-verbal de l'enquête est clos, et au plus tard à l'expiration du délai de trois jours ci-dessus fixé, le commissaire enquêteur adresse le dossier au Préfet, qui le transmet immédiatement à l'ingénieur en chef du contrôle.

Instruction.

ART. 26. — L'ingénieur en chef provoque, s'il y a lieu, une conférence entre les services intéressés, entend les concessionnaires antérieurs, puis transmet le dossier. avec ses observations ou propositions, au maire ou au président du syndicat.

Délivrance de la concession.

ART. 27. — Si une entente s'établit entre la commune ou le syndicat de communes et le demandeur, et si les conditions de l'entente sont conformes à l'avis des services intéressés, le maire ou le président du syndicat passe l'acte de concession et l'adresse à l'ingénieur en chef du contrôle, qui, après vérification, le soumet à l'approbation du Préfet. Pour les syndicats comprenant des communes situées dans des départements différents, l'acte de concession est soumis à l'approbation du Préfet du département auquel appartient la commune, siège de l'association.

S'il y a désaccord entre les services intéressés ou si une entente s'établit entre la commune ou le syndicat de communes et le demandeur, contrairement à l'avis desdits services, le maire ou le président du Syndicat transmet le dossier au Préfet, qui l'adresse au Ministre des Travaux publics. Le Ministre consulte le Comité d'électricité, prend l'avis du Ministre de l'Intérieur et renvoie le dossier au Préfet avec ses instructions. Le Préfet notifie la décision du Ministre au maire ou au président du syndicat, qui passe l'acte de concession et l'envoie à l'ingénieur en chef du contrôle pour être soumis, après vérification, à l'approbation du Préfet.

Modifications au cahier des charges-type.

ART. 28. — Dans tous les cas où l'acte de concession passé par le maire ou le président du syndicat comporte des modifications ou dérogations au cahier des charges type, la concession ne devient définitive qu'après avoir été approuvée dans les conditions prévues par l'article 24 ci-dessus.

CHAPITRE IV
CONCESSIONS AVEC DÉCLARATION D'UTILITÉ PUBLIQUE

Formalités de l'instruction.

Présentation de la demande, enquête et instructions

ART. 29. — Les demandes en concession d'une distribution d'énergie électrique avec déclaration d'utilité publique sont présentées, soumises à l'enquête, instruites, et l'acte de concession est passé conformément aux prescriptions du chapitre iii du présent règlement. Dans tous les cas, le dossier est adressé au Ministre des Travaux publics avec l'acte de concession passé par l'autorité locale compétente ou avec le projet d'acte à passer par le Ministre.

Déclaration d'utilité publique. Approbation de l'acte de concession en Conseil d'État.

ART. 30. — Le Ministre des Travaux publics, après avoir complété le dossier, s'il y a lieu, par l'acte de concession revêtu de sa signature, le transmet au Conseil d'État de concert avec le Ministre de l'Intérieur, et avec les avis du Ministre de l'Agriculture et de l'Administration des Postes et Télégraphes.

La déclaration d'utilité publique est prononcée, et la concession approuvée par décret, conformément aux dispositions de l'article 11 de la loi du 15 juin 1906.

CHAPITRE V

INSTRUCTION ET APPROBATION DES PROJETS DÉFINITIFS. ENQUÊTES POUR L'ÉTABLISSEMENT DES SERVITUDES PRÉVUES PAR L'ARTICLE 12 DE LA LOI DU 15 JUIN 1906

SECTION I
Instruction et examen des projets.

Instruction des projets définitifs.

ART. 31. — Aucune installation de distribution ne peut être exécutée sur la voie publique sans que le projet définitif en ait été préalablement soumis à l'examen des services intéressés. Il n'est dérogé à cette règle que dans le cas prévu à l'article 35 ci-après.

ART. 32. — Les projets sont adressés à l'ingénieur en chef du contrôle en cinq exemplaires au moins pour chaque département traversé, et en plus grand nombre si l'ingénieur en chef le requiert pour accélérer l'instruction.

ART. 33. — L'ingénieur en chef transmet des exemplaires du dossier aux divers services intéressés, en vue des conférences prévues à l'article 14 de la loi du 15 juin 1906.

Dans le cas de distributions dont le contrôle est de la compétence des communes, les services de contrôle organisés par les municipalités et leurs services de voirie sont appelés à participer aux conférences et à présenter leurs propositions.

L'ingénieur en chef notifie les propositions des services intéressés à l'entrepreneur de la distribution et provoque ses observations sur les objections et conditions formulées au cours de l'instruction.

Approbation des projets.

ART. 34. — S'il y a accord entre les services intéressés et si l'entrepreneur de la distribution a pris par écrit les engagements auxquels serait subordonnée l'exécution des travaux, l'ingénieur en chef autorise cette exécution.

S'il n'y a pas accord entre les services intéressés et le demandeur, l'ingénieur en chef adresse le dossier au Ministre des Travaux publics, qui le soumet au Comité d'électricité.

Si les Ministres intéressés adhèrent à l'avis du Comité, le Ministre des Travaux publics renvoie le dossier à l'ingénieur en chef avec ses instructions. Si les Ministres intéressés n'adhèrent pas tous à l'avis du Comité, il est statué en Conseil des Ministres.

Exécution de lignes secondaires et de branchements.

ART. 35. — Les travaux qui se bornent à la création d'une ligne secondaire ou d'un branchement ayant pour unique objet de relier un immeuble à une canalisation existant sur ou sous la voie publique peuvent être exécutés par les concessionnaires, sans autorisation préalable, à charge par ceux-ci de prévenir huit jours à l'avance le service du contrôle, le service de la voirie et les autres services intéressés, et sous la condition expresse qu'aucune opposition ne soit formulée dans le délai ci-dessus fixé.

Pareille faculté peut être, sous les mêmes conditions, ouverte par les permissions de voirie, en ce qui concerne les branchements particuliers.

S'il y a opposition motivée, le projet de l'ouvrage doit être soumis à l'examen de l'ingénieur en chef du contrôle et instruit dans les formes prévues ci-dessus.

SECTION II
Enquête pour l'établissement des servitudes prévues par l'article 12 de la loi du 15 juin 1906.

Enquête relative aux servitudes.

ART. 36. — L'enquête pour l'établissement des servitudes d'appui, de passage ou d'ébranchage, prévues à l'article 12 de la loi du 15 juin 1906 a lieu sur un plan parcellaire indiquant toute les propriétés atteintes par les servitudes, avec les renseignements nécessaires pour faire connaître la nature et l'étendue des sujétions en résultant.

Le plan des propriétés frappées de servitudes, mentionnant les noms des propriétaires tels qu'ils sont inscrits sur les matrices des rôles, reste déposé pendant huit jours à la mairie de la commune où les propriétés sont situées. Avertissement de l'ouverture de l'enquête est donné collectivement aux intéressés, par voie d'affichage à la mairie. Notification directe des travaux projetés est, en outre, donnée par le maire aux intéressés. Le maire certifie les notifications et affiches ; il mentionne, sur un procès-verbal qu'il ouvre à cet effet, les réclamations et déclarations qui lui ont été faites verbalement et y annexe celles qui lui sont adressées par écrit.

A l'expiration du délai de huitaine, un commissaire enquêteur, nommé par le Préfet, reçoit les observations et appelle, s'il le juge convenable, les propriétaires intéressés. Le commissaire signe le procès-verbal d'enquête, y joint son avis motivé et remet immédiatement, avec toutes les pièces de l'instruction, le dossier au maire, qui le transmet sans délai à l'ingénieur en chef du contrôle.

Si l'exécution des travaux projetés comporte des expropriations, il est procédé à l'enquête pour l'établissement des servitudes en même temps qu'à l'enquête prévue par le titre II de la loi du 3 mai 1841.

Modification éventuelle des projets. Approbation du tracé.

ART. 37. — L'ingénieur en chef du contrôle communique au concessionnaire le dossier de l'enquête.

Le concessionnaire, peut, s'il le juge utile, modifier le projet, en vue de tenir compte des observations faites à l'enquête.

Si les modifications ainsi apportées au projet frappent de servitude des propriétés nouvelles ou aggravent des servitudes antérieurement prévues, notification directe en est donnée par le maire aux intéressés qui ont un délai de huit jours pour présenter leurs observations.

Le projet, modifié ou non par le concessionnaire, est adressé par l'ingénieur en chef du contrôle au Préfet, qui approuve le tracé et notifie son approbation au concessionnaire.

CHAPITRE VI
CONDITIONS GÉNÉRALES ET D'INTÉRÊT PUBLIC
AUXQUELLES DOIVENT SATISFAIRE LES OUVRAGES

Bonne exécution des ouvrages.

ART. 38. — Tous les ouvrages établis sur le domaine public sont exécutés en matériaux de bonne qualité, mis en œuvre suivant les règles de l'art.

Les dispositions techniques adoptées, pour les ouvrages, ainsi que les conditions de leur exécution, doivent satisfaire aux prescriptions des arrêtés pris par le Ministre des Travaux publics, en exécution de l'article 19 de la loi du 15 juin 1906.

En cas de désaccord entre le permissionnaire ou concessionnaire et les services intéressés sur l'application de ces arrêtés à des ouvrages antérieurement exécutés, il est statué par le Ministre des Travaux publics après avis du Comité d'électricité.

Lignes télégraphiques ou téléphoniques

ART. 39. — Les entrepreneurs de distributions d'énergie électrique sont tenus d'établir et d'entretenir à leur frais les lignes télégraphiques ou téléphoniques

**et lignes
de signaux,
établies
pour la sécurité
de l'exploitation.**

ou les lignes de signaux reconnues nécessaires par le service du contrôle pour assurer la sécurité de l'exploitation.

Nul entrepreneur de distribution ne peut faire ou laisser faire usage de ces lignes, ni pour les besoins du service commercial de la distribution, ni pour tous autres motifs étrangers à la sécurité de l'exploitation, s'il n'a obtenu l'autorisation de l'Administration des Postes et des Télégraphes, conformément aux lois et règlements relatifs à l'exercice du monopole des correspondances télégraphiques.

Les projets des lignes télégraphiques ou téléphoniques et des lignes de signaux, établies en vertu du premier paragraphe du présent article, sont soumis à l'approbation de l'Administration locale des Postes et Télégraphes, qui prescrit toutes les dispositions nécessaires pour empêcher qu'aucune atteinte soit portée au monopole de l'État. En cas de désaccord, il est statué par le Ministre des Travaux publics, après avis du Comité d'électricité.

**Emprunt
de support
existants
par de nouveaux
permissionnaires
ou
concessionnaires.**

Art. 40. — Tout permissionnaire ou concessionnaire est tenu, si l'Administration le requiert, de laisser utiliser ses poteaux par d'autres titulaires de permissions ou concessions empruntant la même voie, mais sans qu'il puisse en résulter pour lui aucune gêne dans l'exploitation, ni aucune augmentation de charges.

Le nouvel occupant verse, à titre de droit d'usage, au premier occupant, une indemnité proportionnée aux avantages que lui procure la communauté.

En cas de désaccord sur le principe ou sur les conditions techniques de la communauté, il est statué par le Ministre des Travaux publics, après avis du Comité d'électricité.

CHAPITRE VII
EXÉCUTION ET RÉCEPTION DES TRAVAUX, MISE EN SERVICE

**Avis à donner
avant
le commencement
des travaux.**

Art. 41. — Avant de commencer les travaux d'une distribution, le permissionnaire ou concessionnaire doit en donner avis quatre jours au moins à l'avance au service du contrôle.

Il doit en outre, avant l'ouverture de tout chantier sur la voie publique, en aviser dans le même délai :

1° Les services de voirie intéressés ;

2° Le service des postes et télégraphes, si des lignes télégraphiques et téléphoniques sont intéressées ;

3° Les propriétaires de toutes canalisations touchées par les travaux.

Le permissionnaire ou concessionnaire est dispensé de se conformer au délai de quatre jours ci-dessus indiqué pour l'ouverture des chantiers sur la voie publique en cas d'accident exigeant une réparation immédiate. Dans ce cas, il peut exécuter sans délai tous travaux nécessaires, à charge d'en aviser en même temps les services intéressés et de justifier l'urgence dans un délai maximum de vingt-quatre heures.

Réception des travaux et mise en exploitation.

ART. 42. — Avant la mise en service des ouvrages terminés, il est procédé à leur réception. L'ingénieur en chef du contrôle fixe la date des essais et convoque les représentants des services intéressés.

Si les essais sont satisfaisants, tant au point de vue du fonctionnement de la distribution elle-même qu'à celui de la sécurité et du maintien de la circulation publique et des communications télégraphiques ou téléphoniques, la réception des ouvrages est prononcée.

Sur le vu du procès-verbal de réception, le Préfet, ou l'ingénieur en chef du contrôle, délégué à cet effet, délivre l'autorisation de circulation du courant prévue par l'article 15 de la loi du 15 juin 1906.

Les lignes et branchements, établis conformément aux dispositions de l'article 35 ci-dessus, peuvent être mis en service sans essais de réception.

Dessins des ouvrages de la distribution.

ART. 43. — Dans le délai de six mois après la mise en service de chaque distribution, le permissionnaire ou concessionnaire est tenu d'en remettre le plan au service du contrôle. Au plan doivent être joints des dessins complets des ouvrages principaux, en plan, coupe et élévation, dressés à l'échelle prescrite par l'Administration et donnant tous les détails et renseignements utiles.

Des coupes détaillées à l'échelle prescrite font connaître les dispositions spéciales adoptées dans les traversées de chaussée et sur tous les points pour lesquels la production de ces documents a été requise par l'ingénieur en chef du contrôle.

Le nombre d'expéditions des plans et dessins à fournir est fixé par l'ingénieur en chef du contrôle ; un exemplaire en est remis, dans tous les cas, à l'ingénieur des Télégraphes.

Revision annuelle des plans et dessins.

ART. 44. — Une fois par an au moins, les plans et les dessins des distributions sont revisés et mis au courant par le permissionnaire ou concessionnaire.

Établissement d'office des plans et dessins.

ART. 45. — Faute par le permissionnaire ou concessionnaire de fournir les plans et dessins ou de les tenir à jour, il y est pourvu d'office et à ses frais par les soins du service du contrôle.

Il est procédé de la même façon, si les dessins fournis sont reconnus inexacts ou incomplets.

CHAPITRE VIII
POLICE ET SÉCURITÉ DE L'EXPLOITATION

Entretien et exploitation.

ART. 46. — Les distributions d'énergie électrique et toutes les installations qui en dépendent doivent être constamment entretenues en bon état.

Les permissionnaires ou concessionnaires sont tenus de prendre toutes les mesures nécessaires pour que l'exécution des travaux et l'exploitation de la distribution n'apportent ni gêne ni trouble aux services publics.

Forme des réquisitions prévues par l'article 17 de la loi.

ART. 47. — En cas de troubles, apportés aux services publics, les réquisitions, visées à l'article 17 de la loi du 15 juin 1906, sont adressées à l'ingénieur en chef du contrôle, sous forme de lettres recommandées, soit par les ingénieurs des télégraphes, en ce qui concerne l'Administration des Postes et Télégraphes, soit par les représentants des autres services intéressés.

Elles spécifient notamment :

1° La nature des perturbations qu'il s'agit de faire cesser ou de prévenir ;

2° Les conditions dans lesquelles les perturbations ont été constatées, avec indication spéciale des procès-verbaux qui auraient été dressés en exécution du décret-loi du 27 décembre 1851 ou de tout autre acte législatif ;

3° Les mesures qu'il paraît nécessaire de prévoir dans l'intérêt de la sécurité publique ou de la sûreté et de la régularité des communications télégraphiques ou téléphoniques ;

4° S'il y a lieu, l'injonction à adresser au permissionnaire ou concessionnaire d'avoir à couper le courant par l'application de l'article 48 du présent règlement.

Interruption du courant par réquisition du service du contrôle et des autres services intéressés.

ART. 48. — Le permissionnaire ou concessionnaire est tenu de couper le courant sur l'injonction de l'ingénieur en chef du contrôle, lorsque le mauvais fonctionnement de la distribution est de nature à compromettre la sécurité publique, ou lorsque la coupure est nécessaire pour permettre aux services publics d'effectuer, dans l'intérêt de la sécurité, la visite, la réparation ou la modification de quelque ouvrage dépendant de ces services.

En cas d'accident de personnes ou de danger grave, les agents du contrôle assistant l'ingénieur en chef et les fonctionnaires, autorisés par l'article 17 de la loi du 15 juin 1906 à adresser des réquisitions au service du contrôle, peuvent enjoindre, par les voies les plus rapides, au permissionnaire ou concessionnaire de couper le courant. Avis de l'injonction est, dans tous les cas, donné immédiatement à l'ingénieur en chef du contrôle, qui prend d'urgence les mesures nécessaires pour sauvegarder la sécurité, et peut requérir à cet effet le concours des autorités locales.

Postes de secours en cas d'accident.

ART. 49. — Aux endroits désignés par le Préfet, le permissionnaire ou concessionnaire entretient les médicaments et moyens de secours nécessaires en cas d'accident et affiche les instructions relatives aux mesures à prendre dans ce cas, conformément aux prescriptions du Ministre des Travaux publics.

Mesures concernant la protection des distributions d'énergie et la liberté de la circulation.

ART. 50. — Il est défendu à toute personne étrangère au service des distributions d'énergie et aux services publics intéressés :

1° De déranger, altérer, modifier ou manœuvrer, sous quelque prétexte que ce soit, les appareils et ouvrages qui dépendent de la distribution ;

2° De rien placer sur les supports, conducteurs et tous organes de la distribution, de les toucher ou de rien lancer qui puisse les atteindre ;

3° De pénétrer, sans y être autorisé régulièrement, dans les immeubles dépendant de la distribution et d'y introduire ou laisser introduire des animaux.

Vérifications et instruments de mesure.

ART. 51. — Le permisionnaire ou concessionnaire est tenu, toutes les fois qu'il en est requis, d'effectuer devant les agents du contrôle toutes les mesures nécessaires à la vérification des conditions électriques de la distribution ou de mettre à la disposition de ces agents les instruments de mesure néccessaires pour leur permettre d'effectuer eux-mêmes les vérifications qu'ils jugeraient utiles dans l'intérêt de la police ou de la sécurité de l'exploitation.

Dans le cas où des troubles seraient constatés sur des lignes télégraphiques ou téléphoniques, les ingénieurs des télégraphes peuvent exiger que les vérifications soient faites par eux-mêmes ou en leur présence.

Déclaration d'accidents.

ART. 52. — Toutes les fois qu'il arrive un accident entraînant mort d'homme ou blessure grave, le permissionnaire ou concessionnaire en fait immédiatement la déclaration, par la voie la plus rapide, à l'agent local du contrôle technique : cette déclaration est faite soit verbalement, soit par exprès, soit par dépêche télégraphique ou téléphonique, et confirmée par lettre. Avis en est envoyé à l'ingénieur en chef du contrôle et au procureur de la République par la voie la plus rapide.

Avis doit également être donné à l'ingénieur en chef du contrôle et à l'agent local du contrôle technique des incendies graves ou troubles importants survenus dans le service de la distribution.

CHAPITRE IX

RELATIONS DES ENTREPRISES DE DISTRIBUTION AVEC LA VOIRIE, LES CONCESSIONS DE TRAVAUX PUBLICS ET LES DISTRIBUTIONS VOISINES.

Modifications apportées aux distributions dans l'intérêt de la voirie et des riverains.

ART. 53. — Le permissionnaire ou concessionnaire doit, toutes les fois qu'il en est requis par l'autorité compétente pour un motif de sécurité publique ou dans l'intérêt de la voirie, opérer à ses frais le déplacement des parties de canalisation qui lui sont désignées. Il ne résulte pour lui, de ce fait, aucun droit à indemnité.

Si des modifications sont faites par les riverains aux entrées et accès des immeubles et propriétés en bordure des routes et chemins empruntés, le permissionnaire ou concessionnaire est tenu d'apporter à ses installations les modifications requises par l'Administration.

Traversée de concessions préexistantes par des distributions

ART. 54. — Lorsqu'une distribution d'énergie électrique traverse les ouvrages d'une concession préexistante (chemin de fer, distribution d'énergie, etc.), les mesures nécessaires sont prises pour qu'aucune des deux entreprises n'entrave le bon fonctionnement de l'autre.

Les travaux de modification de toute nature qui seraient à faire dans la concession préexistante, et tous dommages résultant de la traversée sont à la charge du permissionnaire ou concessionnaire de la distribution nouvelle.

En cas d'accord entre les divers services intéressés, les mesures à prendre sont fixées par arrêté préfectoral; en cas de désaccord, elles le sont par décision du Ministre des Travaux publics, après avis du Comité d'électricité.

Modifications aux distributions nécessitées par des travaux publics.

ART. 55. — Dans le cas où l'État, les départements ou les communes ordonnent ou concèdent soit la construction de routes nationales, de routes départementales, de chemins vicinaux, de voies ferrées, de canaux, soit l'installation de communications télégraphiques ou téléphoniques ou de distributions d'énergie et, d'une manière générale, l'exécution de travaux publics qui traversent une distribution et obligent à la modifier, le permissionnaire ou concessionnaire ne peut s'opposer à ces travaux.

Le permissionnaire ou le concessionnaire doit apporter à ses propres installations toutes les modifications prescrites par le Ministre des Travaux publics.

Toutes les dispositions nécessaires sont prises pour

que les modifications ainsi imposées par l'Administration n'apportent aucun obstacle au service de la distribution d'énergie préexistante.

Recours en cas de dommages aux distributions.

ART. 56. — Aucun recours ne peut être exercé contre l'État, les départements ou les communes par le permissionnaire ou le concessionnaire d'une distribution :

Soit à raison des dommages que le roulage ordinaire pourrait occasionner aux ouvrages de la distribution, placés sur ou sous le sol des voies publiques ;

Soit à raison de l'état de la chaussée, des accotements, des trottoirs ou des ouvrages, et des conséquences de toute nature qui pourraient en résulter;

Soit à raison des travaux exécutés sur la voie publique dans l'intérêt de la sécurité publique ou de la voirie;

Soit à raison des travaux exécutés pour l'entretien des lignes télégraphiques ou téléphoniques.

Le permissionnaire ou concessionnaire conserve son droit de recours contre les tiers.

Dommages occasionnés par les distributions.

ART. 57. — Les indemnités pour dommages résultant de l'établissement ou de l'exploitation d'une distribution sont entièrement à la charge du permissionnaire ou du concessionnaire, qui reste responsable de toutes les conséquences dommageables de son entreprise, tant envers l'État, les départements et les communes qu'envers les tiers.

CHAPITRE X
DISPOSITIONS DIVERSES

Comptes rendus statistiques annuels.

ART. 58. — Tout permissionnaire ou concessionnaire doit adresser à l'ingénieur du contrôle chaque année, le 15 avril au plus tard, des états statistiques, conformes aux modèles qui seront arrêtés par le Ministre des Travaux publics, après avis du Comité d'électricité et comprenant les renseignements techniques relatifs à l'année entière du 1er janvier au 31 décembre. Ces renseignements peuvent être publiés en tout ou en partie.

Forme des conférences entre les services intéressés.

ART. 59. — Les conférences, prévues par l'article 14 de la loi du 15 juin 1906, ont lieu à un seul degré. Elles sont ouvertes par l'ingénieur en chef du contrôle, qui établit un exposé de l'objet de la conférence et adresse un exemplaire du dossier au chef de chaque service intéressé pour chaque département et, dans tous les cas, au représentant de l'Administration des Postes et Télégraphes. L'ingénieur en chef provoque en même temps les observations de toute personne dont il juge l'intervention utile pour l'instruction de l'affaire.

Les chefs de services intéressés, après examen, renvoient le dossier à l'ingénieur en chef du contrôle et formulent leurs avis ou observations en ce qui concerne leurs services respectifs.

Sur le vu de ces avis ou observations, l'ingénieur en chef du contrôle formule ses conclusions et clôt le procès-verbal de la conférence.

En cas de désaccord des services intéressés, l'ingénieur en chef du contrôle provoque une conférence effective entre les chefs de service ou leurs délégués. Si l'accord n'intervient pas au cours de cette conférence, le procès-verbal, relatant les avis de tous les services intéressés, est adressé sans délai au Ministre des Travaux publics pour être statué ainsi qu'il appartiendra.

Dispositions transitoires.

ART. 60. — Pour toutes les distributions au sujet desquelles une instruction est actuellement ouverte, les enquêtes et autres formalités régulièrement accomplies conformément aux règles antérieurement en vigueur, seront considérées comme valables. En cas de contestation, il sera statué par le Ministre des Travaux publics.

Exécution du présent règlement.

ART. 61. — Le Ministre de l'Intérieur, le Ministre des Travaux publics, des Postes et des Télégraphes et le Ministre de l'Agriculture sont chargés, chacun en ce qui le concerne, de l'exécution du présent règlement, qui sera publié au *Journal officiel de la République française* et inséré au *Bulletin des lois*.

Fait à Paris, le 3 avril 1908.

A. FALLIÈRES.

Par le Président de la République,

Le *Président du Conseil,*   *Le Ministre*
Ministre de l'Intérieur,   *des Travaux publics,*
                                  des Postes et des Télégraphes,

G. CLEMENCEAU.   Louis BARTHOU.

Le Ministre de l'Agriculture,

J. RUAU.

11. — Circulaire du 3 août 1908, portant envoi du règlement du 3 avril 1908

MINISTÈRE
DES
VAUX PUBLICS,
DES POSTES
ET
TÉLÉGRAPHES

DIRECTION
IES ROUTES,
LA NAVIGATION
ET
DES MINES

DIVISION
DES
TES ET PONTS

2ᵉ BUREAU

Distributions
nergie électrique.

glement d'adminis-
ン publique pour
lication de la loi du
in 1906.

Envoi du décret
u 3 avril 1908.

CIRCULAIRE

érie A. — Nᵒ 5.

RÉPUBLIQUE FRANÇAISE

Paris, le 3 août 1908.

LE MINISTRE

à Monsieur le Préfet du département d

J'ai l'honneur de vous adresser ampliation d'un décret en date du 3 avril 1908, portant règlement d'administration publique pour l'application de la loi du 15 juin 1906 sur les distributions d'énergie. Ce décret complète les dispositions fondamentales de la loi et assure à l'industrie électrique une unité de réglementation qui, jusqu'à présent, lui faisait défaut.

La législation nouvelle, qui abroge et remplace tous actes législatifs ou administratifs antérieurs, relatifs aux distributions d'énergie électrique, soulève des problèmes de nature complexe et délicate, dont l'interprétation est d'autant moins aisée que la matière est d'origine très récente et que la jurisprudence n'a pas encore précisé la portée des textes législatifs. Il m'a donc paru nécessaire d'indiquer explicitement les conséquences générales qui découlent de la loi du 15 juin 1906 et de vous donner des instructions détaillées pour l'application du décret ci-annexé.

DISPOSITIONS GÉNÉRALES

La loi du 16 juin 1906 s'applique à toutes les distributions d'énergie électrique aussi bien à celles qui s'adressent au public qu'à celles qui ne visent que des particuliers : mais elle ne concerne que les distributions, c'est-à-dire les lignes, canalisations, sous-stations. postes de transformation et autres ouvrages servant au transport du courant, et non les usines et appareils servant soit à la production du courant, soit à son utilisation.

Les distributions, situées exclusivement sur des terrains particuliers, peuvent être établies sans formalités, sauf si elles sont à moins de 10 mètres de distance horizontale d'une ligne télégraphique ou téléphonique. Dans ce cas, leur établissement doit être autorisé par le Préfet. conformément au titre II de la loi.

Les distributions d'énergie, empruntant sur tout ou partie de leur parcours le domaine public, peuvent être établies ou exploitées en vertu soit de permissions de voirie, soit de concessions avec ou sans déclaration d'utilité publique. Les permissions sont données par le maire ou le Préfet suivant la nature des voies empruntées ; les concessions sont accordées soit par l'État, soit par les communes ou syndicats de communes.

Ces dispositions n'obligent pas l'Administration à autoriser toute distribution : l'obtention d'une permission ou d'une concession ne constitue pas un droit pour le demandeur. L'autorité compétente a seule qualité pour apprécier si la distribution présente un intérêt suffisant pour justifier l'occupation du domaine public pour un usage autre que l'usage commun. L'Administration peut accorder ou refuser aussi bien une concession qu'une permission, et les considérations qui doivent motiver ses décisions découlent des principes suivants, qui avaient déjà inspiré la circulaire des Ministres de l'Intérieur et des Travaux publics du 15 août 1893, aujourd'hui abrogée.

Lorsqu'un particulier demande à établir sur le domaine public pour son propre usage une canalisation électrique, rien ne s'oppose à ce que cette autorisation lui soit accordée soit par le Préfet soit par le maire, pourvu qu'il n'en résulte aucun inconvénient pour la circulation.

Mais lorsqu'un particulier demande à établir sur une voie publique, quelle qu'elle soit, de grande ou de petite voirie, des ouvrages permanents de distribution proprement dite, destinés à un usage collectif, pour faire commerce de leur exploitation, l'autorité compétente n'a plus seulement à examiner la question de savoir si l'existence de ces ouvrages est compatible avec l'utilisation normale des voies publiques : elle doit examiner, en outre, si l'installation projetée ne risque pas de créer un obstacle à l'organisation et au fonctionnement des services publics.

Qu'il s'agisse d'éclairage ou de force motrice, un pareil examen intéresse au plus haut point les Administrations communales, et il convient de les consulter, même quand la décision finale est dévolue à l'Administration supérieure.

Une distinction est cependant à faire entre la distribution de la lumière et celle de la force.

La loi nouvelle laisse aux communes la faculté de constituer un monopole pour l'éclairage par voie de concession ; par conséquent, en autorisant des distributions d'éclairage, même dans les communes où il n'en existe pas encore, l'État restreint les droits reconnus aux municipalités ; il ne doit donc user des pouvoirs qui lui sont conférés qu'après avoir provoqué l'avis des corps municipaux intéressés. S'il est fait opposition à la distribution projetée, l'autorisation ne peut être donnée, au nom de l'État, que par le Ministre des Travaux publics, dans des conditions offrant aux citoyens toutes garanties pour la sauvegarde de leurs intérêts collectifs.

Les distributions de force, au contraire, sont placées sous le régime de la libre concurrence : aucun privilège n'est réservé aux communes. L'État n'a qu'à se préoccuper de ne pas créer, par son intervention, d'entraves à la création et au développement des services publics, que les municipalités ont mandat d'organiser pour l'ensemble de leurs territoires.

En définitive, il importe que l'État n'autorise des distributions collectives, tant de lumière que de force, qu'après avis des maires, conformément aux prescriptions de la loi du 5 avril 1884, pour les distributions établies à titre précaire et révocable, en vertu de permissions de voirie, et qu'après avis des conseils municipaux pour les distributions à établir en vertu de concessions. Si l'accord ne s'établit pas entre les représentants de l'État et les communes, il appartient au Préfet de statuer en matière de permissions de voirie par application de l'article 98 de la loi du 5 avril 1884 et au Ministre des Travaux publics de se prononcer en matière de concessions, après avis du Comité d'électricité.

Lorsque la distribution a pour objet non de faire le commerce du courant, mais de desservir des services publics, il est du devoir de l'État aussi bien que des communes d'accorder toutes facilités pour l'établissement des ouvrages nécessaires au transport de l'énergie, qu'il y ait ou non des concessions antérieures. L'intervention de l'État, dans les formes prévues par la loi, se justifie par l'intérêt des services publics dont il convient d'assurer la marche, même en cas d'opposition des communes et quelle que soit la catégorie des voies à emprunter.

Les distributions particulières, entraînant l'occupation du domaine public pour un usage autre que l'usage commun, doivent rester précaires et révocables et, par conséquent, être autorisées par permissions de voirie. Pour les distributions publiques, le régime de la concession paraît, en général, préférable.

Ainsi que le rappelait, en effet, la circulaire du 15 août 1893, le nombre des canalisations est limité par le peu de place disponible sous la chaussée ou le long des façades et surtout par les inconvénients que présente le remaniement fréquent des chaussées, en cas de canalisations souterraines multiples, et le voisinage de plusieurs conducteurs aériens, surtout s'ils sont à haute tension. La faculté d'occuper le domaine public ne peut dès lors être accordée, sur une même voie, qu'à un très petit nombre de bénéficiaires.

Si l'occupation est autorisée par permission de voirie, elle constitue au profit des occupants un monopole de fait, sans obligations connexes. Si, au contraire, elle est autorisée par une concession fixant les tarifs et les conditions de l'exploitation, le public est garanti contre les exigences des entrepreneurs de la distribution et la collectivité est desservie dans les meilleures conditions.

Ainsi, dans toutes les communes qui, soit par leur importance, soit par leur association syndicale avec d'autres communes, comportent l'établissement d'une ou plusieurs distributions collectives, il est désirable que les distributions soient autorisées par concession et non par simple permission de voirie. Toutefois, lorsqu'il ne se présente pas de demandeurs en concession, ou lorsque les concessionnaires sont incapables de livrer l'énergie réclamée, des permissions de voirie peuvent être délivrées pour assurer aux habitants, dans de bonnes conditions, la fourniture du courant dont ils ont besoin.

Quant aux lignes de transport desservant des services publics, elles peuvent être autorisées indifféremment soit par concession, soit par permission de voirie, suivant que l'un ou l'autre régime est plus favorable à leur établissement. L'intérêt bien entendu de l'État, comme celui des communes, commande de les favoriser dans la plus large mesure, sans les subordonner aux besoins de l'organisation d'un service collectif de distribution.

DISPOSITIONS SPÉCIALES

Le décret du 3 avril 1908 a pour objet de préciser la procédure à suivre pour l'établissement des distributions et de déterminer les règles générales relatives à la sécurité de l'exploitation et des services que cette exploitation intéresse.

Le chapitre premier traite des distributions d'énergie électrique établies exclusivement sur des terrains privés [1]. Dans cette catégorie ne doivent être rangés que les ouvrages et canalisations établis sur des terrains privés qui forment par leur ensemble une véritable distribution, mais non les canalisations et ouvrages qui, bien que situés sur des terrains privés, font néanmoins partie d'une distribution empruntant en tout ou en partie le domaine public, et dont l'établissement est, par conséquent, régi par les titres III, IV et V de la loi.

Le chapitre II détermine les conditions auxquelles sont accordées les permissions de voirie pour l'établissement des distributions.

Quelles que soient les voies empruntées, toute demande de permission de voirie doit être adressée au Préfet, si la distribution doit s'étendre sur un seul département; au Ministre des Travaux publics, si elle doit s'étendre sur plus d'un département.

A la demande est joint un dossier permettant d'apprécier la situation, la destination et la nature de la distribution projetée. En aucun cas, il ne convient d'examiner isolément une section de ligne, sans étudier en même temps l'ensemble dont elle fait partie. Les ingénieurs doivent, en conséquence, tenir la main à ce que les demandeurs produisent à l'appui de leur demande un plan d'ensemble qui sera plus ou moins détaillé suivant les circonstances, mais qui devra toujours être fourni, même lorsque la demande ne vise qu'une ligne complétant une distribution déjà autorisée.

La permission de voirie n'ayant pour objet que d'autoriser l'occupation du domaine public par le demandeur, sans préjudice de l'approbation par l'ingénieur en chef du contrôle des mesures d'exécution relatives aux ouvrages projetés, le dossier de la demande peut ne comporter que des projets sommaires sans études détaillées, pourvu que les pièces soient suffisantes pour permettre d'apprécier la possibilité et la convenance de

---

[1] Mais à moins de 10 mètres de distance horizontale des lignes télégraphiques ou téléphoniques préexistantes.

l'entreprise ; mais rien ne s'oppose à ce que le demandeur fournisse en même temps que sa demande les projets définitifs, de manière que l'ingénieur en chef du contrôle puisse procéder parallèlement à l'instruction technique et administrative de l'affaire et éviter ainsi les lenteurs d'une double instruction.

Parmi les renseignements que le demandeur est tenu de fournir à l'appui de sa demande figure, explicitement mentionnée, la destination de la distribution. Cette indication est indispensable pour permettre à l'autorité compétente, avant de prendre une décision, d'examiner l'intérêt présenté par l'entreprise projetée et d'apprécier si elle ne porte pas atteinte à des intérêts qu'il y a lieu de sauvegarder.

Toute permission autorisant une distribution qui cesserait d'être affectée à la destination ayant motivé l'autorisation ou serait affectée à une destination différente pourra être frappée de révocation. Devra, notamment, être retirée toute permission dont le titulaire distribuerait de l'énergie en vue de l'éclairage, alors qu'il n'était autorisé à distribuer que de la force.

Pour des motifs analogues, sauf disposition contraire de la permission initiale, tout branchement nouveau doit faire l'objet d'une permission spéciale. Il importe en effet qu'un entrepreneur qui a obtenu une permission pour établir une ligne déterminée ne puisse, sans que les autorités compétentes soient appelées à en connaître, créer une nouvelle distribution faisant concurrence à des concessions préexistantes dont elle n'aurait pas à supporter les charges.

L'instruction des permissions doit être poursuivie dans les formes habituellement admises pour les permissions de voirie. Il convient, toutefois, de remarquer que l'ingénieur en chef du contrôle des distributions d'énergie électrique intervient dans tous les cas, même lorsque la demande ne vise qu'une distribution empruntant exclusivement des voies placées dans les attributions du maire. Il doit, en particulier, veiller à ce que les concessionnaires antérieurs, s'il en existe, soient appelés à fournir leurs observations et à ce que les permissionnaires ne contreviennent pas aux privilèges d'éclairage que les communes ont pu réserver.

Si l'instruction donne lieu à un désaccord entre les services ou communes intéressés, le dossier doit être transmis au Ministre des Travaux publics qui statue après avis du Ministre de l'Intérieur. Le dossier peut également être transmis au Ministre si les concessionnaires antérieurs s'opposent à la délivrance de la permission demandée, mais la transmission à l'autorité supérieure n'est pas obligatoire ; il ne faudrait pas, en effet, qu'un concessionnaire pût compliquer les formalités et retarder de parti pris la marche de l'instruction, surtout lorsque ses prétentions ne sont pas fondées. Dans chaque cas, il appartient au Préfet d'apprécier s'il doit demander des instructions au Ministre, ou s'il est suffisamment éclairé par l'instruction locale pour statuer sous sa propre responsabilité.

Dans tous les cas où la distribution projetée doit emprunter, autrement que par une traversée, des voies dépendant de la grande voirie et non affectées à la circulation publique, notamment des voies ferrées, le Préfet doit consulter le Ministre ; il statue, au contraire, sur le vu du dossier de l'instruction, lorsque la distribution ne fait que traverser les chemins de fer ou les canaux et qu'il y a accord entre les divers services intéressés.

Le chapitre III traite des concessions simples, sans déclaration d'utilité publique.

La concession est donnée soit par la commune, soit par le syndicat formé entre plusieurs communes, si la demande ne vise que le territoire de la commune ou du syndicat, soit par l'État dans les autres cas.

Un même entrepreneur peut demander séparément des concessions dans plusieurs communes voisines et les relier entre elles, sans que l'ensemble de la distribution doive faire l'objet d'une concession de l'État. Inversement, il peut demander à l'État une concession s'étendant sur deux ou plusieurs communes. Mais, dans tous les cas, la concession ne peut être donnée qu'après une enquête ouverte dans les conditions prévues par le décret.

La concession confère au concessionnaire le droit d'exécuter sur les voies publiques, quelle qu'en soit la nature, tous travaux nécessaires à l'établissement et à l'entretien des ouvrages, en se conformant aux conditions du cahier des charges, des règlements de voirie et des règlements d'administration publique édictés pour l'application de la loi.

L'entrepreneur qui bénéficie d'une concession municipale n'a donc pas à se pourvoir d'une permission de voirie portant autorisation d'établir des ouvrages de distribution d'énergie pour occuper le sol des routes nationales ou départementales, comprises dans le périmètre de la concession ; de même l'entrepreneur qui bénéficie d'une concession de l'État n'a pas à demander une permission spéciale pour occuper les voies vicinales ou urbaines. L'occupation n'est subordonnée qu'à l'approbation des travaux par le service du contrôle, après conférence avec les services intéressés, et aux autorisations particulières requises par les règlements de voirie et par les règlements d'administration publique, édictés pour l'application de la loi du 15 juin 1906.

Le cahier des charges des concessions municipales, comme celui des concessions de l'État, doit être conforme à l'un des types approuvés par décret délibéré en Conseil d'État. Toute dérogation, si minime qu'elle soit, nécessite une approbation spéciale par décret (art. 7 de la loi).

Le chapitre IV traite des concessions avec déclaration d'utilité publique.

Les concessions avec déclaration d'utilité publique sont soumises aux mêmes formalités que les concessions simples. Toutefois, elles ne deviennent définitives qu'après avoir été approuvées par le décret qui en prononce l'utilité publique.

Le chapitre V détermine le mode d'instruction et d'approbation des projets définitifs et la forme des enquêtes pour l'établissement des servitudes prévues par l'article 12 de la loi.

Aucune installation de distribution ne peut être exécutée sur la voie publique, sans que le projet définitif en ait été préalablement soumis à l'examen des services intéressés sous réserve des dérogations prévues pour les lignes secondaires et les branchements. Les projets sont toujours adressés à l'ingénieur en chef du contrôle, quel que soit le régime auquel est soumise la distribution.

Conformément à ce qui a été dit plus haut au sujet des avant-projets à fournir en vue de la délivrance des permissions de voirie, les projets définitifs doivent tenir compte d'un ensemble embrassant sinon la totaité de la distribution, du moins une zone assez étendue pour que l'étude produite porte non seulement sur les lignes ou sections de lignes dont l'approbation est demandée et qui ne doivent pas être envisagées isolément, mais encore sur les ouvrages auxquels elles sont reliées.

L'ingénieur en chef ouvre les conférences prévues à l'article 14 de la loi du 15 juin 1906 et, s'il y a accord entre les services intéressés et le demandeur, statue sous sa propre responsabilité et autorise l'exécution des projets, sauf dans les cas visés plus loin, où l'approbation des projets est réservée à d'autres autorités par les lois et règlements.

Les projets d'engagements à prendre par les demandeurs, en vue du payement des travaux qui sont reconnus nécessaires par l'Administration des Télégraphes pour assurer la sécurité de ses lignes et de ses postes, sont adressés par l'ingénieur en chef des télégraphes, en même temps que son avis sur les projets, à l'ingénieur en chef du contrôle qui est chargé de les faire signer par les demandeurs avant toute autorisation d'exécution des travaux par application de l'article 34 du décret du 3 avril 1908 et de les renvoyer ensuite à l'Ingénieur en chef des télégraphes.

S'il n'y a pas accord entre les services intéressés, l'ingénieur en chef adresse directement le dossier au Ministre des Travaux publics. Il convient de remarquer que le refus du demandeur de prendre les engagements auxquels les services intéressés subordonnent l'exécution des travaux oblige l'ingénieur en chef à saisir le Ministre, tandis qu'au moment de la délivrance d'une permission de voirie ou de l'octroi d'une concession le maire ou le Préfet peut opposer au demandeur une fin de non-recevoir sans que nécessairement l'affaire soit soumise au Ministre. Cette différence de procédure se justifie par le fait que le demandeur n'a aucun droit à l'occupation du domaine public, tandis que l'entrepreneur à qui l'autorisation d'occupation a été accordée doit être mis à même d'user de cette autorisation dans la mesure où l'intérêt de la voirie le permet. Si l'usage du domaine public lui est interdit par les exigences des services intéressés, le différend doit être tranché par l'autorité supérieure.

L'approbation des projets ne doit être exigée que pour les grandes artères et pour les ouvrages principaux des distributions. Les travaux visés par l'article 35 du décret peuvent être exécutés sans autorisation préalable, à charge par l'entrepreneur de prévenir huit jours au moins à l'avance les services intéressés et sous la condition expresse qu'aucune opposition ne soit formulée. Cette tolérance permettra de ne pas retarder l'établissement des ouvrages secondaires nécessaires pour assurer le développement de l'exploitation. Une distribution est, en effet, un organisme en voie constante de transformation ; il importe que des formalités administratives ne retardent pas sa croissance normale quand la sécurité n'est pas en jeu.

Lorsque, en raison de la nature des ouvrages à exécuter, notamment pour les canalisations faisant partie des installations de chemins de fer et tramways, les lois et règlements exigent l'approbation des projets d'ensemble par l'autorité concédante et l'approbation des projets de détail par le Préfet, l'ingénieur en chef ne peut en autoriser l'exécution sous sa propre responsabilité. Il adresse, en ce cas, le dossier des conférences à l'autorité compétente.

S'il y a désaccord entre les services intéressés ou si, en cas de chemin de fer ou tramway, concédé par un Conseil général ou un Conseil municipal, la décision de l'autorité concédante, en ce qui concerne les installations électriques, est contraire à l'avis desdits services, le dossier est transmis au Ministre des Travaux publics, qui statue dans les conditions prévues par l'article 14 de la loi.

La déclaration d'utilité publique investit le concessionnaire de tous les droits que les lois et règlements donnent à l'Administration en matière de travaux publics et lui confère en outre le droit d'établir sur des propriétés privées, après enquête, des servitudes d'appui, de passage et d'ébranchage. La forme des enquêtes pour l'établissement de ces servitudes est précisée par le décret du 3 avril 1908 : il convient de remarquer que, si le concessionnaire modifie le projet en vue de tenir compte des observations faites à l'enquête, et si les modifications frappent de servitudes des propriétés nouvelles ou aggravent des servitudes antérieurement prévues, l'instruction ne doit pas être recommencée en entier : il suffit qu'une notification directe des modifications projetées soit donnée aux intéressés, qui ont un délai de huit jours pour présenter leurs observations.

Le chapitre VI traite des conditions générales et d'intérêt public auxquelles doivent satisfaire les ouvrages de distribution. En principe, toutes les dispositions des arrêtés techniques prévus par l'article 19 de la loi doivent recevoir leur application, à quelque date que remonte l'établissement des ouvrages ; la nécessité d'assurer la sécurité prime en effet toutes les questions d'intérêt particulier. Mais, comme la science électrique progresse tous les jours et que les arrêtés techniques, revisables annuellement, peuvent modifier fréquemment les dispositions à adopter pour la protection des personnes et des services publics, il convient de n'exiger la transformation des ouvrages préexistants que si la nécessité en est absolument démontrée. En cas de contestation, les concessionnaires ou permissionnaires peuvent s'adresser au Ministre des Travaux publics, qui statue après avis du Comité d'électricité.

Parmi les mesures de sécurité qui peuvent être imposées aux entrepreneurs de distribution figure l'établissement des lignes télégraphiques ou téléphoniques, ou des lignes de signaux reconnues nécessaires par le service du contrôle. Ces lignes, lorsqu'elles n'empruntent pas les poteaux de l'Etat, sont construites et entretenues par les entrepreneurs de distribution, mais, en aucun cas, elles ne doivent porter atteinte au monopole que l'Etat s'est réservé pour les communications télégraphiques ou téléphoniques. Il n'est permis d'en faire usage que dans le but exclusif d'assurer la sécurité de l'exploitation.

Il appartient à l'Administration des Postes et des Télégraphes de prendre toutes les mesures utiles pour que ces lignes ne soient pas détournées de leur destination. A cet effet le dossier devra indiquer l'objet de la ligne, sa constitution technique et les moyens proposés pour permettre à l'Administration des Postes et des Télégraphes d'exercer son contrôle.

La surface disponible du domaine public est parfois si restreinte qu'il peut être nécessaire d'établir des lignes de plusieurs entreprises de distribution sur le même poteau ; cette éventualité est prévue par l'article 40 du décret. En cas de désaccord sur le montant des indemnités dues par le nouvel occupant, il est statué par les tribunaux compétents.

Le chapitre VII traite de l'exécution et de la réception des travaux. Si les essais sont satisfaisants, la réception des travaux est prononcée, quelle que soit la nature de la distribution, par l'ingénieur en chef du contrôle des distributions d'énergie électrique, seul compétent pour convoquer les services intéressés.

La mise en service des ouvrages reçus ne peut avoir lieu qu'après délivrance d'une autorisation de circulation de courant. Pour hâter l'expédition des affaires, il est désirable que cette autorisation soit délivrée directement par l'ingénieur en chef délégué à cet effet par le Préfet, par application de l'article 42 du décret.

Le chapitre VIII traite de la police et de la sécurité de l'exploitation. L'ingénieur en chef du contrôle des distributions d'énergie électrique est désigné pour recevoir les réquisitions des services intéressés visées par l'article 47 de la loi ; il doit prendre, avec le concours des agents placés sous son autorité ou sous sa surveillance, les mesures nécessaires pour qu'il soit déféré immédiatement à ces réquisitions. En cas de contestation, l'ingénieur en chef provoque une conférence entre les services intéressés et, s'il y a désaccord, saisit le Ministre des Travaux publics, le tout sans préjudice des mesures d'urgence qu'il lui appartient de prendre dans les cas visés par l'article 48 du décret.

Le chapitre IX précise les relations des entreprises de distribution avec la voirie, les concessions de travaux publics et les distributions voisines.

Il n'appelle pas d'observations spéciales.

Le chapitre X contient diverses dispositions ayant pour objet de faciliter l'application de la loi.

L'article 59 prévoit notamment une simplification des conférences entre les services intéressés. Les conférences n'ont lieu qu'à un seul degré en vue de diminuer les délais de l'instruction. Les chefs de service peuvent, s'ils le jugent utile, demander l'avis des ingénieurs, placés sous leurs ordres, les déléguer ou se faire représenter par eux ; mais, en cas de désaccord, ils doivent provoquer, entre les services intéressés, une conférence effective, où pourront être résolues, séance tenante, toutes difficultés relatives à l'établissement des distributions, de manière que les pertes de temps soient évitées et les formalités abrégées dans la mesure où le permettent les prescriptions de la loi.

Louis Barthou.

12. — Décret du 17 mai 1908, approuvant le cahier des charges-type pour la concession d'une distribution publique d énergie électrique par une commune ou un syndicat de communes.

DÉCRET

LE PRÉSIDENT DE LA RÉPUBLIQUE FRANÇAISE,

Sur le rapport du Ministre des Travaux publics, des Postes et des Télégraphes,

Vu la loi du 15 juin 1906 sur les distributions d'énergie et notamment l'article 6 de cette loi,

Le Conseil d'État entendu,

DÉCRÈTE :

ARTICLE PREMIER

Est approuvé le cahier des charges ci-annexé, dressé en exécution de l'article 6 de la loi du 15 juin 1906 pour la concession d'une distribution publique d'énergie électrique par une commune ou un syndicat de communes.

ART. 2.

Le Ministre des Travaux publics, des Postes et des Télégraphes est chargé de l'exécution du présent décret.

Fait à Rambouillet, le 17 mai 1908.

ARMAND FALLIÈRES.

Par le Président de la République :

*Le Ministre des Travaux publics,
des Postes et des Télégraphes,*
LOUIS BARTHOU.

CAHIER DES CHARGES-TYPE
POUR LA CONCESSION
D'UNE
DISTRIBUTION PUBLIQUE D'ÉNERGIE ÉLECTRIQUE
PAR UNE COMMUNE
OU UN SYNDICAT DE COMMUNES

N. B. — Le présent texte est rédigé en vue d'une concession accordée par une commune. Quand la concession est accordée par un syndicat de communes, il y a lieu de remplacer « commune » par « syndicat de communes », « conseil municipal » par « comité du syndicat » et « maire » par « président du syndicat ».

Les mots ou phrases en italique peuvent être maintenus ou rayés, au choix de l'autorité concédante.

CHAPITRE PREMIER

OBJET DE LA CONCESSION

ARTICLE PREMIER

Service concédé.   La présente concession a pour objet la distribution publique de l'énergie électrique dans la commune de. . . . . [1]. pour . . . . [2].

La concession ne comprend pas la fourniture électrique pour force motrice aux entreprises de transport en commun *et aux établissements ou services ci-après énumérés.* . . .

Ces entreprises *ou établissements* peuvent toutefois être desservis par le concessionnaire dans les conditions prévues à l'article 3 ci-après.

ART. 2

Droit d'utiliser les voies publiques.   La concession confère au concessionnaire le droit d'établir et d'entretenir, dans le périmètre de sa concession, soit au-dessus, soit au-dessous des voies publiques et de leurs dépendances, tous ouvrages ou canalisations destinés à la distribution de l'énergie électrique, en se conformant aux conditions du présent cahier des charges, aux règlements de voirie et aux décrets ou arrêtés intervenus en exécution de la loi du 15 juin 1906.

Le concessionnaire ne pourra réclamer aucune indemnité pour le déplacement ou la modification des ouvrages établis par lui sur les voies publiques, lorsque ces changements seront requis par l'autorité compétente pour un motif de sécurité publique ou dans l'intérêt de la voirie.

Privilège pour l'éclairage.   *Pendant la durée de la concession* [3], *le concessionnaire aura seul le droit d'utiliser, dans les limites de sa concession, les voies publiques dépendant de la commune en vue de pourvoir à l'éclairage privé par une distribution publique d'énergie, sans que cependant ce privilège puisse s'étendre à l'emploi de l'énergie à tous*

[1] Indiquer si la concession porte sur tout le territoire de la commune ou délimiter la partie sur laquelle elle porte.

[2] Suivant que la concession comporte la distribution de l'énergie électrique en vue de l'éclairage seul, en vue de tous usages ou en vue de tous usages autres que l'éclairage, l'une des trois formules suivantes sera employée :
l'éclairage public ou privé,
tous usages,
tous usages autres que l'éclairage public ou privé.

[3] Ou « Pendant les..... premières années de la concession »

usages autres que l'éclairage, ni à son emploi accessoire pour l'éclairage des locaux dans lesquels l'énergie est ainsi utilisée.

Le privilège résultant de l'alinéa qui précède ne s'applique pas aux entreprises de transport en commun employant, pour l'éclairage des voies et des locaux qui en dépendent, la source d'énergie servant à la traction, ni aux établissements ou services ci-après énumérés :

ART. 3

Utilisation accessoire des ouvrages et canalisations.

Le concessionnaire est autorisé à faire usage des ouvrages et canalisations établis en vertu de la présente concession pour desservir les entreprises de transport en commun. *les établissements ou services énumérés à l'article 1ᵉʳ ci-dessus* et d'une manière générale toutes entreprises situées hors de la commune, à la condition expresse qu'il n'en résulte aucune entrave au bon fonctionnement de la distribution et que toutes les obligations du cahier des charges soient remplies.

CHAPITRE II

TRAVAUX

ART. 4

Approbation des projets.

Les projets de tous les ouvrages dépendant de la concession devront être approuvés dans les formes prévues par la loi du 15 juin 1906 et par le décret du 3 avril 1908.

ART. 5

Ouvrages à établir pour la distribution.

Le concessionnaire sera tenu d'établir à ses frais les canalisations, sous-stations, postes de transformateurs, etc., nécessaires à la distribution.

Le réseau sera alimenté au moyen d'un ou plusieurs postes centraux, situés sur le territoire de la commune, qui feront partie intégrante de la concession.

Les ouvrages, destinés à la production de l'énergie et à son transport jusqu'à chacun des postes centraux, ne seront pas soumis aux dispositions du présent cahier des charges et devront être établis, s'il y a lieu, en vertu de permissions ou de concessions distinctes données en conformité de la loi du 15 juin 1906.

Toutefois le concessionnaire sera tenu de construire et de maintenir en bon état de service une (ou plusieurs) usine génératrice d'une puissance totale d'au moins . . . kilowatts. Cette (ou ces) usine ainsi que les ou-

vrages la (ou *les*) *reliant au réseau de distribution feront partie de la concession* [1].

Ouvrages et canalisations préexistants.

La commune donne en location au concessionnaire, qui accepte, l'ensemble des immeubles, canalisations, ouvrages, matériel et appareils constituant les installations de la distribution préexistante, suivant inventaire annexé au présent cahier des charges.

La présente location est consentie pour la durée de la concession, mais elle cesserait de plein droit en cas de rachat ou de déchéance.

Le concessionnaire payera, pour l'usage des ouvrages de la distribution qui lui sont donnés à bail par la commune, un loyer annuel de. . . . . [2].

ART. 6

Délais d'exécution.

Les projets des ouvrages et des lignes désignées sur le plan annexé au présent cahier des charges devront être présentés par le concessionnaire dans le délai de. . . . . mois à partir de l'approbation définitive de la concession [3].

Les travaux seront commencés dans le délai de. . . à dater de l'approbation des projets et poursuivis sans interruption, de manière à être achevés dans le délai de. . . . .

[1] La commune peut exiger que les usines dépendant de la concession soient en état de produire toute l'énergie nécessaire à la distribution ; dans ce cas, les deuxième, troisième et quatrième alinéas de l'article 5 doivent être supprimés et le premier alinéa complété par les mots suivants : « ainsi que les ouvrages destinés à la production de l'énergie et à son transport jusqu'au réseau. Tous ces ouvrages feront partie intégrante de la concession ».

[2] Les trois derniers alinéas de l'article 5 ne sont applicables que si la commune dispose, au moment de l'institution de la concession, d'un réseau de distribution déjà existant.

Dans ce cas, la commune peut louer ce réseau au concessionnaire à des conditions déterminées d'un commun accord. Le loyer peut être soit fixe, soit proportionnel aux recettes brutes ou aux bénéfices réalisés par le concessionnaire.

La commune peut également mettre gratuitement le réseau préexistant à la disposition du concessionnaire. En ce cas, les mots « donne en location au » sont remplacés par les mots « met gratuitement à la disposition du » et les deux derniers alinéas sont supprimés.

[3] Au lieu de déterminer les lignes constituant le réseau à établir immédiatement, la commune peut imposer l'établissement d'une longueur donnée de canalisations principales, et dans ce cas le premier alinéa de l'article 6 doit être rédigé de la manière suivante : « Le concessionnaire sera tenu d'établir au moins ..... mètres de canalisations. Il devra en présenter le projet dans le délai de ..... mois à partir de l'approbation définitive de la concession. »

Les autres lignes seront exécutées, lorsqu'elles seront réclamées dans les conditions prévues à l'article 14 ci-après : elles pourront l'être plus tôt, si le concessionnaire le juge utile.

ART. 7

Propriété des installations.

Le concessionnaire sera tenu d'acquérir les machines et l'outillage nécessaires à l'exploitation [1].

Il pourra, à son choix, soit acquérir les terrains et établir à ses frais les constructions affectées au service de la distribution, soit les prendre en location.

Toutefois, il sera tenu d'acquérir en toute propriété et de construire les. . . [2].

Pour l'établissement des ouvrages, la commune s'engage à mettre à la disposition du concessionnaire moyennant. . . . . [3].

Les baux ou contrats relatifs à toutes les locations d'immeubles seront communiqués au Maire ; ils devront comporter une clause réservant expressément à la commune la faculté de se substituer au concessionnaire en cas de rachat ou de déchéance. Il en sera de même pour tous les contrats de fourniture d'énergie, si le concessionnaire achète le courant.

ART. 8

Nature et mode de production du courant [4]

. . . .
. . . .
. . . .
. . . .
. . . .

Usines génératrices [4].

. . . .
. . . .

Sous-stations et postes de transformateurs [4].

. . . .
. . . .
. . . .

[1] Quand le concessionnaire est autorisé à ne pas produire lui-même l'énergie, le mot « l'exploitation » doit être remplacé par les mots « la distribution de l'énergie ».

[2] La commune peut imposer au concessionnaire l'acquisition en toute propriété des immeubles destinés à l'établissement des usines de production et des sous-stations où le courant alternatif est transformé en courant continu.

[3] La commune peut autoriser, par le cahier des charges, le concessionnaire à occuper, dans des conditions déterminées, telle partie du domaine communal qu'elle juge convenable.

[4] Indiquer la nature du courant distribué, le mode de production de ce courant et, s'il y a lieu, la nature du courant primaire.

Lorsque l'acte de concession prévoit la construction d'usines géné-

ART. 9

Tension de distribution

La tension du courant distribué aux abonnés est fixée à. . . . . volts. La tolérance maximum pour la variation de la tension est de . . . p. 100 en plus ou en moins pour l'éclairage, et de. . . p. 100 en plus ou en moins pour tous autres usages [1].

Fréquence [2].

La fréquence du courant distribué est fixée à. . . périodes par seconde ; elle ne doit pas varier de plus de. . . p. 100 en plus ou en moins de sa valeur normale.

ART. 10

Canalisations.

Les canalisations souterraines seront placées directement dans le sol ; *toutefois, elles pourront, sur la demande du concessionnaire, être placées dans des galeries accessibles et elles devront l'être lorsque les services de voirie l'exigeront. Sauf aux traversées des chaussées, elles seront toujours sous les trottoirs,*

A la traversée des chaussées fondées sur béton et des voies de tramways, les dispositions nécessaires seront prises pour que le remplacement des canalisations soit possible sans ouverture de tranchée.

Les canalisations aériennes. . . . . [3].

Branchements particuliers [4].

. . . .

ratrices faisant partie intégrante de la concession, l'article 8 détermine les conditions d'établissement de ces usines.

L'article 8 détermine également, s'il y a lieu, les conditions d'établissement de sous-stations et postes de transformateurs.

[1] La tension peut être différente suivant l'usage qui est fait de l'énergie ou suivant les parties de la commune où elle est utilisée.

Les tensions habituelles de distribution, en vue de l'éclairage, son suivant les cas :

Pour le courant continu, 110 et 220 volts ;

Pour le courant alternatif 110, 190 et 220 volts.

La tolérance admise habituellement pour l'éclairage ne dépasse pas 5 p. 100 en plus ou en moins.

[2] Cet alinéa ne s'applique qu'en cas de distribution par courants alternatifs.

La fréquence habituelle est de 25 ou 50 périodes par seconde ;

La tolérance admise habituellement ne dépasse pas 5 p. 100.

[3] Les municipalités peuvent interdire les canalisations aériennes ; lorsqu'elles les autorisent, elles doivent indiquer si les canalisations peuvent être aériennes dans toute l'étendue de la commune ou sinon dans quelles parties elles ne peuvent pas l'être.

Les municipalités peuvent, en autorisant les canalisations aériennes, déterminer les conditions auxquelles sera soumis leur établissement.

[4] L'article 10 détermine, s'il y a lieu, les conditions auxquelles doivent satisfaire les branchements particuliers.

CHAPITRE III

TARIFS ET CONDITIONS DU SERVICE

ART. 11

Tarif maximum.

Les prix auxquels le concessionnaire est autorisé à vendre l'énergie électrique, ne peuvent dépasser les maxima suivants [1] :

VENTE AU COMPTEUR

Pour l'éclairage, le kilowatt-heure . . . .
Pour tous autres usages, le kilowatt-heure . . . .

. . . .

VENTE A FORFAIT

Pour l'éclairage, le kilowatt-an . . . .
Pour tous autres usages, le kilowatt-an . . . . .

. . . .

Abaissement de tarifs [2].

Si le concessionnaire abaisse pour certains abonnés les prix de vente de l'énergie pour l'éclairage électrique, avec ou sans conditions, au-dessous des limites fixées par le tarif maximum prévu ci-dessus, il sera tenu de faire bénéficier des mêmes réductions tous les abonnés placés dans les mêmes conditions de puissance, d'horaire, d'utilisation, de consommation et de durée d'abonnement.

A cet effet, il devra établir et tenir constamment à jour un relevé de tous les abaissements consentis, avec mention des conditions auxquelles ils sont subordonnés. Un exemplaire de ce relevé sera déposé dans chacun des bureaux où peuvent être contractés des abonnements et tenu constamment à la disposition du public et des agents du contrôle.

---

[1] Le cahier des charges peut fixer des maxima différents suivant les conditions de puissance, d'horaire, d'utilisation et de consommation ; il peut stipuler notamment des réductions pour les abonnés dépassant ou garantissant un minimum déterminé de consommation, pour les abonnés utilisant le courant à des heures ou pendant des saisons déterminées et, d'une manière générale, pour les abonnés acceptant des sujétions spéciales.

Pour la vente à forfait, la période d'un an peut être remplacée par une période d'une durée différente.

[2] Les deux derniers alinéas doivent figurer dans les cahiers des charges de toutes les concessions comportant un privilège pour l'éclairage électrique. Pour celles qui ne comportent qu'un privilège d'une durée limitée, il peut être stipulé que ces deux alinéas cesseront d'être appliqués quand le privilège prendra fin. Ils sont facultatifs pour les concessions qui ne comportent pas de privilège.

ART. 12

Tarifs applicables aux services publics.

Les services publics de l'État et des départements bénéficieront d'une réduction de. . . . p. 100 sur le tarif maximum prévu à l'article ci-dessus [1].

Les établissements publics et les associations agricoles organisées par l'Administration, en vertu des lois du 16 septembre 1807, du 14 floréal an XI et du 8 avril 1898 ou autorisées en conformité des lois des 21 juin 1865-22 décembre 1888 bénéficieront d'une réduction de. . . . . p. 100.

L'énergie nécessaire pour les besoins de la commune sera fournie, au prix et dans les conditions ci-après :

Éclairage des voies publiques . . . . .
Éclairage des bâtiments municipaux . . .
Tous autres usages . . . .

. . . .
La commune s'engage à prendre. . . . . . [2].
Sous réserve de cet engagement, elle reste libre d'adopter tous autres systèmes d'éclairage ou de se procurer par tout autre procédé l'énergie nécessaire à ses services.

ART. 13

Obligation de consentir des abonnements sur tout le parcours de la distribution.

Sur tout le parcours de la distribution, le concessionnaire sera tenu, dans le délai d'un mois à partir de la demande qui lui en aura été faite, de fournir l'énergie électrique dans les conditions prévues au présent cahier des charges à toute personne qui demandera à contracter un abonnement pour une durée d'au moins . . . . . . Lorsque la puissance demandée excédera . . . kilowatts, le concessionnaire pourra exiger que le demandeur lui garantisse pendant . . . années une recette brute annuelle de . . . . . francs par kilowatt demandé.

Si le service du nouvel abonné exige des travaux complémentaires sur le réseau, le délai d'un mois prévu pour la fourniture du courant sera prolongé du temps nécessaire à l'exécution de ces travaux.

En aucun cas, le concessionnaire ne pourra être astreint à dépasser la puissance maximum de. . . . kilowatts pour l'ensemble de la distribution.

---

[1] La réduction sur le tarif maximum stipulé au profit des services publics de l'État et des départements ne peut être inférieure à 20 p. 100.

[2] La commune peut s'engager à demander au concessionnaire tout ou partie du courant nécessaire à ses services, et stipuler toutes dispositions utiles pour régler les conditions de la fourniture et les prix.

Si les demandes viennent à dépasser la puissance disponible, elles seront desservies dans l'ordre de leur inscription sur un registre spécial tenu à cet effet.

Si, dans le délai d'un an après constatation de l'insuffisance de la puissance disponible, le concessionnaire ne s'est pas mis en mesure de fournir tout le courant qui lui est demandé, la clause relative au privilège d'éclairage sera abrogée de plein droit [1].

ART. 14

Obligation d'étendre le réseau.

Le concessionnaire sera tenu d'installer toute ligne pour laquelle un ou plusieurs des propriétaires des immeubles à desservir lui garantiront, pendant cinq ans, une recette brute annuelle de . . . . . . francs par mètre courant de canalisation aérienne ou une recette brute annuelle de . . . . . . francs par mètre courant de canalisation souterraine, la longueur à établir étant comptée à partir du réseau déjà existant, sans y comprendre la longueur des branchements qui desserviront chaque immeuble.

Les projets de la ligne réclamée devront être présentés par le concessionnaire dans le délai d'un mois à partir de la demande qui lui en aura été faite. La ligne devra être achevée et mise en service dans le délai de . . . . . . mois [2] à dater de l'approbation des projets si sa longueur est inférieure à . . . mètres, et dans le délai de . . . . . mois, si sa longueur est supérieure.

Le concessionnaire sera dispensé de l'obligation d'étendre le réseau si les demandes d'abonnement dépassent la puissance disponible sur le maximum prévu à l'article 13 ci-dessus [3].

ART. 15

Branchements et colonnes montantes.

Les branchements sur les canalisations établies sur ou sous les voies publiques, ayant pour objet d'amener le courant du réseau à l'intérieur des immeubles desservis jusques et y compris soit la boîte du coupe-circuit principal, soit le poste de transformateur, seront installés et entretenus par le concessionnaire et feront partie intégrante de la distribution. Les frais d'installation des branchements seront remboursés au concessionnaire par les propriétaires ou abonnés, conformément au tarif ci-après.

[1] Le dernier alinéa n'est applicable qu'au cas de privilège pour l'éclairage.

[2] En aucun cas, le délai ne doit excéder six mois.

[3] A insérer seulement lorsque la puissance à fournir par le concessionnaire est limitée par le cahier des charges.

. . . . , ...
*Les propriétaires ou abonnés qui garantiront une
consommation d'au moins . . . kilowatts-heure par an
pendant . . . années seront dispensés du remboursement des frais d'installation des branchements, à condition d'y substituer le payement d'un loyer mensuel,
conformément au tarif ci-après :*

. . . .
*Lorsque le loyer aura été payé pendant la période
mentionnée ci-dessus, les frais d'installation du branchement seront considérés comme amortis et les abonnés
desservis au moyen de ce branchement en jouiront gratuitement.*

*Les frais d'installation des branchements resteront
entièrement à la charge du concessionnaire, si les propriétaires ou abonnés garantissent une consommation
d'au moins . . . . . kilowatts-heure par an, pendant
. . . . . années.*

Les branchements intérieurs, les colonnes montantes
et toutes dérivations seront établis et entretenus par
les soins et aux frais des propriétaires des immeubles.

*Toutefois, si les propriétaires le requièrent, le conces-
sionnaire sera tenu d'exécuter et d'entretenir lui-même
ces installations, moyennant une rémunération calculée
conformément au tarif ci-après :*

. . . .
Les tarifs prévus au présent article seront revisables
à toute époque par une délibération du conseil municipal, acceptée par le concessionnaire et approuvée
par le préfet.

ART. 16

Compteurs.

Les compteurs servant à mesurer les quantités d'é-
nergie livrées aux abonnés par le concessionnaire
seront d'un des types approuvés par le Ministre des
Travaux publics, après avis du Comité d'électricité institué conformément à la loi du 15 juin 1906. Pour
chaque type, le Ministre déterminera la valeur des
écarts dans la limite desquels les compteurs seront considérés comme exacts.

Les compteurs seront posés, plombés et entretenus
par le concessionnaire.

L'abonné aura la faculté de les fournir lui-même ou
de demander au concessionnaire de les fournir en location [1].

[1] La commune peut spécifier que la fourniture du compteur sera
toujours faite par le concessionnaire. Dans ce cas, les quatre derniers alinéas de l'article 16 seront remplacés par un paragraphe
unique ainsi conçu : « Les compteurs seront fournis, posés, plombés
et entretenus par le concessionnaire qui percevra, à titre de rémunération pour ce service, une somme mensuelle de.... »

Si le compteur appartient à l'abonné, le concessionnaire percevra, à titre de frais de pose, une somme de. . . . . et, à titre de frais d'entretien, une somme mensuelle de. . . . .

Si le compteur est fourni par le concessionnaire, celui-ci percevra, à titre de frais de pose, une somme de. . . . . et à titre de frais de location et d'entretien une somme mensuelle de. . . . .[1].

ART. 17

Vérification des compteurs.

Le concessionnaire pourra procéder à la vérification des compteurs aussi souvent qu'il le jugera utile, sans que cette vérification donne lieu à son profit à aucune allocation en sus des frais d'entretien mentionnés à l'article précédent.

L'abonné aura toujours le droit de demander la vérification du compteur, soit par le concessionnaire, soit par un expert désigné d'un commun accord ou, à défaut d'accord, désigné par l'ingénieur en chef du contrôle des distributions d'énergie électrique. Les frais de la vérification seront à la charge de l'abonné, si le compteur est reconnu exact ou si le défaut d'exactitude est à son profit ; ils seront à la charge du concessionnaire si le défaut d'exactitude est au détriment de l'abonné.

ART. 18

Police d'abonnement.

Les contrats pour la fourniture de l'énergie électrique seront établis sous la forme de polices d'abonnement, conformes aux modèles arrêtés d'accord entre le concessionnaire et le maire autorisé à cet effet par le conseil municipal. Il ne pourra être dérogé aux dispositions contenues dans ces modèles que par une convention spéciale entre le concessionnaire et l'abonné soumise aux conditions stipulées dans les deux derniers alinéas de l'article 11 ci-dessus.

Dans le cas où il y aurait lieu, au cours de la concession, d'apporter des modifications aux modèles de police, à défaut d'accord entre la municipalité et le concessionnaire, il serait statué par le Ministre des Travaux publics après avis du Comité d'électricité.

Avance sur consommation.

L'abonné sera tenu, sur la demande du concessionnaire, de lui verser, à titre d'avance sur consommation, une somme qui ne pourra être supérieure à . . . . . par hectowatt de puissance du compteur.

Cette avance ne sera pas productive d'intérêt et sera remboursable à l'expiration de l'abonnement.

---

[1] Les redevances pour pose, entretien ou location du compteur, peuvent être variables suivant sa puissance et sa nature.

ART. 19

Surveillance des installations intérieures.

Le courant ne sera livré aux abonnés que s'ils se conforment, pour leurs installations intérieures, aux mesures qui leur seront imposées par le concessionnaire, avec l'approbation de l'ingénieur en chef du contrôle, en vue soit d'empêcher les troubles dans l'exploitation, notamment les défauts d'isolement et la mise en marche ou l'arrêt brusque des moteurs électriques, soit d'empêcher l'usage illicite du courant, soit d'éviter une déperdition exagérée d'énergie dans les branchements et colonnes montantes avant les compteurs.

Le concessionnaire sera autorisé, à cet effet, à vérifier, à toute époque, l'installation intérieure de chaque abonné.

Si l'installation est reconnue défectueuse, le concessionnaire pourra se refuser à continuer la fourniture du courant. En cas de désaccord sur les mesures à prendre en vue de faire disparaître toute cause de danger ou de trouble dans le fonctionnement général de la distribution, il sera statué par l'ingénieur en chef du contrôle, sauf recours au Ministre des Travaux publics, qui décidera après avis du Comité d'électricité.

En aucun cas, le concessionnaire n'encourra de responsabilité à raison des défectuosités des installations qui ne seront pas de son fait.

ART. 20 [1]

Conditions particulières du service.

. . . .
. . . .
. . . .

CHAPITRE IV

DURÉE DE LA CONCESSION, RACHAT ET DÉCHÉANCE

ART. 21

Durée de la concession.

La durée de la présente concession est fixée à . . . . . années [2] ; elle commencera à courir de la date de son approbation définitive [3].

[1] L'article 20 indique si l'énergie doit être à la disposition des abonnés en permanence, ou si le service peut être normalement suspendu à des heures déterminées, qui peuvent être variables suivant les saisons.

Il peut contenir, en outre, des conditions spéciales qui seraient stipulées pour la fourniture de l'énergie à certaines catégories d'abonnés.

[2] La durée ne peut être supérieure à quarante ans.

[3] Lorsque la concession a pour objet l'extension d'une concession déjà existante, elle doit prendre fin à la même date que la concession principale et l'article 21 détermine la date d'expiration pour l'ensemble du réseau.

ART. 22

**Reprise
des installations
en fin
de concession.**

A l'époque fixée pour l'expiration de la concession, la commune aura, moyennant un préavis de deux ans, la faculté de se subroger aux droits du concessionnaire et de prendre possession de tous les immeubles et ouvrages de la distribution et de ses dépendances.

Si la commune use de cette faculté, les usines, sous-stations et postes transformateurs, le matériel électrique et mécanique ainsi que les canalisations et branchements faisant ª partie de la concession ª lui sont remis gratuitement, et il ne sera attribué d'indemnité au concessionnaire que pour la portion du coût de ces installations qui sera considérée comme n'étant pas amortie. Cette indemnité sera égale aux dépenses, dûment justifiées, supportées par le concessionnaire pour l'établissement de ceux des ouvrages ci-dessus énumérés subsistant en fin de concession qui auront été régulièrement exécutés pendant les n dernières années de la concession, sauf déduction pour chaque ouvrage de $1/n$ de sa valeur pour chaque année écoulée depuis son achèvement. L'indemnité sera payée au concessionnaire dans les six mois qui suivront l'expiration de la concession [1].

En ce qui concerne le mobilier et les approvisionnements, la commune se réserve le droit de les reprendre en totalité ou pour telle partie qu'elle jugera convenable, mais sans pouvoir y être contrainte. La valeur des objets repris sera fixée à l'amiable ou à dire d'experts, et payée au concessionnaire dans les six mois qui suivront leur remise à la commune.

Si la commune ne prend pas possession de la distribution, le concessionnaire sera tenu d'enlever à ses frais et sans indemnité toutes celles de ses installations qui se trouvent sur ou sous les voies publiques ; il pourra toutefois abandonner sans indemnité les canalisations souterraines, à condition qu'elles n'apportent aucune gêne aux services publics [2].

ª Il est fait remarquer que les mots « faisant partie de la concession » s'appliquent à l'énumération entière : usines, sous-stations, postes transformateurs, matériel électrique et mécanique, canalisations et branchements.

[1] Lorsque la concession comprend un privilège d'éclairage, la période sur laquelle porte l'indemnité ne peut excéder quinze ans.

Lorsque la concession ne comprend pas de privilège d'éclairage, le cahier des charges peut stipuler que l'indemnité portera sur tout les ouvrages établis pendant la durée de la concession.

[2] La commune peut ne pas se réserver la faculté d'obliger le concessionnaire à enlever ses installations en fin de concession et prendre l'engagement de les racheter dans tous les cas. Les modifi-

Dans tous les cas, la commune aura la faculté, sans qu'il en résulte un droit à indemnité pour le concessionnaire, de prendre pendant les six derniers mois de la concession toutes mesures utiles pour assurer la continuité de la distribution de l'énergie en fin de concession, en réduisant au minimum la gêne qui en résultera pour le concessionnaire. Elle pourra notamment, si les sous-stations et postes de transformateurs n'appartiennent pas en propre au concessionnaire ou s'il ne produit pas le courant dans des usines faisant partie de la concession, desservir directement les abonnés par des sous-stations ou postes de transformateurs nouveaux, en percevant à son profit le prix de vente de l'énergie, et d'une manière générale prendre toutes les mesures nécessaires pour effectuer le passage progressif de la concession ancienne à une concession ou à une entreprise nouvelle.

ART. 23

Rachat de la concession.

A toute époque, la commune aura le droit de racheter la concession entière, moyennant un préavis de deux ans.

En cas de rachat, le concessionnaire recevra pour toute indemnité :

1° Pendant chacune des années restant à courir jusqu'à l'expiration de la concession, une annuité égale au produit net moyen des sept années d'exploitation précédant celle où le rachat sera effectué, déduction faite des deux plus mauvaises.

Le produit net de chaque année sera calculé en retranchant des recettes toutes les dépenses, dûment justifiées, faites pour l'exploitation de la distribution, y compris l'entretien et le renouvellement des ouvrages et du matériel, mais non compris les charges du capital, ni l'amortissement des dépenses de premier établissement.

Dans aucun cas, le montant de l'annuité ne sera inférieur au produit net de la dernière des sept années prises pour terme de comparaison.

2° Une somme égale aux dépenses dûment justifiées, supportées par le concessionnaire pour l'établissement

cations suivantes doivent alors être apportées à la rédaction de l'article 22 :

Premier alinéa : les mots « la commune aura, moyennant un préavis de deux ans, la faculté de se subroger » sont remplacés par les mots « la commune sera subrogée », et les mots « et de prendre possession » sont remplacés par les mots « et prendra possession ».

Deuxième alinéa : les mots « si la commune use de cette faculté » sont supprimés et les mots « régulièrement exécutés » sont remplacés par les mots : exécutés après autorisation du conseil municipal ».

L'alinéa en italique est supprimé.

de ceux des ouvrages de la concession, subsistant au moment du rachat, qui auront été régulièrement exécutés pendant les n années précédant le rachat. sauf déduction pour chaque ouvrage de $1/n$ de sa valeur pour chaque année écoulée depuis son achèvement.

La commune sera en outre tenue de se substituer au concessionnaire pour l'exécution des engagements pris par lui en vue d'assurer la marche normale de l'exploitation, et de reprendre les approvisionnements en magasin ou en cours de transport ainsi que le mobilier de la distribution ; la valeur des objets repris sera fixée à l'amiable ou à dire d'experts et sera payée au concessionnaire dans les six mois qui suivront leur remise à la commune.

Si le rachat a lieu avant l'expiration des vingt premières années de la concession, le concessionnaire pourra demander que l'indemnité, au lieu d'être calculée comme il est dit ci-dessus, soit égale aux dépenses réelles de premier établissement, y compris les frais de constitution de la société dans la limite d'un maximum de. . . . . francs et les insuffisances qui se seraient produites depuis l'origine de la concession, si celle-ci remonte à moins de sept ans, et pendant les sept premières années de sa durée, si celle-ci remonte à plus de sept ans. Ces insuffisances seront calculées pour chaque année en prenant la différence entre la recette brute et les charges énumérées ci-après : 1° frais d'exploitation ; 2° intérêt et amortissement des emprunts contractés pour l'établissement de la distribution ; 3° intérêt à 5 p. 100 des sommes fournies par le concessionnaire au moyen de ses propres ressources ou de son capital-actions.

ART. 24

Remise des ouvrages.

En cas de rachat, ou en cas de reprise à l'expiration de la concession, le concessionnaire sera tenu de remettre à la commune tous les ouvrages et le matériel de la distribution en bon état d'entretien.

La commune pourra retenir, s'il y a lieu, sur les indemnités dues au concessionnaire, les sommes nécessaires pour mettre en bon état toutes les installations.

Lorsque la commune usera de la faculté, à elle réservée, de reprendre les installations en fin de concession, elle pourra, avec l'approbation du préfet, se faire remettre les revenus de la distribution dans les deux dernières années qui précéderont le terme de la concession et les employer à rétablir en bon état les installations, si le concessionnaire ne se met pas en mesure de satisfaire pleinement et entièrement à cette obligation et si le montant de l'indemnité à prévoir en raison de la reprise

de la distribution par la commune, joint au cautionne-
ment, n'est pas jugé suffisant pour couvrir les dépenses
des travaux reconnus nécessaires (1).

ART. 25

Déchéance
et mise en régie
provisoire.

Si le concessionnaire n'a pas présenté les projets
d'exécution, ou s'il n'a pas achevé et mis en service
les lignes de distribution dans les délais et conditions
fixés par le cahier des charges, il encourra la déchéance qui sera prononcée, après mise en demeure, par
le ministre des Travaux publics sauf recours au Conseil d'État par la voie contentieuse.

Si la sécurité publique vient à être compromise, le
Maire, après avis de l'ingénieur en chef du contrôle,
prendra aux frais et risques du concessionnaire les
mesures provisoires nécessaires pour prévenir tout
danger. Il soumettra au préfet les mesures qu'il aura
prises à cet effet. Le Préfet prescrira, s'il y a lieu, les
modifications à apporter à ces mesures et adressera
au concessionnaire une mise en demeure fixant le
délai à lui imparti pour assurer à l'avenir la sécurité
de l'exploitation.

Si l'exploitation vient à être interrompue en partie
ou en totalité, il y sera également pourvu aux frais et
risques du concessionnaire. Le Maire soumettra immédiatement au Préfet les mesures qu'il comptera prendre
pour assurer provisoirement le service de la distribution. Le préfet statuera sur ces propositions et adressera une mise en demeure fixant un délai au concessionnaire pour reprendre le service.

Si, à l'expiration du délai imparti, dans les cas prévus aux deux alinéas qui précèdent, il n'a pas été
satisfait à la mise en demeure, le ministre des Travaux
publics pourra prononcer la déchéance.

La déchéance pourra également être prononcée si le
concessionnaire, après mise en demeure, ne reconstitue
pas le cautionnement prévu à l'article 31 ci-après,
dans le cas où des prélèvements auraient été effectués
sur ce cautionnement en conformité des dispositions
du cahier des charges.

La déchéance ne pourra être prononcée par le
ministre des Travaux publics dans les conditions prévues au présent article que sur avis conforme du conseil municipal. Elle ne serait pas encourue dans le cas
où le concessionnaire n'aurait pu remplir ses obliga-

---

1 Lorsque la reprise des installations est obligatoire, cet alinéa doit
toujours figurer dans le cahier des charges ; il faut alors supprimer
les mots suivants dans le premier alinéa : « en cas de reprise » ;
dans le troisième alinéa : « lorsque la commune usera de la faculté,
à elle réservée, de reprendre les installations en fin de concession »

tions par suite de circonstances de force majeure dûment constatées.

ART. 26

Procédure en cas de déchéance.

Dans le cas de déchéance, il sera pourvu tant à la continuation et à l'achèvement des travaux qu'à l'exécution des autres engagements du concessionnaire au moyen d'une adjudication qui sera ouverte sur une mise à prix des projets, des terrains acquis, des ouvrages exécutés, du matériel et des approvisionnements.

Cette mise à prix sera fixée par le ministre des Travaux publics sur la proposition du Préfet, après avis du Conseil municipal, le concessionnaire entendu.

Nul ne sera admis à concourir à l'adjudication s'il n'a, au préalable, été agréé par le Préfet, sur la proposition du Conseil municipal, et s'il n'a fait, soit à la Caisse des dépôts et consignations, soit à la Trésorerie générale du département, un dépôt de garantie égal au montant du cautionnement prévu par le présent cahier des charges.

L'adjudication aura lieu suivant les formes indiquées aux articles 11, 12, 13, 15 et 16 de l'Ordonnance royale du 10 mai 1829.

L'adjudicataire sera soumis aux clauses du présent cahier des charges et substitué aux droits et charges du concessionnaire évincé, qui recevra le prix de l'adjudication.

Si l'adjudication ouverte n'amène aucun résultat une seconde adjudication sera tentée sans mise à prix après un délai de trois mois. Si cette seconde tentative reste également sans résultat, le concessionnaire sera définitivement déchu de tous droits; les ouvrages e le matériel de la distribution ainsi que les approvisionnements deviendront sans indemnité la propriété de la commune.

CHAPITRE V
CLAUSES DIVERSES

ART. 27.

Redevances.

Les redevances pour l'occupation du domaine public communal sont fixées [1] :

. . . .

[1] Les redevances pour l'occupation du domaine public national e départemental ne sont pas réglées par le cahier des charges : elle sont fixées par un règlement d'administration publique. (Décret d 7 octobre 1907).

Les redevances pour l'occupation du domaine public communa doivent être fixées par le cahier des charges conformément au

*Le tarif des redevances dues à la commune ne pourra
pas être revisé pendant la durée de la concession.*

ART. 28

**États statistiques
et contrôle
des recettes.**

Le concessionnaire sera tenu de remettre chaque
année au maire et à l'ingénieur en chef du contrôle un
compte rendu statistique de son exploitation.

Ce compte rendu sera établi conformément au
modèle arrêté par le ministre des Travaux publics
après avis du Comité d'électricité et pourra être publié
en tout ou en partie.

Dans le courant du premier trimestre de chaque
année, le concessionnaire devra en outre adresser au
maire et à l'ingénieur en chef du contrôle l'état des
recettes réalisées dans la commune pendant l'année
précédente.

La commune aura le droit de contrôler ces états ; à
cet effet, ses agents dûment accrédités pourront se
faire présenter toutes pièces de comptabilité nécessaires
pour leur vérification [1].

ART. 29

**Impôts
et droits d'octroi.**

Tous les impôts établis ou à établir par l'État, le
département ou la commune, y compris les impôts
relatifs aux immeubles de la distribution, seront à la
charge du concessionnaire.

Dans le cas où des droits d'octroi nouveaux viendraient à frapper les objets de consommation employés
pour assurer le fonctionnement de la distribution concédée, le concessionnaire aura le droit de réclamer à
la commune le versement d'une somme équivalente, à
titre de subvention.

ART. 30

Pénalités.

Faute par le concessionnaire de remplir les obligations qui lui sont imposées par le présent cahier des

dispositions des articles 1, 2 et 3 du décret du 17 octobre 1907.
Elles peuvent être établies au prorata des longueurs des voies
empruntées ou proportionnellement aux recettes.

S'il n'est pas fait usage de la faculté, réservée par l'article 3 du
décret à la commune concédante, de modifier ou de réduire les
redevances prévues aux articles 1 et 2, il suffit d'ajouter après les
mots « sont fixées » conformément aux articles 1 et 2 du décret du
17 octobre 1907 ».

S'il est fait usage de cette faculté, l'article 27 indique le taux
de la redevance, qui ne peut en aucun cas dépasser les chiffres inscrits aux articles 1, 2 ou 3 du décret.

[1] Les deux derniers alinéas sont applicables toutes les fois que les
redevances, sont calculées d'après les recettes brutes ou que le cahier
des charges prévoit un privilège d'éclairage ; ils peuvent être supprimés dans les autres cas.

charges, des amendes pourront lui être infligées, sans préjudice, s'il y a lieu, de dommages et intérêts envers les tiers intéressés. Les amendes seront prononcées au profit de la commune par le maire, après avis de l'ingénieur en chef du contrôle.

Les amendes seront appliquées dans les conditions suivantes :

En cas d'interruption générale non justifiée du courant, amende de. . . . . par heure d'interruption.

En cas de manquement aux obligations imposées par les articles 6, 9. 13, 14 et 28 du présent cahier des charges, et par chaque infraction, amende de . . . . par jour. jusqu'à ce que l'infraction ait cessé [1].

ART. 31.

Cautionnement [2].   Avant la signature de l'acte de concession, le concessionnaire déposera, soit à la Caisse des dépôts et consignations, soit à la Trésorerie générale du département. une somme de. . . . . . . en numéraire ou en rentes sur l'Etat. en obligations garanties par l'Etat ou en bons du Trésor, dans les conditions prévues par les lois et règlements pour les cautionnements en matière de travaux publics.

La somme ainsi versée formera le cautionnement de l'entreprise.

Sur le cautionnement seront prélevés le montant des amendes stipulées à l'article 30. ainsi que les dépenses faites en raison des mesures prises aux frais du concessionnaire pour assurer la sécurité publique ou la reprise de l'exploitation en cas de suspension, conformément aux prescriptions du présent cahier des charges.

Toutes les fois qu'une somme quelconque aura été prélevée sur le cautionnement, le concessionnaire devra le compléter à nouveau dans un délai de quinze jours, à dater de la mise en demeure qui lui sera adressée à cet effet.

La moitié du cautionnement sera restituée au concessionnaire après achèvement du réseau principal de distribution prévu à l'article 6 ci-dessus : l'autre moitié lui sera restituée en fin de concession. Toutefois, en cas de déchéance, la partie non restituée du cautionnement restera définitivement acquise à la commune.

---

[1] Les amendes prévues peuvent n'être pas les mêmes pour les infractions aux divers articles mentionnés dans ce paragraphe.

[2] Le présent article est facultatif pour les communes de moins de 1 000 habitants.

ART. 32

Agents du concessionnaire.

Les agents et gardes que le concessionnaire aura fait assermenter pour la surveillance et la police de la distribution et de ses dépendances seront porteurs d'un signe distinctif et seront munis d'un titre constatant leurs fonctions.

ART. 33

Cession ou modification de la cession.

Toute cession partielle ou totale de la concession, tout changement de concessionnaire ne pourront avoir lieu, à peine de déchéance, qu'en vertu d'une autorisation résultant d'une délibération du Conseil municipal approuvée par le Préfet.

ART. 34

Jugement des contestations.

Les contestations qui s'élèveraient entre le concessionnaire et l'Administration, au sujet de l'exécution et de l'interprétation des clauses du présent cahier des charges, seront jugées par le conseil de préfecture du département d . . . . , sauf recours au Conseil d'État.

ART. 35

Élection de domicile.

Le concessionnaire devra faire élection de domicile à . . . .

Dans le cas où il ne l'aurait pas fait, toute notification ou signification à lui adressées sera valable lorsqu'elle sera faite au secrétariat de la mairie de. . . . .

ART. 36

Frais d'enregistrement.

Les frais de timbre et d'enregistrement du présent cahier des charges et conventions annexées seront supportées par le concessionnaire.

13. — Circulaire du 30 mai 1908, portant envoi du décret du 17 mai 1908 qui approuve le cahier des charges-type pour la concession d'une distribution publique d'énergie électrique par une commune ou un syndicat de communes.

MINISTÈRE
DES
TRAVAUX PUBLICS,
DES POSTES
ET
DES TÉLÉGRAPHES

DIRECTION
DES ROUTES,
DE LA NAVIGATION
ET
DES MINES

DIVISION
DES
ROUTES ET PONTS

2e BUREAU

Distributions
d'énergie électrique.

Envoi du cahier des
charges-type pour la con-
cession d'une distribution
par une commune ou un
syndicat de communes.

CIRCULAIRE
Série A. — N° 3.

RÉPUBLIQUE FRANÇAISE

Paris, le 30 mai 1908.

LE MINISTRE

à Monsieur le Préfet du département d

J'ai l'honneur de vous adresser ci-joint, avec un décret du 17 mai 1908, un exemplaire du cahier des charges-type pour la concession d'une distribution d'énergie électrique par une commune ou un syndicat de communes.

Je vous rappelle qu'aux termes de la loi du 15 juin 1906, toute concession communale doit être soumise aux clauses de ce cahier des charges-type et que tout acte de concession qui comporte les dérogations ou modifications au cahier des charges-type ne devient définitif qu'après avoir été approuvé par un décret délibéré en Conseil d'État.

Je vous prie de vouloir bien m'accuser réception de la présente circulaire dont j'envoie ampliation aux ingénieurs en chef du contrôle des distributions d'énergie électrique.

Louis BARTHOU.

14. — Décret du 20 août 1908, approuvant le cahier des charges-type pour la concession d'une distribution publique d'énergie électrique par l'État.

DÉCRET

LE PRÉSIDENT DE LA RÉPUBLIQUE FRANÇAISE,

Sur le rapport du ministre des Travaux publics, des Postes et des Télégraphes,

Vu la loi du 15 juin 1906 sur les distributions d'énergie et notamment l'article 6 de cette loi ;

Le Conseil d'État entendu.

DÉCRÈTE :

ARTICLE PREMIER

Est approuvé le cahier des charges, ci-annexé, dressé en exécution de l'article 6 de la loi du 15 juin 1906 pour la concession d'une distribution publique d'énergie électrique par l'État.

ART. 2.

Le ministre des Travaux publics, des Postes et des Télégraphes est chargé de l'exécution du présent décret.

Fait à Rambouillet, le 20 août 1908.

A. FALLIÈRES.

Par le Président de la République.

*Le ministre des Travaux publics,
des Postes et des Télégraphes.*

LOUIS BARTHOU.

CAHIER DES CHARGES-TYPE

POUR LA CONCESSION

D'UNE

DISTRIBUTION PUBLIQUE D'ÉNERGIE ÉLECTRIQUE

PAR L'ÉTAT

N. B. — Les mots ou phrases en italique peuvent être maintenus ou rayés, au choix de l'autorité concédante.

CHAPITRE PREMIER
OBJET DE LA CONCESSION

ARTICLE PREMIER

Service concédé.

La présente concession a pour objet la distribution publique de l'énergie électrique dans les communes d . . . . ¹, département (s) d . . . . pour . . . .(²).

La concession ne comprend pas la fourniture de l'énergie électrique pour force motrice aux entreprises de transport en commun *et aux établissements ou services ci-après énumérés*. . . .

Ces entreprises *ou établissements* peuvent toutefois être desservis par le concessionnaire dans les conditions prévues à l'article 3 ci-après.

ART. 2

Droit d'utiliser les voies publiques.

La concession confère au concessionnaire le droit d'établir et d'entretenir, dans le périmètre de sa concession, soit au-dessus, soit au-dessous des voies publiques et de leurs dépendances, tous ouvrages ou canalisations destinés à la distribution de l'énergie électrique, en se conformant aux conditions du présent cahier des charges, aux règlements de voirie et aux décrets ou arrêtés intervenus en exécution de la loi du 15 juin 1906.

Le concessionnaire ne pourra réclamer aucune indemnité pour le déplacement ou la modification des ouvrages établis par lui sur les voies publiques, lorsque ces changements seront requis par l'autorité compétente pour un motif de sécurité publique ou dans l'intérêt de la voirie.

ART. 3

Utilisation accessoire des ouvrages et canalisations.

Le concessionnaire est autorisé à faire usage des ouvrages et canalisations établis en vertu de la présente concession pour desservir les entreprises de transport en commun, *les établissements ou services énumérés à l'article premier ci-dessus* et d'une manière

¹ Indiquer les communes ou parties de communes sur lesquelles porte la concession.

² Suivant que la concession comporte la distribution de l'énergie électrique en vue de l'éclairage seul, en vue de tous usages ou en vue de tous usages autres que l'éclairage, l'une des trois formules suivantes sera employée :
L'éclairage public ou privé ;
Tous usages ;
Tous usages autres que l'éclairage public ou privé.

générale toutes entreprises situées hors de la concession, à la condition expresse qu'il n'en résulte aucune entrave au bon fonctionnement de la distribution et que toutes les obligations du cahier des charges soient remplies.

CHAPITRE II

TRAVAUX

ART. 4

Approbation des projets.

Les projets de tous les ouvrages dépendant de la concession devront être approuvés dans les formes prévues par la loi du 15 juin 1906 et par décret du 3 avril 1908.

ART. 5

Ouvrages à établir pour la distribution.

Le concessionnaire sera tenu d'établir à ses frais les canalisations, sous-stations, postes de transformateurs, etc., nécessaires à la distribution.

Le réseau sera alimenté au moyen de postes centraux qui feront partie intégrante de la concession et seront situés à l'intérieur de son périmètre.

Les ouvrages destinés à la production de l'énergie et à son transport jusqu'à chacun des postes centraux ne seront pas soumis aux dispositions du présent cahier des charges et devront être établis, s'il y a lieu, en vertu de permissions ou de concessions distinctes données en conformité de la loi du 15 juin 1906.

Toutefois le concessionnaire sera tenu de construire et de maintenir en bon état de service une (ou plusieurs) usine génératrice d'une puissance totale d'au moins ... kilowatts. Cette (ou ces) usine ainsi que les ouvrages la (ou les) reliant au réseau de distribution feront partie de la concession [1].

Ouvrages et canalisations préexistants.

L'État met à la disposition du concessionnaire, qui accepte, l'ensemble des immeubles, canalisations, ouvrages, matériel et appareils constituant les installations de la distribution préexistante, suivant inventaire annexé au présent cahier des charges.

Cette mesure est consentie pour la durée de la concession, mais elle cesserait de plein droit d'avoir son effet en cas de rachat ou de déchéance.

---

[1] L'État peut exiger que les usines dépendant de la concession soient en état de produire toute l'énergie nécessaire à la distribution ; dans ce cas, les deuxième, troisième et quatrième alinéas de l'article 5 doivent être supprimés et le premier alinéa complété par les mots suivants : « ainsi que les ouvrages destinés à la production de l'énergie et à son transport jusqu'au réseau. Tous ces ouvrages feront partie intégrante de la concession ».

Le concessionnaire payera, pour l'usage des ouvrages de la distribution qui sont mis à sa disposition par l'État, une redevance annuelle de. . . . . .¹.

ART. 6

Les projets des ouvrages et des lignes désignées sur le plan annexé au présent cahier des charges devront être présentés par le concessionnaire dans le délai de. . . . . mois à partir de l'approbation définitive de la concession².

Les travaux seront commencés dans le délai de. . . à dater de l'approbation des projets et poursuivis sans interruption, de manière à être achevés dans le délai de. . . . .

Les autres lignes seront exécutées lorsqu'elles seront réclamées dans les conditions prévues à l'article 14 ci-après ; elles pourront l'être plus tôt, si le concessionnaire le juge utile.

ART. 7

Propriété
des installations.   Le concessionnaire sera tenu d'acquérir les machines et l'outillage nécessaires à l'exploitation³.

Il pourra, à son choix, soit acquérir les terrains et établir à ses frais les constructions affectées au service de la distribution, soit les prendre en location.

Toutefois, il sera tenu d'acquérir en toute propriété et de construire les. . .⁴.

Pour l'établissement des ouvrages, l'État s'engage à

---

¹ Les trois derniers alinéas de l'article 5 ne sont applicables que si l'État dispose, au moment de l'institution de la concession, d'un réseau de distribution déjà existant.

Dans ce cas, l'État peut mettre ce réseau à la disposition du concessionnaire à des conditions déterminées d'un commun accord. La redevance, s'il en est imposé une, peut être soit fixe, soit proportionnelle aux recettes brutes ou aux bénéfices réalisés par le concessionnaire.

² Au lieu de déterminer les lignes constituant le réseau à établir immédiatement, l'État peut imposer l'établissement d'une longueur donnée de canalisations principales, et dans ce cas le premier alinéa de l'article 6 doit être rédigé de la manière suivante :

« Le concessionnaire sera tenu d'établir au moins........ mètres de canalisations. Il devra en présenter le projet dans le délai de...... mois à partir de l'approbation définitive de la concession. »

³ Quand le concessionnaire est autorisé à ne pas produire lui-même l'énergie, le mot « l'exploitation » doit être remplacé par les mots « la distribution de l'énergie ».

⁴ L'État peut imposer au concessionnaire l'acquisition en toute propriété des immeubles destinés à l'établissement des usines de production et des sous-stations où le courant alternatif est transformé en courant continu.

mettre à la disposition du concessionnaire moyennant
. . . . .[1].

Les baux ou contrats relatifs à toutes les locations d'immeubles seront communiqués au préfet ; ils devront comporter une clause réservant expressément à l'État la faculté de se substituer au concessionnaire en cas de rachat ou de déchéance. Il en sera de même pour tous les contrats de fourniture d'énergie, si le concessionnaire achète le courant.

ART. 8

Nature et mode de production du courant[2].	. . . .
Usines génératrices[2].	. . . .
Sous-stations et postes de transformateurs[2].	. . . .

ART. 9

Tension de distribution.

La tension du courant distribué aux abonnés est fixée à . . . . . volts. La tolérance maximum pour la variation de la tension est de . . . p. 100 en plus ou en moins pour tous autres usages ([3]).

[1] L'État peut autoriser, par le cahier des charges, le concessionnaire à occuper, dans des conditions déterminées, les parties du domaine public dont il a la disposition.

[2] Indiquer la nature du courant distribué, le mode de production de ce courant et, s'il y a lieu, la nature du courant primaire.

Lorsque l'acte de concession prévoit la construction d'usines génératrices faisant partie intégrante de la concession, l'article 8 détermine les conditions d'établissement de ces usines.

L'article 8 détermine également, s'il y a lieu, les conditions d'établissement de sous-stations et postes de transformateurs.

[3] La tension peut être différente suivant l'usage qui est fait de l'énergie ou suivant les communes ou parties de communes où elle est utilisée.

Les tensions habituelles de distribution, en vue de l'éclairage, sont suivant les cas :

Pour le courant continu 110 et 220 volts ;

Pour le courant alternatif 110, 190 et 220 volts.

La tolérance admise habituellement pour l'éclairage ne dépasse pas 5 p. 100 en plus ou en moins.

Fréquence[1].

La fréquence du courant distribué est fixée à . . . périodes par seconde ; elle ne doit pas varier de plus de. . p. 100 en plus ou en moins de sa valeur normale.

ART. 10

Canalisations.

Les canalisations souterraines seront placées directement dans le *sol toutefois elles pourront, sur la demande du concessionnaire, être placées dans des galeries accessibles et elles devront l'être lorsque les services de voirie l'exigeront. Sauf aux traversées des chaussées, elles seront toujours sous les trottoirs, à moins d'une autorisation spéciale.*

A la traversée des chaussées fondées sur béton et des voies de tramways, les dispositions nécessaires seront prises pour que le remplacement des canalisations soit possible sans ouverture de tranchée.

Les canalisations aériennes. . . . .([2]).

Branchements particuliers[3].

. . . .

CHAPITRE III

TARIFS ET CONDITIONS DU SERVICE

ART. 11

Tarif maximum.

Les prix auxquels le concessionnaire est autorisé à vendre l'énergie électrique, ne peuvent dépasser les maxima suivants ([4]) :

---

[1] Cet alinéa ne s'applique qu'en cas de distribution par courants alternatifs.

La fréquence habituelle est de 25 ou 50 périodes par seconde.

La tolérance admise habituellement ne dépasse pas 5 p. 100.

[2] L'État peut interdire les canalisations aériennes ; lorsqu'elles sont autorisées, il convient d'indiquer si les canalisations peuvent être aériennes dans toute l'étendue de la concession ou sinon dans quelles parties elles ne peuvent pas l'être.

L'État peut, en autorisant les canalisations aériennes, déterminer les conditions auxquelles sera soumis leur établissement.

[3] L'article 10 détermine, s'il y a lieu, les conditions auxquelles doivent satisfaire les branchements particuliers.

[4] Le cahier des charges peut fixer des maxima différents suivant les conditions de puissance, d'horaire, d'utilisation et de consommation ; il peut stipuler notamment des réductions pour les abonnés dépassant ou garantissant un minimum déterminé de consommation, pour les abonnés utilisant le courant à des heures ou pendant des saisons déterminées et, d'une manière générale, pour les abonnés acceptant des sujétions spéciales.

Pour la vente à forfait, la période d'un an peut être remplacée par une période d'une durée différente.

Les tarifs et les conditions du service peuvent être différents suivant les communes desservies.

VENTE AU COMPTEUR

Pour l'éclairage, le kilowatt-heure . . . .
Pour tous autres usages, le kilowatt-heure . . . .

. . . .

VENTE A FORFAIT

Pour l'éclairage, le kilowatt-an . . . .
Pour tous autres usages, le kilowatt-an . . . . .

. . . .

Abaissements de tarifs. Si le concessionnaire abaisse pour certains abonnés les prix de vente de l'énergie pour l'éclairage électrique, avec ou sans conditions, au-dessous des limites fixées par le tarif maximum prévu ci-dessus, il sera tenu de faire bénéficier des mêmes réductions tous les abonnés placés dans les mêmes conditions de puissance, d'horaire, d'utilisation, de consommation, de durée d'abonnement et de tarif maximum.

A cet effet, il devra établir et tenir constamment à jour un relevé de tous les abaissements consentis, avec mention des conditions auxquelles ils sont subordonnés. Un exemplaire de ce relevé sera déposé dans chacun des bureaux où peuvent être contractés des abonnements et tenu constamment à la disposition du public et des agents du contrôle.

ART. 12

Tarifs applicables aux services publics. Les services publics de l'État, des départements et des communes bénéficieront d'une réduction de. . . . p. 100 sur le tarif maximum prévu à l'article ci-dessus (¹).

Les établissements publics et les associations agricoles organisées par l'Administration, en vertu des lois du 16 septembre 1807, du 14 floréal an XI et du 8 avril 1898 ou autorisées en conformité des lois des 21 juin 1865-22 décembre 1888 bénéficieront d'une réduction de. . . . . p. 100.

ART. 13

Obligation de consentir des abonnements sur tout le parcours de la distribution. Sur tout le parcours de la distribution, le concessionnaire sera tenu, dans le délai d'un mois à partir de la demande qui lui en aura été faite, de fournir l'énergie électrique dans les conditions prévues au présent cahier des charges à toute personne qui demandera à contracter un abonnement pour une durée d'au moins . . . . Lorsque la puissance demandée excéde-

¹ La réduction sur le tarif maximum stipulée au profit des services publics de l'État, des départements et des communes ne peut être inférieure à 20 p. 100.

ra. . . kilowatts, le concessionnaire pourra exiger que le demandeur lui garantisse pendant . . . . . années une recette brute annuelle de . . . . francs par kilowatt demandé.

Si le service du nouvel abonné exige des travaux complémentaires sur le réseau, le délai d'un mois prévu pour la fourniture du courant sera prolongé du temps nécessaire à l'exécution de ces travaux.

En aucun cas, le concessionnaire ne pourra être astreint à dépasser la puissance maximum de. . . . . kilowatts pour l'ensemble de la distribution.

Si les demandes viennent à dépasser la puissance disponible, elles seront desservies dans l'ordre de leur inscription sur un registre spécial tenu à cet effet.

ART. 14

Obligation d'étendre le réseau.

Le concessionnaire sera tenu d'installer toute ligne pour laquelle un ou plusieurs des propriétaires des immeubles à desservir lui garantiront, pendant cinq ans, une recette brute annuelle de. . . . . . . francs par mètre courant de canalisation souterraine, la longueur à établir étant comptée à partir du réseau déjà existant, sans y comprendre la longueur des branchements qui desserviront chaque immeuble.

Les projets de la ligne réclamée devront être présentés par le concessionnaire dans le délai d'un mois à partir de la demande qui lui en aura été faite. La ligne devra être achevée et mise en service dans le délai de. . . . . . mois [1] à dater de l'approbation des projets si sa longueur est inférieure à. . . . mètres, et dans le délai de. . . . . mois, si sa longueur est supérieure.

Le concessionnaire sera dispensé de l'obligation d'étendre le réseau si les demandes d'abonnement dépassent la puissance disponible sur le maximum prévu à l'article 13 ci-dessus [2].

ART. 15

Branchements et colonnes montantes.

Les branchements sur les canalisations établies sur ou sous les voies publiques, ayant pour objet d'amener le courant du réseau à l'intérieur des immeubles desservis jusques et y compris soit la boîte du coupe-circuit principal, soit le poste de transformateur, seront installés et entretenus par le concessionnaire et feront partie intégrante de la distribution. Les frais d'installation des branchements seront remboursés au conces-

[1] En aucun cas, le délai ne peut excéder six mois.

[2] A insérer seulement lorsque la puissance à fournir par le concessionnaire est limitée par le cahier des charges.

sionnaire par les propriétaires ou abonnés, conformément au tarif ci-après.

. . . .

Les propriétaires ou abonnés qui garantiront une consommation d'au moins, . . kilowatts-heure par an pendant. . . années seront dispensés du remboursement des frais d'installation des branchements, à condition d'y substituer le payement d'un loyer mensuel, conformément au tarif ci-après :

Lorsque le loyer aura été payé pendant la période mentionnée ci-dessus, les frais d'installation du branchement seront considérés comme amortis et les abonnés desservis au moyen de ce branchement en jouiront gratuitement.

Les frais d'installation des branchements resteront entièrement à la charge du concessionnaire, si les propriétaires ou abonnés garantissent une consommation d'au moins. . . . . kilowatts-heure par an. pendant . . . . . années.

. . . .

Les branchements intérieurs, les colonnes montantes et toutes dérivations seront établis et entretenus par les soins et aux frais des propriétaires des immeubles.

Toutefois, si les propriétaires le requièrent, le concessionnaire sera tenu d'exécuter et d'entretenir lui-même ces installations, moyennant une rémunération calculée conformément au tarif ci-après :

. . . .

Les tarifs prévus au présent article seront revisables à toute époque par un accord entre l'autorité concédante et le concessionnaire.

ART. 16

Compteurs.   Les compteurs servant à mesurer les quantités d'énergie livrées aux abonnés par le concessionnaire seront d'un des types approuvés par le ministre des travaux publics, après avis du Comité d'électricité institué conformément à la loi du 15 juin 1906. Pour chaque type, le ministre déterminera la valeur des écarts dans la limite desquels les compteurs seront considérés comme exacts.

Les compteurs seront posés, plombés et entretenus par le concessionnaire.

L'abonné aura la faculté de les fournir lui-même ou de demander au concessionnaire de les fournir en location [1].

---

[1] L'État peut spécifier que la fourniture du compteur sera toujours faite par le concessionnaire. Dans ce cas, les quatre derniers alinéas de l'article 16 seront remplacés par un paragraphe unique

Si le compteur appartient à l'abonné, le concessionnaire percevra, à titre de frais de pose, une somme
de. . . . . et, à titre de frais d'entretien,
une somme mensuelle . . . .

Si le compteur est fourni par le concessionnaire,
celui-ci percevra, à titre de frais de pose, une somme
de. . . . . et à titre de frais de location et d'entretien,
une somme mensuelle de. . . . . [1].

ART. 17

**Vérifications
des compteurs.**

Le concessionnaire pourra procéder à la vérification
des compteurs aussi souvent qu'il le jugera utile, sans
que cette vérification donne lieu à son profit à aucune
allocation en sus des frais d'entretien mentionnés à
l'article précédent.

L'abonné aura toujours le droit de demander la
vérification du compteur, soit par le concessionnaire, soit
par un expert désigné d'un commun accord ou, à
défaut d'accord, désigné par l'ingénieur en chef du
contrôle des distributions d'énergie électrique. Les frais
de la vérification seront à la charge de l'abonné, si
le compteur est reconnu exact ou si le défaut d'exactitude est à son profit : ils seront à la charge du concessionnaire si le défaut d'exactitude est au détriment de
l'abonné.

ART. 18

**Police
d'abonnement.**

Les contrats pour la fourniture de l'énergie électrique
seront établis sous la forme de polices d'abonnement,
conformes aux modèles arrêtés d'accord entre le représentant de l'autorité concédante désigné par le ministre
et le concessionnaire. Il ne pourra être dérogé aux dispositions contenues dans ces modèles que par une
convention spéciale entre le concessionnaire et l'abonné,
soumise aux conditions stipulées dans les deux derniers
alinéas de l'article 11 ci-dessus.

*Dans le cas où il y aurait lieu, au cours de la con-
cession, d'apporter des modifications aux modèles de
police, à défaut d'accord entre le représentant de l'autorité concédante désigné comme il est dit ci-dessus et le
concessionnaire, il serait statué par le ministre des
Travaux publics après avis du Comité d'électricité.*

**Avance sur
consommation.**

L'abonné sera tenu, sur la demande du concession-

ainsi conçu : « Les compteurs seront fournis, posés, plombés et
entretenus par le concessionnaire qui percevra, à titre de rémunération pour ce service, une somme mensuelle de... »

[1] Les redevances pour pose, entretien ou location du compteur
peuvent être variables suivant sa puissance et sa nature.

naire, de lui verser, à titre d'avance sur consommation, une somme qui ne pourra être supérieure à. . . . . . par hectowatt de puissance du compteur.

Cette avance ne sera pas productive d'intérêt et sera remboursable à l'expiration de l'abonnement.

ART. 19.

Surveillance des installations intérieures.

Le courant ne sera livré aux abonnés que s'ils se conforment, pour leurs installations intérieures, aux mesures qui leur seront imposées par le concessionnaire, avec l'approbation de l'ingénieur en chef du contrôle, en vue soit d'empêcher les troubles dans l'exploitation, notamment les défauts d'isolement et la mise en marche ou l'arrêt brusque des moteurs électriques, soit d'empêcher l'usage illicite du courant, soit d'éviter une déperdition exagérée d'énergie dans les branchements et colonnes montantes avant les compteurs.

Le concessionnaire sera autorisé, à cet effet, à vérifier, à toute époque, l'installation intérieure de chaque abonné.

Si l'installation est reconnue défectueuse, le concessionnaire pourra se refuser à continuer la fourniture du courant. En cas de désaccord sur les mesures à prendre en vue de faire disparaître toute cause de danger ou de trouble dans le fonctionnement général de la distribution, il sera statué par l'ingénieur en chef du contrôle, sauf recours au ministre des Travaux publics, qui décidera après avis du Comité d'électricité.

En aucun cas, le concessionnaire n'encourra de responsabilité à raison des défectuosités des installations qui ne seront pas de son fait.

ART. 20

Conditions particulières du service.

. . . .
. . . .
. . . .

CHAPITRE IV
DURÉE DE LA CONCESSION. RACHAT ET DÉCHÉANCE

ART. 21

Durée de la concession.

La durée de la présente concession est fixée à...

¹ L'article 20 indique si l'énergie doit être à la disposition des abonnés en permanence, ou si le service peut être normalement suspendu à des heures déterminées, qui peuvent être variables suivant les saisons.

Il peut contenir, en outre, des conditions spéciales qui seraient stipulées pour la fourniture de l'énergie à certaines catégories d'abonnés.

années [1]; elle commencera à courir de la date de son approbation définitive [2].

ART. 22

Reprise des installations en fin de concession.

À l'époque fixée pour l'expiration de la concession, l'État aura, moyennant un préavis de deux ans, la faculté de se subroger aux droits du concessionnaire et de prendre possession de tous les immeubles et ouvrages de la distribution et de ses dépendances.

Si l'État use de cette faculté, les usines, sous-stations et postes transformateurs, le matériel électrique et mécanique ainsi que les canalisations et branchements faisant partie de la concession " lui seront remis gratuitement et il ne sera attribué d'indemnité au concessionnaire que pour la portion du coût de ces installations qui sera considérée comme n'étant pas amortie. Cette indemnité sera égale aux dépenses, dûment justifiées, supportées par le concessionnaire pour l'établissement de ceux des ouvrages ci-dessus énumérés subsistant en fin de concession qui auront été régulièrement exécutées pendant les n dernières années de la concession, sauf déduction pour chaque ouvrage de $1/n$ de sa valeur pour chaque année écoulée depuis son achèvement. L'indemnité sera payée au concessionnaire dans les six mois qui suivront l'expiration de la concession.

En ce qui concerne le mobilier et les approvisionnements, l'État se réserve le droit de les reprendre en totalité ou pour telle partie qu'il jugera convenable, mais sans pouvoir y être contraint. La valeur des objets repris sera fixée à l'amiable ou à dire d'experts, et payée au concessionnaire dans les six mois qui suivront leur remise à l'État.

Si l'État ne prend pas possession de la distribution, le concessionnaire sera tenu d'enlever à ses frais et sans indemnité toutes celles de ses installations qui se trouvent sur ou sous les voies publiques : il pourra toutefois abandonner sans indemnité les canalisations souterraines, à condition qu'elles n'apportent aucune gêne aux services publics.

Dans tous les cas, l'État aura la faculté, sans qu'il en résulte un droit à indemnité pour le concessionnaire, de prendre pendant les six derniers mois de la concession toutes mesures utiles pour assurer la continuité de la distribution d'énergie en fin de concession, en

[1] La durée ne peut être supérieure à quarante ans.
[2] Lorsque la concession a pour objet l'extension d'une concession déjà existante, elle doit prendre fin à la même date que la concession principale et l'article 21 détermine la date d'expiration pour l'ensemble du réseau.
" Voir la note *a*, page 76.

réduisant au minimum la gêne qui en résultera pour le concessionnaire. Il pourra notamment, si les sous-stations et postes de transformateurs n'appartiennent pas en propre au concessionnaire ou si celui-ci ne produit pas le courant dans des usines faisant partie de la concession, desservir directement les abonnés par des sous-stations ou postes de transformateurs nouveaux, en percevant à son profit le prix de vente de l'énergie, et d'une manière générale prendre toutes les mesures nécessaires pour effectuer le passage progressif de la concession ancienne à une concession ou à une entreprise nouvelle.

ART. 23

Rachat de la concession.

A toute époque, l'État aura le droit de racheter la concession entière, moyennant un préavis de deux ans.

En cas de rachat, le concessionnaire recevra pour toute indemnité :

1° Pendant chacune des années restant à courir jusqu'à l'expiration de la concession, une annuité égale au produit net moyen des sept années d'exploitation précédant celle où le rachat sera effectué, déduction faite des deux plus mauvaises.

Le produit net de chaque année sera calculé en retranchant des recettes toutes les dépenses, dûment justifiées, faites pour l'exploitation de la distribution, y compris l'entretien et le renouvellement des ouvrages et du matériel, mais non compris les charges du capital, ni l'amortissement des dépenses de premier établissement.

Dans aucun cas, le montant de l'annuité ne sera inférieur au produit net de la dernière des sept années prises pour terme de comparaison.

2° Une somme égale aux dépenses dûment justifiées, supportées par le concessionnaire pour l'établissement de ceux des ouvrages de la concession, subsistant au moment du rachat, qui auront été régulièrement exécutés pendant les n années précédant le rachat, sauf déduction pour chaque ouvrage de $1/n$ de sa valeur pour chaque année écoulée depuis son achèvement.

L'État sera en outre tenu de se substituer au concessionnaire pour l'exécution des engagements pris par lui en vue d'assurer la marche normale de l'exploitation, et de reprendre les approvisionnements en magasin ou en cours de transport ainsi que le mobilier de la distribution ; la valeur des objets repris sera fixée à l'amiable ou à dire d'experts et sera payée au concessionnaire dans les six mois qui suivront leur remise à l'État.

Si le rachat a lieu avant l'expiration des vingt pre-

mières années de la concession, le concessionnaire
pourra demander que l'indemnité, au lieu d'être calculée
comme il est dit ci-dessus, soit égale aux dépenses
réelles de premier établissement, y compris les frais de
constitution de la société dans la limite d'un maximum
de... francs et les insuffisances qui se seraient produites depuis l'origine de la concession, si celle-ci
remonte à moins de sept ans, et pendant les sept premières années de sa durée, si elle remonte à plus de
sept ans. Ces insuffisances seront calculées pour chaque
année en prenant la différence entre la recette brute et
les charges énumérées ci-après : 1° frais d'exploitation ;
2° intérêt et amortissement des emprunts contractés
pour l'établissement de la distribution; 3° intérêt à
5 p. 100 des sommes fournies par le concessionnaire
au moyen de ses propres ressources ou de son capital-actions.

ART. 24

**Remise
des ouvrages.**

En cas de rachat, ou en cas de reprise à l'expiration
de la concession, le concessionnaire sera tenu de
remettre à l'État tous les ouvrages et le matériel de la
distribution en bon état d'entretien.

L'État pourra retenir, s'il y a lieu, sur les indemnités
dues au concessionnaire, les sommes nécessaires pour
mettre en bon état toutes les installations.

Lorsque l'État usera de la faculté, à lui réservée, de
reprendre les installations en fin de concession, il pourra
se faire remettre les revenus de la distribution dans les
deux dernières années qui précéderont le terme de la
concession et les employer à rétablir en bon état les
installations, si le concessionnaire ne se met pas en
mesure de satisfaire pleinement et entièrement à cette
obligation et si le montant de l'indemnité à prévoir en
raison de la reprise de la distribution par l'État, joint
au cautionnement, n'est pas jugé suffisant pour couvrir
les dépenses des travaux reconnus nécessaires.

ART. 25

**Déchéance
et mise en régie
provisoire.**

Si le concessionnaire n'a pas présenté les projets
d'exécution, ou s'il n'a pas achevé et mis en service
les lignes de distribution dans les délais et conditions
fixés par le cahier des charges, il encourra la déchéance
qui sera prononcée, après mise en demeure, par décret,
sauf recours au conseil d'État par la voie contentieuse.

Si la sécurité publique vient à être compromise, le
Préfet, après avis de l'ingénieur en chef du contrôle,
prendra aux frais et risques du concessionnaire les
mesures provisoires nécessaires pour prévenir tout
danger. Il soumettra au ministre des Travaux publics

les mesures qu'il aura prises à cet effet. Le ministre prescrira, s'il y a lieu, les modifications à apporter à ces mesures et adressera au concessionnaire une mise en demeure fixant le délai à lui imparti pour assurer à l'avenir la sécurité de l'exploitation.

Si l'exploitation vient à être interrompue en partie ou en totalité, il y sera également pourvu aux frais et risques du concessionnaire. Le Préfet soumettra immédiatement au ministre des Travaux publics les mesures qu'il compte prendre pour assurer provisoirement le service de la distribution. Le ministre statuera sur ces propositions et adressera une mise en demeure fixant un délai au concessionnaire pour reprendre le service.

Si, à l'expiration du délai imparti, dans les cas prévus aux deux alinéas qui précèdent, il n'a pas été satisfait à la mise en demeure, la déchéance pourra être prononcée.

La déchéance pourra également être prononcée si le concessionnaire, après mise en demeure, ne reconstitue pas le cautionnement prévu à l'article 31 ci-après, dans le cas où des prélèvements auraient été effectués sur ce cautionnement en conformité des dispositions du cahier des charges.

La déchéance ne serait pas encourue dans le cas où le concessionnaire n'aurait pu remplir ses obligations par suite de circonstances de force majeure dûment constatées.

ART. 26

Procédure en cas de déchéance.

Dans le cas de déchéance, il sera pourvu tant à la continuation et à l'achèvement des travaux qu'à l'exécution des autres engagements du concessionnaire au moyen d'une adjudication qui sera ouverte sur une mise à prix des projets, des terrains acquis, des ouvrages exécutés, du matériel et des approvisionnements.

Cette mise à prix sera fixée par le ministre des Travaux publics sur la proposition du Préfet, après avis du Conseil municipal, le concessionnaire entendu.

Nul ne sera admis à concourir à l'adjudication s'il n'a, au préalable, été agréé par le ministre des Travaux publics, et s'il n'a fait soit à la Caisse des dépôts et consignations, soit à la Trésorerie générale du département, un dépôt de garantie égal au montant du cautionnement prévu par le présent cahier des charges.

L'adjudication aura lieu suivant les formes indiquées aux articles 11, 12, 13, 15 et 16 de l'Ordonnance royale du 10 mai 1829.

L'adjudicataire sera soumis aux clauses du présent cahier des charges et substitué aux droits et charges du concessionnaire évincé, qui recevra le prix de l'adjudication.

Si l'adjudication ouverte n'amène aucun résultat, une seconde adjudication sera tentée sans mise à prix après un délai de trois mois. Si cette seconde tentative reste également sans résultat, le concessionnaire sera définitivement déchu de tous droits : les ouvrages et le matériel de la distribution ainsi que les approvisionnements deviendront sans indemnité la propriété de l'État.

CHAPITRE V

CLAUSES DIVERSES

ART. 27

Redevances.

Les redevances pour l'occupation du domaine public national et départemental ne sont pas réglées par le cahier des charges : elles sont fixées conformément aux articles 1 et 2 du décret du 17 octobre 1907.

Il en est de même des redevances pour l'occupation du domaine public communal, à moins que des accords spéciaux ne soient intervenus entre certaines communes et le concessionnaire, conformément à l'article 3 dudit décret.

ART. 28

États statistiques et contrôle des recettes.

Le concessionnaire sera tenu de remettre chaque année à l'ingénieur en chef du contrôle un compte rendu statistique de son exploitation.

Ce compte rendu sera établi conformément au modèle arrêté par le ministre des Travaux publics après avis du Comité d'électricité et pourra être publié en tout ou en partie.

Pour les communes avec lesquelles des accords auront été passés conformément à l'article 27 ci-dessus, le concessionnaire devra en outre adresser à l'ingénieur en chef du contrôle, dans le courant du premier trimestre de chaque année, l'état des recettes réalisées pendant l'année précédente.

L'ingénieur en chef aura le droit de contrôler ces états ; à cet effet, les agents du contrôle dûment accrédités pourront se faire présenter toutes pièces de comptabilité nécessaires pour leur vérification.

ART. 29

Impôts et droits d'octroi.

Tous les impôts établis ou à établir par l'État, les départements ou les communes, y compris les impôts relatifs aux immeubles de la distribution, seront à la charge du concessionnaire.

ART. 30

Pénalités.

Faute par le concessionnaire de remplir les obligations qui lui sont imposées par le présent cahier des charges, des amendes pourront lui être infligées, sans préjudice, s'il y a lieu, de dommages et intérêts envers les tiers intéressés. Les amendes seront prononcées au profit de l'État par le Préfet après avis de l'ingénieur en chef du contrôle.

Les amendes seront appliquées dans les conditions suivantes :

En cas d'interruption générale non justifiée du courant, amende de.......... par heure d'interruption.

En cas de manquement aux obligations imposées par les articles 6, 9, 13, 14 et 28 du présent cahier des charges, et par chaque infraction, amende de..........par jour, jusqu'à ce que l'infraction ait cessé[1].

ART. 31

Cautionnement.

Avant la signature de l'acte de concession, le concessionnaire déposera, soit à la Caisse des dépôts et consignations, soit à la Trésorerie générale du département une somme de.......... en numéraire ou en rentes sur l'État, en obligations garanties par l'État ou en bons du Trésor, dans les conditions prévues par les lois et règlements pour les cautionnements en matière de travaux publics.

La somme ainsi versée formera le cautionnement de l'entreprise.

Sur le cautionnement seront prélevés le montant des amendes stipulées à l'article 30, ainsi que les dépenses faites en raison des mesures prises aux frais du concessionnaire pour assurer la sécurité publique ou la reprise de l'exploitation en cas de suspension, conformément aux precriptions du présent cahier des charges.

Toutes les fois qu'une somme quelconque aura été prélevée sur le cautionnement, le concessionnaire devra le compléter à nouveau dans un délai de quinze jours, à dater de la mise en demeure qui lui sera adressée à cet effet.

La moitié du cautionnement sera restituée au concessionnaire après achèvement du réseau principal de distribution prévu à l'article 6 ci-dessus; l'autre moitié lui sera restituée en fin de concession. Toutefois, en cas de déchéance, la partie non restituée du cautionnement restera définitivement acquise à l'État.

[1] Les amendes prévues peuvent n'être pas les mêmes pour les infractions aux divers articles mentionnés dans ce paragraphe.

ART. 32

**Agents
du concessionnaire**

Les agents et gardes que le concessionnaire aura fait assermenter pour la surveillance et la police de la distribution et de ses dépendances seront porteurs d'un signe distinctif et seront munis d'un titre constatant leurs fonctions.

ART. 33

**Cession
ou modification
de la concession.**

Toute cession partielle ou totale de la concession, tout changement de concessionnaire ne pourront avoir lieu, à peine de déchéance, qu'en vertu d'une autorisation donnée par le Préfet ou par le ministre des Travaux publics, suivant les conditions établies par l'article 7 de la loi du 15 juin 1906, § 1er.

ART. 34

**Jugement
des contestations.**

Les contestations qui s'élèveraient entre le concessionnaire et l'administration, au sujet de l'exécution et de l'interprétation des clauses du présent cahier des charges, seront jugés par le Conseil de préfecture du département d.......... sauf recours au Conseil d'État.

ART. 35

**Élection
de domicile.**

Le concessionnaire devra faire élection de domicile à...........

Dans le cas où il ne l'aurait pas fait, toute modification ou signification à lui adressée sera valable lorsqu'elle sera faite à la préfecture d.........

ART. 36

**Frais
d'enregistrement.**

Les frais de timbre et d'enregistrement du présent cahier des charges et des conventions annexées seront supportés par le concessionnaire.

15. — Circulaire du 30 août 1908, portant envoi du décret du 20 août 1908, qui approuve le cahier des charges-type pour la concession d'une distribution d'énergie électrique par l'État.

LE MINISTÈRE
DES
TRAVAUX PUBLICS,
DES POSTES
ET
DES TÉLÉGRAPHES

DIRECTION
DES ROUTES,
DE LA NAVIGATION
ET
DES MINES

DIVISION
DES
ROUTES ET PONTS

2º BUREAU

Distributions
d'énergie électrique.

Envoi du cahier des
charges-type pour la con-
cession d'une distribu-
tion publique par l'État.

CIRCULAIRE
série A. — Nº 5 *bis.*

RÉPUBLIQUE FRANÇAISE

Paris, le 30 août 1908.

LE MINISTRE

à Monsieur le Préfet du département d

Je vous ai adressé, le 30 mai 1908, un exemplaire du cahier des charges-type, approuvé par décret du 17 du même mois, pour la concession d'une distribution publique d'énergie électrique par une commune ou un syndicat de communes.

Je vous envoie aujourd'hui, avec un décret du 20 août 1908, un exemplaire du cahier des charges-type pour la concession d'une distribution publique d'énergie électrique par l'État.

L'Administration, en élaborant ce nouveau modèle de cahier des charges, a eu le souci de maintenir aussi étroitement que possible le texte antérieurement adopté pour le cahier des charges des concessions par les communes. Le numérotage des articles a été conservé; et la rédaction elle-même n'a été modifiée que dans les parties où des changements de forme étaient imposés par le caractère même de la nouvelle autorité concédante. Vous remarquerez que l'on a supprimé tout ce qui avait trait au privilège d'éclairage dont il ne peut être question dans une concession d'État.

Vous recevrez prochainement les modèles des diverses formules arrêtées par mon Administration pour faciliter l'application des dispositions réglementaires.

Je vous prie de vouloir bien m'accuser réception de la présente circulaire dont j'adresse ampliation aux ingénieurs en chef du contrôle des distributions d'énergie électrique.

Pour le ministre et par autorisation :
Le Conseiller d'État
Directeur des Routes, de la Navigation et des Mines.
A. CHARGUÉRAUD.

16. — Circulaire du 5 septembre 1908, relative à la traversée et à l'emprunt des voies ferrées par des canalisations d'énergie électrique, avec un type d'arrêté préfectoral et un modèle d'état de renseignements.

MINISTÈRE
DES
TRAVAUX PUBLICS,
DES POSTES
ET
DES TÉLÉGRAPHES

DIRECTION
DES
CHEMINS DE FER
—
DIVISION
DE L'EXPLOITATION
—
3ᵉ BUREAU
—
CIRCULAIRE
Série A. — Nº 3.
—
DIRECTION
DES ROUTES,
DE LA NAVIGATION
ET
DES MINES
—
DIVISION
DES
ROUTES ET PONTS
—
2ᵉ BUREAU
—
CIRCULAIRE
Série A. — Nº 6.

Traversée des lignes de chemins de fer par des canalisations d'énergie électrique. — Emprunt des voies ferrées par ces canalisations.

RÉPUBLIQUE FRANÇAISE

Paris, le 5 septembre 1908.

Le Ministre

à *Monsieur le Préfet du département d*

Une instruction ministérielle en date du 1ᵉʳ février 1907 a réglementé les conditions d'établissement, à la traversée des chemins de fer, des conducteurs d'énergie électrique autres que ceux destinés au service des chemins de fer, tramways, et voies navigables.

A cette instruction étaient joints :

Un modèle d'arrêté préfectoral autorisant la traversée des voies ferrées (*annexe nº 1*).

Un modèle de l'état de renseignements à fournir par le pétitionnaire (*annexe nº 2*).

Depuis l'époque à laquelle l'instruction du 1ᵉʳ février 1907 a été mise en vigueur, est intervenu l'arrêté ministériel du 21 mars 1908 [1], déterminant les conditions techniques auxquelles doivent satisfaire les canalisations d'énergie électrique. Ces conditions se trouvant en discordance avec certaines prescriptions de l'instruction précitée, la présente circulaire a pour objet d'abroger cette instruction et de rendre règlementaires deux nouveaux modèles ci-joints; l'un, pour les arrêtés préfectoraux relatifs

[1] Remplacé par l'arrêté du 21 mars 1910.

aux traversées de voies ferrées: l'autre, pour les états de renseignements à fournir par les pétitionnaires.

Ces nouveaux modèles devront être mis en vigueur dès la réception de la présente circulaire. Ils ne donnent lieu qu'à peu d'observations.

Je rappellerai que la traversée des voies ferrées par les canalisations électriques est réglementée :

1° Au point de vue administratif, par l'article 54 du décret du 3 avril 1908 ;
2° Au point de vue technique, par l'arrêté ministériel du 21 mars 1908 [1].

L'article 54 du décret du 3 avril 1908 est relatif au cas où une distribution d'énergie traverse les ouvrages d'une concession préexistante (chemin de fer, etc.). Il stipule, entre autres prescriptions, qu'en cas d'accord entre les services intéressés, les mesures à prendre sont fixées par arrêté préfectoral ; en cas de désaccord, elles le sont par décision du ministre, après avis du Comité d'électricité.

L'arrêté ministériel du 21 mars 1908 [1] réglemente, au point de vue technique, et d'une façon détaillée, tous les conducteurs d'énergie électrique autres que ceux entièrement établis sur des terrains privés. La section II du chapitre II de cet arrêté est spécialement consacrée à la traversée des lignes de chemins de fer.

Vous remarquerez que le nouveau modèle d'arrêté ci-joint vise la pétition que doit présenter l'intéressé, à l'effet d'obtenir l'autorisation de traverser la voie ferrée, ainsi que l'état de renseignements qui doit être joint à cette pétition.

La pétition dont il s'agit peut être présentée dans des conditions différentes suivant la nature et l'importance de la distribution d'énergie dont un élément doit traverser la voie ferrée.

Cette distribution d'énergie peut être déjà autorisée par des actes antérieurs (concessions ou permissions de voiries données conformément aux titres III, IV et V de la loi du 15 juin 1906, autorisations données par application du titre II).

Elle peut faire l'objet d'une demande d'autorisation présentée en même temps que la pétition concernant la traversée du chemin de fer.

Elle peut, enfin, appartenir à la catégorie des distributions qui n'empruntent aucune voie publique proprement dite, ne s'approchent à moins de 10 mètres d'aucune ligne télégraphique ou téléphonique, et peuvent, par suite, être établies sans autorisation ni déclaration (art. 2 de la loi du 15 juin 1906).

Dans le premier cas, le service du contrôle du chemin de fer (Voie et Bâtiments) aura généralement été appelé à une conférence dans laquelle on aura arrêté l'emplacement exact de la traversée projetée. Ce service n'a plus alors qu'à présenter, sous forme d'un projet d'arrêté conforme au modèle ci-joint, ses propositions sur les conditions d'établissement de la traversée.

Mais, même dans le premier des trois cas mentionnés ci-dessus, la conférence dont il s'agit peut n'avoir pas eu lieu, par exemple, si la traversée de la voie ferrée n'était pas prévue par les autorisations primitives de la distribution. Cette conférence n'a d'ailleurs pas eu lieu dans les deux derniers des trois cas mentionnés ci-dessus.

[1] Remplacé par l'arrêté du 21 mars 1910.

Le service du contrôle du chemin de fer doit alors, avant de fournir ses propositions sur les conditions d'établissement de la traversée examiner si l'emplacement prévu pour cette traversée est acceptable, et, le cas échéant, proposer un autre emplacement dans une conférence à ouvrir avec le service de contrôle des distributions d'énergie. En cas de désaccord, il en est référé au ministre. Une fois l'emplacement de la traversée déterminé, le service du contrôle des chemins de fer présente le projet d'arrêté préfectoral relatif à cette traversée.

Les explications ci-dessus montrent qu'il doit y avoir concordance entre les prescriptions applicables à la traversée de la voie ferrée et celles qui s'appliquent à l'ensemble de la distribution dont fait partie cette traversée. Le projet d'arrêté établi par le service du contrôle du chemin de fer devra donc, avant de vous être transmis, être soumis au service du contrôle des distributions d'énergie électrique du département. Il devra également être soumis au service des télégraphes si la traversée projetée intéresse des lignes télégraphiques ou téléphoniques.

En cas de désaccord entre les divers services intéressés sur le texte de l'arrêté à intervenir, vous m'en référeriez conformément à l'article 54 du décret du 3 avril 1908.

Le nouveau modèle d'arrêté contient très peu de prescriptions techniques : son article premier se réfère, sur ce point, à l'arrêté ministériel du 21 mars 1908 dont un extrait (section II du chapitre II) sera joint à chaque arrêté autorisant une traversée. Toutefois, si des prescriptions spéciales étaient reconnues nécessaires dans certains cas particuliers, elles devront être ajoutées aux arrêtés relatifs à ces cas. Je citerai, à titre d'exemple, la clause suivante qui a été employée dans un certain nombre d'espèces récentes.

« Les lignes télégraphiques, téléphoniques ou de signaux existant le « long du chemin de fer, seront protégées, à leur point de croisement « avec les conducteurs d'énergie, par un coffrage grillé en forme d'U « renversé, à mailles de 0.10 m de côté, monté sur un bâti spécial en char- « pente. »

« Ce coffrage, soigneusement mis à la terre, aura une longueur égale, « en dehors des conducteurs d'énergie, à la distance verticale séparant le fil « le plus bas du conducteur d'énergie le plus élevé. »

L'article 5 du projet d'arrêté a pour objet de fixer l'indemnité due à l'administration qui exploite le chemin de fer à raison des sujétions qui résultent, pour cette dernière, de l'existence de la traversée. En fait, et à la suite de pourparlers qui ont eu lieu avec les compagnies de chemins de fer d'intérêt général, ces compagnies ont accepté que l'indemnité dont il s'agit soit fixée à 10 francs par traversée (à moins de circonstances exceptionnelles). Ce chiffre paraît acceptable pour tous les intéressés.

Le modèle d'état de renseignements joint à la présente circulaire est suffisamment clair pour n'exiger aucune explication.

Je terminerai en vous faisant observer que les règles indiquées ci-dessus s'appliquent seulement au cas où les canalisations électriques traversent les voies ferrées et non au cas où elles empruntent ces voies ferrées sur une certaine longueur. Dans ce dernier cas, on doit appliquer, non l'article 54 du décret du 3 avril 1908, mais l'article 8 du même décret, qui est ainsi libellé :

« ART. 8. — Dans tous les cas où la distribution projetée doit emprun-
« ter, autrement que par simple traversée, des voies dépendant de la
« grande voirie et non affectées à la circulation publique, le Préfet, avant
« de statuer, transmet le dossier au ministre des Travaux publics qui,
« après examen, lui envoie ce dossier avec ses instructions. »

Les mots « avant de statuer » font allusion, dans le texte ci-dessus, non
à la décision qui doit être prise pour l'emprunt du chemin de fer, mais
à la décision que vous devez prendre pour autoriser (ou ne pas autoriser) l'ensemble de la distribution projetée. Il ne faut pas oublier, en effet,
que, si l'obligation de traverser une voie ferrée ne saurait empêcher l'exécution d'une distribution d'énergie, puisque la traversée d'une voie ferrée
est toujours possible moyennant certaines précautions, tout au contraire,
l'emprunt d'une emprise de voie ferrée, par une distribution d'énergie sur
une certaine longueur, ne pourra être autorisé qu'exceptionnellement. En
principe, les voies ferrées ont, en effet, été établies pour le service exclusif
des transports sur rails. Et, en fait, l'établissement de conducteurs électriques le long de la voie présente généralement de sérieux inconvénients,
soit à raison du peu d'espace disponible, soit à raison des dangers que
peuvent présenter ces conducteurs pour les trains en marche, pour le personnel du chemin de fer, pour les fils de signaux, pour les conducteurs
d'énergie dont l'électrification des chemins de fer entraînera l'établissement, etc.

Dès lors, quand un projet de distribution d'énergie prévoit l'emprunt
longitudinal d'un chemin de fer, vous devez, avant de prendre une mesure
définitive à son sujet, m'en référer et attendre qu'une décision ministérielle vous ait fait connaître si cet emprunt est possible. Dans le cas de
l'affirmative, il sera statué, soit par la décision dont il s'agit, soit par une
décision ultérieure rendue après production du projet définitif des canalisations à établir, sur les conditions auxquelles l'occupation du domaine
public du chemin de fer peut être autorisée.

LOUIS BARTHOU.

1ʳᵉ ANNEXE

A LA CIRCULAIRE MINISTÉRIELLE DU 5 SEPTEMBRE 1908

ARRÊTÉ PRÉFECTORAL

FIXANT LES CONDITIONS DE LA TRAVERSÉE D'UNE LIGNE
DE CHEMIN DE FER PAR UNE DISTRIBUTION D'ÉNERGIE ÉLECTRIQUE

Le Préfet du département d

Vu la pétition en date du
présentée par M.
demeurant à
en vue d'établir, en travers du chemin de fer d
à

⎰ au point kilométrique.
⎱ aux abords du passage à niveau du point kilométrique.
⎰ sur le passage supérieur du point kilométrique.
⎱ sous le passage inférieur du point kilométrique.

une canalisation électrique ⎰ aérienne.
⎱ souterraine.
⎰ partiellement aérienne et partiellement sou-
⎱ terraine.

Vu l'état de renseignements joint à la pétition précitée,

Vu la loi du 15 juillet 1845 sur la police des chemins de fer et l'ordonnance du 15 novembre 1846, modifiée par le décret du 1er mars 1901, sur la police, la sûreté et l'exploitation des chemins de fer ;

Vu la loi du 15 juin 1906 sur les distributions d'énergie, le décret en date du 3 avril 1908 portant règlement d'administration publique pour l'application de ladite loi et l'arrêté technique de M. le ministre des Travaux publics, des Postes et des Télégraphes, en date du 21 mars 1908 [1];

Vu les observations en date du

de ⎰ l'Administration des chemins de fer de l'État,
   ⎱ la compagnie des chemins de fer d   ;

Vu le procès-verbal de la conférence constatant l'accord dss services intéressés sur l'emplacement de la traversée projetée ;

Vu la décision de M. le ministre des Travaux publics, des Postes et des Télégraphes en date du [2]   ;

Vu l'avis de M. l'Ingénieur en chef des Télégraphes chargé du Département d   ;

Sur les propositions de M. l'Ingénieur en chef du contrôle de la voie et des bâtiments du réseau d   et de M. l'Ingénieur en chef du contrôle des distributions d'énergie électrique dans le département d   ;

ARRÊTE :

ARTICLE PREMIER

M.   demeurant à
est autorisé à établir au travers du chemin de fer d
à

⎰ au point kilométrique.
⎱ aux abords du passage à niveau du point kilométrique.
⎰ sur le passage supérieur du point kiiométrique.
⎱ sous le passage inférieur du point kilométrique.

une canalisation électrique ⎰ aérienne.
⎱ souterraine.
⎰ partiellement aérienne et partiellement sou-
⎱ terrraine.

[1] L'arrêté technique étant revisable tous les ans, on devra viser ici le dernier arrêté rendu. Il porte actuellement la date du 21 mars 1910.

[2] S'il y a accord entre les services intéressés, supprimer le visa concernant la décision du ministre des Travaux publics, à moins que la tension de la distribution ne dépasse 30.000 volts. S'il n'y a pas accord, supprimer le visa concernant la conférence et l'accord entre les services intéressés.

devant porter d   courant $\left\{\begin{array}{l}\text{continu}\\\text{alternatif}\end{array}\right.$ $\left\{\begin{array}{l}\text{monophasé.}\\\text{diphasé.}\\\text{triphasé.}\end{array}\right.$

d'une intensité efficace de   ampères, et présentant une tension efficace entre conducteurs de   volts, ainsi

qu'une ligne . . . . $\left\{\begin{array}{l}\text{télégraphique.}\\\text{téléphonique}[1].\\\text{de signaux.}\end{array}\right.$

à charge par lui de se conformer aux conditions du présent arrêté, aux règlements concernant la police des chemins de fer et aux règlements ou arrêtés édictés en exécution de la loi du 15 juin 1906, notamment à l'arrêté ministériel du 21 mars 1908[2] dont un extrait (Chapitre II, section II) est annexé au présent arrêté.

ART. 2[3]

A. — *Formule relative au cas d'une traversée aérienne.*

La canalisation aérienne franchira les voies sous un angle de   par une travée unique de   mètre d'ouverture.

Ses supports seront en . . $\left\{\begin{array}{l}\text{fer}\\\text{acier}\\\text{béton armé}\\\text{bois.}\end{array}\right\}$ présentant une résistance

minimum à la rupture par $\left\{\begin{array}{l}\text{traction}\\\text{compression}\end{array}\right\}$ de   kilogrammes

par. . . . . $\left\{\begin{array}{l}\text{millimètre carré}\\\text{centimètre carré}\end{array}\right\}$ de section.

Ils seront encastrés dans des massifs de maçonnerie[4].

Ils auront   mètres de hauteur au-dessus du sol et seront placés . . . . $\left\{\begin{array}{l}\text{dans}\\\text{hors de}\end{array}\right\}$ l'emprise du chemin de

fer et à   mètres $\left\{\begin{array}{l}\text{en dedans}\\\text{en dehors}\end{array}\right\}$ des lignes de conducteurs électriques existant le long des voies.

Les isolateurs, à   cloche en $\left\{\begin{array}{l}\text{porcelaine}\\\text{verre}\end{array}\right\}$ seront fixés à leurs supports au moyen de ferrures, présentant une résistance minimum à la rupture de   kilogrammes par millimètre carré de section, montées sur des traverses en $\left\{\begin{array}{l}\text{fer.}\\\text{acier.}\\\text{bois de chêne.}\end{array}\right.$

---

[1] A insérer quand l'entrepreneur installe une telle ligne par application de l'article 39 du décret du 3 avril 1908.

[2] Voir note 1 page 108 et note 1, page 113.

[3] A rédiger, suivant le cas, selon l'une des formules A, B, ou d'après les indications données sous la lettre C du présent modèle.

[4] A supprimer et à remplacer par l'indication des dispositions équivalentes au point de vue de la sécurité, au cas où l'entrepreneur aurait fait agréer de telles dispositions (art. 25, § 3, de l'arrêté technique).

La canalisation sera formée de . $\left\{\begin{array}{l}\text{câbles} \\ \text{fils}\end{array}\right.$ $\Big\}$ nus

en $\left\{\begin{array}{l}\text{cuivre} \\ \text{bronze} \\ \text{aluminium}\end{array}\right.$ présentant une résistance minimum à la rupture

de   kilogrammes par millimètre carré.

Les conducteurs auront, chacun, une section de   millimètres carrés. Ils seront disposés parallèlement et espacés, deux à deux, d'au moins centimètres.

[1] Le conducteur le plus bas sera placé à

au-dessus du fil . . . . . $\left\{\begin{array}{l}\text{télégraphique} \\ \text{téléphonique} \\ \text{de signaux.}\end{array}\right.$ $\Big\{$ le plus élevé existant le

long du chemin de fer.

Les appareils de coupure, installés en vertu des prescriptions du paragraphe 2 de l'article 24 de l'arrêté ministériel du 21 mars 1908 [2], seront

des . . . . $\left\{\begin{array}{l}\text{appareils de débranchement} \\ \text{interrupteurs} \\ \text{disjoncteurs.}\end{array}\right.$

placés, savoir :

[3] Les fils $\left\{\begin{array}{l}\text{télégraphiques} \\ \text{téléphoniques} \\ \text{de signaux}\end{array}\right.$ seront attachés aux mêmes supports que

les conducteurs d'énergie par l'intermédiaire d'isolateurs à cloche.

Ils seront en $\left\{\begin{array}{l}\text{fer} \\ \text{acier} \\ \text{cuivre} \\ \text{bronze} \\ \text{aluminium}\end{array}\right.$ présentant une résistance minimum à la

rupture de   kilogrammes par millimètre carré.

[1] [3] Le fil le plus bas sera placé à   au-dessus du

fil $\left\{\begin{array}{l}\text{télégraphique} \\ \text{téléphonique} \\ \text{de signaux}\end{array}\right.$ existant le long du chemin de fer.

Dispositions spéciales [4].

B. — *Cas d'une traversée souterraine.*

La canalisation sera formée d   câble armé constitué comme suit :

L   conduite prévue au paragraphe 2 de l'article 26 de l'arrêté ministériel du 21 mars 1908 [2] aur   centimètres de diamètre intérieur; elle s'étendr   entre deux points situés, l'un à la gauche et à   mètres au

---

[1] A supprimer, quand il n'y a pas de ligne télégraphique, téléphonique ou de signaux le long du chemin de fer.

[2] Voir note 1 page 108 et note 1 page 113.

[3] Voir le renvoi 1 page précédente.

[4] On mentionnera, s'il y a lieu, les dispositions spéciales à prendre pour la protection des emprises du chemin de fer ou des lignes télégraphiques ou téléphoniques.

moins de distance du rail extérieur de gauche de l'ensemble des voies ferrées et l'autre à la droite et à   mètres au moins de distance du rail extérieur de droite dudit ensemble de voies.

[1] Sur le reste du parcours de l'emprise du chemin de fer, le câble armé ser   placé à   centimètres en contrebas de la plate-forme des terrassements, et protégé par

[2] Le câble armé se prolonger   souterrainement de part et d'autre du chemin de fer, jusqu'au pied des supports extérieurs de la canalisation aérienne à laquelle il devr   se rattacher, et se raccorder   à cette canalisation dans les conditions ci-après :

C. — Cas d'une traversée partiellement aérienne et partiellement souterraine[3].

. . . .

ART. 3

Aucune modification des ouvrages de la traversée ne pourra être entreprise sans avoir fait l'objet d'une autorisation nouvelle.

ART. 4

L'établissement et l'entretien des ouvrages de la traversée seront exécutés aux frais exclusifs de M.   soit par ses soins propres. sous la surveillance des agents du chemin de fer, de manière à ce qu'il n'en résulte aucun obstacle ni aucun danger pour la circulation. ni aucun frais pour { l'administration / la compagnie }   soit, pour tout ou partie, par ladite { administration / ou / compagnie } elle-même, si elle le demande ou si le service du contrôle du chemin de fer le requiert.

Le coût des travaux exécutés par ladite { administration / compagnie } pour le compte du permissionnaire, ainsi que tous les frais de gardiennage, éclairage, surveillance, vérification des installations, etc... exposés par elle à l'occasion de l'établissement ou de l'entretien des installations de la traversée, lui seront remboursés par M.   dans le mois de leur achèvement, avec une majoration de 15 p. 100 pour frais généraux et intérêts.

ART. 5

M.   payera à { l'administration / la compagnie } des chemins de fer pour la traversée du chemin de fer, une indemnité annuelle de   francs.

[1] A supprimer si la ou les conduites prévues à l'alinéa précédent doivent s'étendre jusqu'aux limites de l'entreprise du chemin de fer.

[2] A supprimer, si le ou les câbles armés font partie d'un réseau électrique souterrain.

[3] Le nombre et l'alternance des parties aériennes et des parties souterraines de la traversée pouvant être très divers. suivant les espèces, il n'est pas possible de donner pour ce troisième cas, comme il vient d'être fait pour les deux premiers, une formule type.

Dans chaque espèce particulière, cet article devra être rédigé en combinant entre elles comme il conviendra les dispositions formulées ci-dessus sous les lettres A et B.

ART. 6

M.   devra, toutes les fois qu'il en sera requis par le service du contrôle de la distribution d'énergie, pour un motif de sécurité publique ou dans l'intérêt de la circulation sur le chemin de fer, opérer à ses frais le déplacement des parties de canalisations qui lui seront désignées. Il n'en résultera pour lui aucun droit à indemnité.

ART. 7

En cas d'expiration ou de retrait de la présente autorisation, M. sera tenu d'enlever à ses frais et sans indemnité toutes les installations de la traversée et de rétablir les lieux en leur état primitif. Toutefois, il pourra abandonner les canalisations souterraines, à condition qu'elles n'apportent aucune gêne pour les services publics.

ART. 8

La présente autorisation sera considérée comme périmée s'il n'en a pas été fait usage dans le délai d'un an à dater de sa délivrance.

ART. 9

Ampliation du présent arrêté sera adressé :

1° Au maire d   , commune d

2° A l'ingénieur en chef du contrôle des distributions d'énergie électrique, chargé de la notifier à M.

3° A l'ingénieur en chef du contrôle de la voie et des bâtiments du réseau d

     chargé de la notifier à $\Big\{$ l'administration des chemins de fer de l'État
                                        la compagnie d

4° A l'ingénieur en chef des Télégraphes chargé du département d

     Fait à   , le

EXTRAIT DE L'ARRÊTÉ MINISTÉRIEL

DU 21 MARS 1908

DÉTERMINANT LES CONDITIONS TECHNIQUES AUXQUELLES DOIVENT SATISFAIRE LES DISTRIBUTIONS D'ÉNERGIE ÉLECTRIQUE

CHAPITRE II

SECTION II
Traversée des lignes de chemins de fer.

ART. 24

Dispositions générales.

§ 1. Pour traverser un chemin de fer, toute canalisation électrique doit de préférence emprunter un ouvrage d'art (passage supérieur ou passage

inférieur) et, autant que possible, ne pas franchir cet ouvrage en diagonale.

A défaut de pouvoir, en raison de circonstances locales, emprunter un
ouvrage d'art, la canalisation doit autant que possible effectuer la traversée en un point de moindre largeur de l'emprise du chemin de fer.

§ 2. La ligne dont fait partie la canalisation traversant le chemin de fer
doit pouvoir être coupée du reste de la distribution et isolée de tout générateur possible de courant.

§ 3. Des dispositions spéciales devront être prises, quand il y aura lieu,
pour la protection des ouvrages traversés, notamment lorsqu'ils comporteront des parties métalliques.

ART. 25

Canalisations aériennes.

§ 1. Toute canalisation aérienne, qui n'emprunte pas un ouvrage d'art,
doit franchir les voies ferrées d'une seule portée et suivant une direction
aussi voisine que possible de la normale à ces voies et, en tout cas, sous
un angle d'au moins 60°. Son point le plus bas doit être situé à sept mètres
au moins de hauteur au-dessus du rail le plus haut ; elle doit être établie
à deux mètres au moins de distance dans le sens vertical du conducteur
électrique préexistant le plus voisin.

§ 2. Les supports de la traversée doivent être distants chacun d'au
moins trois mètres du bord extérieur du rail le plus voisin, et placés
autant que possible en dehors des lignes de conducteurs électriques existant le long des voies.

§ 3. Les supports de la traversée sont encastrés dans un massif de
maçonnerie et constitués de façon assez solide pour pouvoir, en cas de
rupture de tous les fils les sollicitant d'un côté, résister à la traction
qu'exerceraient sur eux les fils subsistant de l'autre côté, à moins que
l'entrepreneur n'ait fait agréer une disposition équivalente au point de
vue de la sécurité.

§ 4. En outre des prescriptions indiquées au chapitre 1er, notamment en
ce qui concerne les traversées, chaque conducteur est relié, sur chacun
de ses supports, à deux isolateurs.

§ 5. A chacun des supports est fixé un cadre que traverse tout le faisceau des conducteurs, afin qu'aucun d'eux ne puisse tomber sur la voie
ferrée, en cas de rupture d'un ou plusieurs isolateurs.

§ 6. Les supports sont reliés efficacement à la terre [1].

§ 7. Le coefficient de sécurité de l'installation constituant la traversée,
calculé conformément aux indications de l'article 6 ci-dessus, est au
moins égal à cinq pour les maçonneries de fondation et à dix pour les
organes constituant la superstructure. Toutefois, le coefficient cinq est
aussi applicable aux parties en bois entrant dans la superstructure.

---

[1] Disposition modifiée au même article de l'arrêté du 21 mars 1910. Cf plus loin (n° 30) le
texte dudit arrêté.

ART. 26

Canalisations souterraines.

§ 1. Les canalisations souterraines doivent être en câbles armés des meilleurs modèles connus, comportant une chemise de plomb, sans soudure et une armature en acier.

Les câbles sont noyés dans le sol, non pas seulement à la traversée des voies ferrées, mais encore de part et d'autre et jusqu'à trois mètres au moins au delà des lignes électriques existant le long des voies.

§ 2. Les câbles sont placés dans des conduites d'au moins six centimètres de diamètre extérieur, prolongées de part et d'autre des deux rails extérieurs des voies, de telle façon que l'on puisse, sans opérer aucune fouille sous les voies et le ballast, poser et retirer lesdits câbles.

Sur le reste de leur parcours, dans l'emprise du chemin de fer, les câbles peuvent être placés à nu dans le sol, mais à une profondeur de soixante-dix centimètres au moins en contrebas de la plate-forme des terrassements.

§ 3. Les câbles armés employés dans la traversée ne peuvent être mis en place qu'après que les essais à l'usine démontrent que :

a) Les câbles offrent une résistance d'isolement d'au moins cent mégohms par kilomètre[1] ;

et *b*) leur isolant résiste à la rupture à l'action d'un courant alternatif, sous une différence de potentiel au moins double de la tension prévue en service.

Vu pour être annexé à ma Circulaire,
en date de ce jour.

Paris, le 5 septembre 1908.

Le ministre des Travaux publics,
des Postes et des Télégraphes :
Louis Barthou.

---

[1] La condition *a)* a été supprimée dans l'arrêté du 21 mars 1910.

2ᵉ ANNEXE

A LA CIRCULAIRE MINISTÉRIELLE DU 5 SEPTEMBRE 1908

DÉPARTEMENT
d

ÉTAT DE RENSEIGNEMENTS N. B.

relatif à la traversée d'une ligne de chemin de fer du réseau d
par une canalisation

électrique que M
demeurant à
demande à établir, par une pétition en date du

LIGNE OU RÉSEAU ÉLECTRIQUE

de   à   (1)

LIGNE DE CHEMIN DE FER traversée.	POINT KILOMÉTRIQUE de ladite ligne de chemin de fer.

(Joindre au présent état un plan indiquant l'emplacement et les dispositions principales de la traversée).

N. B. — En ce qui concerne les dispositions de l'arrêté du 21 mars 1908 auxquelles se réfère le présent « *État de renseignements* », avoir soin de se reporter au texte du dernier arrêté technique rendu (actuellement 21 mars 1910. Voir plus loin, nº 30).

¹ Indiquer les points extrêmes du réseau électrique et son appellation spéciale s'il en a une.

DEMANDE	RÉPONSE
I. — Dispositions générales de la traversée	
La traversée demandée est-elle projetée :	
Sur un passage supérieur	
Sous un passage inférieur. . . .	
Aux abords d'un passage à niveau, en pleine voie.	
Dans la gare (ou station) de. . .	
Motifs du choix du point de traversée	
Dans les deux derniers cas (traversée en pleine voie ou dans une gare ou station). indiquer les distances de la traversée projetée :	
Au passage supérieur le plus proche.	
— inférieur —	
Indiquer la largeur de l'emprise du chemin de fer, entre clôtures. au point de traversée.	
II. — Renseignements sur la traversée, **au point de vue des conditions électriques**	
Nature du courant circulant dans les conducteurs :	
Continu, alternatif, ... phasé à . . . . périodes . . . par seconde.	
Nombre de conducteurs	
Section de chaque conducteur en mm^2.	
Disposition des conducteurs les uns par rapport aux autres	
Intensité maximum efficace [2] traversant les conducteurs	

[2] Dans le cas de courants alternatifs, les valeurs efficaces sont celles qui sont lues sur les appareils de mesure.

DEMANDE	RÉPONSE			
Différence maximum de potentiel efficace [z] entre les conducteurs. . . .				
Différence maximum de potentiel efficace :				
Sur le réseau				
Densité maximum du courant dans les conducteurs				
Emplacement et distance des appareils de sécurité les plus proches de la traversée	EN AMONT		EN AVAL	
	DE LA TRAVERSÉE			
	Emplacement.	Distance de la traversée.	Emplacement.	Distance de la traversée.
Interrupteurs				
Disjoncteurs ou coupe-circuit . . .				
Parafoudres.				

III. — DÉTAILS TECHNIQUES DE LA TRAVERSÉE

A. – Canalisations aériennes [3].

Aa. — *Supports constituant la traversée* [4].	
Nombre total des supports dans l'emprise du chemin de fer.	
Distance des supports entre lesquels a lieu la traversée.	
Largeur de l'emprise entre clôtures.	
Hauteur des au-dessus du sol . .	
supports . au-dessous du sol .	
Disposition et calcul de ces supports [5].	(A fournir dans une note spéciale.)

[3] Voir l'arrêté ministériel du 21 mars 1908 (art. 25).

[4] Indiquer leur nature.

[5] Dans les circonstances les plus défavorables données par l'une des deux hypothèses prévues par l'article 6 de l'arrêté ministériel du 21 mars 1908 :

a) Température moyenne de la région, vent produisant une pression de 120 kilogrammes par mètre carré de surface plane et rupture complète des fils sur l'une des attaches ;

b) Température minimum de la région, vent produisant une pression de 30 kilogrammes par mètre carré de surface plane et rupture complète des fils sur l'une des attaches.

DEMANDE	RÉPONSE
Dimensions et calcul de stabilité du massif (béton ou maçonnerie) servant de fondation aux supports.	
Nature des matériaux constituant les supports ou entrant dans leur constitution	
Résistance minimum des matériaux[6].	
Fatigue maximum des matériaux dans les pylônes, résultat des calculs fournis	
Coefficient de sécurité ou rapport entre la résistance minimum à la rupture par traction et la fatigue maximum[7].	
Ab. — *Autres supports placés dans l'enceinte du chemin de fer*[8].	
Nombre.	
Nature	
Disposition et calcul de ces supports[5].	(A fournir dans une note spéciale).
Fatigue maximum[5].	
Coefficient de sécurité[7]	
Ac. — *Conducteurs électriques.*	
Distance minimum au-dessus ou au-dessous de la voie ferrée.	
Distance verticale aux fils télégraphiques ou téléphoniques ou de signaux.	
Nature du métal.	

---

[6] Pour les métaux, indiquer la dimension des éprouvettes, l'allongement proportionnel avant rupture par traction, etc., d'une manière générale, préciser les conditions de l'essai de résistance.

[7] Ce coefficient doit être égal au moins à 5 pour les maçonneries de fondation et à 10 pour les organes constituant la superstructure, à l'exception des parties en bois entrant dans la superstructure pour lesquelles le coefficient exigé n'est que de 5 (art. 25 de l'arrêté ministériel du 21 mars 1908).

[8] Indiquer leur nature.

DEMANDE	RÉPONSE
Résistance minimum de rupture à la traction.	
Résistivité maximum à 15°	
Fatigue maximum [10].	
Coefficient de sécurité [11]	
Dispositif de sécurité employé pour le cas de rupture des conducteurs, en vue de protéger les fils télégraphiques ou téléphoniques ou de signaux, ou d'autres conducteurs d'énergie [12].	
Ad. — *Isolateurs.*	
Nature	
Disposition	Simple cloche, double cloche, triple cloche [9].
Mode de fixation sur les pylônes avec calculs à l'appui.	(A fournir dans une note spéciale).
Fatigue maximum des ferrures [13]. .	
Coefficient de sécurité.	

B. — Canalisations souterraines [14].

Nombre de conducteurs.	
Nature du métal des conducteurs .	

[9] Voir l'article 4 de l'arrêté ministériel du 21 mars 1908.

[10] Dans les circonstances les plus défavorables données par l'une des deux hypothèses suivantes (art. 6 de l'arrêté ministériel du 21 mars 1908) :
a) Température moyenne de la région, et vent produisant sur leur section diamétrale une pression de 72 kilogrammes par mètre carré ;
b) Température minimum de la région, avec vent produisant sur leur section diamétrale une pression de 18 kilogrammes par mètre carré.

[11] Ce coefficient doit être au moins égal à 10 (art. 25 de l'arrêté ministériel du 21 mars 1908). Les conducteurs électriques, quelle que soit la différence du potentiel, seront nus.

[12] Si les conducteurs d'énergie projetés doivent croiser quelques canalisations électriques préexistantes, l'arrêté préfectoral fixant les conditions de la traversée prescrira toutes dispositions utiles pour la protection de ladite canalisation.

[13] Voir le renvoi (5), page 117.

[14] Voir l'article 26 de l'arrêté ministériel du 21 mars 1908.

DEMANDE	RÉPONSE
Résistivité maximum à 15°.	
Nature des isolants	
Épaisseur de la couche de plomb .	
Épaisseur de la couche protectrice intermédiaire	
Épaisseur de l'armature métallique.	
Nature et épaisseur de la couverture extérieure.	
Valeur de la résistance d'isolement minimum par kilomètre de la canalisation constituant la traversée [15]. . .	
Dispositions prises pour le raccordement entre les canalisations souterraine et aérienne	

IV. — CONTRÔLE

DEMANDE	RÉPONSE
Moyens mis par le permissionnaire à la disposition du Service du contrôle pour lui permettre de faire toutes les vérifications intéressant la sécurité, notamment :	
1° Mesure de la différence maximum de potentiel efficace entre les conducteurs	
2° Mesure de l'isolement dans le tronçon de canalisation constituant la traversée	

[15] La valeur de cet isolement exprimé en mégohms sera mesurée à l'usine.

A   . le   190 .

Vu pour être annexé à ma Circulaire
en date de ce jour.

Paris, le 5 septembre 1908.

*Le ministre des Travaux publics,
des Postes et des Télégraphes,*

Louis BARTHOU.

17. — Circulaire du 15 septembre 1908 portant instruction, relative aux services de contrôle des distributions d'énergie électrique et à l'application du décret du 17 octobre 1907, relatif aux redevances pour occupation du domaine public.

MINISTÈRE
DES
TRAVAUX PUBLICS,
DES POSTES
ET
DES TÉLÉGRAPHES

DIRECTION
DES ROUTES
DE LA NAVIGATION
ET
DES MINES

DIVISION
DES
ROUTES ET PONTS

2º BUREAU

Distributions
d'énergie électrique.

Décrets
du 17 octobre 1907.

Contrôle et redevances.

Instructions.

Série A.

Circulaire nº 7.

RÉPUBLIQUE FRANÇAISE

Paris, le 15 septembre 1908.

LE MINISTRE

à Monsieur le Préfet du département d

La circulaire du 18 octobre, qui accompagnait l'ampliation du décret du 17 octobre 1907 portant règlement d'administration publique pour l'organisation du contrôle des distributions d'énergie électrique, vous a donné les premières instructions nécessaires pour l'application dudit règlement.

Depuis l'envoi de cette circulaire, plusieurs ingénieurs en chef m'ont posé, au sujet du fonctionnement du service du contrôle, diverses questions qui m'ont démontré qu'il était utile de commenter et d'expliquer davantage le décret du 17 octobre 1907.

D'autre part, l'application simultanée de ce règlement et du décret du 11 juillet 1907, rendu sur la proposition du ministre du Travail et de la Prévoyance sociale pour la sécurité des travailleurs dans les établissements industriels qui mettent en œuvre des courants électriques, ne laisse pas de présenter certaines difficultés, notamment en ce qui concerne la compétence des deux départements ministériels du Travail et des Travaux publics.

Les présentes instructions ont pour objet de signaler les conditions de l'accord intervenu entre ces deux Administrations pour délimiter, aussi exactement que possible, les attributions de chacune d'elles et de fournir les éclaircissements complémentaires dont l'opportunité s'est fait sentir, aussi bien pour l'application du décret portant organisation du contrôle que du décret de même date portant fixation des redevances pour occupation du domaine public par les ouvrages des entreprises de distribution.

Attributions respectives du ministre des Travaux publics et du ministre du Travail et de la Prévoyance sociale.

Ainsi que je vous l'ai indiqué par ma Circulaire du 18 octobre 1907, le contrôle de mon Administration ne s'exerce que sur les distributions proprement dites, c'est-à-dire sur les canalisations, transformateurs, sous-stations et ouvrages de toute nature qui servent à transporter ou à transformer le courant depuis les usines de production jusqu'aux usines d'utilisation ou jusqu'aux immeubles particuliers.

Tous les autres ouvrages servant à produire ou à utiliser l'énergie électrique et affectés à un usage industriel relèvent du ministère du Travail, notamment les usines de production, même si elles sont concédées par l'acte qui autorise les distributions.

Ces principes très précis permettent, dans la grande majorité des cas, de délimiter les attributions du service du contrôle. Il peut arriver, toutefois, que des installations comportent à la fois des ouvrages de distribution et des ouvrages de production. C'est notamment le cas lorsqu'une sous-station de transformation de courant alternatif en courant continu comprend des moteurs à vapeur ou hydrauliques produisant normalement du courant.

Dans ce cas, le caractère d'usine de production doit être considéré comme prédominant, et l'installation tout entière placée dans les attributions du ministère du Travail.

Vous remarquerez, d'autre part, que toute distribution qui emprunte, ne fût-ce qu'en un point, le domaine public, est placée sous mon contrôle, non seulement en ce qui concerne les parties établies sur la voirie, mais encore en ce qui concerne toutes ses autres parties. Les distributions exclusivement établies sur des terrains privés sont, au contraire, soustraites par la loi au contrôle du ministère des Travaux publics, mais, si elles sont affectées à un usage industriel, elles rentrent dans les attributions du ministère du Travail.

Contrôle des installations électriques de mines, minières, carrières, chemins de fer et tramways.

La loi des 12 juin 1893-11 juillet 1903 sur l'hygiène et la sécurité des travailleurs dans les établissements industriels et les règlements qui en dérivent ne sont pas applicables aux mines, minières et carrières, ni aux chemins de fer et tramways, ni par conséquent aux installations électriques qui desservent ces entreprises. Ne sont notamment pas soumises aux dispositions du décret du 11 juillet 1907 les usines de production d'énergie, affectées au service des mines, minières, carrières ou des chemins de fer et tramways. Leur contrôle appartient à mon Administration.

Les usines génératrices, qui, tout en fournissant en fait l'énergie électrique nécessaire à ces entreprises. n'ont pas été créées spécialement en vue de leur service ou en vertu de leur acte de concession, mais sont destinées à produire du courant pour d'autres usages industriels ou commerciaux, ne rentrent pas dans les exceptions prévues par la loi du 12 juin 1893, et par conséquent. doivent être placées dans les attributions du Ministère du Travail.

Délimitation des distributions.

Toutes les distributions, sans distinction, sont soumises aux dispositions de la loi du 15 juin 1906. Sous la dénomination « distribution », la loi comprend aussi bien les ouvrages de transport que les ouvrages de distribution proprement dits et même les ouvrages particuliers. Mais elle ne détermine pas les limites des distributions et n'indique pas explicitement les moyens de reconnaître si un réseau de lignes électriques, relié à d'autres lignes, constitue, au point de vue du contrôle, une distribution individuellement distincte ou si ce réseau doit être considéré comme faisant partie d'une distribution plus étendue. A défaut de stipulations précises, il convient de s'inspirer, pour faire cette distinction, des principes suivants qui découlent des règles générales posées par la loi.

Tout ensemble de canalisations et d'ouvrages, reliés entre eux et parcourus par un même courant électrique, doit être considéré comme constituant une seule et même distribution, à la condition que ces canalisations et ouvrages soient autorisés par une décision unique de l'autorité compétente ou par des décisions annexes. Si, au contraire, l'occupation du domaine public est autorisée par des actes distincts, sans connexité entre eux, les canalisations et ouvrages doivent être considérés comme formant des distributions séparées, la nature de chaque distribution étant déterminée par la nature de l'acte qui l'autorise.

C'est ainsi qu'une ligne de transport à haute tension et toutes les lignes secondaires qu'elle alimente forment une seule distribution, à condition que ces lignes ne soient établies que par permission de voirie. Si au contraire, les lignes secondaires sont établies en vertu de concessions municipales ou d'État, l'ensemble des canalisations et ouvrages forme des distributions distinctes, à savoir la ligne de transport et ses annexes et les distributions concédées.

De même. si plusieurs communes sont desservies par une même usine, les canalisations qui les sillonnent forment une seule distribution, si elles sont établies en vertu de permissions de voirie ou en vertu d'une concession unique de l'État ; elles forment au contraire autant de distributions distinctes qu'il y a de concessions, si elles sont établies en vertu de concessions communales distinctes.

Les considérations qui précèdent permettent de déterminer dans chaque cas la compétence des divers services de contrôle. Si, par exemple. une ligne de transport est placée sous le contrôle de l'État, les lignes secondaires autorisées par permissions de voirie qu'elle alimente sont placées sous le même contrôle, quelles que soient les voies empruntées ; au contraire, les réseaux concédés par les communes que la ligne de transport dessert sont placés sous le contrôle des agents délégués par les municipalités, et la limite des attributions des divers services de contrôle est formée par la limite même des concessions envisagées.

Point de départ des frais de contrôle.

Le point de départ de la taxation des frais de contrôle dus à l'État ou aux municipalités est la date de la délivrance de la concession ou de la permission.

Le tarif à appliquer pour chaque ligne est déterminé par son régime d'autorisation dans les conditions fixées par la circulaire du 18 octobre 1907 et par l'arrêté du 30 mars 1908.

Distributions soumises au contrôle des municipalités.
Frais de contrôle.

L'article 9 du décret du 17 octobre 1907 porte que les frais de contrôle dus à l'État par les entrepreneurs de distributions soumises au contrôle des municipalités ne peuvent excéder 5 francs par kilomètre de ligne et par an ; l'article 11 indique que les frais de contrôle dus aux municipalités pour ces mêmes distributions peuvent atteindre 5 francs par kilomètre et par an.

Ces deux perceptions ne s'excluent pas l'une l'autre, elles s'ajoutent au contraire l'une à l'autre.

La perception, opérée en vertu de l'article 9, rentre dans les caisses du Trésor et est destinée à rémunérer la surveillance exercée par les agents de l'État en exécution de l'article 6 du décret et à faire face, notamment, aux frais des tournées que ces agents sont appelés à faire pour l'exercice de cette surveillance.

La perception opérée en vertu de l'article 11 est destinée à assurer les charges du contrôle local organisé dans la commune.

Frais de contrôle pour les canalisations électriques des tramways.

Les installations électriques intérieures des tramways, notamment les fils de trolley, sont placées, par le décret du 17 octobre 1907, dans les attributions du service chargé du contrôle des tramways et ne donnent lieu à aucune perception spéciale.

Quant aux canalisations amenant le courant à la ligne de tramways, une distinction est à faire. Si ces canalisations font partie intégrante des installations du tramway, leur contrôle est attribué au service du contrôle du tramway et ne donne pas lieu à une perception distincte.

Mais si les canalisations sont utilisées en même temps pour la distribution d'énergie aux particuliers ou si, par leur étendue et leur emplacement, elles constituent de véritables distributions extérieures au tramway, leur contrôle est exercé par le service de contrôle des distributions d'énergie électrique (article 8 du Décret du 17 octobre 1907 et Circulaire du 18 du même mois, p. 3), et elles donnent lieu à la perception de frais de contrôle conformément aux tarifs fixés par ledit décret. Les frais sont calculés d'après la longueur des canalisations, à l'exclusion des branchements et des sections situés sur des terrains particuliers.

Répression des infractions.

La répression des infractions aux dispositions réglementaires de la loi et de ses annexes, ainsi qu'aux clauses des permissions de voirie ou du cahier des charges, est prévue par les articles 24 et 25 de la loi du 15 juin 1906. Il convient, pour l'application de ces articles, de s'inspirer de l'esprit qui a présidé à la rédaction de la circulaire du 5 mars 1906 relative aux contraventions de grande voirie.

Lorsque les contraventions et infractions tombant sous le coup des articles 24 et 25 de la loi et consistant dans des actes ou des omissions, sont dues à une faute consciente, il y a lieu de dresser immédiatement procès-verbal. Mais, s'il n'y a pas faute consciente, il est équitable que les fonctionnaires, chargés de l'application de la loi, adressent d'abord aux intéressés un avertissement pour leur signaler la contravention ou l'infraction qu'ils ont commise et leur enjoindre de la faire cesser. Cette manière de procéder répond aux usages et traditions de l'Administration des Travaux publics en matière de contraventions et s'accorde avec les principes qui ont guidé le législateur pour la rédaction de la loi du 12 juin 1895 sur l'hygiène et la sécurité des travailleurs, laquelle prévoit une mise en demeure préalable au procès-verbal. Il doit, d'ailleurs, être entendu que si l'avertissement n'est suivi d'aucun effet et si la contravention ou l'infraction persiste, il y a lieu d'appliquer purement et simplement les articles 24 et 25 de la loi du 15 juin 1906.

Redevances pour occupation du domaine public (articles 1 et 2 du Décret du 17 octobre 1907).

Les articles 1 et 2 du décret relatif à la fixation des redevances pour occupation du domaine public par des entreprises de distribution d'énergie électrique n'ont pas toujours été correctement interprétés. On a parfois estimé que le tarif simple prévu à l'article premier est réservé aux occupations dérivées d'un contrat de concession et que le tarif double prévu à l'article 2 est applicable à toutes les occupations dérivées d'une simple permission de voirie.

Il n'y a pas lieu, aux termes de la loi, d'établir une distinction d'après le régime sous lequel sont placés les ouvrages.

Doivent être taxées au tarif simple (art. 1er) les parties non productives des lignes alimentant des services publics, c'est-à-dire les parties qui servent au transport de l'énergie. Sont, au contraire, soumises au tarif double (art. 2) : d'une part, les parties productives (ouvrages de distribution) des lignes alimentant les services publics, d'autre part, l'ensemble (ouvrages de transport et de distribution) des lignes qui n'ont pour objet aucun service public.

Je vous prie de m'accuser réception de la présente circulaire dont j'adresse ampliation aux Ingénieurs en chef du contrôle des distributions d'énergie électrique.

Louis Barthou.

18. — Circulaire du 25 octobre 1908, portant envoi de cinq formules pour l'application de la loi du 15 juin 1906 [1].

MINISTÈRE
DES
TRAVAUX PUBLICS,
DES POSTES
ET
DES TÉLÉGRAPHES
—
DIRECTION
DES ROUTES,
DE LA NAVIGATION
ET
DES MINES
—
DIVISION
DES
ROUTES ET PONTS
—
2e BUREAU
—
Distributions
d'énergie électrique.
—
Envoi de formules
pour
l'application de la loi
du 15 juin 1906.
—
CIRCULAIRE
—
Série A. — N° 9.

RÉPUBLIQUE FRANÇAISE

——

Paris, le 25 octobre 1908.

LE MINISTRE

à Monsieur le Préfet du département d

Par mes circulaires des 29 octobre 1907, 21 juillet et 3 août 1908, je vous ai adressé, avec les instructions que ces envois me paraissaient comporter, ampliation du décret du 17 octobre 1907, de l'arrêté ministériel du 21 mars 1908 et du décret du 3 avril 1908 relatifs, savoir :

1o Le décret du 17 octobre 1907, à la fixation des redevances dues à l'État, aux départements et aux communes en raison de l'occupation du domaine public par les ouvrages des entreprises de distributions d'énergie électrique concédées ou munies de permissions (article 18-7o de la loi du 15 juin 1906) :

2o L'arrêté du 21 mars 1908, à la détermination des conditions techniques auxquelles doivent satisfaire les distributions d'énergie électrique (article 19 de la loi) :

3o Le décret du 3 avril 1908, à l'application intégrale de la loi (1o, 2o, 4o, 5o, 6o et 8o de l'article 18).

Je vous adresse aujourd'hui, en vue de faciliter l'exécution des mesures prescrites par ces divers actes, les modèles des cinq formules ci-après :

1o Modèle de relevé des canalisations établies par des entreprises de distribution d'énergie électrique sur les dépendances du domaine public national en vue de permettre le calcul des redevances dues par chaque entreprise pour les occupations de ce domaine ;

2o Modèle d'arrêté préfectoral portant autorisation d'installer une distribution d'énergie électrique par permission de voirie ;

3o Modèle d'état des renseignements à joindre à une demande tendant à l'approbation des projets des ouvrages d'une distribution d'énergie électrique à établir sur le domaine public (cet état remplace l'état de renseignements n° 2 dont la production était demandée, antérieurement à la nouvelle législation, par l'Administration des Postes et des Télégraphes) ;

4o Modèle d'autorisation pour l'exécution des projets d'une distribution d'énergie électrique ;

5o Modèle d'autorisation de circulation du courant dans les conducteurs d'une distribution d'énergie électrique.

Je notifie aux ingénieurs en chef du contrôle des distributions d'énergie électrique la présente circulaire dont je vous prie de m'accuser réception.

Par autorisation :
Le Conseiller d'État,
Directeur des Routes, de la Navigation et des Mines,
A. CHARGUÉRAUD.

[1] Voir plus loin *Circulaire* du 3 mai 1910 (n° 32).

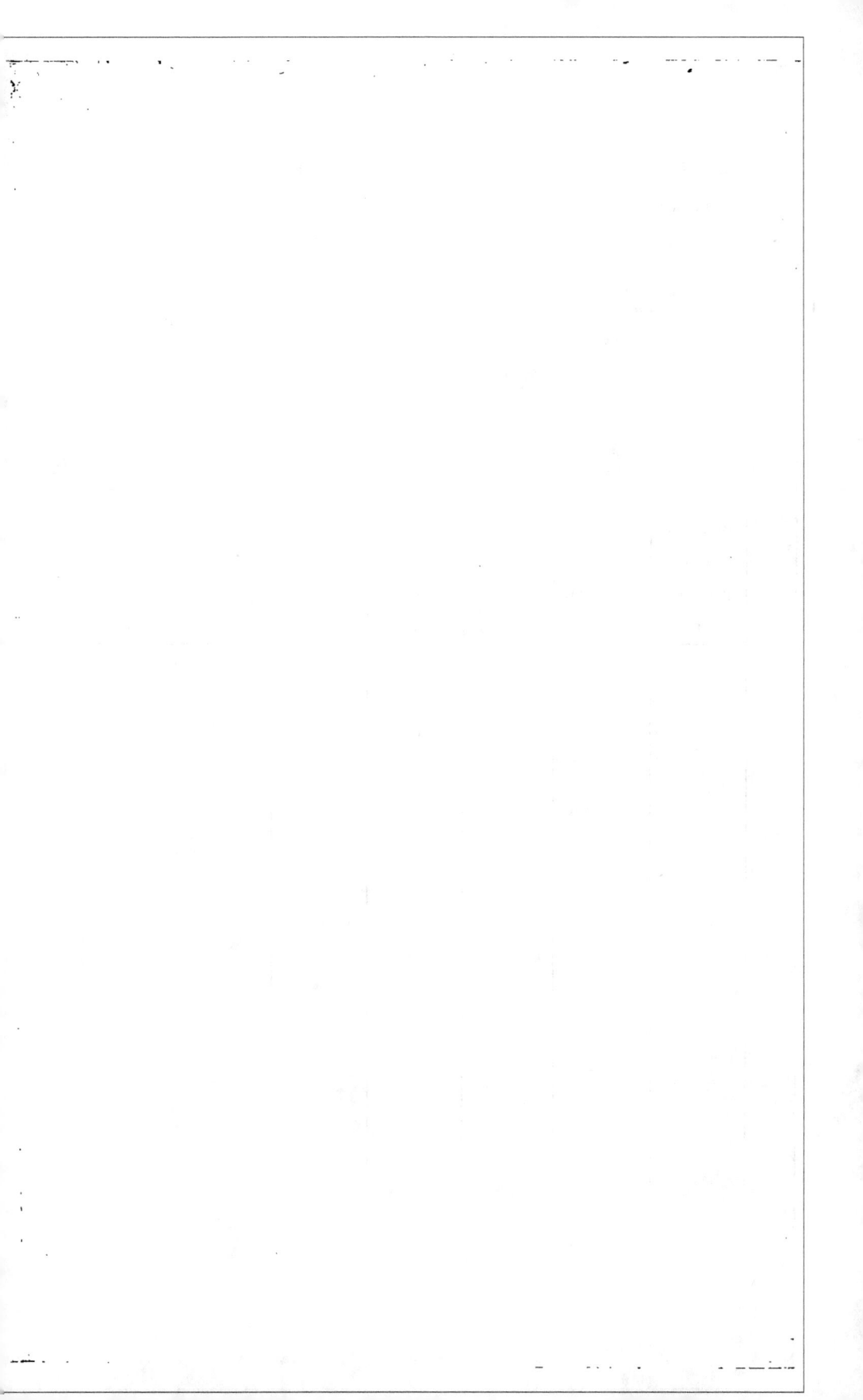

DÉPARTEMENT

d

—

SERVICE DE M.

Ingénieur en chef
du Contrôle
des distributions
d'énergie électrique.

—

OCCUPATION DU D
PAR LES CANALISATIONS D'UNE DI

—

ENTREPRISE DE DISTRIBUTIO

M.

RELEVÉ *des canalisation*

et indication des sommes à recouvrer par

(Art. 1, 2, 3, 4 et 5 (

DÉSIGNATION de la voie publique.	DÉSIGNATION de la commune.	POPULATION de la . commune.	DESTINATION des lignes.	LONGUEUR des lignes.	TAUX de la redevance par mètre de ligne aérienne ou souterraine.	MONTANT des redevances	NOMBRE des suppor en cas de ligne aérienne.
1	2	3	4	5	6	7	8

AAINE PUBLIC NATIONAL

IRIBUTION D'ÉNERGIE ÉLECTRIQUE

ANNEXE Nº 1
à la circulaire ministérielle
du 25 octobre 1908.

> *Format 31 × 42.*

rıermissionnaire.
10:oncessionnaire.

sīstant à la date du   19

s'vecteur des domaines du département d   .

orcrel du 17 octobre 1907).

IO3 EDEVANCE par chaque pıesupport Joooteau ou Ikqpylône).	MONTANT des redevances.	SUPERFICIE des ouvrages	TAUX de la redevance annuelle par mètre carré.	MONTANT des redevances.	TOTAL général des sommes à recouvrer (col. 7, 10 et 13).	OBSERVATIONS
9	10	11	12	13	14	15

DRESSÉ par l'Ingénieur en chef soussigné
et transmis à M. le Directeur des Domaines.

A   , le   19 .

Distributions d'énergie électrique.   9

Annexe Nº 2
à la circulaire
ministérielle
du 25 octobre 1908.

MODÈLE D'ARRÊTÉ PRÉFECTORAL

PORTANT AUTORISATION

D'installer une Distribution d'Énergie Électrique par permission de voirie

Le Préfet du département........

Vu la loi du 5 avril 1884 sur l'organisation municipale ;

Vu la loi du 15 juin 1906 sur les distributions d'énergie ;

Vu le décret du 17 octobre 1907 sur l'organisation du contrôle des distributions d'énergie électrique ;

Vu le décret du 17 octobre 1907 portant fixation des redevances dues pour l'occupation du domaine public ;

Vu le décret du 3 avril 1908, portant règlement d'administration publique pour l'application de la loi du 15 juin 1906 ;

Vu les arrêtés interministériels des 3 août 1878, 30 octobre 1895 et 22 septembre 1906 concernant les occupations temporaires du domaine public ;

Vu l'arrêté réglementaire du 15 janvier 1907 concernant les permissions de grande voirie ;

Vu l'arrêté technique du ministre des Travaux publics, des Postes et des Télégraphes du .... [1] ;

Vu l'arrêté réglementaire du............. relatif à la voirie vicinale ;

Vu la demande présentée le............ par M............. demeurant à........ ;

....

Vu l'avant-projet joint à la demande ;

Vu l'avis des ingénieurs et agents voyers préposés à l'administration du domaine public à occuper [2] ;

Vu l.. avis d.. Conseil. municipa.. de... commune. d.............. [3] ;

Vu l.. avis d.. Maire..

Vu les observations présentées par M................ concessionnaire d..... distribution. publique. d'énergie dans l.. commune. d................. [4] ;

Sur le rapport de l'Ingénieur en chef du contrôle des distributions d'énergie électrique.　　ARRÊTE :

ARTICLE PREMIER. — M................. autorisé.. à établir dans l.. commune d............ des canalisations et ouvrages de distribution d'énergie électrique { sur [5]....................... ....
{ sous................... • ....

....

en vue de [6]...

et à procéder aux travaux nécessités par l'entretien de ces canalisations et ouvrages, à charge par... de se conformer aux conditions de la présente permission, aux règlements de voirie et aux règlements ou arrêtés édictés en exécution de la loi du 15 juin 1906 [7].

---

[1] Cet arrêté porte actuellement la date du 21 mars 1910. Mais, comme ses prescriptions sont soumises à une revision annuelle, il y aura lieu, dans chaque cas, d'inscrire la date du dernier arrêté.

[2] A insérer seulement lorsque le domaine public à occuper n'est pas placé dans les attributions de l'ingénieur en chef du contrôle des distributions d'énergie électrique.

[3] A insérer lorsque la distribution a pour objet l'éclairage.

[4] A insérer lorsqu'il y a déjà un ou plusieurs concessionnaires de distribution d'énergie électrique dans la ou les communes où doivent être installés les ouvrages de la distribution projetée.

[5] Indiquer les voies publiques ou autres dépendances du domaine public à occuper.

[6] Indiquer la destination de la distribution.

[7] Cet article a été modifié par la circulaire du 3 mai 1910 (Voir plus loin, nº 32).

Article 2. — Les canalisations souterraines seront placées directement dans le sol. Toutefois, elles pourront, sur la demande du permissionnaire, être placées dans des galeries accessibles et elles devront l'être lorsque les services de voirie l'exigeront. Sauf aux traversées des chaussées, elles seront toujours sous les trottoirs, à moins d'une autorisation donnée par l'ingénieur en chef du contrôle.

À la traversée des chaussées fondées sur béton et des voies de tramways, les dispositions nécessaires seront prises pour que le remplacement des canalisations soit possible sans ouverture de tranchée.

Les canalisations aériennes [1]...

Article 3. — Aucune extension ou modification des canalisations et ouvrages mentionnés dans la demande ne pourra être entreprise sans avoir fait l'objet d'une permission nouvelle.

Toutefois les branchements nouveaux ayant pour unique objet de relier un immeuble aux canalisations autorisées par la présente permission pourront être exécutés sans permission spéciale et sans autorisation préalable, dans les conditions fixées par l'article 35 du décret du 5 avril 1908 [2].

Article 4. — Les travaux nécessaires pour remettre en état la chaussée et les trottoirs à l'emplacement des tranchées ou les autres ouvrages qui auraient été démolis, ainsi que les travaux d'entretien pendant un an des parties rétablies, seront effectués par les soins et aux frais d... permissionnaire... Il... se conformer... pour l'exécution à toutes les règles de l'art et suppléer... aux déchets des vieux matériaux par des matériaux neufs de bonne qualité.

Toute négligence apportée à l'entretien pourra donner lieu à un procès-verbal qui sera déféré au conseil de préfecture.

S'il y a urgence, il sera procédé d'office et aux frais d... permissionnaire... après mise en demeure, à l'exécution des travaux propres à faire cesser le dommage. Le remboursement des dépenses ainsi effectuées sera poursuivi dans la forme prescrite par le décret du 12 juillet 1893 au titre des avances pour travaux d'intérêt public à la charge des tiers [3].

Article 4 bis (variante). — Les travaux nécessaires pour remettre en état la chaussée et les trottoirs sur l'emplacement des tranchées, les autres ouvrages qui auraient été démolis et les travaux d'entretien pendant un an des parties rétablies seront effectués par l'Administration aux frais d... permissionnaire., dans les conditions ci-après :

Immédiatement après l'achèvement du travail de pose ou de réparation des conduites, un métré des parties à réparer sera notifié par les agents du service intéressé au.. permissionnaire.. ou a.. ayant charge qui pourr... présenter... observation. dans un délai de cinq jours à partir de la notification. Passé ce délai, le métré sera considéré comme accepté et servira de base aux règlements de compte.

Les dépenses seront calculées en appliquant aux quantités portées sur le métré les prix forfaitaires suivants, qui comprennent les frais de surveillance :

[1] Le préfet peut interdire les canalisations aériennes. Lorsqu'il les autorise, il doit indiquer si les canalisations peuvent être aériennes dans toute l'étendue de la distribution ou sinon dans quelles parties elles ne peuvent l'être.

L'ingénieur en chef, en autorisant l'exécution des projets de canalisation, détermine les conditions auxquelles est soumis leur établissement.

[2] Cet alinéa est facultatif. — Sauf exceptions justifiées par les circonstances locales, il convient de l'insérer dans les permissions autorisant l'établissement d'ouvrages de transport ou d'ouvrages particuliers et de le supprimer dans les permissions autorisant des ouvrages de distribution proprement dite, de manière à ne pas entraver l'établissement ultérieur de concessions municipales ou d'État.

[3] Voir le renvoi page suivante.

1° Repose d'un mètre courant de bordure de trottoir..........

2° Réfection d'un mètre carré d'empierrement...................

3° Réfection d'un mètre carré de pavage sur sable (la surface mesurée avec une demi-largeur de pavé en plus de chaque côté pour le raccordement).................................

4° Réfection d'un mètre carré de pavage sur fondation de béton (la surface mesurée comme ci-dessus).......... ....

5° Réfection d'un mètre carré de pavage en bois (la surface mesurée comme ci-dessus)...........................

6° Réfection d'un mètre carré de surface sablée.................

7° Réfection d'un mètre carré de bitume..........................

8° Réfection d'un mètre carré de trottoir pavé hourdé de mortier.

Le remboursement sera poursuivi dans la forme prescrite par le décret du 12 juillet 1893 au titre des avances pour travaux d'intérêt public à la charge des tiers.

Les frais de recouvrement qui sont fixés à 3 p. 100 des dépenses à titre de remise au comptable chargé de la perception, plus une somme de 0 fr. 05 pour frais d'avertissement, seront ajoutés à chaque article du rôle et seront à la charge d.. permissionnaire..

Le tarif inséré au présent article pourra être revisé tous les cinq ans [1].

ARTICLE 4 ter (variante). — Les travaux nécessaires pour remettre en état la chaussée, les trottoirs et autres ouvrages qui auraient été démolis ou endommagés pendant l'exploitation de la distribution, ainsi que les travaux d'entretien pendant un an des parties rétablies, seront effectués par l'Administration aux frais d.. permissionnaire.. dans les conditions déterminées par l'arrêté préfectoral du.............. [1].

ARTICLE 5. — L'autorisation à laquelle s'applique le présent arrêté est accordée à titre précaire ; elle est révocable à la première réquisition de l'Administration dans les conditions prévues par le décret du 3 avril 1908 et par l'arrêté ministériel du 3 août 1878.

L'autorisation sera considérée comme périmée s'il n'en a pas été fait usage dans le délai d'un an à dater de sa délivrance.

ARTICLE 6. — En cas de révocation de l'autorisation ou en cas de cessation de l'occupation du domaine public, l.. permissionnaire.. ser.... tenu.. d'enlever, a... frais et sans indemnité, toutes celles des... installations qui se trouvent sur ou sous la voie publique, et de rétablir les lieux dans leur état primitif. Toutefois, il.. pourr.... abandonner les canalisations souterraines à condition qu'elles n'apportent aucune gène pour les services publics.

Faute par le.. permissionnaire... de satisfaire aux obligations du présent article, il sera procédé d'office et à... frais à l'enlèvement des installations dans les conditions prévues par l'article 4 ci-dessus.

ARTICLE 7. — L'ingénieur en chef du contrôle des distributions d'énergie électrique et le directeur des domaines sont chargés, chacun en ce qui le concerne, d'assurer l'exécution du présent arrêté, dont ampliation leur sera adressée ainsi qu'à...........

Fait à   , le   19

Le Préfet,

---

[1] L'Administration peut, soit laisser au permissionnaire le soin de remettre en état le domaine public, soit se réserver la faculté d'exécuter les travaux nécessaires à cet effet. L'article 4 ter ne peut être appliqué que s'il existe dans le département un arrêté réglementaire fixant les conditions dans lesquelles doit s'effectuer la remise en état des voies publiques.

EXTRAIT

du Décret du 17 octobre 1907

fixant les redevances dues pour l'occupation du domaine public par les entreprises de distribution d'énergie.

ARTICLE PREMIER. — Les redevances pour l'occupation du domaine public par les ouvrages de transport d'énergie électrique alimentant les services publics assurés ou concédés par l'État, les départements et les communes sont proportionnelles à la longueur des lignes, au nombre des supports et à la surface du domaine public occupé ; elles sont perçues conformément au tarif ci-après par l'État, le département et la commune au prorata de la longueur des voies empruntées, suivant que ces voies font partie du domaine public national, départemental ou communal :

SITUATION DES EMPLACEMENTS du domaine public occupé.	TAUX de la redevance annuelle par mètre de ligne aérienne ou souterraine.	REDEVANCE annuelle fixe par chaque support. (Poteau ou pylône).	TAUX de la redevance annuelle par mètre carré pour les postes de transformateurs et autres établissements analogues avec minimum d'un franc par poste.
	Francs.	Francs.	Francs.
Paris	0,10	10,00	25,00
Communes de 100 000 habitants et au-dessus .	0,02	2,00	5,00
— de 20 000 à 100 000 habitants . . .	0,01	0,50	2,50
— ayant moins de 20 000 habitants. .	0,005	0,25	1,00

ARTICLE 2. — Les redevances pour l'occupation du domaine public par les ouvrages particuliers de transport et par les ouvrages de distribution, quel qu'en soit l'objet, sont fixées au double des taux prévus à l'article 1er ci-dessus.

ARTICLE 3. — Les redevances prévues aux articles 1 et 2 pour l'occupation du domaine public communal peuvent, en cas de distribution concédée et en vertu d'une stipulation spéciale du cahier des charges, soit être réduites par l'autorité concédante pour tenir compte des avantages particuliers réservés à la commune par l'acte de concession, soit être remplacées par des redevances proportionnelles aux recettes brutes totales réalisées dans la commune, sans toutefois pouvoir dépasser les maxima prévus par le tarif ci-après :

DÉSIGNATION DES COMMUNES	DISTRIBUTION de l'énergie pour l'éclairage. — P. 100 des recettes.	DISTRIBUTION de l'énergie pour tous autres usages. — P. 100 des recettes.
Paris	10 p. 100	5 p. 100
Communes de plus de 100 000 habitants.	4 —	1,5 —
— de 20 000 à 100 000 habitants	3 —	1 —
— ayant moins de 20 000 habitants	2 —	0,5 —

Les entrepreneurs de distributions établies en vertu de permissions de voirie peuvent demander l'application du tarif maximum prévu au présent article en remplacement du tarif fixé par les articles 1 et 2, à condition de soumettre leurs recettes à la vérification du service du contrôle.

Article 4. — Pour le calcul des redevances, les canalisations aériennes installées sur les mêmes supports ou poteaux et les canalisations souterraines dont les conducteurs sont juxtaposés sont considérées comme formant une seule ligne, dont la longueur est égale à celle de la voie canalisée.

Les branchements desservant les immeubles ainsi que les supports et appuis établis sur des immeubles particuliers n'entrent pas en compte.

Les recettes brutes réalisées sur la vente du courant sont seules comptées pour le calcul des redevances. Les recettes provenant de l'emploi accessoire de l'énergie pour l'éclairage des locaux où elle est employée industriellement sont assimilées aux recettes provenant de la vente de l'énergie pour tous usages autres que l'éclairage.

Les redevances prévues à l'article 1er et à l'article 2 sont calculées par trimestre et perçues annuellement. Tout trimestre commencé est compté pour un trimestre entier.

Chaque permission ou concession donne ouverture à une redevance distincte.

. . . .

EXTRAIT

du Décret du 3 avril 1908 portant règlement d'administration publique pour l'application de la loi du 15 juin 1906 sur les distributions d'énergie.

. . . .

Branchements nouveaux.

Article 11. — Sauf disposition contraire de la permission initiale, tout branchement nouveau doit faire l'objet d'une permission spéciale.

Revision et révocation des permissions de voirie.

Article 12. — Les permissions de voirie autorisant des distributions d'énergie électrique peuvent être revisées sous les conditions ordinaires des arrêtés réglementaires relatifs à ces permissions.

Elles peuvent être révoquées sous les mêmes conditions et, notamment, si le permissionnaire ne se conforme pas, après mise en demeure, aux obligations qui lui sont imposées, soit par sa permission, soit par les lois et règlements. Les permissions sont également révocables si la distribution cesse d'être affectée à la destination qui avait motivé l'autorisation.

. . . .

Instruction des projets définitifs.

ARTICLE 31. — Aucune installation de distribution ne peut être exécutée sur la voie publique sans que le projet définitif en ait été préalablement soumis à l'examen des services intéressés. Il n'est dérogé à cette règle que dans le cas prévu à l'article 35 ci-après.

. . . .

Approbation des projets.

ARTICLE 34. — S'il y a accord entre les services intéressés et si l'entrepreneur de la distribution a pris par écrit les engagements auxquels serait subordonnée l'exécution des travaux, l'ingénieur en chef autorise cette exécution.

S'il n'y a pas accord entre les services intéressés et le demandeur, l'ingénieur en chef adresse le dossier au ministre des Travaux publics, qui le soumet au Comité d'électricité. Si les ministres intéressés adhèrent à l'avis du Comité, le ministre des Travaux publics renvoie le dossier à l'ingénieur en chef avec ses instructions. Si les ministres intéressés n'adhèrent pas tous à l'avis du Comité, il est statué en Conseil des ministres.

Exécution de lignes secondaires et de branchements.

ARTICLE 35. — Les travaux qui se bornent à la création d'une ligne secondaire ou d'un branchement ayant pour unique objet de relier un immeuble à une canalisation existant sur ou sous la voie publique peuvent être exécutés par les concessionnaires, sans autorisation préalable, à charge par ceux-ci de prévenir huit jours à l'avance le service du contrôle, le service de la voirie et les autres services intéressés, et sous la condition expresse qu'aucune opposition ne soit formulée dans le délai ci-dessus fixé. Pareille faculté peut être, sous les mêmes conditions, ouverte par les permissions de voirie, en ce qui concerne les branchements particuliers.

S'il y a opposition motivée, le projet de l'ouvrage doit être soumis à l'examen de l'ingénieur en chef du contrôle et instruit dans les formes prévues ci-dessus.

. . . .

Bonne exécution des ouvrages.

ARTICLE 38. — Tous les ouvrages établis sur le domaine public sont exécutés en matériaux de bonne qualité, mis en œuvre suivant les règles de l'art.

Les dispositions techniques adoptées pour les ouvrages, ainsi que les conditions de leur exécution, doivent satisfaire aux prescriptions des arrêtés pris par le ministre des Travaux publics, en exécution de l'article 19 de la loi du 15 juin 1906.

En cas de désaccord entre le permissionnaire ou concessionnaire et les services intéressés sur l'application de ces arrêtés à des ouvrages antérieurement exécutés, il est statué par le ministre des Travaux publics après avis du Comité d'électricité.

. . . .

Avis à donner avant le commencement des travaux.

ARTICLE 41. — Avant de commencer les travaux d'une distribution, le permissionnaire ou concessionnaire doit en donner avis quatre jours au moins à l'avance au service du contrôle.

Il doit en outre, avant l'ouverture de tout chantier sur la voie publique, en aviser dans le même délai :

1° Les services de voirie intéressés ;

2° Les services des postes et télégraphes, si des lignes télégraphiques et téléphoniques sont intéressées ;

3° Les propriétaires de toutes canalisations touchées par les travaux.

Le permissionnaire ou concessionnaire est dispensé de se conformer au délai de quatre jours ci-dessus indiqué pour l'ouverture des chantiers sur la voie publique en cas d'accident exigeant une réparation immédiate. Dans ce cas, il peut exécuter sans délai tous travaux nécessaires, à charge d'en aviser en même temps les services intéressés et de justifier l'urgence dans un délai maximum de vingt-quatre heures.

Réception des travaux et mise en exploitation.

ARTICLE 42. — Avant la mise en service des ouvrages terminés, il est procédé à leur réception. L'ingénieur en chef du contrôle fixe la date des essais et convoque les représentants des services intéressés.

Si les essais sont satisfaisants, tant au point de vue du fonctionnement de la distribution elle-même qu'à celui de la sécurité et du maintien de la circulation publique et des communications télégraphiques ou téléphoniques, la réception des ouvrages est prononcée.

Sur le vu du procès-verbal de réception, le Préfet ou l'ingénieur en chef du contrôle délégué à cet effet délivre l'autorisation de circulation du courant prévue par l'article 15 de la loi du 15 juin 1906.

Les lignes et branchements établis conformément aux dispositions de l'article 35 ci-dessus peuvent être mis en service sans essais de réception.

EXTRAIT

de l'arrêté réglementaire du 15 janvier 1907 concernant les permissions de grande voirie.

. . . .

Réparation des dommages causés à la route.

ARTICLE 37. — Aussitôt après l'achèvement de leurs travaux, les permissionnaires sont tenus d'enlever tous les décombres, terres, dépôts de matériaux, gravois et immondices, de réparer immédiatement tous les dommages qui auraient pu être causés à la route ou à ses dépendances, et de rétablir dans leur premier état les fossés, talus, accotements, chaussées ou trottoirs qui auraient été endommagés.

Entretien en bon état des ouvrages situés sur le sol de la route et de ses dépendances

ARTICLE 38. — Les ouvrages établis sur le sol de la voie publique et qui intéressent la viabilité, notamment ceux mentionnés dans les articles 6, 24 et 26 ¹ du présent règlement, seront toujours entretenus en bon état et maintenus conformes aux conditions de l'autorisation ; faute de quoi cette autorisation serait révoquée, indépendamment des mesures qui pourraient être prises contre le permissionnaire, pour répression de délit de grande voirie et pour la suppression de ces ouvrages.

Aqueducs sur les fossés de la route.

¹ ART. 6. — L'écoulement des eaux ne peut être intercepté dans les fossés de la route. Les dispositions et dimensions des aqueducs destinés à rétablir la communication entre la route et les propriétés riveraines sont fixées par l'arrêté qui autorise ces ouvrages : ils doivent toujours être établis de manière à ne pas déformer le profil normal de la route.

Conditions d'établissement des trottoirs.

ART. 24. — La nature et les dimensions des matériaux à employer dans la construction des trottoirs seront fixées par l'arrêté spécial qui autorisera ces ouvrages. Les bordures, ainsi que le dessus du trottoir.

Suppression des ouvrages sans indemnité. ARTICLE 39. — Les permissions de pure tolérance concernant les ouvrages mentionnés à l'article précédent peuvent toujours être modifiées ou révoquées, en tout ou en partie, lorsque l'Administration le juge utile à l'intérêt public, et le permissionnaire est tenu de se conformer à ce qui lui est prescrit à ce sujet, sans qu'il puisse s'en prévaloir pour réclamer aucune indemnité.

Réserve des droits des tiers. ARTICLE 40. — Les autorisations de grande voirie ne sont données que sous toutes réserves des droits des tiers, des règlements faits par l'autorité municipale dans les limites de ses attributions, des servitudes militaires et de celles résultant du code forestier.

seront établis suivant les points de hauteur et les alignements fixés au pétitionnaire.

Les extrémités du trottoir devront se raccorder avec les trottoirs voisins ou avec le revers, de manière à ne former aucune saillie.

Écoulement des eaux. Établissement d'aqueducs et de tuyaux. ART. 26. — Nul ne peut, sans autorisation, rejeter sur la voie publique les eaux insalubres provenant des propriétés riveraines.

Les eaux pluviales, lorsqu'elles auront été recueillies dans une gouttière, ainsi que celles provenant de l'intérieur des maisons, seront conduites jusqu'au sol par des tuyaux de descente, puis jusqu'au caniveau de la route, soit par une gargouille, s'il existe un trottoir ou dès qu'il en existera un, soit par un ruisseau pavé, s'il n'existe qu'un revers.

MINISTÈRE
DES
TRAVAUX PUBLICS,
DES POSTES
ET
DES TÉLÉGRAPHES

DÉPARTEMENT
d ....

Distribution d'énergie
électrique de ....
à ....

Demande
en approbation de projet.

M ....
demeurant
à ....
pétitionnaire

Format 21 × 31

ÉTAT DES RENSEIGNEMENTS

*à joindre à une demande tendant à l'approbation
des projets des ouvrages d'une distribution
d'énergie électrique à établir
sur le domaine public.*

Je soussigné [1]...
....
....
....
.... demeurant
à .... et faisant élection de domicile
à ...., rue....................... n°...........
déclare fournir les renseignements suivants en conformité de la Circulaire
ministérielle du 25 octobre 1908, et à l'appui de ma demande du..............
tendant à obtenir l'approbation des projets des ouvrages à établir sur le
domaine public pour une distribution d'énergie électrique dans le département de........................ ladite distribution étant destinée à [2]...........
.... et ladite distribution ayant été autorisée [3]...............

---

[1] Nom et prénoms.

[2] Trois cas peuvent se présenter : éclairage, force motrice, tous usages.

[3] Décret de concession en date du...................................... ou : permission de voirie en
date du..

OBSERVATION IMPORTANTE. — La pétition et tous les documents qui l'accompagnent
(mémoire, calculs, cartes, plans, dessins-croquis, etc) ne doivent pas avoir en largeur une
dimension supérieure à 0,21 m et à 0,31 m en hauteur après pliage.

RÉSEAU de ....

....

....

....

....

(mettre ici le nom du réseau)

dans les départements de ....

....

....

....

....

Ligne de[1]...à[1]...

....

....

....

dans les départements et communes indiqués ci-après ;

DÉPARTEMENTS	COMMUNES
....	....
....	....
....	....
....	....
....	....

Longueur de la (*ou* des) ligne dans le département de ....

....*km.*

Renseignements complémentaires sur le réseau (la ligne *ou* les lignes) faisant l'objet de la présente demande :

....

....

....

....

....

OBSERVATION GÉNÉRALE

(Dans les renseignements qui suivent, rayer ce qui ne s'applique pas à l'espèce.)

---

[1] Indiquer les points extrêmes.

I. — RENSEIGNEMENTS GÉNÉRAUX SUR LA DISTRIBUTION.

A. — SOURCE DE L'ÉNERGIE.

1° Emplacement de la source d'énergie.

2° Nature et puissance de la source d'énergie.

B. — SYSTÈME DE DISTRIBUTION.

1° Définition du système et description générale de la distribution.

(Indiquer le nombre des fils, l'existence ou non de lignes de tensions différentes, de sous-stations, postes de transformation, etc.)

2° Transformateurs.

I. Emplacement et puissance; rapport de transformation.

II. Mode d'installation :

a) Dans un bâtiment séparé.

b) Sur supports.

c) Dans les immeubles.

Nota. — Le tableau des deux pages suivantes peut servir pour une seule ligne ou pour plusieurs lignes d'un même réseau.

Dans ce dernier cas, le pétitionnaire intercalera les pages nécessaires et groupera par ligne les voies publiques empruntées. Les diverses lignes seront séparées par un trait horizontal, de façon que les renseignements relatifs à chaque ligne ressortent bien nettement.

C. — RENSEIGNEMENTS GÉNÉRAUX
AU POINT DE VUE DE LA SÉCURITÉ.

1° Nature et emplacement des dispositifs destinés à empêcher l'intensité ou la tension du courant de prendre une valeur anormale.

2° Cas de distributions de deuxième catégorie desservant plusieurs agglomérations (art. 7 de l'arrêté technique du 21 mars 1908).

Nature de la communication directe et indépendante projetée entre l'usine et chacune des agglomérations importantes.

ou bien

Nature et emplacement des dispositifs destinés à empêcher, en cas de danger, l'arrivée du courant aux agglomérations importantes.

---

¹ Remplacé par l'arrêté du 21 mars 1910. — Se reporter au texte inséré plus loin à son ordre de date (n° 30).

D. — Renseignement!t
AU POINT DE VUE DES VOIES PUBLIQUES

VOIES PUBLIQUES empruntées.		VOIES PUBLIQUES traversées.		LIEUX HABITÉS traversés.		COMMUNE
Désignation.	Longueur.	Désignation.	Emplacement.	Désignation.	Population.	

(1) Indiquer dans cette co'onne s'il s'agit d'une ligne de transport ou de distribution, de première ou d₃

J LA DISTRIBUTION
JÆRUNTÉES ET DE LA NATURE DU COURANT.

RENSEIGNEMENTS SUR LE COURANT que doit suivre les conducteurs à établir dans les parties de voie publiques indiquées ci-contre.			NATURE de la ligne (1).	OBSERVATIONS
3VNature o courant.	Fréquence dans le cas de courants alternatifs.	Différence maximum de potentiel efficace entre les conducteurs.		

môème catégorie.

II. — DÉTAILS TECHNIQUES SUR LE⟩

	TERRAINS PRIVÉS	PARTIES DE LA DO⟩			
		SUR LES VOI⟩			
		Longitudinalement.			En dehors⟩
		Dans les lieux habités.			des
		Sur voie publique proprement dite.	Sur façades.	Sur toitures.	lieux habité⟩
A. — Su⟩					
1° Nature des supports . .					
2° Distance normale entre deux supports consécutifs.					
3° Distance maximum entre deux rapports consécutifs.					
B. — I⟩					
1° Nature des isolateurs. . .					
2° Type.					
C. — Condi⟩					
1° Nature du métal					
2° Diamètre des conducteurs en mm					
3° Résistivité maximum à 15° C en microhms-centimètres					

IVERSES PARTIES DE LA DISTRIBUTION

IBUTION ÉTABLIES				SUR LE DOMAINE PUBLIC autre que les voies publiques[1].		OBSERVATIONS
ILIQUES						Nota. — Il est rappelé que les parties traversant les voies ferrées font l'objet d'une demande spéciale et d'un état de renseignements séparé. (Circulaire du ministre des Travaux publics en date du 5 septembre 1908.)
Transversalement.			En dehors des lieux habités.	Longitudinalement.	Transversalement.	
Dans les lieux habités.						
Sur voie publique proprement dite.	Sur façades.	Sur toitures.				
RTS.						
ATEURS.						
URS AÉRIENS.						

[1] Spécifier ce domaine dans la colonne d'observations.

Distributions d'énergie électrique.   10

II. — DÉTAILS TECHNIQUES SUR LE

	TERRAINS PRIVÉS	PARTIES DE LA D			
		SUR LES VO			
		Longitudinalement.			
		Dans les lieux habités.			En dehors
		Sur voie publique proprement dite.	Sur façades.	Sur toitures.	des lieux habités

D. — CONDU

I. — CONDUCTEURS NUS

1° Nature du métal . . . .
2° Diamètre des conducteurs en *mm*.
3° Résistivité maximum à 15° C en microhms-centimètres. . . . . .
4° Mode de support. . . . .

II. — CONDUCTEURS RECOUVERTS

1° Nature de l'âme des conducteurs.
2° Diamètre des âmes des conducteurs en *mm*. . . . .
3° Résistivité maximum à 15° C en microhms-centimètres. . . . . .
4° Nature des diverses couches isolantes . . . .
5° Epaisseur totale de ces couches.

III. — CABLES ARMÉS

1° Nature de l'âme des conducteurs.
2° Diam. des âmes des conducteurs.
3° Résistivité maximum à 15° C en microhms-centimètres. . . . . .
4° Nombre et disposition relative des conducteurs dans un même câble.
5° Nature des couches isolantes . .
6° Epais^r totale de la couche isolante.
7° Epaisseur de la chemise en plomb.
8° Epaisseur de la couverture protectrice intermédiaire. . . . . .
9° Epais^r de l'armature métallique .
10° Nature et épaisseur de la couverture extérieure. . . . . . .

IV. — CONDUITE SOUTERRAINE

1° Nature de la conduite souterraine.
2° Dimensions. { Hauteur intér^{re}. . / Largeur intér^{re}. . / Epaisseur . . . .
3° Précautions prises pour assurer la ventilation de la conduite souterraine . . . .
4° Précautions projetées pour assurer l'écoulement des eaux introduites accidentellement. . . .

DIVERSES PARTIES DE LA DISTRIBUTION.

TRIBUTION ÉTABLIES				SUR LE DOMAINE PUBLIC autre que les voies publiques [1].		OBSERVATIONS
PUBLIQUES						NOTA. — Il est rappelé que les parties traversant les voies ferrées font l'objet d'une demande spéciale et d'un état de renseignements séparé. (Circulaire du ministre des Travaux publics en date du 5 septembre 1908).
Transversalement.			En dehors des lieux habités.	Longitudinalement.	Transversalement.	
Dans les lieux habités.						
Sur voie publique proprement dite.	Sur façades.	Sur toitures.				
CONDUCTEURS SOUTERRAINS.						

[1] Spécifier ce domaine dans la colonne d'observations.

III. — RÉSISTANCE MÉCANIQUE DES OUVRAGES DANS LE CAS

		PARTIES DE LA DIS			
			SUR LES VOIES		
		Longitudinalement.			En dehors des lieux habités.
	TERRAINS PRIVÉS	Dans les lieux habités.			
		Sur voie publique proprement dite.	Sur façades.	Sur toitures.	
		A. — Sup			
1° FATIGUE { des supports { en bois. / en fer. MAXIMUM { des consoles en fer. .					
2° COEFFICIENT DE SÉCURITÉ . . . . (Art. 6, § 1er, de l'arrêté du 21 mars 1908[1]). Voir le détail des calculs à l'appui.					
		B. Con			
1° FATIGUE MAXIMUM					
2° COEFFICIENT DE SÉCURITÉ. . . . . (Art. 6, § 1er, de l'arrêté du 21 mars 1908[1]). Voir le détail des calculs à l'appui.					

[1] Voir note 1 page 141.

LE PLUS DÉFAVORABLE (Article 6 de l'arrêté du 21 mars 1908[1]).

IRIBUTION ÉTABLIES					SUR LE DOMAINE PUBLIC autre que les voies publiques[2].		OBSERVATIONS
UBLIQUES							Exprimer la fatigue maximum en kilogr. par cm^2 pour le bois et par mm^2 pour les métaux.
Transversalement.							La température moyenne admise pour la région (art. 6 de l'arrêté du 21 mars 1908, § 1er a)[1] a été prise égale à.........°C
Dans les lieux habités.			En dehors des lieux habités.	Longitudinale-ment.		Transversale-ment.	
Sur voie publique proprement dite.	Sur façades.	Sur toitures.					La température minimum admise pour la région (art. 6, § 1er b) a été prise égale à .... °C
OORTS.							
UUCTEURS.							

[1] Voir note 1 page 141.
[2] Spécifier ce domaine dans la colonne d'observations.

IV. — VOISINAGE DES LIGNES TÉLÉGRAPHIQUES OU TÉLÉPHONIQUES.

SECTIONS [1].	DISTANCE MINIMUM.

1° Indiquer les sections où les conducteurs d'énergie électrique aériens seront établis dans la zone de 10 mètres en projection horizontale située de chaque côté d'une ligne télégraphique ou téléphonique aérienne.

Donner pour chacune de ces sections la distance minimum auxdites lignes télégraphiques ou téléphoniques.

Dans le cas de courants de deuxième catégorie, indiquer les mesures projetées pour empêcher tout contact éventuel entre elles et les conducteurs d'énergie.

[1] Les extrémités de chaque section devront être désignées par des lettres correspondantes sur le plan joint à la demande.

2º Indiquer les sections où les conducteurs d'énergie électrique aériens suivent parallèlement une ligne télégraphique ou téléphonique à une distance inférieure à 2 mètres de cette ligne, ainsi que les points de croisement desdits conducteurs avec les lignes télégraphiques ou téléphoniques.

Faire connaître les précautions projetées en vue d'éviter dans ces sections et en ces points tout contact éventuel entre les conducteurs d'énergie électrique et les fils télégraphiques ou téléphoniques, notamment la longueur de la portée, le diamètre des conducteurs d'énergie et les dimensions des systèmes protecteurs, dans les deux cas suivants.

POINTS de croisement		PRÉCAUTIONS
au-dessus des lignes de l'Etat.	au-dessous des lignes de l'Etat.	projetées.

A. — Cas de courants de première catégorie.

	POINTS de croisement		PRÉCAUTIONS projetées.
	au-dessus des lignes de l'État.	au-dessous des lignes de l'État.	

B. — Cas de courants de deuxième catégorie.

SECTIONS [1].	DISTANCE MINIMUM.

3° Indiquer les sections où la canalisation souterraine d'énergie électrique est à moins d'un mètre en projection horizontale d'une ligne télégraphique ou téléphonique souterraine. Faire connaître pour chacune des sections la distance minimum auxdites lignes télégraphiques ou téléphoniques et les dispositions projetées pour assurer la sécurité de leur fonctionnement et de leur entretien.

POINTS.	DISTANCE MINIMUM.

4° Indiquer les points de croisement de la canalisation souterraine d'énergie électrique avec les lignes télégraphiques ou téléphoniques souterraines. Faire connaître pour chacun de ces points la distance minimum auxdites lignes télégraphiques ou téléphoniques.

[1] Les extrémités de chaque section devront être désignées par des lettres correspondantes sur le plan joint à la demande.

POINTS.	PRÉCAUTIONS projetées.
5° Indiquer les précautions spéciales projetées pour éviter les dérivations à ceux de ces points pour lesquels la distance est inférieure à 50 centimètres.	
6° Indiquer les précautions prises pour éviter l'induction.	
7° Indiquer les parties du réseau qui ne sont pas constituées par des conducteurs voisins parcourus par des courants égaux et de sens contraire, ou plus généralement par des courants dont la somme algébrique est constamment nulle.	

V. — VOISINAGE DE PIÈCES MÉTALLIQUES IMPORTANTES
(CONDUITES D'EAU, DE GAZ, ETC.)

POINTS et pièces métalliques intéressées.	PRÉCAUTIONS projetées.
1° Indication des points spéciaux où les conducteurs d'énergie électrique seront à moins de 50 centimètres des pièces métalliques.	
2° Précautions spéciales pour éviter les dérivations en ces points.	

VI. — CONTROLE.

Moyens mis par le permissionnaire à la disposition du service du contrôle, soit dans l'usine, soit sur la voie publique, pour mettre ce service en mesure de faire toutes les vérifications intéressant la sécurité, notamment :

1° Mesure de la plus grande valeur que peut atteindre la différence de potentiel efficace entre les conducteurs.

2° Mesure de l'isolement des tronçons du réseau.

J'indique dans les pièces annexes ci-jointes [1] le système de distribution, la section des conducteurs et les intensités du courant dans les diverses branches du circuit quand le réseau fonctionnera à pleine puissance.

J'indique également les sections de lignes télégraphiques ou téléphoniques aériennes ou souterraines qui seront placées dans la zone de 10 mètres ou qui les croiseront et leur distance aux conducteurs d'énergie électrique dont je demande l'établissement.

Enfin je donne les renseignements détaillés ci-dessous sur les points particuliers de la distribution, tels que traversées de voies publiques, de rivières, etc.

Traversées de voies publiques.

Traversées de cours d'eau navigables et de canaux de navigation.

Hauteur minimum des conducteurs au-dessus des plus hautes eaux navigables.

A   , le   19

---

[1] Nomenclature des pièces jointes à la présente demande :

1°

2°

3°

4°

5°

6°

N.-B. — Joindre les calculs, mémoires, plans, dessins et croquis nécessaires à la justification de la distribution, à son emplacement, les dispositions de ses ouvrages, etc.

ANNEXE 4

à la circulaire ministérielle
du 25 octobre 1908.

MODÈLE D'AUTORISATION POUR L'EXÉCUTION
DES PROJETS D'UNE DISTRIBUTION D'ÉNERGIE ÉLECTRIQUE

L'Ingénieur en chef du contrôle des distributions d'énergie électrique dans le département d

Vu la loi du 15 juin 1906 sur les distributions d'énergie et le décret du 3 avril 1908 portant règlement d'administration publique pour l'application de ladite loi et notamment l'article 34 dudit décret ;

Vu le projet présenté à la date du   par M.
en vue d'établir dans   commune d
les ouvrages de distribution d'énergie électrique autorisés par

Vu le procès-verbal en date du
constatant l'accord entre les services intéressés et le demandeur[2] ;

Vu les engagements souscrits par le demandeur ;

Vu la décision de M. le ministre des Travaux publics, des Postes et des Télégraphes du   [3] ;

AUTORISE :

M.   à exécuter les ouvrages prévus au projet présenté le   à charge par lui de se conformer aux dispositions des arrêtés ministériels déterminant les conditions techniques auxquelles doivent satisfaire les distributions d'énergie électrique, ainsi qu'aux prescriptions spéciales ci-après[3].

---

[1] Indiquer la date des permissions ou de la concession autorisant la distribution.

[2] S'il y a accord entre les services intéressés, supprimer le visa concernant la décision du ministre des Travaux publics, à moins que la tension de la distribution ne dépasse 30 000 volts. S'il n'y a pas accord, supprimer le visa concernant la conférence et l'accord entre les services intéressés et le demandeur.

[3] Indiquer, s'il y a lieu, les conditions spéciales imposées pour l'établissement des ouvrages.

Copie de la présente sera adressée à M.
Ingénieur en chef des télégraphes, et à M.

                         A   , le   19

ANNEXE 5
à la circulaire ministérielle
du 23 octobre 1908.

MODÈLE D'AUTORISATION DE CIRCULATION

DE COURANT DANS LES CONDUCTEURS D'UNE DISTRIBUTION D'ÉNERGIE ÉLECTRIQUE

L'Ingénieur en chef du contrôle des distributions d'énergie électrique dans le département d

Vu la loi du 15 juin 1906 sur les distributions d'énergie et le décret du 3 avril 1908 portant règlement d'administration publique pour l'application de ladite loi, et notamment l'article 42 dudit décret ;

Vu les pouvoirs à lui délégués par M. le Préfet d

Vu le procès-verbal des essais faits le   après convocation des services intéressés, en présence de
en vue de la réception des ouvrages de distribution d'énergie électrique établis par M

AUTORISE :

M.   à faire circuler le courant dans les ouvrages établis conformément au projet dont l'exécution a été autorisée à la date du   , sous réserve des prescriptions indiquées ci-après [1] :

Copie de la présente autorisation sera adressée à M.
Ingénieur en chef des Télégraphes, et à M.

A   , le   19

---

[1] Indiquer, s'il y a lieu, les prescriptions spéciales à imposer au pétitionnaire pour assurer la sécurité de la circulation.

19. — Circulaire du Ministre des Travaux publics, en date du 17 mars 1909 portant instructions en ce qui concerne l'emprunt des voies ferrées par des distributions d'énergie électrique.

MINISTÈRE
DES
TRAVAUX PUBLICS,
DES POSTES
ET
DES TÉLÉGRAPHES

DIRECTION
DES
CHEMINS DE FER

DIVISION
DE
L'EXPLOITATION

3º BUREAU

CIRCULAIRE
Série A — nº 2.

DIRECTION
DES ROUTES
DE LA NAVIGATION
ET DES MINES

DIVISION
DES
ROUTES ET PONTS

2º BUREAU

CIRCULAIRE
Série A — nº 2.

Emprunt
des voies ferrées
par
des distributions
d'énergie électrique.

Nécessité
de ne les autoriser
que dans
des cas exceptionnels.

RÉPUBLIQUE FRANÇAISE

Paris, le 17 mars 1909.

Le Ministre

A Monsieur le Préfet du département d

Mon attention a été appelée sur la tendance qu'ont les Sociétés de distribution d'énergie électrique à emprunter, pour la pose de leurs canalisations, les emprises des voies ferrées, même lorsque ces emprises n'ont qu'une faible largeur et lorsque les conducteurs électriques pourraient sans difficultés être placés sur le sol des propriétés riveraines.

J'ai cependant indiqué, dans une circulaire en date du 5 septembre 1908, que, s'il est nécessaire de donner toutes facilités aux entreprises de distribution d'énergie pour la traversée des voies ferrées, l'emprunt longitudinal de ces voies ne doit être autorisé qu'à titre exceptionnel.

Ce n'est pas, en effet, pour recevoir des réseaux de distribution d'énergie qu'ont été établis les chemins de fer, et, d'autre part, l'existence de conducteurs électriques dans l'emprise des voies ferrées présente des inconvénients qui deviendront de plus en plus sensibles à mesure que l'exploitation de ces voies utilisera des dispositifs électriques, surtout si l'emprise dont il s'agit a une faible largeur.

En principe, la pose de conducteurs électriques sur les emprises de chemins de fer ne doit être autorisée que dans les parties où ces emprises sont assez larges pour que les conducteurs puissent être établis à une assez grande distance des rails. Si cette condition n'est pas remplie, l'emprunt n'est admissible que dans le cas où les canalisations électriques ne pourraient éviter d'emprunter la voie ferrée sans rencontrer des difficultés exceptionnelles, et il ne doit être autorisé que sous les réserves nécessaires pour qu'il ne puisse dans l'avenir, ni gêner l'exploitation, ni compromettre la sécurité du chemin de fer.

L'assentiment que peuvent donner aux emprunts des voies ferrées, par des conducteurs électriques, les compagnies concessionnaires de ces voies ferrées ne dispense nullement le service du contrôle d'examiner avec le plus grand soin si ces emprunts sont justifiés par des motifs exceptionnels. Les compagnies concessionnaires, dont la concession n'a qu'une durée limitée, sont en effet portées à envisager les conditions actuelles de leur exploitation plutôt que les transformations à prévoir dans un avenir plus ou moins lointain. L'État doit, au contraire, se préoccuper de ces transformations et éviter la création de servitudes qui pourraient ultérieurement rendre plus difficile l'application de l'électricité à la manœuvre des signaux et à la traction des convois.

Il est important que les considérations qui précèdent ne soient pas perdues de vue par les divers services intéressés. Il conviendra donc que MM. les ingénieurs du contrôle des distributions d'énergie électrique recherchent, quand ils instruiront des projets de distributions, les moyens d'éviter des emprunts de voies ferrés qui ne seraient pas justifiés par des raisons exceptionnelles ; MM. les ingénieurs du contrôle des chemins de fer devront, de leur côté, vérifier et justifier avec soin l'existence de ces motifs exceptionnels quand ils m'adresseront des avis favorables à des projets d'emprunts.

J'ai remarqué, d'autre part, que l'Administration est parfois saisie d'un projet de canalisation électrique à établir sur l'emprise d'une voie ferrée sans que le pétitionnaire fournisse des renseignements sur l'ensemble de la distribution dont fait partie cette canalisation.

Bien que les décisions ministérielles qui interviennent en pareille matière se bornent généralement à fixer les conditions dans lesquelles l'occupation du domaine public peut être admise, laissant à l'autorité compétente le soin d'autoriser l'établissement du réseau de distribution auquel appartient l'emprunt projeté, il est indispensable, pour que le degré d'utilité de cet emprunt puisse être apprécié, que le projet y relatif contienne des indications suffisamment précises sur les dispositions de l'ensemble du réseau. Les projets d'emprunts qui ne satisferaient pas à cette condition devront être complétés par les pétitionnaires.

J'adresse ampliation de la présente circulaire à MM. les ingénieurs en chef du contrôle des distributions d'énergie électrique et à MM. les ingénieurs en chef du contrôle des chemins de fer.

LOUIS BARTHOU.

20. Circulaire du Ministre des Travaux publics en date du 27 mai 1909 relative à la communication au service des télégraphes de l'avant-projet des distributions à établir par permissions de voirie.

MINISTÈRE
DES
TRAVAUX PUBLICS,
DES POSTES
ET DES
TÉLÉGRAPHES

DIRECTION
DES ROUTES
DE LA NAVIGATION
ET DES MINES

DIVISION
DES ROUTES
ET PONTS

2ᵉ BUREAU

Distributions d'énergie
électrique.

Communication
au service
des télégraphes
de
l'avant-projet
des distributions
à établir
par permissions
de voirie.

CIRCULAIRE
Série A, nᵒ 6.

RÉPUBLIQUE FRANÇAISE

Paris, le 27 mai 1909.

Le Ministre

A Monsieur le Préfet du département d

M. le Sous-Secrétaire d'État des postes et télégraphes a appelé mon attention sur les difficultés dont a été cause pour son Administration la non-intervention du service des télégraphes dans les premières enquêtes relatives aux avant-projets d'établissement des distributions d'énergie électrique.

En ce qui concerne l'établissement des tramways et des chemins de fer d'intérêt local à traction électrique, la circulaire série B nᵒ 7 du 28 février 1907 [1] a déjà prescrit aux Ingénieurs en chef du contrôle de conférer avec les fonctionnaires des postes et des télégraphes au cours de l'instruction locale qui doit précéder la déclaration d'utilité publique.

Pour les distributions d'énergie électrique ayant pour objet la vente du courant, en vue de l'éclairage ou de tous autres usages, à établir en vertu d'une concession avec ou sans déclaration d'utilité publique, les articles 22 à 29 du décret du 3 avril 1908 stipulent expressément l'appel en conférence des services intéressés.

Ces prescriptions ne devront pas être perdues de vue.

En ce qui regarde les distributions à établir en vertu de permissions de voirie, les dispositions du décret du 3 avril 1908 ont pu paraître moins précises aux ingénieurs en chef du contrôle et donner lieu, de leur part, à des hésitations au sujet de l'opportunité de la consultation du service des télégraphes au moment de l'instruction des demandes. En présence

[1] Voir plus loin, nᵒ 48.

des dispositions des articles 6 et 7 dudit décret qui prévoient l'accord des services intéressés, ils ont pu se croire fondés à recourir à cette consultation seulement lorsque les lignes télégraphiques ou téléphoniques pouvaient être influencées.

Même, dans certaines circonstances, notamment quand les lignes télégraphiques ou téléphoniques sont entièrement souterraines, ils ont pu ignorer que le service des télégraphes fût intéressé et, par suite, omettre de le consulter.

Dans cette situation, afin d'assurer, dès le début, l'instruction des demandes aussi complète que possible et pour faire disparaître toute occasion des difficultés qui m'ont été signalées, j'invite les ingénieurs en chef du contrôle des distributions d'énergie à donner, dans tous les cas, connaissance aux ingénieurs des télégraphes des avant-projets dont ils seront saisis, quel que soit le régime auquel doivent être soumises les distributions à établir, concession ou permission de voirie.

Il ne faut pas que la communication de ces avant-projets ait pour conséquence d'allonger les délais d'examen des affaires ; il sera donc nécessaire que les ingénieurs des télégraphes, s'ils considèrent leur service comme intéressé, demandent sans aucun retard à être convoqués aux conférences visées par les articles 22 et 26 du décret du 3 avril 1908, dans les cas de concession, ou qu'ils formulent d'urgence leurs observations, dans les cas de permission de voirie.

Ces observations porteront d'ailleurs exclusivement sur l'occupation du domaine public et sur les dispositions en résultant qui pourraient être nuisibles au fonctionnement des communications télégraphiques et téléphoniques, tous les autres points devant être réservés pour la conférence prévue par l'article 14 de la loi du 15 juin 1906 et par l'article 33 du décret du 3 avril 1908 dans laquelle sont examinés les projets définitifs et où sont toujours convoqués les représentants de l'Administration des postes et des télégraphes.

Je vous prie de m'accuser réception de cette circulaire, dont j'adresse ampliation aux ingénieurs en chef.

Louis Barthou.

21. **Arrêté du Ministre des Travaux publics**, en date du 2 juin 1909, fixant les conditions d'approbation des types de compteurs d'énergie électrique pour l'application de l'article 16 des cahiers des charges types des distributions publiques d'énergie électrique [1].

---

[1] Cet arrêté est remplacé par l'arrêté du 13 août 1910 (Voir plus loin, n° 34).

22. Circulaire du Ministre des Travaux publics en date du 27 août 1909, relative au recouvrement des frais de contrôle.

MINISTÈRE
DES
TTRAVAUX PUBLICS

DIRECTION
DU PERSONNEL
ET
DE LA COMPTABILITÉ

PERSONNEL

3ᵉ BUREAU

ciOistributions d'énergie
électrique.

ээ.ecouvrement des frais
de contrôle.

ɔriirculaire Série B, nº 12.

RÉPUBLIQUE FRANÇAISE

Paris, le 27 août 1909.

LE MINISTRE

A Monsieur le Préfet du département d

Aux termes de la circulaire du 30 mars 1908, relative au recouvrement des frais de contrôle des distributions d'énergie électrique, MM. les ingénieurs doivent adresser à l'Administration, dans la première quinzaine du mois de janvier, un relevé sommaire des états de frais délivrés pendant l'année précédente et joindre à leur envoi copie desdits états dont le montant n'aurait pas été recouvré au 31 décembre. Ces copies, revêtues de ma signature, devaient être transmises à l'agent judiciaire du Trésor en vue des poursuites à exercer.

M. le Ministre des Finances m'a fait connaître récemment que le fait de confier à l'agent judiciaire du Trésor le recouvrement de toute créance non payée à la date du 31 décembre n'était pas sans présenter des inconvénients. En effet, ce chef de service ne doit, en principe, intervenir que lorsque les Trésoriers généraux n'ont pu opérer le recouvrement à l'amiable, ou bien s'il y a nécessité de prendre des mesures conservatoires pour assurer le recouvrement de la créance du Trésor.

Dans ces conditions, et d'accord avec M. le Ministre des Finances, j'estime qu'il convient de soumettre le recouvrement des frais de contrôle des distributions d'énergie électrique à la règle générale applicable aux produits divers du budget et aux fonds de concours, telle qu'elle est indiquée dans la circulaire de la Direction générale de la Comptabilité publique du 31 janvier 1899 ; vous trouverez cette circulaire dans le recueil des lois, ordonnances, décrets concernant le Ministère des Travaux publics (tome X, année 1899, p. 96)

En conséquence, les chefs de service n'auront plus à produire dans la première quinzaine de janvier que le relevé sommaire (modèle nº 3) des états de frais délivrés pendant l'année écoulée.

J'adresse ampliation de la présente circulaire à M. l'ingénieur en chef.

Le Ministre des Travaux publics, des Postes et des Télégraphes,

A. MILLERAND.

23. Arrêté réglementaire du 1er septembre 1909 relatif à l'élagage des arbres sur les voies publiques empruntées par des distributions d'énergie électrique.

Le Préfet du département d

Vu la loi du 15 juin 1906 sur les distributions d'énergie électrique ;

Vu l'arrêté du Ministre des Travaux publics en date du 21 mars 1908 [1], pris en exécution de l'article 19 de ladite loi ;

Vu notamment l'article 35 dudit arrêté ;

Vu l'article 2 de la section III de la loi du 22 décembre 1789-janvier 1790 ;

Considérant que, sur les voies publiques empruntées par une distribution d'énergie électrique, les branches des arbres plantés sur ces voies ou faisant saillie hors des propriétés riveraines peuvent nuire à la sécurité de la distribution s'il n'est pas procédé en temps utile à leur élagage,

ARRÊTE :

ARTICLE PREMIER

Sur les voies publiques empruntées par les distributions d'énergie électrique dans le département d   , il sera procédé par l'entrepreneur de chaque distribution à l'élagage des arbres plantés en bordure de ces voies publiques, soit sur le sol de ces voies, soit sur les propriétés particulières, aussi souvent que la nécessité en sera reconnue par cet entrepreneur dans l'intérêt de la sécurité de la distribution, ou toutes les fois qu'il en sera requis par l'ingénieur en chef du contrôle des distributions d'énergie électrique.

ART. 2.

Dans tous les cas, avant de commencer les travaux, l'entrepreneur doit en donner avis, huit jours au moins à l'avance :

Au service du contrôle ;

Aux services de voirie intéressés ;

Aux propriétaires de toutes plantations devant être touchées par les travaux.

ART. 3.

Les intéressés sont tenus de permettre et de faciliter l'exécution des travaux.

ART. 4.

En cas d'opposition formulée par le service de voirie ou par un propriétaire dans un délai de huit jours à partir de l'avertissement prévu à l'article 2 ci-dessus, et sur la demande de l'entrepreneur, l'exécution de l'élagage peut être ordonnée par l'ingénieur en chef du contrôle, étant entendu que, par application de l'article 57 du décret du 3 avril 1908, l'en-

[1] Remplacé par l'arrêté du 21 mars 1910.

trepreneur de la distribution reste entièrement responsable de tous les dommages qui pourraient être causés par l'exécution de l'élagage.

ART. 5.

En cas d'urgence, l'entrepreneur peut procéder à l'exécution immédiate des travaux, à charge d'en aviser en même temps les intéressés.

ART. 6.

Les travaux d'élagage seront exécutés par l'entrepreneur de la distribution en se conformant aux instructions des services de voirie et sans pénétrer dans les propriétés privées.

ART. 7.

Les produits de l'élagage des arbres plantés sur les propriétés particulières seront mis à la disposition des propriétaires, qui doivent les enlever dans un délai de quarante-huit heures.

Les produits de l'élagage des arbres plantés sur les voies publiques seront mis à la disposition des services de voirie et rangés en se conformant à leurs indications.

ART. 8.

Les conditions des travaux d'élagage des plantations, en dehors de ceux qu'exige la sécurité des distributions d'énergie électrique, continuent d'être déterminées par les arrêtés spéciaux prévus par l'article 33 de l'arrêté réglementaire du 15 janvier 1907 sur les permissions de grande voirie.

ART. 9.

Expédition du présent arrêté sera adressée à M. l'ingénieur en chef du contrôle des distributions d'énergie électrique, chargé d'en assurer l'exécution, à M. l'ingénieur en chef du service ordinaire des ponts et chaussées, à M. l'agent voyer en chef et à M. le commandant de gendarmerie.

Il sera publié et affiché dans l'étendue du département.

A   , le 1er septembre 1909.

24. Circulaire du ministre des Travaux publics en date du 1ᵉʳ septembre 1909, portant envoi d'un arrêté réglementaire pour l'élagage des arbres sur les voies publiques empruntées par des distributions d'énergie électrique.

MINISTÈRE
DES
TRAVAUX PUBLICS
DES POSTES
ET
DES TÉLÉGRAPHES

DIRECTION
DES ROUTES
DE LA NAVIGATION
ET DES MINES
—

DIVISION
DES ROUTES
ET PONTS
—

2ᵉ BUREAU
—

Distributions
d'énergie électrique.

Élagage des arbres.

Envoi d'un projet
d'arrêté réglementaire.

Circulaire.
—

Série A, nᵒ 8.
—

RÉPUBLIQUE FRANÇAISE
—

Paris, le 1ᵉʳ septembre 1909.

LE MINISTRE

A Monsieur le Préfet du département d

L'article 35 de l'arrêté du 21 mars 1908 [1] dispose que « sur les voies publiques empruntées par une distribution d'énergie électrique, l'élagage des arbres plantés en bordure de ces voies publiques, soit sur le sol des voies, soit sur les propriétés particulières, doit être effectué aussi souvent que la sécurité de la distribution l'exige ». Cet article ajoute que, « s'il en est requis par le service du contrôle, l'entrepreneur de la distribution est tenu de procéder à cet élagage, en se conformant aux instructions du service de voirie ».

La question de l'élagage devant se poser dans tous les départements, il m'a paru utile, pour assurer par une procédure uniforme l'exécution des prescriptions de l'arrêté précité du 21 mars 1908 [1], d'adopter un modèle d'arrêté réglementaire, auquel vous devrez vous conformer lorsque vous aurez à prescrire l'élagage des arbres plantés en bordure des voies publiques empruntées par des canalisations électriques aériennes, soit sur le sol de ces voies, soit sur les propriétés particulières.

Ci-joint ce projet d'arrêté-type qui sera daté du 1ᵉʳ septembre 1909. Il sera publié et affiché dans la forme ordinaire et inséré dans le *Recueil des Actes administratifs* de votre préfecture.

A. MILLERAND.

[1] Remplacé par l'arrêté du 21 mars 1910.

25. Circulaire du ministre des Travaux publics en date du 8 octobre 1909, portant instructions pour l'organisation du contrôle des distributions d'énergie électrique dans les communes.

MINISTÈRE
DES
TRAVAUX PUBLICS
DES POSTES
ET DES
TÉLÉGRAPHES
═══

DIRECTION
DES ROUTES
DE LA NAVIGATION
ET DES MINES
—

DIVISION
DES ROUTES ET PONTS
—

2ᵉ BUREAU
—

Distributions
d'énergie électrique.
—

Organisation du contrôle
dans
les communes.
—

CIRCULAIRE
Série A, nº 9.

RÉPUBLIQUE FRANÇAISE

────

Paris, le 8 octobre 1909.

LE MINISTRE

A Monsieur le Préfet du département d

L'article 16 de la loi du 15 juin 1906 prévoit que le contrôle de la construction et de l'exploitation des distributions d'énergie électrique est exercé, *sous l'autorité du Ministre des Travaux publics*, par les agents délégués par les municipalités, lorsqu'il s'agit de concessions données par les communes ou les syndicats de communes, ou de permission de voirie pour les distributions n'empruntant que les voies vicinales ou urbaines.

Le décret du 17 octobre 1907, pris de concert entre les trois Départements de l'Intérieur, de l'Agriculture et des Travaux publics, a tracé les grandes lignes de l'organisation de ces services de contrôle municipaux ; mais, en réalité, dans la plupart des communes, le contrôle n'a pas encore été organisé parce que les frais de contrôle que les municipalités sont autorisées à percevoir sur les entreprises, en vertu des articles 11 et 12 de ce décret, seraient insuffisants pour rémunérer les agents spéciaux qu'elles chargeraient de ce service.

Cependant, ce contrôle est nécessaire et obligatoire. Aussi, à défaut d'agents communaux, ce sont les agents de l'État qui, en fait, l'exercent *bénévolement* pour que l'instruction des affaires ne reste pas en souffrance et soit aussi complète que possible, et pour que les intérêts du public et des entrepreneurs ne se trouvent pas lésés. Mais cet état de choses, contraire aux dispositions de la loi de 1906, ne saurait se prolonger.

Je vous prie de vouloir bien rappeler aux maires l'obligation qui leur est imposée, par la loi, de constituer, pour les distributions établies sur le territoire de leur commune, dans les conditions ci-dessus définies, un service de contrôle qu'ils devront confier à des agents remplissant les conditions prescrites par l'arrêté ministériel du 27 décembre 1907, pris pour l'application de l'article 5 du décret du 17 octobre 1907.

Dans le cas où des communes se trouveraient dans l'impossibilité de recruter un personnel spécial à cet effet, je suis tout disposé, ainsi que vous l'a déjà fait connaître la circulaire du 18 octobre 1907, à autoriser les agents du contrôle de l'État à se mettre à la disposition des communes pour l'exercice du contrôle qui leur est attribué par la loi. Mais l'essentiel, je ne saurais trop insister sur ce point, est que les services de contrôle municipaux soient organisés et fonctionnent régulièrement dans le plus court délai possible.

Veuillez, en m'accusant réception de la présente circulaire, dont j'adresse ampliation aux ingénieurs en chef du contrôle des distributions d'énergie électrique, me faire connaître les mesures que vous aurez prises en vue de son application.

Le Ministre des Travaux publics,
des Postes et des Télégraphes,

A. MILLERAND.

26. Décret du 30 novembre 1909 approuvant le cahier des charges pour la concession par l'Etat d'une distribution d'énergie électrique aux services publics.

LE PRÉSIDENT DE LA RÉPUBLIQUE FRANÇAISE,

Sur le rapport du Ministre des Travaux publics, des Postes et des Télégraphes ;
Vu la loi du 15 juin 1906 sur les distributions d'énergie, et notamment l'article 6 de cette loi ;
Le Conseil d'Etat entendu.

DÉCRÈTE :

ARTICLE PREMIER

Est approuvé le cahier des charges ci-annexé. dressé en exécution de l'article 6 de la loi du 15 juin 1906 pour la concession par l'Etat d'une distribution d'énergie électrique aux services publics.

ART. 2.

Le Ministre des Travaux publics, des Postes et des Télégraphes est chargé de l'exécution du présent décret, qui sera applicable à l'Algérie.
Fait à Paris, le 30 novembre 1909.

Signé : A. FALLIÈRES.

PAR LE PRÉSIDENT DE LA RÉPUBLIQUE :
Le Ministre des Travaux publics,
des Postes et des Télégraphes,
Signé : A. MILLERAND.

CAHIER DES CHARGES

CHAPITRE PREMIER

OBJET DE LA CONCESSION

ARTICLE PREMIER

Service concédé.

La présente concession a pour objet la distribution de l'énergie électrique aux services publics organisés en vue des transports en commun, de l'éclairage public ou privé ou de la fourniture de l'énergie aux particuliers sur le parcours compris entre.................
.... et[1] .... département
........................., en traversant les communes de
.... département[1] de
....
....

ART. 2.

Droit d'utiliser les voies publiques.

La concession confère au concessionnaire le droit d'établir et d'entretenir, sur le parcours défini à l'article premier, soit au-dessus, soit au-dessous des voies publiques et de leurs dépendances, tous ouvrages ou canalisations destinés à la distribution de l'énergie électrique, en se conformant aux conditions du présent cahier des charges, aux règlements de voirie et aux décrets ou arrêtés intervenus en exécution de la loi du 15 juin 1906.

Le concessionnaire ne pourra réclamer aucune indemnité pour le déplacement ou la modification des ouvrages établis par lui sur les voies publiques, lorsque ces changements seront requis par l'autorité compétente pour un motif de sécurité publique ou dans l'intérêt de la voirie.

ART. 3.

Utilisation accessoire

Le concessionnaire peut être autorisé par le Ministre des Travaux publics à faire usage des ouvrages et

---

[1] Spécifier, d'une part, l'usine génératrice ou le poste d'où part la ligne et, d'autre part, soit la dernière commune à desservir, soit le poste de réception où la ligne principale doit se terminer.

des ouvrages
et canalisations.

canalisations établis en vertu de la présente concession pour fournir l'énergie à d'autres services publics ou à des particuliers, sous la condition expresse qu'il n'en résulte aucune entrave au bon fonctionnement de la distribution définie à l'article premier ci-dessus et que toutes les obligations du cahier des charges soient remplies.

CHAPITRE II

TRAVAUX

ART. 4.

Approbation
des projets.

Les projets de tous les ouvrages dépendant de la concession devront être approuvés dans les formes prévues par la loi du 15 juin 1906 et par le décret du 3 avril 1908.

ART. 5.

Ouvrages à établir
pour la distribution.

Le concessionnaire sera tenu d'établir à ses frais les canalisations, sous-stations, postes de transformateurs, etc., nécessaires au transport de l'énergie depuis l'usine productrice et à sa distribution.

Les ouvrages destinés à la production de l'énergie ne seront pas soumis aux dispositions du présent cahier des charges.

Toutefois, le concessionnaire sera tenu de construire et de maintenir en bon état de service une (ou plusieurs) usine (s) génératrice (s) d'une puissance totale d'au moins ..... kilowatts. Cette (ou ces) usine (s) ainsi que les ouvrages la (ou les) reliant au réseau de distribution feront partie de la concession [1].

*Ouvrages
et canalisations
préexistants.*

L'État met à la disposition du concessionnaire, qui accepte, l'ensemble des immeubles, canalisations, ouvrages, matériel et appareils constituant les installations de la distribution préexistante, suivant inventaire annexé au présent cahier des charges.

Cette mesure est consentie pour la durée de la concession, mais elle cesserait de plein droit d'avoir son effet en cas de rachat ou de déchéance.

Le concessionnaire payera, pour l'usage des ouvrages

---

[1] L'État peut exiger que les usines dépendant de la concession soient en état de produire toute l'énergie nécessaire à la distribution ; dans ce cas, les deuxième et troisième alinéas de l'article 5 doivent être supprimés et le premier alinéa doit être rédigé ainsi qu'il suit : « Le concessionnaire sera tenu d'établir à ses frais les

de la distribution qui sont mis à sa disposition par l'État, une redevance annuelle de ....[1].

ART. 6.

Délais d'exécution.

Les projets des ouvrages et des lignes désignés sur le plan annexé au présent cahier des charges devront être présentés par le concessionnaire dans le délai de ..... mois à partir de l'approbation définitive de la concession.

Les travaux seront commencés dans le délai de..... à dater de l'approbation des projets et poursuivis sans interruption, de manière à être achevés dans le délai de.....

Les autres lignes seront exécutées lorsqu'elles seront nécessaires pour l'accomplissement des obligations du concessionnaire.

ART. 7.

Propriété des installations.

Le concessionnaire sera tenu d'acquérir les machines et l'outillage nécessaires à l'exploitation[2].

Il pourra, à son choix, soit acquérir les terrains et établir à ses frais les constructions affectées au service de la distribution, soit les prendre en location.

Toutefois, il sera tenu d'acquérir en toute propriété et de construire les .....[3].

Pour l'établissement des ouvrages, l'État s'engage à mettre à la disposition du concessionnaire moyennant .....[4].

---

ouvrages destinés à la production de l'énergie, à son transport et à sa distribution. Tous ces ouvrages feront partie intégrante de la concession. »

[1] Les trois derniers alinéas de l'article 5 ne sont applicables que si l'État dispose, au moment de l'institution de la concession, d'un réseau de distribution déjà existant.

Dans ce cas, l'État peut mettre ce réseau à la disposition du concessionnaire à des conditions déterminées d'un commun accord. La redevance, s'il en est imposé une, peut être soit fixe, soit proportionnelle aux recettes brutes ou aux bénéfices réalisés par le concessionnaire.

[2] Quand le concessionnaire est autorisé à ne pas produire lui-même l'énergie, le mot « l'exploitation » doit être remplacé par les mots « la distribution de l'énergie ».

[3] L'État peut imposer au concessionnaire l'acquisition en toute propriété de tout ou partie des immeubles destinés à l'établissement des usines de production et des postes de transformation.

[4] L'État peut autoriser, par le cahier des charges, le concessionnaire à occuper, dans des conditions déterminées, les parties du domaine public dont il a la disposition.

Les baux ou contrats relatifs à toutes les locations d'immeubles seront communiqués au préfet, ils devront comporter une clause réservant expressément à l'État la faculté de se substituer au concessionnaire en cas de rachat ou de déchéance. Il en sera de même pour tous les contrats de fourniture d'énergie, si le concessionnaire achète le courant.

ART. 8.

Nature et mode de production du courant [1].

....

....

....

....

Usines génératrices [2].

....

....

Sous-stations et postes de transformateurs [3].

....

....

ART. 9.

Tension du courant.

La tension du courant au départ des usines, en service normal, ne doit jamais dépasser ..... volts.

Fréquence.

La fréquence du courant distribué en service normal est fixée à ..... périodes par seconde [4].

ART. 10.

Canalisations.

Les canalisations souterraines seront placées directement dans le sol; *toutefois, elles pourront, sur la demande du concessionnaire, être placées dans des galeries accessibles, et elles devront l'être lorsque les services de voirie l'exigeront. Sauf aux traversées des chaussées, elles seront toujours sous les trottoirs, à moins d'une autorisation spéciale.*

---

[1] Indiquer la nature et le mode de production du courant distribué.

Lorsque l'acte de concession prévoit la construction d'usines génératrices faisant partie intégrante de la concession, l'article 8 détermine les conditions d'établissement de ces usines.

[3] L'article 8 détermine également, s'il y a lieu, les conditions d'établissement de sous-stations et postes de transformateurs.

[4] Cet alinéa ne s'applique qu'en cas de distribution par courants alternatifs.

A la traversée des chaussées fondées sur béton et des voies de tramways, les dispositions nécessaires seront prises pour que le remplacement des canalisations soit possible sans ouverture de tranchée.

Les canalisations aériennes..·.............................[1].

CHAPITRE III

TARIFS ET CONDITIONS DU SERVICE

ART. 11.

Tarif maximum.

Les prix auxquels le concessionnaire est autorisé à vendre l'énergie électrique aux services définis à l'article premier ne peuvent dépasser les maxima suivants[2] :

....

....

....

....

ART. 12.

Établissements
et
associations
assimilés
aux
services publics.

Les établissements publics et les associations agricoles organisées par l'Administration, en vertu des lois du 16 septembre 1807, du 11 floréal an XI et du 8 avril 1898 ou autorisées en conformité des lois des 24 juin 1865-22 décembre 1888, sont assimilés aux services publics définis à l'article premier ci-dessus, tant en ce qui concerne les tarifs qu'en ce qui concerne l'obligation imposée au concessionnaire par l'article 13 ci-après de fournir l'énergie demandée et les conditions de la fourniture.

ART. 13.

Obligation
de consentir
des
abonnements

Sur tout le parcours défini à l'article premier ci-dessus, le concessionnaire sera tenu de fournir l'énergie électrique, dans les conditions prévues au présent cahier des charges, à tout service public rentrant dans

---

[1] L'État peut interdire les canalisations aériennes ; lorsqu'elles sont autorisées, il convient d'indiquer si les canalisations peuvent être aériennes dans toute l'étendue de la concession ou sinon dans quelles parties elles ne peuvent pas l'être.

L'État peut, en autorisant les canalisations aériennes, déterminer les conditions auxquelles sera soumis leur établissement.

[2] Le cahier des charges peut fixer des maxima différents suivant les conditions de puissance, d'horaire, d'utilisation et de consomma-

sur tout le parcours de la distribution. les catégories énumérées audit article dont l'administration demandera à contracter un abonnement pour une durée d'au moins .... et pour une puissance d'au moins ..... kilowatts.

Le concessionnaire pourra exiger que le demandeur lui garantisse pendant .... années une recette brute annuelle de .... francs par kilowat demandé.

Le délai dans lequel le concessionnaire devra commencer la fourniture du courant sera déterminé dans le traité d'abonnement, en tenant compte du temps nécessaire à l'exécution des travaux indispensables pour assurer le service du nouvel abonné.

En aucun cas, le concessionnaire ne pourra être astreint à dépasser la puissance maximum de ..... kilowatts pour l'énergie fournie aux services publics dont l'alimentation est obligatoire.

ART. 14.

Obligation d'étendre le réseau. Sont considérés comme situés sur le parcours de la distribution, pour l'application de l'article précédent, tous les services publics qui fonctionnent en totalité ou en partie dans une zone de ..... kilomètres de chaque côté de la ligne principale de transport définie à l'article premier ci-dessus et qui sont susceptibles d'être desservis au moyen d'un poste principal situé dans cette zone.

ART. 15.

Postes de transformation et lignes secondaires Les postes de transformation ainsi que les lignes secondaires et les branchements ayant pour objet d'amener le courant aux abonnés seront installés et entretenus par le concessionnaire et feront partie intégrante de la distribution.

Les frais d'installation des branchements seront remboursés au concessionnaire par les abonnés. En cas de désaccord, leur montant sera fixé à dire d'experts.

ART. 16.

Compteurs. Les compteurs servant à mesurer les quantités d'énergie livrées aux abonnés par le concessionnaire

---

tion ; il peut stipuler notamment des réductions pour les abonnés dépassant ou garantissant un minimum de consommation, pour les abonnés utilisant le courant à des heures ou pendant des saisons déterminées et, d'une manière générale, pour les abonnés acceptant des sujétions spéciales.

Les tarifs et les conditions du service peuvent être différents suivant la distance de l'usine génératrice au point de livraison du courant.

seront posés, plombés et entretenus par celui-ci.

Chaque abonné aura la faculté de les fournir lui-même ou de demander au concessionnaire de les fournir en location.

Les conditions de location, de pose, plombage et entretien des compteurs, ainsi que l'étendue des écarts dans la limite desquels les compteurs seront considérés comme exacts, seront déterminées par le traité d'abonnement.

ART. 17.

Vérification des compteurs.

Le concessionnaire pourra procéder à la vérification des compteurs aussi souvent qu'il le jugera utile, sans que cette vérification donne lieu à son profit à aucune allocation en sus des frais d'entretien mentionnés à l'article précédent.

L'abonné aura toujours le droit de demander la vérification du compteur, soit par le concessionnaire, soit par un expert désigné d'un commun accord ou, à défaut d'accord, désigné par l'ingénieur en chef du contrôle des distributions d'énergie électrique. Les frais de la vérification seront à la charge de l'abonné, si le compteur est reconnu exact ou si le défaut d'exactitude est à son profit; ils seront à la charge du concessionnaire, si le défaut d'exactitude est au détriment de l'abonné.

ART. 18.

Traités d'abonnement.

Les contrats pour la fourniture de l'énergie électrique seront établis dans la forme de traités d'abonnement qui seront communiqués à l'ingénieur en chef du contrôle des distributions d'énergie électrique.

Le Ministre des Travaux publics, sur le rapport de l'ingénieur en chef et après avis du Comité d'électricité, aura la faculté de prescrire la suppression de toute clause en contradiction avec le présent cahier des charges ou accordant à un abonné des avantages qui ne seraient pas accordés aux autres abonnés placés dans les mêmes conditions de puissance, d'horaire, d'utilisation, de consommation et de durée d'abonnement.

ART. 19.

Surveillance des installations reliées à la distribution.

Le courant ne sera livré aux abonnés que s'ils se conforment, pour les installations reliées à la distribution, aux conditions qui leur seront imposées par le concessionnaire, avec l'approbation de l'ingénieur en chef du contrôle, en vue soit d'éviter les troubles dans l'exploitation, soit d'empêcher l'usage illicite du courant.

Le concessionnaire sera autorisé, à cet effet, à vérifier, à toute époque, les installations de chaque abonné.

Si l'installation est reconnue défectueuse, le concessionnaire pourra se refuser à continuer la fourniture du courant. En cas de désaccord sur les mesures à prendre en vue de faire disparaître toute cause de danger ou de trouble dans le fonctionnement général de la distribution, il sera statué par l'ingénieur en chef du contrôle, sauf recours au Ministre des Travaux publics, qui décidera après avis du Comité d'électricité.

En aucun cas, le concessionnaire n'encourra de responsabilités à raison des défectuosités des installations qui ne seront pas de son fait.

ART. 20 [1].

Conditions particulières du service

....

....

....

....

CHAPITRE IV

DURÉE DE LA CONCESSION, RACHAT ET DÉCHÉANCE

ART. 21.

Durée de la concession.

La durée de la présente concession est fixée à ..... années [2]: elle commencera à courir de la date de son approbation définitive [3].

ART. 22.

Reprise des installations en fin de concession.

A l'époque fixée pour l'expiration de la concession, l'État aura, moyennant un préavis de deux ans, la faculté de se subroger aux droits du concessionnaire

---

[1] L'article 20 indique si l'énergie doit être à la disposition des abonnés en permanence ou si le service peut être normalement suspendu à des heures déterminées, qui peuvent être variables suivant les saisons. Il peut contenir en outre des conditions spéciales, qui seraient stipulées pour la fourniture de l'énergie à certaines catégories d'abonnés.

[2] La durée ne peut être supérieure à cinquante ans.

[3] Lorsque la concession a pour objet l'extension d'une concession déjà existante elle, doit prendre fin à la même date que la concession principale et l'article 21 détermine la date d'expiration pour l'ensemble du réseau.

et de prendre possession de tous les immeubles et ouvrages de la distribution et de ses dépendances.

Si l'État use de cette faculté, les usines, sous-stations et postes transformateurs, le matériel électrique et mécanique ainsi que les canalisations et branchements faisant partie de la concession [1] lui seront remis gratuitement et il ne sera attribué d'indemnité au concessionnaire que pour la portion du coût de ces installations qui sera considérée comme n'étant pas amortie. Cette indemnité sera égale aux dépenses, dûment justifiées, supportées par le concessionnaire pour l'établissement de ceux des ouvrages ci-dessus énumérés subsistant en fin de concession qui auront été régulièrement exécutés pendant les n dernières années de la concession, sauf déduction pour chaque ouvrage de $1/n$ de sa valeur pour chaque année écoulée depuis son achèvement. L'indemnité sera payée au concessionnaire dans les six mois qui suivront l'expiration de la concession.

En ce qui concerne le mobilier et les approvisionnements, l'État se réserve le droit de les reprendre en totalité ou pour telle partie qu'il jugera convenable, mais sans pouvoir y être contraint. La valeur des objets repris sera fixée à l'amiable ou à dire d'experts, et payée au concessionnaire dans les six mois qui suivront leur remise à l'État.

Si l'État ne prend pas possession de la distribution, le concessionnaire sera tenu d'enlever à ses frais et sans indemnité toutes celles de ses installations qui se trouvent sur ou sous les voies publiques ; il pourra toutefois abandonner sans indemnité les canalisations souterraines, à condition qu'elles n'apportent aucune gêne aux services publics.

Dans tous les cas, l'État aura la faculté, sans qu'il en résulte un droit à indemnité pour le concessionnaire, de prendre pendant les six derniers mois de la concession toutes mesures utiles pour assurer la continuité de la distribution de l'énergie en fin de concession, en réduisant au minimum la gêne qui en résultera pour le concessionnaire. Il pourra notamment, si les sous-stations et postes de transformateurs n'appartiennent pas en propre au concessionnaire ou si celui-ci ne produit pas le courant dans des usines faisant partie de la concession, desservir directement les abonnés par des sous-stations ou postes de transformateurs nouveaux, en percevant à son profit le prix de vente de l'énergie,

---

[1] Il est fait remarquer que les mots « *faisant partie de la concession* » s'appliquent à l'énumération entière : usines, sous-stations, postes transformateurs, matériel électrique et mécanique, canalisations et branchements.

et, d'une manière générale, prendre toutes les mesures nécessaires pour effectuer le passage progressif de la concession ancienne à une concession ou à une entreprise nouvelle.

ART. 23.

Rachat
de la concession.

A toute époque, l'Etat aura le droit de racheter la concession entière, moyennant un préavis de deux ans.

En cas de rachat, le concessionnaire recevra pour toute indemnité :

1° Pendant chacune des années restant à courir jusqu'à l'expiration de la concession, une annuité égale au produit net moyen des sept années d'exploitation précédant celle où le rachat sera effectué, déduction faite des deux plus mauvaises.

Le produit net de chaque année sera calculé en retranchant des recettes toutes les dépenses, dûment justifiées, faites pour l'exploitation du transport y compris l'entretien et le renouvellement des ouvrages et du matériel, mais non compris les charges du capital ni l'amortissement des dépenses de premier établissement.

Dans aucun cas, le montant de l'annuité ne sera inférieur au produit net de la dernière des sept années prises pour terme de comparaison.

2° Une somme égale aux dépenses dûment justifiées, supportées par le concessionnaire pour l'établissement de ceux des ouvrages de la concession, subsistant au moment du rachat, qui auront été régulièrement exécutés pendant les n années précédant le rachat, sauf déduction pour chaque ouvrage de $1/n$ de sa valeur pour chaque année écoulée depuis son achèvement.

L'Etat sera également tenu de se substituer au concessionnaire pour l'exécution des contrats de fourniture d'énergie, passés conformément aux articles 1, 12 et 13 du présent cahier des charges, ainsi que des engagements pris par lui en vue d'assurer la marche normale de l'exploitation, et de reprendre les approvisionnements en magasin ou en cours de transport ainsi que le mobilier de la distribution ; la valeur des objets repris sera fixée à l'amiable ou à dire d'experts et sera payée au concessionnaire dans les six mois qui suivront leur remise à l'Etat.

Si le rachat a lieu avant l'expiration des vingt premières années de la concession, le concessionnaire pourra demander que l'indemnité, au lieu d'être calculée comme il est dit ci-dessus, soit égale aux dépenses réelles de premier établissement, y compris les frais de constitution de la société dans la limite d'un maximum de ..... francs et les insuffisances qui se seraient produites depuis l'origine de la concession, si celle-ci remonte à moins de sept ans, et pendant les sept premières années de sa durée, si elle remonte à plus de sept ans. Ces insuffisances seront calculées pour chaque année en prenant la différence entre la recette brute et les charges énumérées ci-après : 1° frais d'exploitation ; 2° intérêt et amortissement des emprunts contractés pour l'établissement de la distribution ; 3° intérêt à 5 p. 100 des sommes fournies par le concessionnaire au moyen de ses propres ressources ou de son capital-actions.

ART. 24.

Remise des ouvrages.

En cas de rachat, ou en cas de reprise à l'expiration de la concession, le concessionnaire sera tenu de remettre à l'État tous les ouvrages et le matériel de la distribution en bon état d'entretien.

L'État pourra retenir, s'il y a lieu, sur les indemnités dues au concessionnaire, les sommes nécessaires pour mettre en bon état toutes les installations.

Lorsque l'État usera de la faculté, à lui réservée, de reprendre les installations en fin de concession, il pourra se faire remettre les revenus de la distribution dans les deux dernières années qui précéderont le terme de la concession et les employer à rétablir en bon état les installations, si le concessionnaire ne se met pas en mesure de satisfaire pleinement et entièrement à cette obligation et si le montant de l'indemnité à prévoir en raison de la reprise de la distribution par l'État, joint au cautionnement, n'est pas jugé suffisant pour couvrir les dépenses des travaux reconnus nécessaires.

ART. 25.

Déchéance et mise en régie provisoire.

Si le concessionnaire n'a pas présenté les projets d'exécution, ou s'il n'a pas achevé et mis en service les lignes de la distribution dans les délais et conditions fixés par le cahier des charges, il encourra la déchéance qui sera prononcée, après mise en demeure, par décret, sauf recours au Conseil d'État par la voie contentieuse.

Si la sécurité publique vient à être compromise, le préfet, après avis de l'ingénieur en chef du contrôle, prendra aux frais et risques du concessionnaire les mesures provisoires nécessaires pour prévenir tout danger. Il soumettra au Ministre des Travaux publics les mesures qu'il aura prises à cet effet. Le ministre prescrira, s'il y a lieu, les modifications à apporter à ces mesures et adressera au concessionnaire une mise en demeure fixant le délai à lui imparti pour assurer à l'avenir la sécurité de l'exploitation.

Si l'exploitation vient à être interrompue en partie ou en totalité, il y sera également pourvu aux frais et risques du concessionnaire. Le préfet soumettra immédiatement au Ministre des Travaux publics les mesures qu'il compte prendre pour assurer provisoirement le service de la distribution. Le ministre statuera sur ces propositions et adressera une mise en demeure fixant un délai au concessionnaire pour reprendre le service.

Si, à l'expiration du délai imparti, dans les cas prévus aux deux alinéas qui précèdent, il n'a pas été satisfait à la mise en demeure, la déchéance pourra être prononcée.

La déchéance pourra également être prononcée si le concessionnaire, après mise en demeure, ne reconstitue pas le cautionnement prévu à l'article 31 ci-après, dans le cas où des prélèvements auraient été effectués sur ce cautionnement en conformité des dispositions du cahier des charges.

La déchéance ne serait pas encourue dans le cas où le concessionnaire n'aurait pu remplir ses obligations par suite de circonstances de force majeure dûment constatées.

ART. 26.

Procédure en cas de déchéance.

Dans le cas de déchéance, il sera pourvu tant à la continuation et à l'achèvement des travaux qu'à l'exécution des autres engagements du concessionnaire au moyen d'une adjudication qui sera ouverte sur une mise à prix des projets, des terrains acquis, des ouvrages exécutés, du matériel et des approvisionnements.

Cette mise à prix sera fixée par le Ministre des Travaux publics sur la proposition du préfet, le concessionnaire entendu.

Nul ne sera admis à concourir à l'adjudication s'il n'a, au préalable, été agréé par le Ministre des Travaux publics, et s'il n'a fait, soit à la Caisse des dépôts et consignations, soit à la Trésorerie générale du département d ...., un dépôt de garantie égal au montant du cautionnement prévu par le présent cahier des charges.

L'adjudication aura lieu suivant les formes indiquées aux articles 11, 12, 13, 15 et 16 de l'Ordonnance royale du 10 mai 1829.

L'adjudicataire sera soumis aux clauses du présent cahier des charges et substitué aux droits et charges du concessionnaire évincé, qui recevra le prix de l'adjudication.

Si l'adjudication ouverte n'amène aucun résultat, une seconde adjudication sera tentée sans mise à prix après un délai de trois mois. Si cette seconde tentative reste également sans résultat, le concessionnaire sera définitivement déchu de tous droits; les ouvrages et le matériel de la distribution, ainsi que les approvisionnements, deviendront sans indemnité la propriété de l'État.

CHAPITRE V

CAUSES DIVERSES

ART. 27.

Redevances.

Les redevances pour l'occupation du domaine public national ou départemental ne sont pas réglées par le cahier des charges : elles sont fixées conformément aux articles 1 et 2 du décret du 17 octobre 1907.

Il en est de même des redevances pour l'occupation du domaine public communal, à moins que des accords spéciaux ne soient intervenus entre certaines communes et le concessionnaire, conformément à l'article 3 dudit décret.

ART. 28.

États statistiques et contrôle des recettes.

Le concessionnaire sera tenu de remettre chaque année à l'ingénieur en chef du contrôle un compte rendu statistique de son exploitation.

Ce compte rendu sera établi conformément au modèle arrêté par le Ministre des Travaux publics après avis du Comité d'électricité et pourra être publié en tout ou en partie.

Pour les communes avec lesquelles des accords auront été passés conformément à l'article 27 ci-dessus, le concessionnaire devra, en outre, adresser à l'ingénieur en chef du contrôle, dans le courant du premier trimestre de chaque année, l'état des recettes réalisées pendant l'année précédente.

L'ingénieur en chef aura le droit de contrôler ces états; à cet effet, les agents du contrôle dûment accrédités pourront se faire présenter toutes pièces de comptabilité nécessaires pour leur vérification.

ART. 29.

Impôts et droits d'octroi.

Tous les impôts établis ou à établir par l'État, les départements ou les communes, y compris les impôts relatifs aux immeubles de la distribution, seront à la charge du concessionnaire.

ART. 30.

Pénalités.

Faute par le concessionnaire de remplir les obligations qui lui sont imposées par le présent cahier des charges, des amendes pourront lui être infligées, sans préjudice, s'il y a lieu, de dommages et intérêts envers les tiers intéressés. Les amendes seront prononcées au profit de l'Etat par le préfet, après avis de l'ingénieur en chef du contrôle.

Les amendes seront appliquées dans les conditions suivantes :

En cas d'interruption générale non justifiée du courant, amende de . . . . par heure d'interruption.

Enas de manquement aux obligations imposées par les articles 6, 9, 13, 14 et 28 du présent cahier des charges, et par chaque infraction, amende de . . . . par jour, jusqu'à ce que l'infraction ait cessé [1].

ART. 31.

Cautionnement.

Avant la signature de l'acte de concession, le concessionnaire déposera, soit à la Caisse des dépôts et consignations, soit à la Trésorerie générale du département d . . . ., une somme de . . . . . en numéraire ou en rentes sur l'Etat, en obligations garanties par l'Etat ou en bons du Trésor, dans les conditions prévues par les lois et règlements pour les cautionnements en matière de travaux publics.

La somme ainsi versée formera le cautionnement de l'entreprise.

Sur le cautionnement seront prélevés le montant des amendes stipulées à l'article 30, ainsi que les dépenses faites en raison des mesures prises aux frais du concessionnaire pour assurer la sécurité publique ou la reprise de l'exploitation en cas de suspension, conformément aux prescriptions du présent cahier des charges.

Toutes les fois qu'une somme quelconque aura été prélevée sur le cautionnement, le concessionnaire devra le compléter à nouveau dans un délai de quinze jours, à dater de la mise en demeure qui lui sera adressée à cet effet.

La moitié du cautionnement sera restituée au concessionnaire après achèvement de la ligne principale définie à l'article premier ci-dessus ; l'autre moitié lui sera restituée en fin de concession. Toutefois, en cas

---

[1] Les amendes prévues peuvent n'être pas les mêmes pour les infractions aux divers articles mentionnés dans ce paragraphe.

de déchéance, la partie non restituée du cautionnement restera définitivement acquise à l'Etat.

ART. 32.

Agents du concessionnaire. Les agents et gardes que le concessionnaire aura fait assermenter pour la surveillance et la police de la distribution et de ses dépendances seront porteurs d'un signe distinctif et seront munis d'un titre constatant leurs fonctions.

ART. 33.

Cession ou modification de la concession Toute cession partielle ou totale de la concession, tout changement de concessionaire ne pourront avoir lieu, à peine de déchéance, qu'en vertu d'une autorisation donnée par le préfet ou par le Ministre des Travaux publics, suivant les conditions établies par l'article 7, § 1er, de la loi du 15 juin 1906.

ART. 34.

Jugement des constestations. Les contestations qui s'élèveraient entre le concessionnaire et l'Administration, au sujet de l'exécution et de l'interprétation des clauses du présent cahier des charges, seront jugées par le conseil de préfecture du département d. . . . ., sauf recours au Conseil d'Etat.

ART. 35.

Élection de domicile. Le concessionnaire devra faire élection de domicile à . . . . .

Dans le cas où il ne l'aurait pas fait, toute notification ou signification à lui adressée sera valable lorsqu'elle sera faite à la préfecture d. . . . . .

ART. 36.

Frais d'enregistrement. Les frais de timbre et d'enregistrement du présent cahier des charges et des conventions annexées seront supportés par lec oncessionnaire.

27. Circulaire du Ministre des Travaux publics, en date du 20 mai 1910, portant envoi du décret du 30 novembre 1909 qui approuve le cahier des charges-type pour la concession par l'État d'une distribution d'énergie électrique aux services publics.

MINISTÈRE
DES
TRAVAUX PUBLICS
DES POSTES
ET
DES TÉLÉGRAPHES

DIRECTION
DES ROUTES,
DE LA NAVIGATION
ET DES MINES.

DIVISION
DES ROUTES ET PONTS

2e BUREAU

Distributions d'énergie
électrique.

Envoi du cahier des char-
ges-type pour la con-
cession par l'État d'une
distribution d'énergie
électrique aux services
publics.

CIRCULAIRE
Série A, no 7.

RÉPUBLIQUE FRANÇAISE

Paris, le 20 mai 1910.

LE MINISTRE

A Monsieur le Préfet du département d

Jusqu'ici, en l'absence d'un cahier des charges spécial réglant les conditions applicables à la concession des lignes destinées à distribuer de l'énergie électrique aux services publics (transports en commun, distributions d'électricité, etc.), ces lignes ne pouvaient être établies qu'en vertu de permissions de voirie toujours précaires et révocables.

Le cahier des charges-type approuvé par décret du 30 novembre 1909, dont je vous adresse ci-joint un exemplaire et qui complète la série des cahiers des charges dressés en conformité de l'article 6 de la loi du 15 juin 1906, a pour but de remédier aux inconvénients de cette situation.

Les lignes qui apporteront le courant aux services publics pourront d'ailleurs, comme par le passé, continuer à être autorisées par simples permission de voirie. Mais les ingénieurs du contrôle ne devront pas perdre de vue que le nombre des canalisations qu'il est possible d'installer sur ou sous la voie publique est limité par le peu de place disponible, et que l'occupation autorisée par permissions de voirie peut constituer au profit des occupants, sans obligations corrélatives, un monopole de fait susceptible de gêner dans l'avenir la création de nouvelles entreprises, même sous le régime de la concession. Ils doivent, en conséquence, proposer le refus des permissions de voirie pour les lignes de distribution à grande distance, toutes les fois que l'établissement de ces lignes constitue un obstacle pour la création ultérieure ou le développement de réseaux présentant un caractère d'intérêt général. En pareil cas, le régime préférable est celui des concessions soumises au cahier des charges-type qui est annexé à la présente circulaire.

Il convient d'ailleurs de remarquer que, dans l'hypothèse de l'opposition de certaines communes, il y aura lieu, dans la plupart des cas, de passer outre, en raison du caractère d'intérêt général de ces sortes de concessions.

Ce nouveau cahier des charges, tout en conservant le même numérotage des articles, diffère sur plusieurs points des cahiers des charges-type des 17 mai et 20 août 1908 pour la concession d'une distribution publique d'énergie. Les dispositions spéciales qu'il renferme donnent lieu aux observations suivantes :

Le service concédé (art. 1er) a pour objet principal de fournir de l'énergie aux services publics ; les réseaux destinés à alimenter ces services peuvent traverser des communes sans les desservir et sans que les municipalités aient à intervenir pour autoriser leur établissement ; le concessionnaire a le droit, sur tout le parcours de son réseau, d'établir sur le domaine public, qu'il soit national, départemental ou communal, tous ouvrages et canalisations nécessaires à l'objet de sa concession, sous réserve de l'approbation des projets d'exécution dans les formes prévues au décret du 3 avril 1908.

L'article 3 permet au concessionnaire, lorsque toutes les obligations du cahier des charges sont remplies, de faire usage de ses installations pour vendre de l'énergie à des services publics, autres que ceux situés dans la zone prévue à l'article 14, et à des particuliers. Il devra à cet effet se pourvoir de l'autorisation du Ministre des Travaux publics ; cette autorisation lui sera accordée s'il est constaté que la consistance du réseau est suffisante pour lui permettre de disposer sans inconvénients d'excédents d'énergie.

Mais l'autorisation du Ministre n'est qu'une autorisation de principe, elle ne saurait dispenser le concessionnaire de demander, dans chaque cas, aux autorités compétentes, les autorisations nécessaires (permissions ou concessions) en vue d'occuper le domaine public pour celles de ses installations qui n'ont pas pour objet immédiat d'assurer le service concédé.

L'article 5 prévoit à titre facultatif que le concessionnaire sera tenu de construire et de maintenir en bon état de service une ou plusieurs usines génératrices qui feront partie de la concession. Cette disposition ne doit être appliquée qu'à titre exceptionnel et, sauf le cas où il en sera fait application, les usines de production ne feront pas retour à l'Etat en fin de concession ainsi qu'il est prévu à l'article 22.

La durée maximum des concessions est fixée à cinquante ans. Toutefois, s'il est reconnu que les conditions d'établissement et d'exploitation du réseau à établir l'exigent, la durée de la concession pourra être augmentée. Mais alors ce sera une dérogation au cahier des charges-type, qui devra être approuvée par un décret délibéré en Conseil d'Etat.

Je vous prie de vouloir bien m'accuser réception de la présente circulaire, dont j'adresse ampliation aux ingénieurs en chef du contrôle des distributions d'énergie électrique.

A. MILLERAND.

28. Décret du 30 décembre 1909 portant modification de l'article 13 du décret du 17 octobre 1907 sur l'organisation du contrôle des distributions d'énergie électrique.

LE PRÉSIDENT DE LA RÉPUBLIQUE FRANÇAISE,

Sur le rapport du Président du Conseil, Ministre de l'Intérieur et des Cultes, du Ministre des Travaux publics, des Postes et des Télégraphes, et du Ministre de l'Agriculture ;

Vu le décret du 17 octobre 1907 organisant le service du contrôle des distributions d'énergie électrique, en exécution de l'article 18, § 3, de la loi du 15 juin 1906 ;

Vu l'avis du Ministre des Finances, en date du 11 décembre 1909 ;

Le Conseil d'État entendu,

DÉCRÈTE :

ARTICLE PREMIER.

L'article 13 du décret du 17 octobre 1907 est modifié ainsi qu'il suit :

« ART. 13. — Le tarif maximum des frais de contrôle prévus aux articles 9 et 11 ci-dessus sera revisé au plus tard le 1er janvier 1912.

« Après la première revision, le tarif pourra être revisé tous les dix ans ».

ART. 2.

Le Président du Conseil, Ministre de l'Intérieur et des Cultes, le Ministre des Travaux publics, des Postes et des Télégraphes, et le Ministre de l'Agriculture sont chargés, chacun en ce qui le concerne, de l'exécution du présent décret qui sera publié au *Journal officiel de la République française* et inséré au *Bulletin des lois*.

Fait à Paris, le 30 décembre 1909.

A. FALLIÈRES.

Par le Président de la République.

Le Président du Conseil, Ministre de l'Intérieur et des Cultes, ARISTIDE BRIAND.	Le Ministre des Travaux publics, des Postes et des Télégraphes, A. MILLERAND.

Le Ministre de l'Agriculture,

J. RUAU.

29. Circulaire du Ministre des Travaux publics, en date du 8 février 1910, portant envoi du décret modifiant l'article 13 du décret du 17 octobre 1907 (contrôle).

MINISTÈRE
DES
TRAVAUX PUBLICS
DES POSTES
ET
DES TÉLÉGRAPHES

DIRECTION
DES ROUTES,
DE LA NAVIGATION
ET DES MINES.

DIVISION
DES ROUTES ET PONTS

2º BUREAU

Distributions
d'énergie électrique.

Frais de contrôle.

Modification
de l'article 13
du décret
du 17 octobre 1907.

CIRCULAIRE

Série A, nº 1.

RÉPUBLIQUE FRANÇAISE

Paris, le 8 février 1910.

LE MINISTRE

A M. le Préfet du département d

Aux termes de l'article 13 du décret du 17 octobre 1907, le tarif maximum des frais de contrôle dus à l'État et aux communes par les entrepreneurs de distributions d'énergie électrique établies en vertu de permissions de voirie ou de concessions devait être revisé au plus tard le 1er janvier 1910.

Toutefois, l'expérience acquise à ce jour, et qui ne peut se fonder que sur l'étude des résultats de l'année 1908, la première pendant laquelle ont été perçus les frais de contrôle, ne fournit pas des données suffisantes pour qu'on puisse encore apprécier s'il convient ou non de modifier les règles qui régissent actuellement la matière. Aussi, après accord avec MM. les Ministres de l'Intérieur et de l'Agriculture et conformément à l'avis de M. le Ministre des Finances, a-t-il paru préférable de se borner à modifier l'article 13 du décret du 17 octobre 1907, en reportant du 1er janvier 1910 au 1er janvier 1912 au plus tard l'époque à laquelle sera revisé le tarif maximum des frais de contrôle.

Tel est l'objet du décret ci-annexé dont je vous prie d'assurer l'exécution.

Les résultats des années 1909 et 1910, au cours desquelles les distributions ont pris et continueront de prendre une grande extension, ne manqueront pas d'apporter des indications plus précises sur le vu desquelles il sera possible de fixer un régime qui, à la fois, tienne compte des intérêts divers de l'industrie électrique et assure à l'État et aux communes les recettes nécessaires à l'exercice du contrôle prescrit par la loi du 15 juin 1906 sur les distributions d'énergie.

Je vous prie de m'accuser réception de la présente circulaire dont j'adresse ampliation aux ingénieurs en chef du contrôle.

Le Ministre des Travaux Publics,
des Postes et des Télégraphes,

A. MILLERAND.

30. — Arrêté du 21 mars 1910 déterminant les conditions techniques auxquelles doivent satisfaire les distributions d'énergie électrique pour l'application de la loi du 15 juin 1906 sur les distributions d'énergie.

LE MINISTRE DES TRAVAUX PUBLICS, DES POSTES ET DES TÉLÉGRAPHES.

Vu la loi du 15 juin 1906 sur les distributions d'énergie et notamment les articles 2, 4 et 19 de ladite loi ;

Vu les avis du Comité d'électricité, du Comité de l exploitation technique des chemins de fer et du Conseil général des ponts et chaussées ;

ARRÈTE :

CHAPITRE PREMIER,

DISPOSITIONS TECHNIQUES GÉNÉRALES APPLICABLES AUX OUVRAGES DES DISTRIBUTIONS D'ÉNERGIE ÉLECTRIQUE

SECTION I.

Classement des distributions et prescriptions générales relatives à la sécurité.

ARTICLE PREMIER.

Classement des distributions en deux catégories.

Les distributions d'énergie électrique doivent comporter des dispositifs de sécurité en rapport avec la plus grande tension de régime existant entre les conducteurs et la terre [1].

Suivant cette tension, les distributions d'énergie électrique sont divisées en deux catégories.

1re Catégorie.

A. *Courant continu.* — Distributions dans lesquelles la plus grande tension de régime entre les conducteurs et la terre ne dépasse pas six cents volts.

B. *Courant alternatif.* — Distributions dans lesquelles la plus grande tension efficace entre les conducteurs et la terre ne dépasse pas cent cinquante volts.

2e Catégorie.

Distributions comportant des tensions respectivement supérieures aux tensions ci-dessus.

ART. 2.

Prescriptions générales relatives à la sécurité.

Les dispositions techniques adoptées pour les ouvrages de distribution, ainsi que les conditions de leur exécution, doivent assurer d'une façon générale le maintien de l'écoulement des eaux, de l'accès des maisons et

---

[1] Dans les distributions triphasées, cette tension est évaluée par rapport au point neutre supposé à la terre.

des propriétés, des communications télégraphiques et téléphoniques, de la liberté et la sûreté de la circulation sur les voies publiques empruntées, la protection des paysages, ainsi que la sécurité des services publics, celle du personnel de la distribution et celle des habitants des communes traversées.

SECTION II.

Canalisations aériennes.

ART. 3.

Supports.

§ 1. Les supports en bois doivent être prémunis contre les actions de l'humidité et du sol.

§ 2. Dans le cas où les supports sont munis d'un fil de terre, ce fil est pourvu sur une hauteur minimum de trois mètres, à partir du sol, d'un dispositif le plaçant hors d'atteinte.

§ 3. Tous les supports sont numérotés.

§ 4. Dans les distributions de deuxième catégorie, les pylônes et poteaux métalliques sont pourvus d'une bonne communication avec le sol.

§ 5. Dans la traversée des voies publiques, les supports doivent être aussi rapprochés que possible.

ART. 4.

Isolateurs.

Les isolateurs employés pour les distributions de la deuxième catégorie doivent être essayés dans les conditions ci-après :

Lorsque la tension à laquelle est soumis l'isolateur en service normal est inférieure ou égale à 10 000 volts, la tension d'essai est le triple de la tension en service.

Lorsque la tension de service normal est supérieure à 10 000 volts, la tension d'essai est égale à 30 000 volts, plus deux fois l'excès de la tension de service sur 10 000 volts.

ART. 5.

Conducteurs.

§ 1. Les conducteurs doivent être placés hors de la portée du public.

§ 2. Le point le plus bas des conducteurs et fils de toute nature doit être :

a) Pour les distributions de la première catégorie, à six mètres, au moins, le long et à la traversée des voies publiques ;

b) Pour les distributions de la deuxième catégorie, à six mètres, au moins, le long des voies publiques, et à huit mètres, au moins, dans les traversées de ces voies.

Néanmoins, des canalisations aériennes pourront être établies à moins de six mètres de hauteur à la traversée des ouvrages construits au-dessus des voies publiques, à la condition de comporter dans toute la partie à moins de six mètres de hauteur un dispositif de protection spécial en vue de sauvegarder la sécurité.

§ 3. Le diamètre de l'âme métallique des conducteurs d'énergie ne peut être inférieur à trois millimètres. Toutefois ce diamètre peut être abaissé à deux millimètres pour les branchements particuliers ou de canalisations d'éclairage public de la première catégorie qui ne croisent pas des lignes télégraphiques ou téléphoniques placées au-dessous.

§ 4. Dans la traversée d'une voie publique, l'angle de la direction des conducteurs et de l'axe de la voie est égal au moins à 30°.

§ 5. Dans la traversée et dans les portées contiguës, il ne doit y avoir sur les conducteurs ni épissures, ni soudures ; les conducteurs sont arrêtés sur les isolateurs des supports de la traversée et sur les isolateurs des supports des portées contiguës.

§ 6. Dans les distributions de deuxième catégorie, les dispositions suivantes doivent être appliquées :

a) Les poteaux et pylônes sont munis, à une hauteur d'au moins deux mètres au-dessus du sol, d'un dispositif spécial, pour empêcher, autant que possible, le public d'atteindre les conducteurs ;

b) Les mesures nécessaires sont prises pour que dans les traversées et sur les appuis d'angle les conducteurs d'énergie électrique, au cas où ils viendraient à abandonner l'isolateur, soient encore retenus et ne risquent pas de traîner sur le sol ou de créer des contacts dangereux ;

c) Chaque support porte l'inscription « *Danger de mort* » en gros caractères, suivie des mots « *Défense absolue de toucher aux fils, même tombés à terre* ».

§ 7. Dans la traversée des agglomérations, les conducteurs sont placés à un mètre au moins des façades et en tout cas hors de la portée des habitants.

Si les conducteurs longent un toit en pente ou s'ils passent au-dessus, ils doivent en être distants de un mètre cinquante centimètres au moins, s'ils sont de la première catégorie, et de deux mètres au moins, s'ils sont de la deuxième catégorie.

Si le toit est en terrasse, les conducteurs doivent en être distants de trois mètres au moins, qu'ils appartiennent à la première ou à la deuxième catégorie.

ART. 6.
Résistance mécanique des ouvrages.

§ 1. Pour les conducteurs, fils, supports, ferrures, etc., la résistance mécanique des ouvrages est calculée en tenant compte à la fois des charges permanentes que les organes ont à supporter et de la plus défavorable en l'espèce des deux combinaisons de charges accidentelles, résultant des circonstances ci-après :

a) Température moyenne de la région avec vent horizontal de 120 kilogrammes de pression par mètre carré de surface plane ou 72 kilogrammes par mètre carré de section longitudinale des pièces à section circulaire ;

b) Température minimum de la région avec vent horizontal de 30 kilogrammes par mètre carré de surface plane ou de 18 kilogrammes par mètre carré de section longitudinale des pièces à section circulaire.

Les calculs justificatifs font ressortir le coefficient de sécurité de tous les éléments, c'est-à-dire le rapport entre l'effort correspondant à la charge de rupture et l'effort le plus grand auquel chaque élément peut être soumis.

§ 2. Dans les distributions de la deuxième catégorie, le coefficient de sécurité des ouvrages, dans les parties de la distribution établies longitudinalement sur le sol des voies publiques, doit être au moins égal à trois.

Dans les parties des mêmes distributions établies dans les agglomérations ou traversant les voies publiques, la valeur du coefficient de sécurité est portée au moins à cinq.

ART. 7.

Distributions de deuxième catégorie desservant plusieurs agglomérations.

Dans les distributions de deuxième catégorie desservant un certain nombre d'agglomérations distantes les unes des autres, l'entrepreneur de la distribution est tenu d'établir, entre chaque agglomération importante desservie et l'usine de production de l'énergie ou le poste le plus voisin, un moyen de communication directe.

L'entrepreneur de la distribution est dispensé de la prescription énoncée ci-dessus s'il a établi, à l'entrée de chaque agglomération importante, un appareil permettant de couper le courant toutes les fois qu'il est nécessaire.

SECTION III.
Canalisations souterraines.

ART. 8.

Conditions générales d'établissement des conducteurs souterrains.

§ 1. Protection mécanique.

Les conducteurs d'énergie électrique souterrains doivent être protégés mécaniquement contre les avaries que pourraient leur occasionner le tassement des terres, le contact des corps durs ou le choc des outils en cas de fouille.

§ 2. Conducteurs électriques placés dans une conduite métallique.

Dans tous les cas où les conducteurs d'énergie électrique sont placés dans une enveloppe ou conduite métallique, ils sont isolés avec le même soin que s'ils étaient placés directement dans le sol.

§ 3. Précaution contre l'introduction des eaux.

Les conduites contenant des câbles sont établies de manière à éviter autant que possible l'introduction des eaux. Des précautions sont prises pour assurer la prompte évacuation des eaux au cas où elles viendraient à s'y introduire accidentellement.

ART. 9.

Voisinage des conduites de gaz.

Lorsque dans le voisinage de conducteurs d'énergie électrique placés dans une conduite il existe des canalisations de gaz, les mesures nécessaires doivent être prises pour assurer la ventilation régulière de la conduite renfermant les câbles électriques et éviter l'accumulation des gaz.

ART. 10.

Regards.

Les regards affectés aux canalisations électriques ne doivent pas renfermer de tuyaux d'eau, de gaz ou d'air comprimé.

Dans le cas de canalisations en conducteurs nus, les regards sont disposés de manière à pouvoir être ventilés.

Les conducteurs d'énergie électrique sont convenablement isolés par rapport aux plaques de fermeture des regards.

SECTION IV.

Sous-stations, postes de transformateurs et installations diverses.

ART. 11.

Prescriptions générales pour l'installation des moteurs et appareils divers.

§ 1. Toutes les pièces saillantes mobiles et autres parties dangereuses des machines et notamment les bielles, roues, volants, les courroies et câbles, les engrenages, les cylindres et cônes de friction ou tous autres organes de transmission qui seraient reconnus dangereux sont munis de dispositifs protecteurs, tels que gaines et chéneaux de bois ou de fer, tambours pour les courroies et les bielles, ou de couvre-engrenages, garde-mains, grillages.

Sauf le cas d'arrêt du moteur, le maniement des courroies est toujours fait par le moyen de systèmes tels que monte-courroie, porte-courroie, évitant l'emploi direct de la main.

On doit prendre, autant que possible, des dispositions telles qu'aucun ouvrier ne soit habituellement occupé à un travail quelconque, dans le plan de rotation ou aux abords immédiats d'un volant, ou de tout autre engin pesant et tournant à grande vitesse.

§ 2. La mise en train et l'arrêt des machines sont toujours précédés d'un signal convenu.

§ 3. Des dispositifs de sûreté sont installés dans la mesure du possible pour le nettoyage et le graissage des transmissions et mécanismes en marche.

§ 4. Les monte-charges, ascenseurs, élévateurs sont guidés et disposés de manière que la voie de la cage du monte-charges et des contrepoids soit fermée ; que la fermeture du puits à l'entrée des divers étages ou galeries s'effectue automatiquement ; que rien ne puisse tomber du monte-charges dans le puits.

Pour les monte-charges destinés à transporter le personnel, la charge est calculée au tiers de la charge admise pour le transport des marchandises, et les monte-charges sont pourvus de freins, chapeaux, parachutes ou autres appareils préservateurs.

Les appareils de levage portent l'indication du maximum de poids qu'ils peuvent soulever.

§ 5. Les puits, trappes et ouvertures sont pourvus de solides barrières ou garde-corps.

§ 6. Dans les locaux où le sol et les parois sont très conducteurs, soit par construction, soit par suite de dépôts salins ou par suite de l'humidité, on ne doit jamais établir, à la portée de la main, des conducteurs ou des appareils placés à découvert.

ART. 12.

*Prescriptions relatives aux moteurs, transformateurs et appareils
de la deuxième catégorie.*

§ 1. Les locaux non gardés dans lesquels sont installés des transformateurs de deuxième catégorie doivent être fermés à clef.

Des écriteaux très apparents sont apposés partout où il est nécessaire
pour prévenir le public du danger d'y pénétrer.

§ 2. Si une machine ou un appareil électrique de la deuxième catégorie
se trouve dans un local ayant en même temps une autre destination, la
partie du local affectée à cette machine ou à cet appareil est rendue inaccessible, par un garde-corps ou un dispositif équivalent, à toute personne
autre que celle qui en a la charge. Une mention indiquant le danger doit
être affichée en évidence.

§ 3. Les bâtis et pièces conductrices non parcourus par le courant qui
appartiennent à des moteurs et transformateurs de la deuxième catégorie
sont reliés électriquement à la terre ou isolés électriquement du sol. Dans
ce dernier cas, les machines sont entourées par un plancher de service
non glissant, isolé du sol et assez développé pour qu'il ne soit pas possible de toucher à la fois à la machine et à un corps conducteur quelconque relié au sol.

La mise à la terre ou l'isolement électrique est constamment maintenu
en bon état.

§ 4. Les passages ménagés pour l'accès aux machines et appareils de
la deuxième catégorie placés à découvert ne peuvent avoir moins de deux
mètres de hauteur ; leur largeur mesurée entre les machines, conducteurs
ou appareils eux-mêmes, aussi bien qu'entre ceux-ci et les parties métalliques de la construction, ne doit pas être inférieure à un mètre.

ART. 13.

*Installation des canalisations à l'intérieur des sous-stations
et postes de transformateurs.*

§ 1. À l'intérieur des sous-stations et postes de transformateurs, les
canalisations nues de la deuxième catégorie doivent être établies hors de
la portée de la main sur des isolateurs convenablement espacés et être
écartées des masses métalliques, telles que piliers ou colonnes, gouttières,
tuyaux de descente, etc.

Les canalisations nues de la première catégorie qui sont à portée de la
main doivent être signalées à l'attention par une marque bien apparente.

Les enveloppes des autres canalisations doivent être convenablement
isolantes.

§ 2. Des dispositions doivent être prises pour éviter l'échauffement anormal des conducteurs, à l'aide de coupe-circuit, fusibles ou autres distribu-
tifs équivalents.

§ 3. Toute installation reliée à un réseau comportant des lignes aériennes
de plus de cinq cents mètres doit être suffisamment protégée contre les
décharges atmosphériques.

ART. 14.

Tableaux de distribution.

A. — *Distributions de la première catégorie :*

Sur les tableaux de distribution de courants appartenant à la première catégorie, les conducteurs doivent présenter les isolements et les écartements propres à éviter tout danger.

B. — *Distributions de la deuxième catégorie :*

§ 1. Sur les tableaux de distribution portant sur leur face avant (où se trouvent les poignées de manœuvre et les instruments de lecture) des appareils et pièces métalliques de la deuxième catégorie, le plancher de service doit être isolé électriquement et établi dans les conditions indiquées à l'article 12.

§ 2. Quand des pièces métalliques ou appareils de la deuxième catégorie sont établis à découvert sur la face arrière du tableau, un passage entièrement libre de un mètre de largeur et de deux mètres de hauteur au moins est réservé derrière lesdits appareils et pièces métalliques ; l'accès de ce passage est défendu par une porte fermant à clef, laquelle ne peut être ouverte que par ordre du chef de service ou par ses préposés à ce désignés : l'entrée en sera interdite à toute autre personne.

§ 3. Tous les conducteurs et appareils de la deuxième catégorie doivent, notamment sur les tableaux de distribution, être nettement différenciés des autres par une marque très apparente (une couche de peinture par exemple).

ART. 15.

Locaux des accumulateurs.

Dans les locaux où se trouvent des batteries d'accumulateurs, toutes les précautions sont prises pour éviter l'accumulation de gaz détonants ; la ventilation de ces locaux doit assurer l'évacuation continue des gaz dégagés.

Les lampes à incandescence employées dans ces locaux sont à double enveloppe.

ART. 16.

Éclairage de secours.

Les salles des sous-stations doivent posséder un éclairage de secours en état de fonctionner en cas d'arrêt du courant.

ART. 17.

*Mise à la terre des colonnes et autres pièces métalliques
des sous-stations et postes de transformateurs.*

Les colonnes, les supports et, en général, toutes les pièces métalliques des sous-stations et postes de transformateurs qui risqueraient d'être soumis à une tension de la deuxième catégorie doivent être convenablement reliés à la terre.

SECTION V
Branchements particuliers.

ART. 18.
Prescriptions générales.

Les branchements particuliers doivent être munis de dispositifs d'interruption auxquels l'entrepreneur de la distribution doit avoir accès en tout temps.

ART. 19.
Canalisations aériennes.

Les conducteurs aériens formant branchements particuliers doivent être protégés dans toutes les parties où ils sont à la portée des personnes.

ART. 20.
Canalisations souterraines.

Les conducteurs souterrains d'énergie électrique formant branchements particuliers doivent être recouverts d'un isolant protégé mécaniquement d'une façon suffisante, soit par l'armature du câble conducteur, soit par des conduites en matière résistante et durable.

CHAPITRE II

DISPOSITIONS SPÉCIALES APPLICABLES AUX OUVRAGES DE DISTRIBUTION DANS LA TRAVERSÉE DES COURS D'EAU, DES CANAUX DE NAVIGATION ET DES LIGNES DE CHEMINS DE FER, AINS QU'AUX OUVRAGES SERVANT A LA TRACTION PAR L'ÉLECTRICITÉ.

ART. 21.
Prescriptions générales.

Les prescriptions du chapitre 1er sont applicables aux parties des distributions d'énergie électrique traversant les fleuves, les rivières navigables ou flottables, les canaux de navigation ou les chemins de fer, ainsi qu'aux ouvrages servant à la traction par l'électricité, sous réserve des dispositions spéciales énoncées au présent chapitre.

SECTION I
Traversée des cours d'eau et des canaux de navigation par des canalisations aériennes.

ART. 22.
Hauteur des conducteurs.

§ 1. A la traversée des cours d'eau navigables et des canaux de navigation, la hauteur minimum des conducteurs au-dessus du plan d'eau est fixée dans chaque cas, suivant la nature des bateaux fréquentant ces rivières et le mode de navigation.

Cette hauteur ne peut être inférieure à huit mètres au-dessus des plus hautes eaux navigables. Toutefois, dans les bras où la navigation est impraticable, elle peut être réduite à trois mètres au-dessus des plus hautes eaux.

§ 2. La même hauteur minimum de huit mètres est applicable à la traversée des autres rivières du domaine public, mais elle peut être réduite à la traversée des cours d'eau classés comme flottables, lorsque le flottage n'est pas effectivement pratiqué, sous réserve que cette hauteur ne sera pas inférieure à trois mètres au-dessus des plus hautes eaux.

ART. 23.

Coefficient de sécurité de l'installation dans la traversée des cours d'eau et des canaux de navigation.

Le coefficient de sécurité de l'installation, dans la traversée des cours d'eau navigables et des canaux de navigation, est au moins égal à cinq et, pour la traversée des autres rivières du domaine public, au moins égal à trois.

Le même coefficient 3 est applicable aux installations faites sur les dépendances des cours d'eau et des canaux qui ne sont pas ouvertes à la circulation publique et en particulier sur les emplacements réservés au halage.

SECTION II
Traversée des lignes de chemins de fer.

ART. 24.
Dispositions générales.

§ 1. Pour traverser un chemin de fer, toute canalisation électrique doit, de préférence, emprunter un ouvrage d'art (passage supérieur ou passage inférieur) et, autant que possible, ne pas franchir cet ouvrage en diagonale.

A défaut de pouvoir, en raison de circonstances locales, emprunter un ouvrage d'art, la canalisation doit autant que possible effectuer la traversée en un point de moindre largeur de l'emprise du chemin de fer.

§ 2. La ligne dont fait partie la canalisation traversant le chemin de fer doit pouvoir être coupée du reste de la distribution et isolée de tout générateur possible de courant.

§ 3. Des dispositions spéciales devront être prises, quand il y aura lieu, pour la protection des ouvrages traversés, notamment lorsqu'ils comporteront des parties métalliques.

ART. 25.
Canalisations aériennes.

§ 1. Toute canalisation aérienne, qui n'emprunte pas un ouvrage d'art, doit franchir les voies ferrées d'une seule portée et suivant une direction aussi voisine que possible de la normale à ces voies et, en tout cas, sous un angle d'au moins 60°, à moins qu'elle ne soit établie le long d'une voie

publique traversant la voie ferrée sous un angle moindre. Son point le
plus bas doit être situé à sept mètres au moins de hauteur au-dessus du
rail le plus haut ; elle doit être établie à deux mètres au moins de distance dans le sens vertical du conducteur électrique préexistant le plus
voisin.

§ 2. Les supports de la traversée doivent être distants chacun d'au
moins trois mètres du bord extérieur du rail le plus voisin, et placés
autant que possible en dehors des lignes de conducteurs électriques existant le long des voies.

§ 3. Les supports de la traversée sont encastrés dans un massif de
maçonnerie et constitués de façon assez solide pour pouvoir, en cas de
rupture de tous les fils les sollicitant d'un côté, résister à la traction
qu'exerceraient sur eux les fils subsistant de l'autre côté, à moins que
l'entrepreneur n'ait fait agréer une disposition équivalente au point de
vue de la sécurité.

§ 4. En outre des prescriptions indiquées au chapitre 1er, notamment
en ce qui concerne les traversées, chaque conducteur est relié, sur chacun de ses supports, à deux isolateurs.

§ 5. A chacun des supports est fixé un cadre que traverse tout le faisceau des conducteurs, afin qu'aucun d'eux ne puisse tomber sur la voie
ferrée, en cas de rupture d'un ou plusieurs isolateurs.

§ 6. Les supports métalliques sont pourvus d'une bonne communication
avec le sol.

§ 7. Le coefficient de sécurité de l'installation constituant la traversée,
calculé conformément aux indications de l'article 6 ci-dessus, est au
moins égal à cinq pour les maçonneries de fondations et à dix pour les
organes constituant la superstructure. Toutefois, le coefficient cinq est
aussi applicable aux parties en bois entrant dans la superstructure.

ART. 26.
Canalisations souterraines.

§ 1. Les canalisations souterraines doivent être en câbles armés des
meilleurs modèles connus, comportant une chemise de plomb, sans soudure, et une armure métallique.

Les câbles sont noyés dans le sol, non pas seulement à la traversée
des voies ferrées ; mais encore de part et d'autre et jusqu'à trois mètres
au moins au delà des lignes électriques existant le long des voies.

§ 2. Les câbles sont placés dans des conduites d'au moins six centimètres de diamètre extérieur, prolongées de part et d'autre des deux rails
extérieurs des voies, de telle façon que l'on puisse, sans opérer aucune
fouille sous les voies et le ballast, poser et retirer lesdits câbles.

Sur le reste de leur parcours, dans l'emprise du chemin de fer, les
câbles peuvent être placés à nu dans le sol, mais à une profondeur de
soixante-dix centimètres au moins en contrebas de la plate-forme des terrassements.

§ 3. Les câbles armés employés dans la traversée ne peuvent être mis
en place qu'après que les essais à l'usine démontrent que leur isolant
résiste à la rupture à l'action d'un courant alternatif, sous une différence
de potentiel au moins double de la tension prévue en service.

SECTION III

Prescriptions relatives à l'établissement des ouvrages
servant à la traction par l'électricité au moyen du courant continu [1].

ART. 27.

Tension des distributions pour traction.

Les dispositions de l'article 3, § 4, de l'article 5, §§ 2 *b*, 4 et 6, de l'article 25 et des deux premiers alinéas du paragraphe 3 de l'article 31 ne visent pas les conducteurs de prise de courant, ni leurs supports, ni les autres lignes placées sur ces supports ou en dehors de la voie publique ou inaccessibles au public, si la tension entre ces conducteurs et la terre ne dépasse pas 1000 volts.

ART. 28.

Voie.

Quand les rails de roulement sont employés comme conducteurs, toutes les mesures nécessaires sont prises pour protéger contre l'action nuisible des courants dérivés les masses métalliques telles que les voies ferrées du chemin de fer, les conduites d'eau et de gaz, les lignes télégraphiques ou téléphoniques, toutes autres lignes électriques, etc.

A cet effet, seront notamment appliquées les prescriptions suivantes :

§ 1. La conductance de la voie est assurée dans les meilleures conditions possibles, notamment en ce qui concerne les joints dont la résistance ne doit pas dépasser pour chacun d'eux celle de dix mètres de rail normal.

L'exploitant est tenu de vérifier périodiquement cette conductance et de consigner les résultats obtenus sur un registre qui doit être présenté à toute réquisition du service du contrôle.

§ 2. La perte de charge dans les voies, mesurée sur une longueur de voie de un kilomètre prise arbitrairement sur une section quelconque du réseau, ne doit pas dépasser en moyenne un volt pendant la durée effective de la marche normale des voitures.

§ 3. Les artères, reliées à la voie, sont isolées.

§ 4. Aux points où la voie de roulement comporte des aiguillages ou des coupures, la conductance est assurée par des dispositions spéciales.

§ 5. Lorsque la voie passe sur un ouvrage métallique, elle est autant que possible isolée électriquement dans la traversée de l'ouvrage.

§ 6. Aussi longtemps qu'il n'existe pas de masses métalliques dans le voisinage des voies, une perte de charge supérieure aux limites fixées au paragraphe 2 peut être admise, à la condition qu'il n'en résulte aucun inconvénient et en particulier aucun trouble dans les communications télégraphiques ou téléphoniques, ni dans les lignes de signaux de chemins de fer.

§ 7. L'entrepreneur de la distribution est tenu de faire les installations nécessaires pour permettre au service du contrôle de vérifier l'application

[1] Les projets de traction par l'électricité au moyen du courant alternatif doivent être soumis au Ministre des Travaux publics toutes les fois que les canalisations empruntent la voie publique.

des prescriptions du présent article; il doit notamment disposer, s'il y a nécessité, des fils pilotes entre les points désignés de la distribution.

ART. 29.

Protection des lignes aériennes voisines.

A tous les points où les lignes assurant le service de traction croisent d'autres lignes de distribution ou des lignes télégraphiques ou téléphoniques, les dispositifs doivent être établis en vue de protéger mécaniquement ces lignes contre les contacts avec les conducteurs aériens servant à la traction.

Des dispositions sont prises pour qu'en aucun cas l'appareil de prise de courant ne puisse atteindre les lignes voisines.

ART. 30.

Fils transversaux servant à la suspension
des conducteurs de prise de courant.

Les fils transversaux servant à la suspension des conducteurs de prise de courant sont isolés avec soin de ces conducteurs et de la terre.

Partout où il est nécessaire, ces fils sont munis de dispositifs d'arrêt destinés à retenir les fils télégraphiques, téléphoniques ou de signaux qui viendraient à tomber et à glisser jusqu'au conducteur de prise de courant.

CHAPITRE III

PROTECTION DES LIGNES TÉLÉGRAPHIQUES, TÉLÉPHONIQUES OU DE SIGNAUX

ART. 31.

Voisinage des lignes télégraphiques, téléphoniques, ou de signaux
et des canalisations aériennes [1].

§ 1. En aucun cas, la distance entre les conducteurs d'énergie électrique et les fils télégraphiques, téléphoniques ou de signaux ne doit être inférieure à 1 mètre.

§ 2. Lorsque des conducteurs d'énergie électrique parcourus par des courants de la deuxième catégorie suivent parallèlement une ligne télégraphique, téléphonique ou de signaux, la distance minimum à établir entre ces lignes doit être augmentée de manière qu'en aucun cas il ne puisse y avoir de contact accidentel.

Cette distance ne peut être inférieure à deux mètres, excepté si les conducteurs sont fixés sur toute leur longueur, auquel cas la distance peut être réduite à un mètre comme pour toutes autres lignes.

§ 3. Aux points de croisement, les conducteurs d'énergie sont autant

---

[1] Nota. — Il est rappelé que les frais des modifications jugées nécessaires des lignes télégraphiques ou téléphoniques préexistantes à celles de la distribution incombent à l'entrepreneur de cette distribution.

que possible placés au-dessus des fils télégraphiques, téléphoniques ou de signaux.

Si les conducteurs d'énergie sont au-dessus des fils télégraphiques, téléphoniques ou de signaux, il est fait application des dispositions de l'article 3, § 5, et de l'article 5, §§ 5 et 6 b.

Si les conducteurs d'énergie sont au-dessous des fils télégraphiques, téléphoniques ou de signaux, et s'ils sont parcourus par des courants de deuxième catégorie, un dispositif de garde efficace, pourvu d'une bonne communication avec le sol, est solidement établi entre les deux sortes de conducteurs.

Une disposition analogue peut, en cas de nécessité, être imposée pour les conducteurs de première catégorie.

Dans les deux cas qui précèdent, les lignes télégraphiques, téléphoniques ou de signaux sont dûment consolidées.

Lorsque les dispositions prévues au présent paragraphe ne peuvent être appliquées, les lignes préexistantes doivent être modifiées.

§ 4. Au voisinage des ouvrages de distribution, il pourra être établi, s'il est jugé nécessaire, des coupe-circuits spéciaux sur les fils télégraphiques, téléphoniques ou de signaux intéressés.

ART. 32.

Voisinage des lignes télégraphiques, téléphoniques ou de signaux
et des canalisations souterraines.

§ 1. Lorsque des conducteurs souterrains d'énergie électrique suivent une direction commune avec une ligne télégraphique, téléphonique ou de signaux souterraine et que les deux canalisations sont établies en tranchée, une distance minimum de un mètre doit exister entre ces conducteurs et la ligne télégraphique, téléphonique ou de signaux, à moins qu'ils ne soient séparés par une cloison.

§ 2. Lorsque des conducteurs souterrains croisent une ligne télégraphique, téléphonique ou de signaux, ils doivent être placés à une distance minimum de cinquante centimètres des lignes télégraphiques, téléphoniques ou de signaux, à moins qu'ils ne présentent, en ces points, au point de vue de la sécurité publique, de l'induction et des dérivations, des garanties équivalentes à celles des câbles concentriques ou cordés à enveloppe de plomb et armés.

ART. 33.

Lignes téléphoniques, télégraphiques ou de signaux
affectées à l'exploitation des distributions de deuxième catégorie.

Les lignes téléphoniques, télégraphiques ou de signaux, qui sont montées, en tout ou en partie de leur longueur, sur les mêmes supports qu'une ligne électrique de la deuxième catégorie, sont assimilées, pour les conditions de leur établissement, aux lignes électriques de cette même catégorie. En conséquence, elles sont soumises aux prescriptions applicables à ces lignes.

Les lignes téléphoniques, télégraphiques ou de signaux sont toujours placées au-dessous des conducteurs d'énergie électrique.

En outre, leurs postes de communication, leurs appareils de manœuvre ou d'appel sont disposés de telle manière qu'il ne soit possible de les utiliser ou de les manœuvrer qu'en se trouvant dans les meilleures conditions d'isolement par rapport à la terre, à moins que leurs appareils ne soient disposés de manière à assurer l'isolement de l'opérateur par rapport à la ligne.

CHAPITRE IV
ENTRETIEN DES OUVRAGES. — EXPLOITATION DES DISTRIBUTIONS

ART. 34.

Précautions à prendre dans les travaux d'entretien des lignes.

Lignes de la première catégorie :

Aucun travail ne peut être entrepris sur des conducteurs de la première catégorie en charge ou sur des conducteurs placés sur les mêmes supports que des conducteurs de deuxième catégorie sans que des précautions suffisantes assurent la sécurité de l'opérateur.

Lignes de la deuxième catégorie :

§ 1. Il est formellement interdit de faire exécuter sur les lignes de la deuxième catégorie aucun travail sans qu'elles aient été, au préalable, isolées de tout générateur possible de courant.

§ 2. La communication ne peut être rétablie que lorsqu'il y a certitude que les ouvriers ne travaillent plus sur la ligne.

A cet effet, l'ordre de rétablissement du courant ne peut être donné que par le chef de service ou son délégué, et seulement après qu'il se sera assuré que le travail est terminé et que tout le personnel de l'équipe est réuni en un point de ralliement fixé à l'avance.

Pendant toute la durée du travail, toutes dispositions utiles doivent être prises pour que le courant ne puisse être rétabli sans ordre exprès du chef de service ou de son délégué.

§ 3. Les mesures indiquées aux deux paragraphes précédents peuvent être remplacées par l'emploi de dispositifs spéciaux permettant, soit au chef d'équipe, en cas de travail par équipe, de protéger lui-même l'équipe, soit aux ouvriers isolés de se protéger eux-mêmes par des appareils de coupure pendant toute la durée du travail.

§ 4. Dans les cas exceptionnels où il est nécessaire qu'un travail soit entrepris sur des lignes en charge de la deuxième catégorie, il ne doit y être procédé que sur l'ordre exprès du chef de service et avec toutes les précautions de sécurité qu'il indiquera.

ART. 35.

Élagage des plantations.

§ 1. Sur les voies publiques empruntées par une distribution d'énergie électrique, l'élagage des arbres plantés en bordure de ces voies publiques, soit sur le sol de ces voies, soit sur les propriétés particulières, doit être effectué aussi souvent que la sécurité de la distribution l'exige.

S'il en est requis par le service du contrôle, l'entrepreneur de la distritribution est tenu de procéder à cet élagage, en se conformant aux instructions du service de voirie.

§ 2. Il est interdit de faire exécuter les élagages, ou des travaux analogues pouvant mettre directement ou indirectement le personnel en contact avec des conducteurs électriques ou pièces métalliques de la seconde catégorie, sans avoir pris des précautions suffisantes pour assurer la sécurité du public et du personnel par des mesures efficaces d'isolement.

ART. 36.

Affichage des prescriptions relatives à la sécurité dans les distributions de deuxième catégorie.

Les chefs d'industrie, directeurs ou gérants, sont tenus d'afficher dans un endroit apparent des salles contenant des installations de la deuxième catégorie :

1° Un ordre de service indiquant qu'il est dangereux et formellement interdit de toucher aux pièces métalliques ou conducteurs soumis à une tension de la deuxième catégorie, même avec des gants en caoutchouc, ou de se livrer à des travaux sur ces pièces ou conducteurs, même avec des outils à manche isolant ;

2° Des extraits du présent arrêté et une instruction sur les premiers soins à donner aux victimes des accidents électriques rédigée conformément aux termes qui seront fixés par un arrêté ministériel.

CHAPITRE V
DISPOSITIONS DIVERSES

ART. 37.

Interdiction d'employer la terre.

Il est interdit d'employer la terre comme partie du circuit de la distribution.

ART. 38.

Voisinage des magasins à poudre et poudreries.

Aucun conducteur d'énergie électrique ne peut être établi à moins de vingt mètres d'une poudrerie ou d'un magasin à poudre, à munitions ou à explosifs, si ce conducteur est aérien ; de dix mètres si ce conducteur est souterrain.

Cette distance se compte à partir de l'aplomb extérieur de la clôture qui entoure la poudrerie ou du mur d'enceinte spécial qui entoure le magasin. S'il n'existe pas de mur, on devra considérer comme limite :

1° D'un magasin enterré, le pied du talus du massif de terre recouvrant les locaux ;

2° D'un magasin souterrain, le polygone convexe circonscrit à la projection horizontale sur le sol des locaux et des gaines ou couloirs qui mettent ces locaux en communication avec l'extérieur.

ART. 39.
Conditions d'application du présent règlement.

§ 1. Des dérogations aux prescriptions du présent arrêté peuvent être accordées par le ministre des Travaux publics, après avis du Comité d'électricité.

§ 2. Le présent règlement ne fait pas obstacle à ce que le service du contrôle, lorsque la sécurité l'exige, impose des conditions spéciales pour l'établissement des distributions, sauf recours des intéressés au ministre des Travaux publics.

§ 3. Le présent arrêté annule et remplace l'arrêté du 21 mars 1908.

Paris, 21 mars 1910.

A. MILLERAND.

31. — Circulaire du Ministre des Travaux publics en date du 21 mars 1910 portant envoi de l'arrêté du même jour déterminant les conditions techniques auxquelles doivent satisfaire les distributions d'énergie électrique.

MINISTÈRE
DES
TTRAVAUX PUBLICS,
DES POSTES
ET
IODES TÉLÉGRAPHES

DIRECTION
DES ROUTES,
IODE LA NAVIGATION
ET DES MINES

DIVISION
3OES ROUTES ET PONTS

2e BUREAU

tAArrêté du 21 mars 1910 déterminant ascs conditions techniques auxquelles doivent satisfaire les distributions b d'énergie électrique.

Instructions.

CIRCULAIRE
Série A, n° 2.

RÉPUBLIQUE FRANÇAISE

Paris le 21 mars 1910.

LE MINISTRE

A Monsieur le Préfet du département d

J'ai l'honneur de vous adresser ci-joint ampliation d'un arrêté en date du 21 mars 1910 par lequel j'ai déterminé, conformément à l'article 19 de la loi du 15 juin 1906 et après avis du Comité d'électricité, les conditions techniques auxquelles doivent satisfaire les distributions d'énergie électrique au point de vue de la sécurité des personnes et des services publics intéressés.

Je vous adresse en même temps les instructions nécessaires pour vous permettre d'en assurer l'application.

Dispositions générales. — Le nouvel arrêté et la présente circulaire abrogent et remplacent l'arrêté du 21 mars 1908 et la circulaire du 21 juillet 1908 [1].

L'arrêté s'applique à tous les ouvrages des distributions empruntant en un point quelconque de leur parcours le domaine public, ainsi qu'aux ouvrages des distributions établies exclusivement sur des terrains privés et s'approchant à moins de dix mètres de distance horizontale d'une ligne télégraphique ou téléphonique préexistante ; mais il ne s'applique ni aux usines de production d'énergie, ni aux ouvrages d'utilisation situés dans les usines ou autres immeubles. Ces usines ou ouvrages d'utilisation sont soumis aux dispositions du décret du 11 juillet 1907, édicté en exécution de la loi du 12 juin 1893-11 juillet 1903 sur l'hygiène et la sécurité des travailleurs dans les établissements industriels.

L'arrêté ne contient aucune prescription relative à la protection des

---

[1] Il est rappelé que l'arrêté du 21 mars 1908 abrogeait et remplaçait toutes les instructions techniques antérieurement en vigueur, notamment l'arrêté préfectoral du 15 septembre 1893, les instructions techniques annuelles émanant de l'Administration des Postes et des Télégraphes et les dispositions techniques de l'instruction du 1er février 1907 relative à la traversée des chemins de fer.

sites que mentionne l'article 19 de la loi du 15 juin 1906. Je ne doute pas que les ingénieurs auront le plus grand souci de veiller à ce que l'établissement des ouvrages d'une distribution ne compromette pas le caractère artistique ou pittoresque des monuments, des paysages ou des rues des villes ; il peut néanmoins être utile, toutes les fois que la situation le comportera, de consulter les fonctionnaires ou les commissions chargés, dans chaque circonscription administrative, de veiller à la conservation des monuments et des sites.

Comme le disait, mon prédécesseur dans la circulaire du 21 juillet 1908, portant envoi de l'arrêté antérieur du 21 mars 1908, il sera bon que les ingénieurs se mettent en rapport avec l'architecte départemental lorsque les projets seront de nature à modifier l'aspect des rues ou des promenades des villes. Si les travaux projetés intéressent un immeuble classé parmi les monuments historiques, en vertu de la loi du 30 mars 1887, ils pourront utilement faire appel à l'architecte ordinaire des monuments historiques ; s'ils intéressent un paysage pittoresque, il y aura lieu, pour vous, de saisir la commission instituée dans votre département par la loi du 21 avril 1906 sur la conservation des sites et des monuments naturels.

Dispositions spéciales. — L'arrêté technique est divisé en cinq chapitres correspondant aux diverses questions que soulèvent l'établissement et l'exploitation des ouvrages de distribution.

Le chapitre I contient les dispositions générales applicables à tous les ouvrages de distribution et donne lieu de ma part aux observations suivantes :

ARTICLE PREMIER. — Les distributions sont classées en deux catégories, suivant la plus grande tension de régime existant entre les conducteurs et la terre. Les dispositions adoptées sont les mêmes que celles du décret du 11 juillet 1907 relatif à la sécurité des travailleurs dans les établissements industriels qui mettent en œuvre des courants électriques.

Il ne faut pas toutefois conclure de cette classification que seuls les ouvrages de la 2e catégorie peuvent présenter des dangers ; les limites indiquées pour la tension maximum de la 1re catégorie correspondent aux installations usuelles, qui ne donnent lieu à des accidents que très exceptionnellement, mais il a été constaté que, dans certaines circonstances spéciales, des courants dont la tension est très inférieure à la limite adoptée ont occasionné des électrocutions. Vous aurez à tenir compte de ce fait dans l'étude des installations de première catégorie.

ART. 3. — L'état de conservation des supports en bois portant des lignes de la deuxième catégorie devra être l'objet de vérifications fréquentes surtout au voisinage des traversées de voies publiques, de voies ferrées, ainsi que des lignes télégraphiques, téléphoniques ou de signaux.

ART. 4. — Les essais des isolateurs ne peuvent être pratiquement faits sur une ligne établie ; conformément à la pratique courante de l'industrie, les isolateurs seront essayés à l'usine avant livraison ; le service du contrôle pourra exiger la production du procès-verbal des essais.

ART. 5. — Le point le plus bas des conducteurs de la première catégorie a été abaissé à 6 mètres à la traversée des voies publiques, mais à la condition que le minimum de 6 mètres soit observé strictement, même pendant les plus grandes chaleurs de l'été, de façon qu'il n'en résulte jamais de gêne pour la circulation (§ 2).

Il n'est fait d'exception que dans le cas où, à la traversée des ouvrages construits au-dessus des voies publiques, une hauteur moindre peut être admise, pourvu que la sécurité soit assurée par un dispositif spécial de protection, mais sans que la hauteur libre de 4,30 m. à réserver au-dessus de la chaussée, puisse être diminuée.

Dans les parties en courbe des voies publiques les poteaux ou pylônes devront être plus rapprochés que dans les alignements droits pour diminuer l'emplètement en projection horizontale des conducteurs sur la voie publique ; il importe d'éviter des contacts possibles avec des chargements élevés.

L'arrêté du 15 septembre 1893 fixait à 60° l'angle minimum pour la traversée des routes par les conducteurs d'énergie. Ce minimum a été abaissé à 30° (§ 4) afin de réduire le plus possible l'angle de la brisure dans la direction générale de la ligne de distribution. Cette brisure constitue, en effet, malgré la consolidation des supports, un point faible dans les canalisations. La disposition adoptée améliorera les conditions de la sécurité.

Si des conducteurs d'énergie sont établis le long d'une voie publique qui en croise une autre sous un angle inférieur à 30°, il n'y aura pas lieu de modifier leur alignement à la traversée (§ 4).

Les épissures et soudures interdites dans la traversée des voies publiques et dans les parties contiguës peuvent être autorisées à titre provisoire comme moyens de réparation (§ 5).

Les supports des distributions de la deuxième catégorie devront porter l'inscription « *Danger de mort* » substituée à l'inscription « *Dangereux* ». Le danger de mort est réel et doit être explicitement signalé (§ 6 c).

Lorsque les conducteurs d'énergie longent un toit en pente ou passent au-dessus, la distance à laquelle ils doivent être de ce toit a été portée à 2 mètres, s'ils sont de la deuxième catégorie. Cette distance est portée à 3 mètres lorsque les toits sont en terrasse, quelle que soit la catégorie à laquelle appartiennent ces conducteurs (§ 7).

Lorsque des conducteurs de la première catégorie seront portés par les mêmes supports que des conducteurs de la deuxième catégorie, il y aura lieu d'en vérifier avec le plus grand soin les conditions d'établissement et d'entretien en particulier au voisinage des traversées de voies publiques et de voies ferrées ainsi que des lignes télégraphiques, téléphoniques ou de signaux.

ART. 6. — L'article 6 définit les conditions dans lesquelles doivent être calculées les dimensions de tous les ouvrages des distributions. Il y a lieu de tenir compte dans ce calcul non seulement des charges permanentes que les organes ont à supporter, mais aussi des charges accidentelles qui peuvent se produire sous l'action du vent. Ces charges accidentelles peuvent d'ailleurs varier suivant la température. Par les temps froids, la flèche des conducteurs diminue, ce qui est défavorable à la solidité, mais par contre, en général, dans ces circonstances, la violence du vent n'atteint pas le maximum constaté avec des températures moyennes. Il conviendra de faire le calcul dans les deux hypothèses et de retenir le résultat trouvé dans le cas le plus défavorable.

Les bases de calcul adoptées sont très sensiblement les mêmes que celles qui ont été précédemment indiquées dans l'instruction du 1er février 1907, relative aux traversées de chemins de fer. Toutefois, l'hypothèse d'une couche de verglas de 4 millimètres d'épaisseur recouvrant les conducteurs a été écartée, comme ne se produisant que très exceptionnellement en pratique à raison de la chaleur développée par le passage même du courant.

ART. 7. — Dans les distributions de deuxième catégorie, les accidents présentent un caractère particulier de gravité et peuvent nécessiter la coupure du courant dans le plus bref délai possible. A cet effet, l'article 7 prévoit que chaque agglomération importante doit être reliée par un moyen de communication directe à l'usine génératrice ou au poste le plus voisin muni d'appareils de coupure. L'entrepreneur peut, pour réaliser cette liaison, faire usage d'une ligne téléphonique, ou avoir recours à d'autres moyens, par exemple, munir le personnel de surveillance de moyens de transport rapide (automobiles, bicyclettes, etc.). Il appartiendra au service du contrôle d'apprécier les propositions faites à cet effet par l'entrepreneur.

Dans les cas où la distribution est munie d'appareils de coupure à l'entrée de chaque agglomération, l'installation pourra être considérée comme répondant à la prescription de l'article 7, à la condition toutefois que l'entrepreneur ait pris toutes les mesures nécessaires pour que ces appareils puissent être manœuvrés efficacement quand il en sera besoin.

ART. 8. — L'armure métallique d'un câble souterrain peut suffire comme protection mécanique de celui-ci.

Le chapitre II détermine les conditions spéciales auxquelles doivent satisfaire les ouvrages de distribution à la traversée des cours d'eau (section I) et des lignes de chemin de fer (section II) et les ouvrages servant à la traction par l'électricité (section III).

La section I s'applique aux traversées des cours d'eau, la rédaction de l'arrêté du 21 mars 1908 a été maintenue ; cependant le nouvel arrêté prévoit dans certains cas une réduction de la hauteur des conducteurs au-dessus des plus hautes eaux jusqu'à trois mètres, quand la circulation sous ces conducteurs apparaît comme devant être absolument exceptionnelle.

La section II est relative aux traversées de chemins de fer ; les prescriptions de l'arrêté du 21 mars 1908 ont été maintenues presque intégralement. Je rappelle les différences suivantes que comporte déjà l'arrêté du 21 mars 1908 avec les règles antérieurement adoptées, notamment dans l'instruction du 1er février 1907 :

ART. 24. — Le paragraphe premier de l'article 24 ne classe plus les passages à niveau parmi les points qui doivent être choisis de préférence pour la traversée des chemins de fer. La traversée aux passages à niveau crée en effet un risque pour la circulation publique. Il peut être avantageux toutefois, au lieu d'établir une traversée en pleine voie, de la placer à proximité d'un passage à niveau pour qu'elle puisse être surveillée par le garde-barrière. Mais ce n'est pas là une obligation ; il appartient aux services de contrôle d'adopter la solution la plus conforme aux intérêts en présence.

Le paragraphe 2 correspond à l'article 8 de l'ancienne instruction du 1er février 1907, mais il a reçu une rédaction un peu différente afin de bien préciser que les appareils de coupure ne doivent pas nécessairement être établis dans le voisinage immédiat de la traversée ; il suffit que l'installation soit faite de manière qu'il soit possible de couper facilement le courant dans la traversée.

ART. 25 et 26. — Conformément à l'avis déjà donné précédemment par le Comité d'électricité, il ne m'a pas paru nécessaire de fixer une limite pour la densité maximum du courant dans les canalisations aériennes et souterraines. Les nécessités industrielles obligent, en effet, les entrepreneurs à adopter des densités de courant bien inférieures à celles qui pourraient compromettre la sécurité.

En outre du point que je viens de rappeler, je vous signale de nouvelles questions relatives aux articles 25 et 26.

ART. 25. — Une addition a été faite au paragraphe 1 pour autoriser la traversée d'une ligne de chemin de fer sous un angle inférieur à 60°, quand la canalisation aérienne, constituant cette traversée, est établie le long d'une voie publique qui traverse elle-même la voie ferrée. Cette addition se justifie par les mêmes considérations que celles qui ont été données plus haut à propos de l'article 5, § 4, et de la réduction de 60° à 30° de l'angle minimum pour la traversée de routes par les conducteurs d'énergie.

Une question importante s'est posée à propos du paragraphe 4 de l'article 25 ; le Comité d'électricité s'est en effet demandé s'il ne devait pas préciser l'interprétation de ce paragraphe et spécifier en particulier que les conducteurs devaient être doublés au droit des paires d'isolateurs, exigés pour chaque conducteur. Après discussion approfondie, le Comité a estimé préférable de proposer le maintien du *statu quo*, tout en exprimant le vœu que l'industrie recherche, tout particulièrement pour la traversée des chemins de fer, un type d'isolateurs et une disposition sauvegardant mieux la sécurité que le type et les dispositions actuels.

Il a d'ailleurs chargé une sous-commission d'étudier d'une façon générale, en vue de la prochaine révision, cette question des traversées de chemins de fer par des conducteurs d'énergie électrique. Parmi les questions à examiner, je citerai celle du coefficient de sécurité qui est prévu égal à 10 par l'article 25, § 7. Certains industriels trouvent ce coefficient trop élevé. Il paraît résulter de l'instruction que cette appréciation est justifiée par l'interprétation que certains services de contrôle donnent dans la pratique aux paragraphes 3 et 7 de cet article 25.

Le paragraphe 3 spécifie que les supports de la traversée sont encastrés dans un massif de maçonnerie et constitués de façon assez solide pour pouvoir, en cas de rupture de tous les fils, les sollicitant d'un côté, résister à la traction qu'exerceraient sur eux les fils subsistant de l'autre côté, à moins que l'entrepreneur n'ait fait agréer une disposition équivalente au point de vue de la sécurité.

Le paragraphe 7 fixe à 10 pour les organes constituant la superstructure la valeur du coefficient de sécurité, calculé conformément aux indications de l'article 6 de l'arrêté.

Or, certains services de contrôle réunissent les conditions des deux paragraphes ci-dessus, c'est-à-dire qu'ils exigent le coefficient 10, en appliquant les conditions de l'article 6 et en supposant, en outre, que les conducteurs sont complètement rompus d'un côté. Cette interprétation est inexacte et conduit à des résultats excessifs. En vertu du paragraphe 3, la ligne doit résister, c'est-à-dire se maintenir stable sans renversement ni rupture des supports des conducteurs, dans l'hypothèse de la rupture des conducteurs placés d'un même côté. C'est là une condition particulière indépendante des conditions fixées par le paragraphe 7. Pour que la stabilité dont il s'agit soit réalisée d'une façon satisfaisante, il suffit que le coefficient de sécurité y relatif soit notablement supérieur à l'unité, mais il serait tout à fait excessif d'exiger qu'il fût égal à 10.

On peut espérer qu'avec cette rectification d'interprétation les objections faites contre le coefficient 10 disparaîtront. Quoi qu'il en soit, le Comité étudiera la question et les Compagnies de chemins de fer seront consultées. Il ne faut pas, en effet, perdre de vue combien la solidité de l'installation de la traversée importe à la sécurité de l'exploitation des chemins de fer. Mon Administration a cherché à réaliser par la suppression des anciens filets une mesure favorable à l'industrie et en même temps un progrès en raison des graves inconvénients que présentaient les filets. Mais cette amélioration ne saurait être obtenue aux dépens de la sécurité. Tout au contraire, on s'est proposé, par les nouvelles dispositions, d'augmenter la sécurité de l'exploitation des chemins de fer tout en supprimant une disposition très onéreuse pour l'industrie, quoique inefficace.

Art. 26. — Je signale la suppression de la prescription relative à l'isolement des câbles souterrains. L'expérience a démontré, en effet, que cette prescription offrait plus d'inconvénients que d'avantages et que la seule prescription, pour assurer une vérification efficace de la bonne qualité des câbles armés, consistait dans l'essai à la rupture de l'isolant à l'usine; cette dernière prescription a été conservée (art. 26, § 3).

Avant de quitter la section II, relative aux traversées de chemins de fer, et pour répondre aux préoccupations de certains services de contrôle, il me paraît utile de préciser qu'une canalisation souterraine empruntant la voie publique pour traverser un chemin de fer sous un passage inférieur sans avoir aucun contact avec les ouvrages de la ligne de chemin de fer peut être établie sans intervention du service du contrôle du chemin de fer et sans arrêté spécial d'autorisation pour la traversée.

En adoptant cette prescription, je ne fais d'ailleurs que revenir aux dispositions prévues dans l'article 1 de l'instruction du 1er février 1907, relative à la traversée des lignes de chemins de fer par des conducteurs d'énergie. L'expérience démontre que les instructions de ces affaires sont toujours longues et causent des retards préjudiciables à l'industrie ; il importe donc de les simplifier. Dans le cas envisagé, il n'y aura pas d'inconvénient à supprimer l'instruction et l'autorisation, la canalisation souterraine n'ayant aucun contact avec les ouvrages du chemin de fer. Si la voie, empruntée sous le passage inférieur, est une voie publique, il y aura d'ailleurs lieu à l'instruction et à l'autorisation réglementaires pour cet emprunt.

Les prescriptions de la section III, relatives à l'établissement des ouvrages servant à la traction par l'électricité, demeurent sensiblement les mêmes que dans l'arrêté du 21 mars 1908.

Il a été toutefois spécifié que ces prescriptions (articles 27 à 30) s'appliquent en fait exclusivement à la traction par courant continu. En ce qui concerne la traction par courant alternatif, tous les projets devront m'être soumis, toutes les fois que les canalisations électriques emprunteront la voie publique.

En raison des conditions de leur installation et de leur exploitation, les ouvrages de distribution des entreprises de traction continuent à bénéficier des tolérances admises pour l'établissement de distributions de première catégorie tant que la tension entre les conducteurs et la terre ne dépasse pas 1000 volts. Mais si l'établissement des ouvrages servant à la traction par l'électricité est ainsi facilité, autant que le permet le souci de la sécurité, des précautions ont au contraire été prescrites par l'arrêté en vue de parer aux dangers que peuvent présenter les courants vagabonds pour les masses métalliques établies au voisinage des rails employés comme conducteurs de courant.

Il importe que le service du contrôle assure strictement l'exécution de toutes les mesures jugées nécessaires dans chaque cas pour protéger contre l'action nuisible des courants dérivés les masses métalliques voisines de la ligne de distribution et notamment les lignes télégraphiques ou téléphoniques et les lignes de signaux.

A cet égard je signalerai la nécessité pour le service du contrôle d'exiger, de la part des entreprises qui utilisent les rails comme conducteurs de courant, la vérification périodique de la conductance de la voie qui peut être faite tout d'abord par grandes longueurs, puis par sections plus petites, si le résultat n'est pas satisfaisant, jusqu'à ce que l'on ait trouvé les points où l'éclissage électrique est défectueux. L'expérience démontre que cette opération faite régulièrement permet d'assurer par un bon entretien une conductance satisfaisante de la voie et de rendre pratiquement négligeables, dans la plupart des cas, les effets d'électrolyse.

Le chapitre III traite de la protection des lignes télégraphiques, téléphoniques et de signaux, et n'appelle aucune observation. Toutefois les croisements de ces lignes avec des lignes de distribution d'énergie doivent être l'objet d'une attention particulière ; l'indication d'une distance minimum de 1 mètre entre ces lignes, qu'il y ait ou non croisement, n'exclut nullement l'adoption d'un plus grand écartement s'il est pratiquement et raisonnablement réalisable.

Il y a même plus : il convient de chercher à supprimer ces croisements, toutes les fois qu'il est possible de le faire moyennant une modification des lignes télégraphiques, téléphoniques ou de signaux n'entraînant qu'une dépense raisonnable à la charge des entrepreneurs de distributions.

Quand les lignes télégraphiques, téléphoniques ou de signaux ne peuvent être placées au-dessous des conducteurs d'énergie, il convient de les consolider, s'il y a lieu, pour éviter leur rupture, indépendamment du dispositif de garde solidement établi entre les deux sortes de conducteurs.

Le chapitre IV renferme les prescriptions relatives à l'entretien des ouvrages et à l'exploitation des distributions.

ART. 35. — Je rappelle que les conditions d'application de l'article 35, relatif à l'élagage des plantations, ont été précisées par la circulaire du 1er septembre 1909 à laquelle il y a lieu de se référer.

ART. 36. — J'appelle votre attention sur l'article 36 qui prescrit au troisième alinéa d'afficher des extraits de l'arrêté dans un endroit apparent des salles contenant des installations de la deuxième catégorie. Des difficultés se sont produites au sujet du choix des articles à afficher; après examen ce choix me paraît comporter les articles 11, 12, 13, 14 B, 15, 16, 17, 34 et 35.

Le chapitre V contient diverses dispositions nécessaires pour l'application de l'arrêté. Vous remarquerez que les dispositions de l'arrêté sont obligatoires pour toutes les distributions et qu'il ne peut y être dérogé que par décision ministérielle ; mais elles ne sont pas limitatives. Lorsque les circonstances locales l'exigent, le service du contrôle peut imposer, pour l'établissement des distributions, toutes les mesures nécessaires pour assurer la sécurité.

Dans cet ordre d'idées, j'appelle particulièrement votre attention sur les conditions d'implantation et d'établissement des lignes, notamment en pays de montagne, au point de vue des mesures à prendre contre les dangers que peuvent présenter éventuellement les éboulements, les torrents, les avalanches, etc.

Vous remarquerez également que l'arrêté ne contient aucune disposition spéciale concernant les distributions à très haute tension. L'établissement de ces distributions nécessite toutefois une étude particulièrement attentive des projets d'exécution en raison des dangers qu'elles présentent.

Vous voudrez bien, en conséquence, avant de statuer, me communiquer avec vos propositions, les projets de toutes les distributions dont la tension de régime dépasse 30 000 volts. Après examen, je vous renverrai les projets avec mes instructions.

Vous pourrez d'ailleurs me saisir également toutes les fois que les conditions d'établissement d'une distribution de tension inférieure ou égale à 30 000 volts soulèveront des questions délicates sur lesquelles vous ne croirez pas devoir statuer sous votre propre responsabilité.

A. MILLERAND.

32. — Circulaire du Ministre des Travaux publics en date du 3 mai 1910 portant modification de l'article premier du modèle d'arrêté préfectoral destiné à autoriser l'installation d'une distribution d'énergie électrique par permission de voirie (annexe 2 de la circulaire du 25 octobre 1908).

MINISTÈRE
DES
TRAVAUX PUBLICS,
DES POSTES
ET
DES TÉLÉGRAPHES

DIRECTION
DES ROUTES,
DE LA NAVIGATION
ET DES MINES

DIVISION
DES ROUTES ET PONTS

2° BUREAU

Distributions
d'énergie électrique.

Modification de l'article 1er du modèle d'arrêté préfectoral (annexe 2 de la circulaire ministérielle du 25 octobre 1908).

CIRCULAIRE
Série A, n° 5.

RÉPUBLIQUE FRANÇAISE

Paris le 3 mai 1910.

LE MINISTRE

A Monsieur le Préfet du département d

La question s'est posée de savoir si, dans le cas d'une demande d'autorisation d'occuper le domaine public pour l'installation d'une distribution d'énergie électrique, le demandeur devait être tenu de souscrire, préalablement à toute décision, une soumission portant engagement de payer les redevances prévues par le décret du 17 octobre 1907.

A la suite d'un échange de vues à ce sujet avec M. le Ministre des finances, il a été admis, sans conteste, que cette soumission est inutile lorsque l'occupation est autorisée par voie de concession. En effet, l'acte de concession signé par le bénéficiaire comporte pour celui-ci l'engagement de se conformer aux conditions du cahier des charges-type dont l'article 27 stipule expressément le payement des redevances au tarif fixé par le décret susvisé.

En ce qui concerne les autorisations données par permissions de voirie, il a été reconnu également que la soumission, indépendante de la pétition, ne pourrait être imposée ; mais il a paru utile, pour prévenir toutes difficultés, de compléter les dispositions du modèle d'arrêté préfectoral (annexe 2 de la circulaire ministérielle du 25 octobre 1908), qui n'ont point semblé à l'Administration des finances préciser suffisamment les obligations des bénéficiaires envers le Trésor, par une clause indiquant d'une manière explicite et formelle que les permissionnaires sont tenus au payement des redevances exigibles en vertu du décret du 17 octobre 1907.

L'accord étant ainsi intervenu, j'ai jugé opportun de mentionner en même temps, pour ce qui me regarde, une clause analogue relativement aux frais de contrôle.

J'ai décidé par suite que l'article premier du modèle d'arrêté préfectoral portant autorisation d'installer une distribution d'énergie électrique par permission de voirie sera libellé de la manière suivante :

« M....... autorisé. à établir dans l...... commune d...... des canalisations et ouvrages de distribution d'énergie électrique $\begin{cases} \text{sur.........} \\ \text{sous.......} \end{cases}$ en vue de .... et à procéder aux travaux nécessités par l'entretien de ces canalisations et ouvrages, à charge par..... de se conformer aux conditions de la présente autorisation, aux règlements de voirie et aux règlements ou arrêtés édictés en exécution de la loi du 15 juin 1906, *notamment aux deux décrets du 17 octobre 1907, relatifs au payement des redevances pour occupation du domaine public et des frais de contrôle.* »

Il y aura lieu, en conséquence. d'ajouter aux indications inscrites à la suite du modèle d'arrêté un extrait du décret relatif aux frais de contrôle (art. 9 à 13, ce dernier art. 13 modifié conformément au décret du 30 décembre 1909).

Je vous prie de m'accuser réception de la présente circulaire dont j'adresse ampliation aux ingénieurs en chef du contrôle des distributions d'énergie électrique.

Le Ministre des Travaux publics,
des Postes et des Télégraphes,

A. MILLERAND.

33. — Circulaire du Ministre des Travaux publics, en date du 9 juillet 1910, prescrivant d'indiquer à l'encre rouge les additions, suppressions ou modifications proposées aux cahiers des charges-types.

MINISTÈRE
DES
TRAVAUX PUBLICS,
DES POSTES
ET
DES TÉLÉGRAPHES

DIRECTION DES MINES,
DES VOIES FERRÉES
D'INTÉRÊT LOCAL
ET DES
DISTRIBUTIONS
D'ÉNERGIE ÉLECTRIQUE

4° BUREAU

Demande de concessions
de distributions
d'énergie électrique
soumises
à l'Administration
supérieure.

Composition du dossier.

CIRCULAIRE
Série B, n° 1.

RÉPUBLIQUE FRANÇAISE

Paris, le 9 juillet 1910.

LE MINISTRE

*A Monsieur l'Ingénieur en chef du Contrôle
des distributions d'énergie électrique du département d*

J'ai constaté à diverses reprises que les projets de cahiers des charges annexés aux demandes de concession d'une distribution d'énergie électrique soumises à l'Administration supérieure sont souvent écrits à la main, ou composés à la machine, ou même imprimés par les soins des industriels, et ne permettent pas de constater, sans un examen approfondi et une lecture minutieuse article par article, si des modifications au texte du cahier des charges-type y ont été introduites.

Il est cependant indispensable que la moindre altération dudit texte apparaisse nettement puisque, conformément aux dispositions de l'article 7 de la loi du 15 juin 1906 rappelées dans les circulaires ministérielles des 30 mai et 3 août 1908, l'acte de concession comportant des dérogations ou modifications au cahier des charges-type ne devient définitif qu'après avoir été approuvé par un décret délibéré en Conseil d'État.

C'est pourquoi, afin de faciliter à l'Administration l'étude des affaires et lui éviter tout risque d'erreur sur la suite qu'elles comportent, je vous prie de ne pas manquer de joindre aux dossiers des demandes en concession dont vous aurez à me saisir un exemplaire *imprimé* du cahier des charges-type dûment collationné et sur lequel figureront, à l'encre rouge, les additions, suppressions ou modifications proposées au type par le projet annexé au dossier.

Vous aurez à agir de même dans tous les cas où un cahier des charges non conforme au type devra être produit.

J'ajouterai, à toutes fins utiles, que les cahiers des charges-types sont en vente à la librairie administrative Jousset, 6, rue de Furstenberg, à Paris, où vous pourrez vous les procurer, la dépense à résulter de cette acquisition étant imputée sur les crédits qui vous sont ouverts, chaque année, sur le chapitre afférent aux frais de contrôle des distributions d'énergie électrique.

*Le Ministre des Travaux publics,
des Postes et des Télégraphes,*

A. MILLERAND.

34. — **Arrêté du Ministre des Travaux publics, en date du 13 août 1910, fixant les conditions d'approbation des compteurs d'énergie électrique, pour l'application de l'article 16 des cahiers des charges-types des 17 mai et 20 août 1908** [1].

LE MINISTRE DES TRAVAUX PUBLICS, DES POSTES ET DES TÉLÉGRAPHES,

Vu la loi du 15 juin 1906 sur les distributions d'énergie ;

Vu les articles 16 des cahiers des charges-types des distributions publiques d'énergie électrique en date des 17 mai et 20 août 1908 ;

Vu l'avis du Comité d'électricité ;

Vu l'arrêté ministériel du 2 juin 1909 ;

ARRÊTE :

Les compteurs servant à mesurer les quantités d'énergie électrique livrées au public par les concessionnaires ou permissionnaires de distributions publiques d'énergie électrique soumises aux clauses et conditions des cahiers des charges-types en date des 17 mai et 20 août 1908, devront satisfaire, par application de l'article 16 desdits cahiers des charges, aux conditions ci-après énumérées :

DÉFINITION DU TYPE

ARTICLE PREMIER. — Le type de compteur est défini par ses dessins de construction.

Sont considérés comme de même type les compteurs de calibres différents, construits sur les mêmes dessins et dont les différences ne portent que sur les bobinages qui restent, d'ailleurs, semblablement placés.

Le type peut comporter l'emploi d'appareils accessoires, tels que transformateurs, etc. ; ces accessoires forment partie intégrante du compteur.

Chaque type de compteur porte un nom ; si le même nom s'applique à plusieurs calibres du même type, chaque type porte, en outre, un numéro de série caractéristique. Le nom et le numéro de série figurent sur les plaques des appareils mis en service.

CONSTITUTION DU DOSSIER DE DEMANDE D'APPROBATION

ART. 2. — Le dossier de demande d'approbation contient les pièces suivantes :

1° Les dessins d'exécution à des échelles suffisantes pour en permettre la lecture facile ;

2° Une notice descriptive exposant le principe du compteur, décrivant son mécanisme et son fonctionnement, donnant le détail des causes d'erreur et indiquant la manière dont elles sont corrigées dans la mesure du possible, particulièrement en ce qui concerne la variation de température due au fonctionnement.

Cette note doit, en outre :

a) Indiquer le détail des bobinages que peut recevoir le type, et les calibres correspondants ;

[1] Cet arrêté remplace l'arrêté du 2 juin 1909.

b) Donner la durée de révolution du mobile le plus rapide qui soit nettement visible sur le mécanisme ou sur la minuterie, et la valeur de l'énergie correspondant à un tour exact de ce mobile pour chaque calibre ;

c) Un certificat d'essai délivré par le laboratoire central d'électricité de Paris ou par les laboratoires agréés par le Ministre, après avis du Comité d'électricité [1], donnant les résultats des essais faits sur un compteur du type et portant sur les points énumérés à l'article 3 ci-après.

Le dossier est fourni en trois exemplaires, un en original, pour lequel les dessins sont en calque sur toile, les autres exemplaires pouvant être de simples copies. Les dessins originaux portent une estampille de l'établissement qui a fait l'essai, pour certifier la conformité de ces dessins à l'appareil soumis aux essais.

Les appareils accessoires sont toujours essayés avec le compteur proprement dit correspondant ; toutefois, si ce dernier a été approuvé antérieurement, les essais qui n'intéressent pas l'appareil accessoire n'ont pas à être recommencés ; mais la note descriptive mentionne le type de ce compteur et la date de son approbation. Une expédition en copie du compteur proprement dit est simplement ajoutée au dossier, mais elle doit porter le certificat de conformité de l'appareil essayé. Le dessin de l'appareil accessoire est produit en original.

Les pièces sont du format 21 sur 31 centimètres ; les plans sont ramenés à ce même format par pliage d'abord en paravent, puis en travers. Le titre est inscrit sur la face apparente du plan replié.

DÉTAIL DES ESSAIS

Art. 3. — Les essais portent au moins sur les points suivants :

1° Essais aux trois régimes : de pleine charge nominale ; de demi-charge ; du vingtième de charge.

Ces essais sont faits sur l'appareil fermé et mis sous tension depuis une heure au moins, et, dans tous les cas, jusqu'à ce que le régime de température dû au fil de dérivation soit atteint.

Les autres conditions sont les suivantes :

a) Température arbitraire entre les limites 10° et 25° C :

b) Tension arbitraire entre 0,9 et 1,10 fois la tension nominale ;

c) Facteurs de puissance arbitraires entre 1,0 et 0,5 pour l'essai en plein débit ; et à demi-charge, un essai pour chacune des valeurs, 1,0 et 0,5 approximativement.

Sur les compteurs de 5 hectowatts et au-dessous, un essai au régime de 20 watts est substitué à l'essai au vingtième de charge.

L'essai au vingtième de charge ou à 20 watts est répété, sur les compteurs wattheuremètres à courant continu, en plaçant l'instrument dans deux orientations opposées à 180° et telles que l'axe du champ dû au fil principal soit dans le plan du méridien magnétique.

2° Essais au régime de demi-charge avec des écarts en plus et en moins d'un vingtième sur la valeur nominale de la fréquence ;

[1] Par arrêté du Ministre des Travaux publics, en date du 12 novembre 1909, inséré au *Journal Officiel* du 13 novembre, a été agréé le bureau de contrôle et d'essais annexé à l'Institut électrotechnique de Grenoble.

3° Essais en surcharge d'un cinquième de la puissance maximum normale :

4° Épreuve de marche à vide ;

Sur les compteurs pourvus d'un mécanisme à rouleaux, épreuve portant sur le fonctionnement simultané de tous ces rouleaux, au régime du dixième de charge ;

5° Essai donnant le régime minimum qui assure un démarrage certain ;

6° Valeur des consommations internes dans chaque circuit ;

7° Essai de court-circuit d'une intensité égale à dix fois le courant maximum normal, limité dans sa durée d'application par le jeu d'un fusible fondant sous un courant double du maximum normal ; essai répété cinq fois.

8° Les compteurs moteurs à collecteur qui ne sont pas munis d'un fil à plomb ou d'un organe de nivellement équivalent sont essayés à demi-charge, en donnant à l'appareil une inclinaison de 5° par rapport à la verticale. Le résultat de l'essai est consigné au certificat comparativement à celui de l'essai correspondant à la verticalité de l'axe.

RÉSULTATS A OBTENIR

Art. 4. — Les résultats à obtenir et les tolérances sont fixés comme il suit :

1° Essai à pleine charge nominale, erreur relative . . . . ± 3 p. 100

2° Essai à demi-charge : erreur relative. . . . . ± 3 p. 100

3° Essai au vingtième de charge : erreur relative. . . . . ± 5 p. 100

4° Dans le cas où le compteur comporte un appareil accessoire, cette dernière limite seule est portée à . . . . . . ± 7 p. 100

5° Essai au régime de 20 watts : erreur absolue . . . . . ± 2 watts

6° Compteurs à courants alternatifs essayés en demi-charge aux fréquences de 0,95 et 1,05 fois la normale : l'erreur relative ne doit pas différer d'une unité en plus ou en moins de celle obtenue à la fréquence normale ;

7° Essai en surcharge d'un cinquième : le compteur ne doit subir aucune détérioration par l'application de cette surcharge pendant une demi-heure ;

8° Essai de démarrage : les limites supérieures de démarrage franc sont :

a) Pour compteur de 5 hectowatts et au-dessous : 2 p. 100 de pleine charge ;

b) Pour compteurs supérieurs à 5 hectowatts : 1 p. 100 de pleine charge ;

9° Consommations internes : les limites supérieures sont :

a) Dans le fil de dérivation :

sur un courant alternatif : 1,5 watts par 100 volts ;

Et sur courant continu :

4,0 watts par 100 volts de tension nominale ;

b) Dans les fils principaux :

Pour les compteurs ampèreheuremètres de tous calibres et pour les compteurs wattheuremètres de 5 hectowatts et au-dessous : 1,5 volt à pleine charge ;

Pour compteurs wattheuremètres supérieurs à 5 hectowatts : 1 volt à pleine charge ;

10° Essais de court-circuits. — Après l'application des court-circuits la valeur de l'erreur relative à demi-charge ne doit pas avoir varié de plus d'une unité.

Nota important. — L'inobservation de l'une quelconque des conditions ci-dessus indiquées entraîne le rejet de la demande d'approbation sans autre examen.

INSTRUCTION DE LA DEMANDE

ART. 5. — Le dossier est déposé soit au Ministère des Travaux Publics (secrétariat du Comité d'électricité), soit entre les mains de l'ingénieur en chef du contrôle des distributions électriques du département. Après avoir vérifié que le dossier présenté satisfait aux conditions prescrites par l'article 2 ci-dessus, le secrétariat ou l'ingénieur en chef en donne reçu et le transmet pour examen au Comité d'électricité. L'examen du Comité porte, en outre des conditions stipulées à l'article précédent, sur tous les points qu'il juge utile et notamment sur les suivants :

Nature de l'isolation ;

Étanchéité de la fermeture ;

Facilité d'entretien ;

Possibilité de vérifier rapidement l'étalonnage sans ouvrir l'appareil ;

Nature des rouages enregistreurs, etc., etc.

FORME DE L'APPROBATION

ART. 6. — L'approbation est donnée, s'il y a lieu, après avis du Comité d'électricité, par un arrêté ministériel qui est inséré au *Journal officiel.*

REMPLACEMENT DE L'ARRÊTÉ DU 2 JUIN 1909

ART. 7. — Le présent arrêté annule et remplace l'arrêté du 2 juin 1909.

Paris, le 13 août 1910.

Observation. — Dans le texte ci-dessus, les différences de fond avec le texte du 2 juin 1909 portent sur les articles suivants :

Article 2, § 2°. — Article 3, § 1° : modification de la seconde phrase. — Article 3, § 1° c : addition du dernier alinéa. — Article 3, § 4° : addition d'un alinéa. — Article 3, § 8° : nouveau. — Article 4, § 9° b : réunion, en un seul, des deux premiers alinéas avec suppression de la limite de 0,5 volt.

35. — Circulaire du Ministre des Travaux publics, en date du 4 septembre 1910, concernant la fixation du point de départ des redevances dues pour l'occupation du domaine public.

MINISTÈRE
DES
TRAVAUX PUBLICS,
DES POSTES
ET
DES TÉLÉGRAPHES

DIRECTION DES MINES,
DES VOIES FERRÉES
D'INTÉRÊT LOCAL
ET DES
DISTRIBUTIONS
D'ÉNERGIE ÉLECTRIQUE

4º BUREAU

Distributions
d'énergie électrique.

Point de départ de
l'exigibilité
des redevances.

Instructions.

CIRCULAIRE
Série B, nº 4.

RÉPUBLIQUE FRANÇAISE

Paris, le 4 septembre 1910.

LE MINISTRE

à Monsieur l'Ingénieur en chef des ponts et chaussées,
à

Des divergences d'interprétation s'étant produites au sujet de la date à partir de laquelle doivent être perçues les redevances prévues par le décret du 17 octobre 1907 pour l'occupation du domaine public par les ouvrages des entreprises de distribution d'énergie électrique, je me suis mis d'accord avec M. le Ministre des Finances pour arrêter les règles à suivre en la matière.

Les redevances dont il s'agit commencent à courir :

1º Pour les distributions placées sous le régime des concessions, à partir du premier jour du trimestre où les travaux ont été reçus et, en tout cas, au plus tard à partir du premier jour du trimestre au cours duquel expire le délai prévu pour l'exécution dans l'acte de concession ;

2º Pour les distributions autorisées par permission de voirie, à dater du premier jour du trimestre où l'installation des ouvrages a été dûment constatée par le service du Contrôle et, dans tous les cas, au plus tard à dater du premier jour du trimestre au cours duquel expire l'année de l'autorisation pour tous les ouvrages établis en fait sur le domaine public, et cela, sans préjudice des poursuites qu'il peut y avoir lieu d'exercer pour contravention de voirie.

En cas de retard dans l'exécution des travaux, le payement de la redevance ne supprime nullement la nécessité d'obtenir une nouvelle autorisation en remplacement de celle qui a pris fin et, en aucun cas, le défaut de fonctionnement de l'entreprise ne constitue un motif d'exonération de la redevance.

Le Ministre des Travaux publics,
des Postes et des Télégraphes,

A. MILLERAND.

III

DOCUMENTS ÉMANANT DU MINISTÈRE DES POSTES ET DES TÉLÉGRAPHES

36. — État des renseignements à joindre à une demande en autorisation pour les ouvrages de distribution d'énergie électrique à établir exclusivement sur les terrains privés, mais à moins de dix mètres de distance horizontale d'une ligne télégraphique ou téléphonique préexistante (Art. 4 de la loi du 15 juin 1906).

MINISTÈRE
DES
TRAVAUX PUBLICS,
DES POSTES
ET
DES TÉLÉGRAPHES

SOUS-SECRÉTARIAT
D'ÉTAT, DES POSTES
ET
DES TÉLÉGRAPHES

DIRECTION
DU MATÉRIEL
ET
DE LA CONSTRUCTION

2e BUREAU

1re SECTION

N° 878. — D.

RÉPUBLIQUE FRANÇAISE

Paris, le 18 novembre 1908.

LE MINISTRE DES TRAVAUX PUBLICS, DES POSTES ET DES TÉLÉGRAPHES,

à Monsieur le Préfet du département d

J'ai l'honneur de vous adresser ci-joint un exemplaire de l'état des renseignements à joindre à une demande en autorisation pour les ouvrages de distribution d'énergie électrique à établir exclusivement sur les terrains privés, mais à moins de dix mètres de distance horizontale d'une ligne télégraphique ou téléphonique préexistante. Conformément à l'article 1er du décret du 3 avril 1908, cet état a été arrêté après avis du Comité d'électricité.

Je vous rappelle qu'aux termes de l'article 4 de la loi du 15 juin 1906 les autorisations pour les ouvrages de distribution d'énergie électrique rentrant dans la catégorie susvisée sont délivrées par le préfet en conformité de l'avis émis par l'Administration des Postes et des Télégraphes.

Le dossier complet de la demande, constitué comme il est prescrit par l'article 1er du décret précité, sera transmis par l'ingénieur en chef du contrôle à l'ingénieur en chef des Télégraphes.

Celui-ci, après instruction de l'affaire, vous renverra le dossier, avec son avis et le projet d'arrêté préfectoral à intervenir et vous aurez à faire prendre l'arrêté d'autorisation conformément à cet avis.

Cette autorisation soumettra le demandeur aux prescriptions de l'arrêté technique pris en application de l'article 19 de la loi du 15 juin 1906.

Je vous prie de m'accuser réception de la présente circulaire dont j'envoie une ampliation aux ingénieurs des Télégraphes.

Pour le ministre des Travaux publics, des Postes et des Télégraphes,
Le sous-secrétaire d'État des Postes et des Télégraphes,

J. SIMYAN.

ÉTAT DES RENSEIGNEMENTS

À JOINDRE A UNE DEMANDE EN AUTORISATION POUR LES OUVRAGES DE DISTRI-
BUTION D'ÉNERGIE ÉLECTRIQUE A ÉTABLIR EXCLUSIVEMENT SUR LES TERRAINS
PRIVÉS, MAIS A MOINS DE DIX MÈTRES DE DISTANCE HORIZONTALE D'UNE LIGNE
TÉLÉGRAPHIQUE OU TÉLÉPHONIQUE PRÉEXISTANTE [1] (Art. 4 de la loi du
15 juin 1906).

Je soussigné [2]   , demeurant à   et faisant élection de domicile à   rue   nᵒ   , voulant
établir des ouvrages de distribution d'énergie électrique exclusivement sur des terrains privés,
mais à moins de dix mètres de distance horizontale d'une ligne télégraphique ou téléphonique
préexistante.

Lesdits ouvrages de distribution d'énergie électrique étant destinés à

. . . .

. . . .

Déclare fournir les renseignements suivants, en conformité des prescriptions de l'art. 1ᵉʳ du
décret du 3 avril 1908, et à l'appui de ma demande en date du

. . . .

. . . .

---

[1] Cet imprimé est fourni par l'Administration des Postes et des Télégraphes.

[2] Nom et prénoms.

LIGNE OU RÉSEAU DE   A

DEMANDES	RÉPONSES

I. — SYSTÈME DE DISTRIBUTION

Définition du système et en particulier le nombre de fils.

II. — VOISINAGE DES LIGNES TÉLÉGRAPHIQUES OU TÉLÉPHONIQUES

	SECTIONS [1]	INTENSITÉ maximum du courant circulant dans la section.	TENSION maximum du courant circulant dans la section [2].	DISTANCE minimum.
1° Indiquer les sections où les conducteurs d'énergie électrique aériens seront établis dans la zone de 10 mètres en projection horizontale située de chaque côté d'une ligne télégraphique ou téléphonique et donner pour chacune de ces sections : 1° l'intensité et la tension du courant circulant; 2° la distance minimum auxdites lignes télégraphiques ou téléphoniques.				

2° Indiquer les points de croisement des conducteurs d'énergie électrique aériens avec les lignes télégraphiques ou téléphoniques et faire connaître pour chacun de ces points les précautions prises pour éviter tout contact éventuel entre les conducteurs d'énergie électrique et les fils télégraphiques ou téléphoniques dans les deux cas suivants :	POINTS DE CROISEMENT	PRÉCAUTIONS PRISES		
A. Cas de courants alternatifs de tension supérieure à 150 volts ou de courants continus de tension supérieure à 600 volts.				
B. Cas de courants alternatifs de tension égale ou inférieure à 150 volts ou de courants continus de tension égale ou inférieure à 600 volts.				

	SECTIONS [1]	INTENSITÉ maximum du courant circulant dans la section.	TENSION maximum du courant circulant dans la section [2].	DISTANCE minimum	NATURE de la cloison dans le cas de canalisations souterraines distantes de moins de 1m.
3° Indiquer les sections où la canalisation souterraine d'énergie électrique est établie dans la zone de 10 mètres en projection horizontale d'une conduite télégraphique ou téléphonique et faire connaître pour chacune de ces sections : 1° l'intensité et la tension du courant circulant; 2° la distance minimum auxdites lignes télégraphiques ou téléphoniques. Définir le mode de cloisonnement dans le cas où les conducteurs souterrains d'énergie					

[1] Les extrémités de chaque section devront être désignées par des lettres correspondantes sur le plan joint à la demande.

[2] Indiquer s'il s'agit de courants alternatifs ou continus. Dans le cas de courants alternatifs, la tension à déclarer est la plus grande valeur que pourra atteindre la différence de potentiel efficace entre les conducteurs.

Distributions d'énergie électrique.   15

DEMANDES	RÉPONSES

électrique suivant une direction commune avec une ligne télégraphique ou téléphonique souterraine sont établis en tranchée à une distance de moins de 1 m de cette ligne.

4° Indiquer les points de croisement de la canalisation souterraine d'énergie électrique avec les conduites souterraines télégraphiques ou téléphoniques et faire connaître pour chacun de ces points la distance minimum auxdites conduites télégraphiques ou téléphoniques.

POINTS	DISTANCE MINIMUM

5° Indiquer les précautions spéciales prises pour éviter les dérivations à ceux de ces points pour lesquels la distance est inférieure à 50 cm.

POINTS	PRÉCAUTIONS PRISES

6° Indiquer les précautions prises pour éviter l'induction.

7° Indiquer les parties du réseau qui ne sont pas constituées par des conducteurs voisins parcourus par des courants égaux et de sens contraire.

III. — CONTROLE

Moyens mis par le déclarant à la disposition du service des Postes et des Télégraphes, soit dans l'usine, soit sur les sections établies dans une zone de 10 mètres en projection horizontale de chaque côté d'une ligne télégraphique ou téléphonique, pour mettre ce service en mesure de se rendre compte des données électriques du courant circulant sur ces sections.

J'indique ci-dessous sur le croquis explicatif du système de distribution les sections des conducteurs et les intensités des courants dans les diverses branches du circuit, quand le réseau fonctionnera à pleine puissance.

J'indique également sur ce croquis les sections de lignes télégraphiques ou téléphoniques, aériennes ou souterraines, qui seront placées dans la zone de 10 mètres et leurs distances aux conducteurs d'énergie électrique dont je demande l'établissement.

(Croquis.)

A   le [1]

---

[1] Lieu, date et signature.

37. — Instructions de l'administration des Postes et des Télégraphes aux ingénieurs des télégraphes pour l'examen des affaires de distributions d'énergie électrique.

SOUS-SECRÉTARIAT
D'ÉTAT
DES POSTES
ET TÉLÉGRAPHES

DIRECTION
DU MATÉRIEL
ET DE
LA CONSTRUCTION

2ᵉ BUREAU

1ʳᵉ section.

Nᵒ 94ᵇ.

RÉPUBLIQUE FRANÇAISE

Paris, le 5 avril 1909.

LE SOUS-SECRÉTAIRE D'ÉTAT DES POSTES ET DES TÉLÉGRAPHES

à Monsieur l'Ingénieur en chef.

Vous trouverez ci-joint, *accompagnée d'une lettre d'envoi aux Préfets*, ampliation du décret du 3 avril 1908 portant règlement d'administration publique pour l'application de la loi du 15 juin 1906.

La procédure à suivre dans l'instruction des projets est différente suivant qu'il s'agit de distributions régies par le titre II ou par un des titres III, IV ou V de la loi précitée.

Dans le premier cas, en effet, *après avoir* instruit l'affaire et fait prendre par le demandeur les engagements nécessaires, *vous adresserez au Préfet le dossier* accompagné de votre avis et d'un projet d'arrêté (art. 2).

L'état des renseignements relatif au cas précédent est annexé à la présente lettre[1].

Les dispositions de l'arrêté technique du 21 mars 1908 *sont applicables* aux installations classées au titre 2 de la loi.

Aux termes de l'article 14 de la loi, l'Administration des Postes et des Télégraphes doit être consultée dans tous les cas visés aux titres III, IV ou V.

Cette consultation est faite par la communication des projets d'exécution et la tenue d'une conférence à un seul degré (art. 59).

Aussitôt que vous serez saisi d'un projet, vous aurez donc à le faire instruire par l'ingénieur subdivisionnaire compétent, puis à donner votre avis et à adresser à l'ingénieur en chef du contrôle le projet d'engagement ou de convention qu'il aura à faire signer par le demandeur.

Le projet de convention doit être établi dans les conditions fixées par ma circulaire du 17 juillet 1908.

Le règlement prévoit une conférence effective en cas de désaccord entre les services intéressés et le demandeur (art. 59).

Il vous appartiendra de déléguer à cette conférence effective l'Ingénieur subdivisionnaire des postes et télégraphes toutes les fois que vous le jugerez opportun.

Les lignes secondaires visées par l'article 35 du décret du 3 avril 1908 sont celles « ayant pour unique objet de relier un immeuble à une canalisation existante sur ou sous la voie publique ». Le ser-

[1] Il s'agit ici de l'état de renseignements joint à la lettre envoyée aux préfets le 18 novembre 1908. (Voir ci-dessus nᵒ 36).

vice des Postes et des Télégraphes devra, le cas échéant, formuler son opposition dans le délai de huit jours. Toutefois, dans la pratique, lorsqu'un concessionnaire aura soumis à l'avance à votre service les projets d'exécution et se sera mis officieusement d'accord avec lui, avant l'exécution, il n'y aura pas d'inconvénients à donner à l'article 35 une interprétation plus large et à admettre comme rentrant dans cette catégorie « les ouvrages nécessaires pour assurer le développement de l'exploitation ». Cette interprétation favorable à l'industrie est tout particulièrement justifiée dans le cas où il s'agit de canalisations souterraines en câbles armés qui offrent au point de vue de la sécurité publique des avantages incontestables.

Le délai de huit jours précité étant extrêmement court ; il importe d'éviter toute perte de temps dans l'instruction de l'affaire.

Vous aurez donc à prendre les mesures utiles pour que l'avis parvienne sans délai à l'ingénieur subdivisionnaire, qui aura soin de faire toute diligence soit pour donner son autorisation, soit pour formuler son opposition motivée par lettre recommandée dans le délai imparti lorsque l'intérêt de l'Administration l'exigera.

Il y a lieu de remarquer que sous le régime des permissions de voirie toute ligne secondaire ou embranchement nouveau doit faire l'objet d'une permission spéciale sauf lorsqu'une disposition contraire a été insérée dans la permission initiale (art. 11).

Lignes télégraphiques, téléphoniques ou de signaux établies pour la sécurité de l'exploitation.

J'appelle votre attention sur les mesures de sécurité qui peuvent être imposées aux entrepreneurs de distribution et notamment sur l'établissement de lignes télégraphiques, téléphoniques ou de signaux reconnues nécessaires par le service du contrôle. Vous devrez veiller à ce que le dossier indique, ainsi qu'il est prescrit par la circulaire du 3 août 1908, l'objet de la ligne, sa constitution technique, les raisons qui en rendent l'établissement nécessaire au point de vue de la sécurité et surtout les moyens proposés par les entrepreneurs pour permettre à l'Administration des Postes et des Télégraphes d'exercer son contrôle. Vous aurez à formuler votre avis à ce sujet, à agréer, s'il y a lieu, les moyens proposés et, en cas de contestation, à saisir l'Administration sous le timbre de la présente circulaire.

Installations déjà soumises au contrôle de l'État.

Les projets d'exécution concernant les installations déjà assujetties au contrôle de l'État (chemins de fer, tramways, etc...) doivent vous être soumis aussi bien pour les parties qui relèvent du contrôle des distributions d'énergie que pour celles comprises dans les emprises et qui relèvent du contrôle technique ou administratif auquel l'installation est rattachée (art. 8).

Troubles dans les communications télégraphiques ou téléphoniques.

En cas de troubles apportés aux communications télégraphiques ou téléphoniques, l'article 17 de la loi vous donne le droit d'adresser des réquisitions. L'article 47 du décret du 3 avril indique la teneur de ces réquisitions et prescrit leur envoi par l'intermédiaire de l'ingénieur en chef du contrôle.

Contraventions.

Les mesures répressives en cas de contravention aux arrêtés d'autorisation sont définies aux articles 23 et 24 de la loi.

L'article 23 se réfère aux installations régies par le titre II et il impose une mise en demeure *préalable*.

L'article 24 concerne les autres installations régies par les titres III, IV et V et limite aux infractions intéressant les lignes télégraphiques et téléphoniques votre droit à verbaliser.

Il y a intérêt à ce que l'établissement du procès-verbal soit précédé d'un avertissement officieux, sauf en cas de dommage causé aux lignes de l'État.

Enfin l'article 25 vise les infractions aux dispositions édictées dans l'intérêt de la sécurité des personnes.

Plans des réseaux. Un exemplaire du plan des réseaux devra être remis au service des Postes et Télégraphes dans le délai de six mois après la mise en service de ces réseaux. Les plans ainsi fournis devront être revisés une fois par an au moins par les soins des permissionnaires ou concessionnaires (art. 43. 44 et 45).

Arrêté ministériel du 21 mars 1908. L'Arrêté ministériel du 21 mars 1908 déterminant les conditions techniques auxquelles doivent satisfaire les distributions d'énergie électrique, précédé de la lettre d'envoi aux Préfets est également ci-annexé [1].

Vous remarquerez que les dispositions de l'article 31 concernant le voisinage des lignes télégraphiques ou téléphoniques et des canalisations aériennes diffèrent en quelques points de celles contenues dans l'ancienne instruction technique du 3 juillet 1905 (art. 6). Notamment, en dehors de l'installation de coupe-circuit aux frais des permissionnaires sur les lignes télégraphiques ou téléphoniques. cette instruction ne prévoyait aucune mesure de protection aux points de croisement des lignes de l'État et des conducteurs d'énergie parcourus par des courants de 1re catégorie ; l'arrêté de 1908 permet, au contraire, d'imposer pour ces conducteurs, *en cas de nécessité*, les mêmes dispositions que pour ceux de 2e catégorie.

D'autre part, il est dit à la page 11 de la circulaire du 3 août ci-annexée [2] que les dispositions des arrêtés techniques prévus par l'article 19 de la loi doivent recevoir leur application à quelque date que remonte l'établissement des ouvrages. mais qu'il convient de n'exiger la transformation des ouvrages préexistants que si la nécessité en est absolument démontrée. Vous aurez donc à justifier de cette nécessité dans les réquisitions que vous adresserez dans les cas de l'espèce au Service du Contrôle.

Je vous rappelle à cette occasion que vous n'avez pas à définir les dispositifs de garde que les permissionnaires doivent établir entre leurs conducteurs et ceux de l'État ; votre service doit se borner à les agréer ou à les rejeter suivant qu'ils lui paraissent ou non efficaces, et veiller ensuite à ce qu'ils soient entretenus en bon état.

LE SOUS-SECRÉTAIRE D'ÉTAT DES POSTES
ET DES TÉLÉGRAPHES,

J. SYMIAN.

[1] Voir *Supra* (n° 30) le texte de l'arrêté technique du 21 mars 1910, qui a remplacé l'arrêté du 21 mars 1908.

[2] Voir *Supra*, n° 11, page 62.

38. — Arrêté du Ministre des Postes et des Télégraphes, en date du 24 février 1882, fixant les clauses et conditions qui règlent l'établissement et l'usage des lignes télégraphiques d'intérêt privé.

LE MINISTRE DES POSTES ET DES TÉLÉGRAPHES,

Vu le décret du 13 mai 1879 ;

Vu les arrêtés des 20 mai 1879, 14 janvier et 21 décembre 1881 ;

Vu les décisions des 21 novembre 1879, 27 février, 1er avril, 2 et 25 juin, 8 novembre et 21 décembre 1880, 6 janvier, 19 et 28 mars, 14 mai, 15 et 25 novembre 1881.

ARRÊTE :

Sont fixées ainsi qu'il suit les clauses et conditions réglant l'établissement et l'usage des lignes télégraphiques d'intérêt privé :

ART. 1er. Sont construites et entretenues par le service des télégraphes qui en détermine seul le tracé :

1° Les lignes télégraphiques d'intérêt privé destinées à relier un établissement particulier au réseau de l'État ;

2° Les lignes destinées à relier entre eux deux ou plusieurs établissements privés, lorsqu'elles ont plus de 5 kilomètres ou généralement lorsque leur tracé peut présenter un intérêt quelconque pour le réseau de l'État.

ART 2. Peuvent être construites et entretenues par les permissionnaires, après autorisation spéciale et approbation du tracé, les lignes qui ne présentent aucun intérêt au point de vue du réseau général et dont le développement ne dépasse pas 5 kilomètres.

Sont établis et entretenus dans les mêmes conditions, par les permissionnaires, les fils destinés à l'éclairage électrique.

ART. 3. L'établissement de toutes les lignes qui font l'objet du présent arrêté reste subordonné aux autorisations locales ou particulières nécessaires pour la traversée des voies publiques ou des propriétés privées. Ces autorisations sont obtenues à la diligence du service télégraphique, pour les lignes dont la construction lui est réservée, et par les soins des concessionnaires pour celles que ces derniers auront été autorisés à construire eux-mêmes.

ART. 4. Les permissionnaires des lignes construites par l'État contribuent aux frais d'établissement à raison de :

1° Pour lignes aériennes :

Par kilomètre de ligne spéciale avec un fil, deux cent cinquante francs (250f).

Par kilomètre de fil sur une ligne supportant d'autres conducteurs, cent vingt-cinq francs (125f).

2° Pour lignes souterraines en tranchée ou sous galerie :

Par kilomètre de fil ordinaire, sept cent cinquante francs (750f).

Par kilomètre de câble téléphonique à double fil, neuf cents francs (900f)

Les frais d'établissement de lignes présentant des difficultés spéciales sont remboursés intégralement à l'Administration d'après les dépenses de matériel et de main d'œuvre, y compris 5 p. 100 à titre de frais généraux.

Le montant des frais d'établissement est versé au Trésor, par avance, sur la production des titres de perception pour fonds de concours établis d'après les évaluations du service des télégraphes. Ce versement peut être soumis à une liquidation ultérieure basée sur la longueur exacte du fil.

Exceptionnellement, le montant de la part afférente à l'établissement des lignes d'intérêt général assimilées aux lignes d'intérêt privé est versé au Trésor dans le délai de trois mois, à partir de la notification de la décision autorisant l'exécution des travaux.

Les indemnités ou loyers réclamés par les communes, les services publics ou les propriétaires intéressés, pour occupation temporaire, pour pose des appuis ou pour tous autres motifs, sont exclusivement à la charge des concessionnaires.

ART 5. Les permissionnaires des lignes entretenues par l'État contribuent aux frais d'entretien dans les proportions ci-après :

1° Lignes aériennes :

Par kilomètre de ligne spéciale avec un fil et par an, vingt francs (20f).

Par kilomètre de fil sur une ligne supportant d'autres conducteurs et par an, douze francs (12f) ;

2° Lignes souterraines :

Par kilomètre de fil conducteur et par an, soixante francs (60f).

Le versement de ces frais est poursuivi à titre de fonds de concours. Ils sont acquis à l'État dès le premier janvier pour l'année entière et doivent être versés au Trésor le 31 mars suivant au plus tard. L'annuité d'entretien des lignes établies dans le courant d'une année n'est exigible qu'à partir du 1er janvier de l'année suivante.

ART. 6. Les permissionnaires des lignes d'intérêt privé construites ou non par l'État pourvoient eux-mêmes à l'acquisition, à l'installation et à l'entretien des appareils télégraphiques nécessaires au fonctionnement de leurs lignes.

Toutefois, le service des télégraphes de l'État peut se charger de l'acquisition, de l'installation et de l'entretien des appareils nécessaires au fonctionnement des lignes télégraphiques d'intérêt privé qui ont pour objet un service municipal ou des lignes qui leur sont assimilées, comme les lignes des champs de tir, moyennant une contribution déterminée comme il suit :

1° Par poste principal comprenant un appareil de transmission et de réception :

a) Établissement, cinq cents francs (500f) ;

b) Entretien par an, cinquante francs (50f).

2° Par poste secondaire d'appel ou d'avertissement :

a) Établissement, cinquante francs (50f) ;

b) Entretien par an, cinq francs (5f).

Si les lignes sont desservies au moyen de téléphones, la part contributive pour l'acquisition, l'installation et l'entretien des appareils est réduite ainsi qu'il suit :

Par poste principal comprenant un appareil de transmission et de réception :

a) Établissement, trois cents francs (300f) ;

b) Entretien par an, trente francs (30f),

ART. 7. Les dépêches échangées entre les établissements desservis par une ligne d'intérêt privé reliée au réseau de l'État et ce réseau, ou tout point au-delà, restent soumises à la taxe intégrale dans les conditions de tarif en vigueur. Les frais spéciaux ou indemnités de transmission occasionnés par les correspondances des bureaux d'intérêt privé sont, en outre, remboursés par les permissionnaires ; ces frais ou indemnités sont réglés dans le mois qui suit la notification du décompte auquel ils donnent lieu.

ART. 8. Il est perçu par voie d'abonnement, pour l'usage des lignes télégraphiques d'intérêt privé qui fonctionnent en dehors du réseau de l'État, un droit fixé comme il suit :

Par kilomètre de fil et par an, cinquante francs (50f) pour les dix premiers kilomètres ; vingt-cinq francs (25f) pour chaque kilomètre au-dessus de dix kilomètres.

Ce droit est calculé par fraction indivisible de 100 mètres. Il ne peut toutefois être perçu de ce chef moins de 25 francs par an, pour les lignes d'intérêt privé ordinaires.

Les fils de sonnerie et les fils destinés à relier par appareils de rappel les établissements particuliers aux réseaux municipaux d'incendie ne sont assujettis à d'autres minimum de perception que le droit de 5 francs correspondant à une fraction indivisible de 100 mètres.

Le droit d'usage pour les fils destinés à relier les établissements particuliers aux réseaux municipaux d'incendie ne peut dépasser la somme de 25 francs, quelle que soit la longueur du fil.

Tout réseau composé de plus de deux postes pouvant correspondre entre eux ou indépendants les uns des autres, mais appartenant à la même concession, est assujetti, en outre, à un droit de 25 francs par poste, deux postes pour chaque concession étant exempts de ce droit.

Le montant de l'abonnement pour droit d'usage est exigible à partir du jour où les lignes sont mises à la disposition du concessionnaire : il est acquis à l'État dès le 1er janvier, pour l'année entière, et doit être versé au Trésor avant le 31 mars suivant. Pour la première année, il est calculé proportionnellement au temps écoulé avant le 31 décembre.

ART 9. Les dispositions du présent arrêté sont applicables aux lignes téléphoniques posées le long des chemins de fer dans les conditions des arrêtés spéciaux autorisant les compagnies à établir sur la voie les fils nécessaires à leur exploitation.

La réduction consentie par ces arrêtés est applicable à l'abonnement pour droit d'usage perçu sur les fils. Elle ne s'applique pas au minimum.

Sont exemptés de tous les droits d'usage :

1° Les réseaux d'intérêt privé qui ont pour objet un service municipal ou qui leur sont assimilés ;

2° Les fils des sociétés de tir ;

3° Les fils destinés à l'éclairage électrique ou à la transmission de la force motrice.

ART. 10. Les permissionnaires des lignes d'intérêt privé reliées au réseau général et rattachées à un bureau de l'État peuvent être autorisés, pendant les heures ordinaires de service :

1° A transmettre au bureau de l'État des dépêches à expédier par la poste en dehors du périmètre de distribution de ce bureau, moyennant le paiement, en sus de l'affranchissement postal, d'une taxe calculée à raison de 50 centimes par 100 mots ou fraction de 100 mots jusqu'à 200 mots au maximum ;

2° A communiquer directement entre eux de réseau à réseau aboutissant au même bureau moyennant le paiement, par chaque concession, d'un droit fixe de :

350 francs par an pour Paris ;

250 francs par an pour les autres villes et localités.

Ce droit est calculé par trimestre, indivisible et payable d'avance.

Ces autorisations restent, en toutes circonstances, subordonnées aux besoins du service général. Elles peuvent, à toute époque, être suspendues ou retirées sans que l'Administration soit tenue, pour ce motif, à aucune indemnité.

ART. 11. L'emploi des téléphones ne peut avoir lieu que sur des lignes spéciales et en vertu d'une autorisation particulière. L'introduction de ces appareils dans les bureaux de l'État est également soumise à des conditions particulières.

L'installation en ligne souterraine, dans Paris, de communications téléphoniques d'intérêt privé, ne peut avoir lieu que par les soins du service télégraphique ; elle est effectuée au moyen de câbles à double fil.

ART. 12. Toute extension du réseau est traitée, pour les frais d'établissement, comme une concession nouvelle.

Toute modification dans l'installation ou le tracé des lignes, faite sur la demande du concessionnaire, a lieu aux frais de ce dernier. S'il en résulte une diminution de la longueur des fils en service, il en est tenu compte, à partir de l'année suivante, dans la perception de l'abonnement pour droit d'usage.

Les concessionnaires peuvent, à toute époque, renoncer à l'usage des fils concédés ; l'abonnement pour droit d'usage et l'annuité d'entretien restent acquis à l'État jusqu'à la fin de l'année courante. Il n'est fait aucun remboursement sur les sommes versées à titre de participation aux frais de premier établissement.

ART. 13. Les bureaux des lignes d'intérêt privé de toute catégorie sont desservis par les agents particuliers des permissionnaires. Ces agents sont tenus de transmettre, lorsqu'ils en sont requis, la correspondance officielle avec priorité sur tous les autres télégrammes, et d'en assurer la remise aux destinataires, sans aucune indemnité.

L'Administration conserve, d'ailleurs, la faculté d'introduire dans tous ces bureaux ses propres agents et ses propres appareils, si les besoins du service officiel venaient à l'exiger.

ART. 14. L'État se réserve d'exercer ses droits de contrôle sur toute ligne d'intérêt privé, quelle que soit sa destination.

Les frais auxquels ce contrôle pourrait donner lieu sont remboursés par les permissionnaires, sur production de titres de perception dressés par l'Administration des postes et des télégraphes.

Si le service des télégraphes juge utile, pour l'exercice de ce droit, d'introduire des fils d'intérêt privé dans un bureau télégraphique de l'État, les permissionnaires participent aux frais d'établissement et d'entretien des dérivations, dans les mêmes proportions qu'à ceux des lignes concédées ; mais ces dérivations ne donnent pas lieu à la perception de l'abonnement pour droit d'usage.

Ils sont tenus, en outre, de pourvoir aux frais d'acquisition, d'installation et d'entretien des appareils nécessaires au contrôle lorsqu'ils se servent, sur leurs lignes, d'appareils qui ne sont pas en usage dans les bureaux où ce contrôle s'exerce ou que les besoins du contrôle exigent l'emploi permanent d'un appareil spécial.

ART. 15. L'État ne peut encourir aucune responsabilité du fait des interruptions accidentelles des communications, même par les fils dont l'entretien est réservé au service des télégraphes.

Il peut, à toute époque, suspendre ou retirer le droit d'usage des fils concédés, sans être tenu, pour ce motif, ni à indemnité, ni à remboursement.

ART. 16. Pour tenir lieu de la participation aux frais de premier établissement, en ce qui concerne les lignes établies antérieurement à l'arrêté du 20 mai 1879, les anciens abonnements, qui comprenaient à la fois les frais d'entretien et l'amortissement des dépenses d'établissement, continueront à être perçus jusqu'à la dixième année incluse de l'établissement de la ligne, pour les abonnements de 30 francs, et, pour les abonnements de 50 francs et au-dessus, par kilomètre de fil, jusqu'à la sixième année incluse.

ART. 17. Les concessions de lignes d'intérêt privé accordées en conformité du présent arrêté sont soumises de droit à toutes les dispositions résultant d'actes législatifs ou réglementaires à intervenir en matière de ligne d'intérêt privé et aux redevances qui pourraient être ultérieurement établies.

ART. 18. Des arrêtés spéciaux détermineront la situation des lignes ou réseaux télégraphiques d'intérêt privé qui fonctionnent actuellement ou qui seraient concédés ultérieurement, en dehors de tous les cas prévus par le présent arrêté, et règleront les conditions qui devront leur être appliquées.

ART 19. Toutes dispositions contraires au présent arrêté sont et demeurent abrogées.

Fait à Paris, le 24 février 1882.

AD. COCHERY.

39. — Arrêté du 9 juin 1892 modifiant les clauses et conditions qui règlent l'établissement, l'entretien et l'usage des lignes électriques d'intérêt privé.

Le Ministre du Commerce et de l'Industrie,

Sur la proposition du Directeur général des Postes et des Télégraphes ;
Vu le décret du 13 mai 1879 ;
Vu la loi du 28 juillet 1885 ;
Vu les arrêtés des 24 février et 31 décembre 1882 et 22 octobre 1885.

Arrête :

Art. 1er. — Sont modifiés ainsi qu'il suit les articles ci-après de l'arrêté du 24 février 1882 fixant les clauses et conditions qui règlent l'établissement, l'entretien et l'usage des lignes électriques d'intérêt privé :

Art. 4. Les lignes construites par le service des Télégraphes de l'État restent la propriété exclusive de l'État qui se borne à en concéder l'usage.

Les permissionnaires de ces lignes contribuent aux dépenses de première installation dans les proportions suivantes :

1° LIGNES AÉRIENNES :

Pour toute ligne spéciale à un seul fil :
     Par hectomètre, vingt francs (20f).
Pour toute ligne spéciale à deux ou plusieurs fils et pour tout fil à poser sur ligne existante :
     Par hectomètre de fil, quinze francs (15f).

Le calcul de cette part contributive est établi d'après la longueur réelle des fils et par fraction indivisible de cent mètres.

Dans le cas où, par suite de difficultés spéciales, les études préliminaires feraient prévoir une dépense excédant de 20 p. 100 les prix forfaitaires ci dessus indiqués, le concessionnaire devra s'engager au préalable à rembourser l'intégralité des dépenses de premier établissement en matériel, personnel et main-d'œuvre, majorées de 10 p. 100 à titre de frais généraux.

2° LIGNES SOUTERRAINES, EN TRANCHÉE OU SOUS GALERIE :

Pour toute ligne existante :
     Par hectomètre indivisible de fil simple, soixante quinze francs (75f).
     Par hectomètre indivisible de fil téléphonique double, quatre-vingt-dix francs (90f).

Pour toute ligne *neuve spéciale* à un seul fil ou à fil téléphonique double :
     Remboursement intégral de toutes les dépenses faites en matériel, personnel et main-d'œuvre majorées de 10 p. 100 à titre de frais généraux.

Les concessionnaires sont tenus de verser d'avance une provision calculée d'après la longueur prévue du ou des fils et d'après le prix de l'unité hectométrique indivisible respectivement fixée par les paragraphes ci-dessus.

Après l'exécution des travaux et avant la mise en service de la ligne concédée, le versement de la provision est soumis à une liquidation :

S'il y a lieu, le permissionnaire verse le complément avant d'entrer en jouissance de sa concession ; si, au contraire, il y a un trop versé, la différence lui est remboursée.

Le versement de la part contributive totale doit, en tout cas, être effectué sur la production d'un titre de perception pour fonds de concours établi d'après les opérations faites.

Exceptionnellement, le montant de la part contributive afférente à l'établissement des lignes concédées à un service public, administratif ou municipal, peut n'être versé qu'après l'exécution des travaux et, au plus tard, dans le délai des quinze jours qui suivent la mise en service des lignes.

Les frais d'établissement des lignes d'intérêt privé aériennes ou souterraines concédées aux Départements ministériels sont remboursés, dans tous les cas, d'après les dépenses réellement faites en matériel, personnel et main-d'œuvre, et avec une majoration de 5 p. 100

sur la valeur du matériel. Le recouvrement des dépenses correspondantes s'effectue par voie de virement de compte immédiatement après la mise en service des lignes.

Sont à la charge exclusive des concessionnaires de lignes établies par le service des télégraphes de l'Etat :

1° Les redevances dues aux communes pour occupation de leurs égouts :

2° Les indemnités réclamées par les intéressés pour préjudice résultant des travaux d'établissement ou d'entretien des lignes ;

3° Les frais pouvant résulter du déplacement des lignes par suite de clôture, réparation, surélévation, etc., effectuées par des propriétaires en vertu de l'article 4 de la loi du 28 juillet 1885.

Art 5. — Les concessionnaires de lignes construites par l'Etat contribuent au frais d'entretien desdites lignes dans les proportions ci-après :

LIGNES AÉRIENNES :

Par hectomètre indivisible de fil et par an :

Un franc cinquante centimes (1f.50).

LIGNES SOUTERRAINES, EN TRANCHÉE OU SOUS GALERIE :

Par hectomètre indivisible de ligne téléphonique à un fil et par an :

Six francs (6f).

Par hectomètre indivisible de ligne téléphonique à fil double et par an :

Dix francs (10f).

Lesdits frais d'entretien sont acquis à l'Etat dès le premier janvier pour l'année entière et doivent être versés à première réquisition de l'Administration.

L'annuité d'entretien des lignes établies dans le courant d'une année n'est exigible qu'à partir du 1er janvier de l'année suivante.

Art. 8. — Les droits d'usage prévus à l'article 4 du décret en date du 13 mai 1879 sont fixés aux taux suivants :

A. Par kilomètre de fil et par an : quinze francs (15f).

Ce droit est calculé par fraction indivisible de 200 mètres, avec perception obligatoire d'un minimum de quinze francs par an et par concession.

Si les lignes concédées sont des lignes téléphoniques à double fil, le droit d'usage est calculé et payé d'après la longueur de la ligne *simple*, abstraction faite du second fil qui n'est qu'un fil de retour.

B. Par poste de transmission et par an : quinze francs (15f).

Ce droit n'est pas perçu pour les deux postes obligatoires que comporte toute concession, mais il s'applique à chacun des postes supplémentaires, en sus de deux appartenant à une même concession ou faisant partie d'un même réseau et installés de manière à pouvoir correspondre entre eux ou indépendants les uns des autres.

Les fils de sonnerie, les fils aboutissant à des avertisseurs d'incendie (signaux d'alarme) et, en général, tous les fils destinés à l'échange de simples signaux d'appel sont assujettis au payement d'une redevance fixe annuelle de cinq francs (5f) par ligne individuelle, quelle que soit d'ailleurs la longueur du fil.

Les postes de sonnerie ou d'appel correspondants sont exempts de tout droit d'usage.

Le montant du droit d'usage est exigible à partir du jour où la ligne est mise à la disposition du concessionnaire : il est calculé, pour la première année, proportionnellement au temps écoulé avant le 31 décembre ; il est, pour les années suivantes, acquis à l'Etat dès le 1er janvier pour l'année entière, et doit être versé à première réquisition de l'Administration.

Art. 2. Toutes dispositions contraires au présent arrêté sont et demeurent abrogées.

Art. 3. Les dispositions de présent arrêté seront applicables à partir du 1er juillet 1892.

Paris, le 9 juin 1892.

Jules ROCHE.

MINISTÈRE
DES TRAVAUX PUBLICS
DES POSTES
ET DES TÉLÉGRAPHES

DIRECTION
DE L'EXPLOITATION
ÉLECTRIQUE

1er BUREAU

LIGNES D'INTÉRÊT PRIVÉ

Place du timbre.

> Le droit de timbre pour le présent format est fixé par la loi du 2 juillet 1862, art. 17, à 1 franc 50 centimes, non compris le double décime établi par la loi du 13 août 1872, article 2.

(1) Télégraphique, téléphonique, de sonnerie, etc.

(2) Simple ou double.

(3) Supprimer le membre de phrase « et à payer, en outre, la redevance pour droit d'usage telle qu'elle est fixée d'autre part » lorsque la demande se rapporte à une ligne ayant pour objet un service public, municipal, hospitalier ou assimilé, ou à une ligne reliée à un bureau de l'État.

(4) Indiquer si les frais d'établissement seront remboursés à forfait ou d'après les dépenses réellement faites en matériel, personnel et main-d'œuvre, majorées de 10 p. 100 à titre de frais généraux.
Dans le premier cas, mentionner très exactement les tarifs qui devront servir de base pour la liquidation des dépenses.

(5) Mentionner très exactement les tarifs qui devront servir de base pour la liquidation ultérieure des frais d'entretien.

(6) Indiquer le genre des appareils utilisés et par qui, du service des télégraphes ou du concessionnaire, seront fournis, installés et entretenus ces appareils, s'il s'agit d'une ligne à construire pour le compte d'un service public, municipal, hospitalier ou assimilé.
Dans le cas, soit de la fourniture, soit de l'installation et de l'entretien, seulement, par le service des télégraphes, mentionner très exactement les conditions convenues.
S'il s'agit d'une ligne à construire pour le compte d'un particulier, mentionner invariablement : « Je fournirai, installerai et entretiendrai moi-même les appareils nécessaires au fonctionnement de ma ligne. »
Pour une ligne reliée à un bureau de l'État, mentionner, le cas échéant, les conditions d'installation et d'entretien des appareils à placer dans ledit bureau.

40. — Demande d'une ligne d'intérêt privé à construire et à entretenir par le service des Télégraphes.
ENGAGEMENT

————————soussigné————————
_____
_____

en vue d'obtenir la concession d'une ligne (1) _____
d'intérêt privé destiné à relier _____

déclar————————*soumettre, sans aucune réserve, aux clauses et conditions des arrêtés dont le texte est ci-contre :*

————————*engage*————————*notamment à contribuer, dans les conditions suivantes, aux frais d'établissement et d'entretien de cette ligne qui sera constituée à* (2)_____ *fil et restera, dans tous les cas, la propriété de l'État, et à payer, en outre, la redevance pour droit d'usage telle qu'elle est fixée d'autre part :* (3) _____ .

ÉTABLISSEMENT : (4)_____
_____
_____
_____
_____

ENTRETIEN : (5)_____
_____
_____

APPAREILS : (6)_____
_____
_____
_____
_____

Toutes les dépêches émanant de————*établissement*——— *de*_____*et à destination de*_____ *ou au delà, seront portées en compte à ce bureau et* ————————*engage*————*à verser mensuellement les taxes de ces dépêches calculées suivant le tarif en vigueur.*

Pour garantir à l'État le payement des sommes spécifiées au paragraphe ci-dessus,————*verser*————*à la Caisse du Receveur du bureau d*——————————— *une provision que*————————*engage*————*à renouveler dès qu'elle sera épuisée.*

Les frais de timbre de la présente demande sont à ———— *charge.*

Fait à ——————— le——————— 19 .

CONDITIONS D'AUTORISATION,
D'ÉTABLISSEMENT, D'ENTRETIEN ET D'USAGE
DES LIGNES D'INTÉRÊT PRIVÉ.

Aucune ligne télégraphique ne peut être établie ou employée à la transmission des correspondances que par le Gouvernement ou avec son autorisation. Quiconque transmettra sans autorisation des signaux d'un lieu à un autre, soit à l'aide de machines télégraphiques, soit par tout autre moyen, sera puni d'un emprisonnement d'un mois à un an et d'une amende de mille à dix mille francs. En cas de condamnation, le Gouvernement pourra ordonner la destruction des appareils et machines télégraphiques. (Décret-loi du 27 décembre 1851.)

Le Ministre (des Postes et des Télégraphes) est autorisé à consentir des abonnements à prix réduits pour la transmission des dépêches télégraphiques, lorsque cette transmission s'effectue en dehors des conditions ordinaires établies pour l'application des taxes télégraphiques. (Loi du 5 avril 1878.)

Les lignes télégraphiques étrangères au réseau de l'État, qui sont employées à la transmission des correspondances, en vertu d'autorisations spéciales accordées en conformité de l'article 1er du décret-loi du 27 décembre 1851 susvisé, sont divisées en deux catégories : 1° celles qui rattachent un établissement privé au réseau télégraphique de l'État et sont destinées à la transmission des correspondances entre cet établissement et les divers points desservis par ce réseau ; 2° celles qui rattachent entre eux plusieurs points d'un même établissement privé ou plusieurs établissements privés appartenant soit à un même permissionnaire, soit à plusieurs permissionnaires cointéressés. (Décret du 13 mai 1879, art. 1er).

Établissement des lignes.
Lignes construites et entretenues par l'État.

Sont fixées ainsi qu'il suit les clauses et conditions réglant l'établissement et l'usage des lignes d'intérêt privé.

Sont construites et entretenues par le service des Télégraphes qui en détermine seul le tracé :

1° Les lignes d'intérêt privé destinées à relier un établissement particulier au réseau de l'État ;

2° Les lignes destinées à relier entre eux deux ou plusieurs établissements privés, lorsqu'elles ont plus de 5 kilomètres, ou généralement lorsque leur tracé peut présenter un intérêt quelconque pour le réseau de l'État.

Lignes construites et entretenues par les permissionnaires.
Lignes téléphoniques.

Peuvent être construites et entretenues par les permissionnaires, après autorisation spéciale et approbation du tracé, les lignes qui ne présentent aucun intérêt au point de vue du réseau général et dont le développement ne dépasse pas 5 kilomètres.

Les lignes téléphoniques d'intérêt privé doivent, en principe, être établies à double fil.

Les circuits à simple fil ne sont admis qu'à titre exceptionnel, si l'étude préliminaire montre qu'il n'en résultera aucun inconvénient et sous la réserve que les permissionnaires devraient prendre, lorsqu'ils en seraient requis, toutes les mesures nécessaires pour mettre leurs communications à l'abri des difficultés que causerait le voisinage d'autres fils et pour garantir le secret de la correspondance.

Autorisations locales ou particulières pour la traversée des voies publiques ou des propriétés privées.

L'établissement de toutes les lignes qui font l'objet du présent arrêté reste subordonné aux autorisations locales ou particulières nécessaires pour la traversée des voies publiques ou des propriétés privées. Ces autorisations sont obtenues à la diligence du service télégraphique, pour les lignes dont la construction lui est réservée, et par les soins des concessionnaires pour celles que ces derniers auront été autorisés à construire eux-mêmes.

Part contributive aux frais de premier établissement.

Les permissionnaires des lignes construites par l'État contribuent aux frais d'établissement dans les proportions suivantes :

1º Lignes aériennes :

Pour toute ligne spéciale à un seul fil ; par hectomètre, vingt francs (20f) :

Pour toute ligne spéciale à deux ou plusieurs fils et pour tout fil à poser sur ligne existante : par hectomètre de fil, quinze francs (15f) ;

Le calcul de cette part contributive est établi d'après la longueur réelle des fils et par fraction indivisible de cent mètres.

Dans le cas où, par suite de difficultés spéciales, les études préliminaires feraient prévoir une dépense excédant de vingt pour cent les prix forfaitaires ci-dessus indiqués, le concessionnaire devra s'engager au préalable à rembourser l'intégralité des dépenses de premier établissement en matériel, personnel et main-d'œuvre, majorées de dix pour cent (10 p. º ₀) à titre de frais généraux.

2º Lignes souterraines en tranchée ou sous galerie :

Pour toute ligne existante :

Par hectomètre indivisible de fil simple : soixante-quinze francs (75f).

Par hectomètre indivisible de fil téléphonique double : quatre-vingt-dix francs (90f)

Pour toute ligne neuve spéciale à un seul fil ou à fil téléphonique double : remboursement intégral de toutes les dépenses faites en matériel, personnel et main-d'œuvre, majorées de dix pour cent (10 p. º ₀) à titre de frais généraux.

Versement des frais d'établissement.

Les concessionnaires sont tenus de verser d'avance une provision calculée d'après la longueur prévue du ou des fils et d'après le prix de l'unité hectométrique indivisible respectivement fixé par les paragraphes ci-dessus.

Après l'exécution des travaux et avant la mise en service de la ligne concédée, le versement de la provision est soumis à une liquidation.

S'il y a lieu, le permissionnaire verse le complément avant d'entrer en jouissance de sa concession ; si, au contraire, il y a un trop versé, la différence lui est remboursée.

Le versement de la part contributive totale doit, en tout cas, être effectué sur la production d'un titre de perception établi d'après les opérations faites.

Exceptionnellement, le montant de la part contributive, afférente à l'établissement des lignes concédées à un service public, administratif ou municipal, peut n'être versé qu'après l'exécution des travaux et, au plus tard, dans le délai des quinze jours qui suivent la mise en service des lignes.

Les frais d'établissement des lignes d'intérêt privé, aériennes ou souterraines, concédées aux départements ministériels, sont remboursés, dans tous les cas, d'après les dépenses réellement faites en matériel, personnel et main-d'œuvre, et avec une majoration de cinq pour cent (5 p. º ₀) sur la valeur du matériel. Le recouvrement des dépenses correspondantes s'effectue par voie de virement de compte, immédiatement après la mise en service des lignes.

Sont à la charge exclusive des concessionnaires de lignes établies par le service des Télégraphes de l'État :

a) Les redevances dues aux communes pour occupation de leurs égouts ;

b) Les indemnités réclamées par les intéressés pour préjudice résultant des travaux d'établissement ou d'entretien des lignes ;

c) Les frais pouvant résulter du déplacement des lignes par suite de clôture, réparation, surélévation, etc., effectuées par des propriétaires en vertu de l'article 4 de la loi du 28 juillet 1885.

Entretien des lignes.

Les concessionnaires des lignes construites par l'État contribuent aux frais d'entretien desdites lignes dans les proportions ci-après :

Lignes aériennes :

Par hectomètre indivisible de fil et par an : un franc cinquante centimes (1f, 50c).

Lignes souterraines :

Par hectomètre indivisible de ligne téléphonique à un fil et par an : six francs (6f) ;

Par hectomètre indivisible de ligne téléphonique à fil double et par an : dix francs (10f).

Versement de l'abonnement d'entretien.

Lesdits frais d'entretien sont acquis à l'État dès le 1er janvier pour l'année entière et doivent être versés à première réquisition de l'Administration. L'annuité d'entretien des lignes établies dans le courant d'une année n'est exigible qu'à partir du 1er janvier de l'année suivante.

Installation et entretien des postes et des appareils.

Les permissionnaires des lignes d'intérêt privé, construites ou non par l'État, pourvoient eux-mêmes à l'acquisition, à l'installation et à l'entretien des appareils nécessaires au fonctionnement de leurs lignes.

Toutefois, le service des Télégraphes de l'État peut se charger de l'acquisition, de l'installation et de l'entretien des appareils nécessaires au fonctionnement des lignes d'intérêt privé qui ont pour objet un service public, administratif ou municipal, moyennant une contribution déterminée comme il suit :

1° Par poste télégraphique comprenant une boîte-poste des systèmes Morse ou à cadran, avec les éléments et le meuble de pile :

a) Établissement : cinq cents francs (500f) ;

b Entretien par an : cinquante francs (50f).

2° Par poste de sonnerie :

a) Établissement : cinquante francs (50f) ;

b) Entretien par an : cinq francs (5f).

3° Par poste téléphonique comprenant un transmetteur et deux récepteurs, une sonnerie, un meuble et les éléments d'une pile :

a) Établissement : trois cents francs (300f) ;

b) Entretien par an : trente francs (30f).

4° Par poste avertisseur d'incendie :

a) Établissement : trois cents francs (300f) ;

b) Entretien par an : trente francs (30f).

Transmission des télégrammes destinés au réseau général.
Droits d'usage :
1° Sur les lignes.

Les dépêches échangées entre les établissements desservis par une ligne d'intérêt privé reliée au réseau de l'État et ce réseau, ou tout point au delà, restent soumises à la taxe intégrale dans les conditions de tarif en vigueur.

Il est perçu par voie d'abonnement, pour l'usage des lignes d'intérêt privé, qui fonctionnent en dehors du réseau de l'État, un droit fixé comme suit :

Par kilomètre de fil, et par an : quinze francs (15f).

Ce droit est calculé par fraction indivisible de 200 mètres, avec perception obligatoire d'un minimum de quinze francs par an et par concession.

Si les lignes concédées sont des lignes téléphoniques à double fil, le droit d'usage est calculé et payé d'après la longueur de la ligne simple, abstraction faite du second fil qui n'est qu'un fil de retour.

2° Sur les fils

Les fils de sonnerie, les fils aboutissant à des avertisseurs d'incen-

de sonnerie
et fils d'incendie.

die (signaux d'alarme) et, en général, tous les fils destinés à l'échange de simples signaux d'appel, sont assujettis au payement d'une redevance fixe annuelle de cinq francs (5f) par ligne individuelle, quelle que soit d'ailleurs la longueur du fil.

3° Sur les postes.

Par poste de transmission et par an : quinze francs (15f)

Ce droit n'est pas perçu pour les deux postes obligatoires que comporte toute concession ; mais il s'applique à chacun des postes supplémentaires, en sus de deux, appartenant à une même concession ou faisant partie d'un même réseau et installés de manière à pouvoir correspondre entre eux ou indépendants les uns des autres.

Les postes de sonnerie ou d'appel sont exempts de tout droit d'usage.

Versement
de l'abonnement
pour droit d'usage.

Le montant du droit d'usage est exigible à partir du jour où la ligne est mise à la disposition du concessionnaire ; il est calculé, pour la première année, proportionnellement au temps écoulé avant le 31 décembre ; il est, pour les années suivantes, acquis à l'État dès le 1er janvier, pour l'année entière, et doit être versé à première réquisition de l'Administration.

Lignes exemptées
des droits d'usage.

Sont exemptés de tous les droits d'usage :

1° Les lignes d'intérêt privé concédées aux divers services publics et municipaux ;

2° Les fils des sociétés de tir ;

3° Les fils utilisés par les hospices.

Lignes reliées
au réseau général
de l'État.
Dépêches à expédier
par la poste.

Les permissionnaires des lignes d'intérêt privé reliées au réseau général et rattachées à un bureau de l'État peuvent être autorisés, pendant les heures ordinaires de service :

1° A transmettre au bureau de l'État auquel aboutit leur ligne des dépêches dénommées « messages » destinées à être distribuées ou mises à la poste par ce bureau moyennant le payement, en sus de l'affranchissement postal, d'une taxe calculée à raison de 50 centimes par 100 mots, ou fraction de 100 mots, jusqu'à 200 mots au maximum ;

Communications
directes entre deux
ou
plusieurs réseaux.

2° A communiquer directement entre eux de réseau à réseau aboutissant au même bureau, moyennant le payement, par chaque concession, d'un droit fixe de :

350 francs par an pour Paris ;

200 francs par an pour les autres villes et localités.

Ce droit est calculé par trimestre indivisible et payable d'avance.

Ces autorisations restent, en toutes circonstances, subordonnées aux besoins du service général. Elles peuvent, à toute époque, être suspendues ou retirées sans que l'Administration soit tenue, pour ce motif, à aucune indemnité.

Extension
des réseaux.

Toute extension du réseau est traitée, pour les frais d'établissement, comme une concession nouvelle.

Toute modification dans l'installation ou le tracé des lignes, faite sur la demande du concessionnaire, a lieu aux frais de ce dernier. S'il en résulte une diminution de la longueur des fils en service, il en est tenu compte, à partir de l'année suivante, dans la perception de l'abonnement pour droit d'usage.

Durée des contrats.

Les concessionnaires peuvent, à toute époque, renoncer à l'usage des fils concédés ; l'abonnement pour droit d'usage et l'annuité d'entretien restent acquis à l'État jusqu'à la fin de l'année courante. Il n'est fait aucun remboursement sur les sommes versées à titre de participation aux frais de premier établissement.

Service des bureaux
d'intérêt privé.

Les bureaux des lignes d'intérêt privé de toute catégorie sont desservis par les agents particuliers des permissionnaires. Ces agents sont tenus de transmettre, lorsqu'ils en sont requis, la correspondance officielle avec priorité sur tous les autres télégrammes, et d'en assurer la remise aux destinataires, sans aucune indemnité.

L'administration conserve, d'ailleurs, la faculté d'introduire dans tous ces bureaux ses propres agents et ses propres appareils, si les besoins du service officiel venaient à l'exiger.

Contrôle de l'État. L'État se réserve d'exercer ses droits de contrôle sur toute ligne d'intérêt privé, quelle que soit sa destination.

Les frais auxquels ce contrôle pourrait donner lieu sont remboursés par les permissionnaires, sur production de titres de perception dressés par l'Administration des Postes et des Télégraphes.

Si le service des Télégraphes juge utile, pour l'exercice de ce droit, d'introduire des fils d'intérêt privé dans un bureau télégraphique de l'État, les permissionnaires participent aux frais d'établissement et d'entretien des dérivations, dans les mêmes proportions qu'à ceux des lignes concédées ; mais ces dérivations ne donnent pas lieu à la perception de l'abonnement pour droit d'usage.

Ils sont tenus, en outre, de pourvoir aux frais d'acquisition, d'installation et d'entretien des appareils nécessaires au contrôle, lorsqu'ils se servent, sur leurs lignes, d'appareils qui ne sont pas en usage dans les bureaux où ce contrôle s'exerce, ou que les besoins du contrôle exigent l'emploi permanent d'un appareil spécial.

Irresponsabilité de l'État. L'État ne peut encourir aucune responsabilité du fait des interruptions accidentelles des communications, même par les fils dont l'entretien est réservé au service des Télégraphes.

Il peut, à toute époque, suspendre ou retirer le droit d'usage des fils concédés sans être tenu, pour ce motif, ni à indemnité ni à remboursement.

Les concessions de lignes d'intérêt privé accordées en conformité des dispositions des arrêtés dont le texte est reproduit ci-dessus sont soumises, de droit, à toutes les dispositions résultant d'actes législatifs ou réglementaires à intervenir en matière de lignes d'intérêt privé et aux redevances qui pourraient être ultérieurement établies.

IV

LOIS, DÉCRETS, RÈGLEMENTS ET CIRCULAIRES ÉMANANT DU MINISTÈRE DU TRAVAIL ET DE LA PRÉVOYANCE SOCIALE[1]

41. — Loi du 12 juin 1893, modifiée par la loi du 11 juillet 1903 [2], concernant l'hygiène et la sécurité des travailleurs.

Le Sénat et la Chambre des députés ont adopté,

Le Président de la République promulgue la loi dont la teneur suit :

Article premier. — Sont soumis aux dispositions de la présente loi les manufactures, fabriques, usines, chantiers, ateliers, *laboratoires, cuisines, caves et chais, magasins, boutiques, bureaux, entreprises de chargement et de déchargement* et leurs dépendances de quelque nature que ce soit, *publics ou privés, laïques ou religieux, même lorsque ces établissements ont un caractère d'enseignement professionnel ou de bienfaisance.*

Sont seuls exceptés les établissements où ne sont employés que les membres de la famille sous l'autorité soit du père, soit de la mère, soit du tuteur.

Néanmoins, si le travail s'y fait à l'aide de chaudière à vapeur ou de moteur mécanique, ou si l'industrie exercée est classée au nombre des établissements dangereux ou insalubres, l'inspecteur aura le droit de prescrire les mesures de sécurité et de salubrité à prendre conformément aux dispositions de la présente loi.

Art. 2. — Les établissements visés à l'article 1er doivent être tenus dans un état constant de propreté et présenter les conditions d'hygiène et de salubrité nécessaires à la santé du personnel.

Ils doivent être aménagés de manière à garantir la sécurité des travailleurs. Dans tout établissement fonctionnant par des appareils mécaniques, les roues, les courroies, les engrenages ou tout autre organe pouvant offrir une cause de danger seront séparés des ouvriers de telle manière que l'approche n'en soit possible que pour les besoins du service. Les puits, trappes et ouvertures doivent être clôturés.

Les machines, mécanismes, appareils de transmission, outils et engins doivent être installés et tenus dans les meilleures conditions possibles de sécurité.

Les dispositions qui précèdent sont applicables aux théâtres, cirques et autres établissements similaires où il est fait emploi d'appareils mécaniques.

Art. 3. — Des règlements d'administration publique, rendus après avis du Comité consultatif des Arts et Manufactures, détermineront :

1° Les mesures générales de protection et de salubrité applicables à tous les établissements assujettis, notamment en ce qui concerne l'éclairage, l'aération ou la ventilation.

---

[1] Quoique les lois sur l'hygiène et la sécurité des travailleurs soient antérieures à la loi du 15 juin 1906, on les reproduit ici en raison des relations nouvelles, établies par la loi du 15 juin 1906 et ses annexes, entre les services de l'électricité relevant, d'une part, du ministère des Travaux publics et, d'autre part, du ministère du Travail et de la Prévoyance sociale.

[2] Extrait de la loi du 11 juillet 1903 : « Art. 1er. Les articles 1 § 1er, 2 § 4, 3, 4 § 2 et 12 § 3, de la loi du 12 juin 1893 sont modifiés ou complétés ainsi qu'il suit : ... » (Ces modifications sont portées en lettres italiques dans le corps de la loi du 12 juin 1893.)

« Art. 2. La présente loi sera applicable trois mois après la date de sa promulgation. » (Le 23 octobre 1903.)

les eaux potables, les fosses d'aisances, l'évacuation des poussières et vapeurs, les précautions à prendre contre les incendies, *le couchage du personnel*, etc. ;

2º Au fur et à mesure des nécessités constatées, les prescriptions particulières relatives soit à certaines professions, soit à certains modes de travail.

Le Comité consultatif d'hygiène publique de France sera appelé à donner son avis en ce qui concerne les règlements généraux prévus sous le nº 1 du présent article.

Art. 4. — Les inspecteurs du travail sont chargés d'assurer l'exécution de la présente loi et des règlements qui y sont prévus ; ils ont entrée dans les établissements spécifiés à l'article 1ᵉʳ et au dernier paragraphe de l'article 2, à l'effet de procéder à la surveillance et aux enquêtes dont ils sont chargés.

Toutefois, pour les établissements de l'État dans lesquels l'intérêt de la défense nationale s'oppose à l'introduction d'agents étrangers au service, la sanction de la loi est exclusivement confiée aux agents désignés, à cet effet, par les ministres de la Guerre et de la Marine ; la nomenclature de ces établissements sera fixée par règlement d'administration publique.

Art. 5. — Les contraventions sont constatées par les procès-verbaux des inspecteurs, qui font foi jusqu'à preuve contraire.

Les procès-verbaux sont dressés en double exemplaire, dont l'un est envoyé au préfet du département et l'autre envoyé au Parquet.

Les dispositions ci-dessus ne dérogent point aux règles du droit commun quant à la constatation et à la poursuite des infractions commises à la présente loi.

Art. 6. — Toutefois, en ce qui concerne l'application des règlements d'administration publique prévus par l'article 3 ci-dessus, les inspecteurs, avant de dresser procès-verbal, mettront les chefs d'industrie en demeure de se conformer aux prescriptions dudit règlement.

Cette mise en demeure sera faite par écrit sur le registre de l'usine ; elle sera datée et signée, indiquera les contraventions relevées et fixera un délai à l'expiration duquel ces contraventions devront avoir disparu. Ce délai ne sera jamais inférieur à un mois.

Dans les quinze jours qui suivent cette mise en demeure, le chef d'industrie adresse, s'il le juge convenable, une réclamation au ministre du Commerce et de l'Industrie [1]. Ce dernier peut, lorsque l'obéissance à la mise en demeure nécessite des transformations importantes portant sur le gros œuvre de l'usine, après avis conforme du Comité des Arts et Manufactures, accorder à l'industriel un délai dont la durée, dans tous les cas, ne dépassera jamais dix-huit mois.

Notification de la décision est faite à l'industriel dans la forme administrative ; avis en est donné à l'inspecteur.

Art. 7. — Les chefs d'industrie, directeurs, gérants ou préposés, qui auront contrevenu aux dispositions de la présente loi et des règlements d'administration publique relatifs à son exécution seront poursuivis devant le tribunal de simple police et punis d'une amende de 5 à 15 francs. L'amende sera appliquée autant de fois qu'il y aura de contraventions distinctes constatées par le procès-verbal, sans toutefois que le chiffre total des amendes puisse excéder 200 francs.

Le jugement fixera, en outre, le délai dans lequel seront exécutés les travaux de sécurité et de salubrité imposés par la loi.

Les chefs d'industrie sont civilement responsables des condamnations prononcées contre leurs directeurs, gérants ou préposés.

Art. 8. — Si, après une condamnation prononcée en vertu de l'article précédent, les mesures de sécurité ou de salubrité imposées par la présente loi ou par les règlements d'administration publique n'ont pas été exécutées dans le délai fixé par le jugement, qui a prononcé la condamnation, l'affaire est, sur un nouveau procès-verbal, portée devant le tribunal correctionnel, qui peut, après une nouvelle mise en demeure restée sans résultat, ordonner la fermeture de l'établissement.

Le jugement sera susceptible d'appel ; la cour statuera d'urgence.

---

[1] Actuellement : le ministre du Travail et de la Prévoyance sociale. — Même observation pour tout ce qui concerne l'application de cette loi et des règlements pris pour son exécution.

ART. 9. — En cas de récidive, le contrevenant sera poursuivi devant le tribunal correctionnel et puni d'une amende de 50 à 500 francs, sans que la totalité des amendes puisse excéder 2 000 francs.

Il y a récidive lorsque le contrevenant a été frappé, dans les douze mois qui ont précédé le fait qui est l'objet de la poursuite, d'une première condamnation pour infraction à la présente loi ou aux règlements d'administration publique relatifs à son exécution.

ART. 10. — Les inspecteurs devront fournir, chaque année, des rapports circonstanciés sur l'application de la présente loi dans toute l'étendue de leur circonscription. Ces rapports mentionneront les accidents dont les ouvriers auront été victimes et leurs causes. Ils contiendront les propositions relatives aux prescriptions nouvelles qui seraient de nature à mieux assurer la sécurité du travail.

Un rapport d'ensemble, résumant ces communications, sera publié tous les ans par le ministre du Commerce et de l'Industrie.

ART. 11. — Tout accident ayant causé une blessure à un ou plusieurs ouvriers, survenu dans l'un des établissements mentionnés à l'article premier et au dernier paragraphe de l'article 2, sera l'objet d'une déclaration par le chef de l'entreprise ou, à son défaut et en son absence, par le préposé [1].

Cette déclaration doit être conforme au modèle ci-dessous :

DÉCLARATION D'ACCIDENT DU TRAVAIL (a)

(ART. 11 DE LA LOI DU 9 AVRIL 1898, MODIFIÉ PAR LA LOI DU 22 MARS 1902)

Indiquer les nom, prénoms, profession et adresse soit du chef d'entreprise, s'il fait la déclaration lui-même, soit de son préposé, en mentionnant son emploi dans l'entreprise, soit des représentants de la victime, en mentionnant à quel titre ils la représentent (père, mère, conjoint, enfant, mandataire, etc.). Si la déclaration est faite par la victime elle-même, indiquer ici les renseignements prévus ci-après sous le n° 3.

(2) Indiquer la nature de l'établissement et son adresse, ainsi que le lieu précis où l'accident s'est produit.

(3) Indiquer les nom, prénoms, âge, sexe, profession et adresse de la victime.

(4) Spécifier l'engin, le travail, le fait qui a occasionné l'accident.

(5) Préciser la nature des blessures : fracture de la jambe, contusions, lésions internes, asphyxie, etc. Spécifier s'il y a eu décès.

(6) Indiquer les noms, professions et adresses.

(7) Titre et siège du syndicat de garantie, de la société mutuelle ou de la compagnie à primes fixes qui assure le chef d'entreprise. S'il n'y a pas d'assureur, le déclarer expressément.

Le soussigné, (1)

déclare à M. le maire de la commune d

canton d

arrondissement d

département d

conformément à l'article 11 de la loi du 9 avril 1898, modifié par la loi du 22 mars 1902, qu'un accident ayant occasionné une incapacité de travail est survenu le

à   heure

dans (2)

à (3)

L'accident a été occasionné par la cause matérielle (4) ci-après, dans les circonstances suivantes :

L'accident a produit les blessures suivantes : (5)

Les témoins de l'accident sont : (6)

Je déclare être assuré contre les accidents du travail par la société ci-après : (7)

Fait à   , le   190 .

(*Signature du déclarant.*)

(a) Cette déclaration doit être remise à la mairie par le chef d'entreprise ou son préposé, dans les quarante-huit heures de l'accident, non compris les dimanches et jours fériés. Dans les quatre jours qui suivent l'accident, si la victime n'a pas repris son travail, le chef d'entreprise ou son

Cette déclaration contiendra le nom et l'adresse des témoins de l'accident ; elle sera faite dans les quarante-huit heures au maire de la commune. qui en dressera procès-verbal dans la forme à déterminer par un règlement d'administration publique. A cette déclaration sera joint, produit par le patron, un certificat de médecin indiquant l'état du blessé, les suites probables de l'accident et l'époque à laquelle il sera possible d'en connaître le résultat définitif.

Récépissé de la déclaration et du certificat médical sera remis, séance tenante, au déposant. Avis de l'accident est donné immédiatement par le Maire à l'Inspecteur divisionnaire ou départemental.

ART. 12. — Seront punis d'une amende de 100 à 500 francs et en cas de récidive, de 500 à 1 000 francs, tous ceux qui auront mis obstacle à l'accomplissement des devoirs d'un inspecteur.

Les dispositions du Code pénal qui prévoient et répriment les actes de résistance, les outrages et les violences contre les officiers de la police judiciaire sont, en outre, applicables à ceux qui se rendront coupables de faits de même nature à l'égard des inspecteurs.

Les articles 5, 6. 7, 8, 9, 12 §§ 1 et 2, et 14 de la présente loi ne sont pas applicables aux établissements de l'État. Un règlement d'administration publique fixera les conditions dans lesquelles seront communiquées, par le ministre du Commerce, aux administrations intéressées, les constatations des inspecteurs du travail dans ces établissements.

ART. 13. — Il n'est rien innové quant à la surveillance des appareils à vapeur.

ART. 14. — L'article 463 du Code pénal est applicable aux condamnations prononcées en vertu de la présente loi.

ART. 15. — Sont et demeureront abrogées toutes les dispositions des lois et règlements contraires à la présente loi.

La présente loi, délibérée et adoptée par le Sénat et par la Chambre des députés, sera exécutée comme loi de l'État.

42. — Décret du 29 novembre 1904 (modifié par les décrets des 6 août 1905. 22 mars 1906 et 11 juillet 1907) relatif à l'hygiène et à la sécurité des travailleurs.

LE PRÉSIDENT DE LA RÉPUBLIQUE FRANÇAISE,

Sur le rapport du ministre du Commerce, de l'Industrie, des Postes et des Télégraphes. Vu l'article 3 de la loi des 12 juin 1893-11 juillet 1903. ainsi conçu :

« Des règlements d'administration publique, rendus après avis du Comité consultatif des Arts et Manufactures, détermineront :

« 1° Les mesures générales de protection et de salubrité applicables à tous les établissements assujettis, notamment en ce qui concerne l'éclairage, l'aération, la ventilation, les eaux potables, les fosses d'aisances. l'évacuation des poussières et vapeurs, les précautions à prendre contre les incendies, le couchage du personnel, etc. ;

« 2° Au fur et à mesure des nécessités constatées. les prescriptions particulières relatives soit à certaines professions, soit à certains modes de travail ;

« Le Comité consultatif d'hygiène publique de France sera appelé à donner son avis en ce qui concerne les règlements généraux prévus sous le n° 1 du présent article » ;

---

préposé doit, en outre, déposer un certificat de médecin indiquant l'état de la victime, les suites probables de l'accident et l'époque à laquelle il sera possible d'en connaître le résultat définitif (mod. IV).

Si la déclaration est faite par la victime ou ses ayants droit. le certificat médical doit être joint à la déclaration.

Vu l'avis du Comité consultatif d'hygiène publique de France :
Vu l'avis du Comité consultatif des Arts et Manufactures ;
Le Conseil d'État entendu ;

DÉCRÈTE :

ARTICLE PREMIER. Les emplacements affectés au travail dans les établissements visés par l'article premier de la loi du 12 juin 1893, modifiée par la loi du 11 juillet 1903, seront tenus en état constant de propreté.

Le sol sera nettoyé à fond au moins une fois par jour avant l'ouverture ou après la clôture du travail, mais jamais pendant le travail.

Ce nettoyage sera fait soit par un lavage, soit à l'aide de brosses ou de linges humides si les conditions de l'exploitation ou la nature du revêtement du sol s'opposent au lavage. Les murs et les plafonds seront l'objet de fréquents nettoyages ; les enduits seront refaits toutes les fois qu'il sera nécessaire.

ART. 2. — Dans les locaux où l'on travaille des matières organiques altérables, le sol sera rendu imperméable et toujours bien nivelé, les murs seront recouverts d'un enduit permettant un lavage efficace.

En outre, le sol et les murs seront lavés aussi souvent qu'il sera nécessaire avec une solution désinfectante. Un lessivage à fond avec la même solution sera fait au moins une fois par an.

Les résidus putrescibles ne devront jamais séjourner dans les locaux affectés au travail et seront enlevés au fur et à mesure, à moins qu'ils ne soient déposés dans des récipients métalliques hermétiquement clos, vidés et lavés au moins une fois par jour.

ART. 3. — L'atmosphère des ateliers et de tous les autres locaux affectés au travail sera tenue constamment à l'abri de toute émanation provenant d'égouts, fosses, puisards, fosses d'aisances ou de toute autre source d'infection.

Dans les établissements qui déverseront les eaux résiduaires ou de lavage dans un égout public ou privé, toute communication entre l'égout et l'établissement sera munie d'un intercepteur hydraulique fréquemment nettoyé et abondamment lavé au moins une fois par jour.

Les éviers seront formés de matériaux imperméables et bien joints, ils présenteront une pente dans la direction du tuyau d'écoulement et seront aménagés de façon à ne dégager aucune odeur. Les travaux dans les puits, conduites de gaz, canaux de fumée, fosses d'aisances, cuves ou appareils quelconques pouvant contenir des gaz délétères ne seront entrepris qu'après que l'atmosphère aura été assainie par une ventilation efficace. Les ouvriers appelés à travailler dans ces conditions seront attachés par une ceinture de sûreté.

ART. 4. — Les cabinets d'aisances ne devront pas communiquer directement avec les locaux fermés où le personnel est appelé à séjourner. Ils seront éclairés et aménagés de manière à ne dégager aucune odeur. Le sol et les parois seront en matériaux imperméables, les peintures seront d'un ton clair.

Il y aura au moins un cabinet pour cinquante personnes et des urinoirs en nombre suffisant.

Aucun puits absorbant, aucune disposition analogue ne pourra être établie qu'avec l'autorisation de l'administration supérieure et dans les conditions qu'elle aura prescrites.

ART. 5. — Les locaux fermés affectés au travail ne seront jamais encombrés. Le cube d'air par personne employée ne pourra être inférieur à 7 mètres cubes. Pendant un délai de trois ans, à dater de la promulgation du présent décret, ce cube pourra n'être que de 6 mètres.

Le cube d'air sera de 10 mètres au moins par personne employée dans les laboratoires, cuisine, chais ; il en sera de même dans les magasins, boutiques et bureaux ouverts au public.

Un avis affiché dans chaque local de travail indiquera sa capacité en mètres cubes.

Les locaux fermés affectés au travail seront largement aérés et, en hiver, convenablement chauffés.

Ils seront munis de fenêtres ou autres ouvertures à châssis mobiles donnant directement sur le dehors. L'aération sera suffisante pour empêcher une élévation exagérée de température. Ces locaux, leurs dépendances et notamment les passages et escaliers seront convenablement éclairés.

Les gardiens de chantiers devront disposer d'un abri et, pendant l'hiver, de moyens de chauffage [1].

ART. 6. — Les poussières, ainsi que les gaz incommodes, insalubres ou toxiques seront évacués directement au dehors des locaux de travail au fur et à mesure de leur production.

Pour les buées, vapeurs, gaz, poussières légères, il sera installé des hottes avec cheminées d'appel ou tout autre appareil d'élimination efficace.

Pour les poussières déterminées par les meules, les batteurs, les broyeurs et tous autres appareils mécaniques, il sera installé, autour des appareils, des tambours en communication avec une ventilation aspirante énergique.

Pour les gaz lourds, tels que les vapeurs de mercure, de sulfure de carbone, la ventilation aura lieu *per descensum*; les tables ou appareils de travail seront mis en communication directe avec le ventilateur.

La pulvérisation des matières irritantes et toxiques ou autres opérations telles que le tamisage et l'embarillage de ces matières se feront mécaniquement en appareils clos.

L'air des ateliers sera renouvelé de façon à rester dans l'état de pureté nécessaire à la santé des ouvriers.

ART. 7. — Pour les industries désignées par arrêté ministériel, après avis du Comité consultatif des Arts et Manufactures, les vapeurs, les gaz incommodes et insalubres et les poussières seront condensés ou détruits.

ART. 8. — Les ouvriers ou employés ne devront point prendre leurs repas dans les locaux affectés au travail.

Toutefois, l'autorisation d'y prendre les repas pourra être accordée, en cas de besoin et après enquête, par l'inspecteur divisionnaire, sous les justifications suivantes:

1° Que les opérations effectuées ne comportent pas l'emploi de substances toxiques;

2° Qu'elles ne donnent lieu à aucun dégagement de gaz incommodes, insalubres ou toxiques, ni de poussières;

3° Que les autres conditions d'hygiène soient jugées satisfaisantes.

Les patrons mettront à la disposition de leur personnel les moyens d'assurer la propreté individuelle, vestiaires avec lavabos, ainsi que de l'eau de bonne qualité pour la boisson.

ART. 9. — Pendant les interruptions de travail, l'air des locaux sera entièrement renouvelé.

§ 1. Les moteurs électriques ne sont accessibles qu'aux ouvriers affectés à leur surveillance. Ils sont isolés par des cloisons ou barrières de protection.

Les passages entre les machines, mécanismes, outils mus par ces moteurs ont une largeur d'au moins 80 centimètres; le sol des intervalles est nivelé.

Les escaliers sont solides et munis de fortes rampes.

Les puits, trappes, cuves, bassins, réservoirs de liquides corrosifs ou chauds, sont pourvus de solides barrières ou garde-corps.

Les échafaudages sont munis, sur toutes leurs faces, de garde-corps rigides de 90 centimètres de haut.

§ 2. Les monte-charges, ascenseurs, élévateurs sont guidés et disposés de manière que la voie de la cage du monte-charge et des contre-poids soit fermée; que la fermeture du puits à l'entrée des divers étages ou galeries s'effectue automatiquement; que rien ne puisse tomber du monte-charge dans le puits.

Pour les monte-charges destinés à transporter le personnel, la charge doit être calculée au tiers de la charge admise pour le transport des marchandises, et les monte-charges sont pourvus de freins, chapeaux, parachutes ou autres appareils préservateurs.

Les appareils de levage portent l'indication du maximum de poids qu'ils peuvent soulever.

§ 3. Toutes les pièces saillantes mobiles et autres parties dangereuses des machines, et notamment les bielles, roues, volants, les courroies et câbles, les engrenages, les cylindres et cônes de friction ou tous autres organes de transmission qui seraient reconnus dangereux

[1] Décret du 6 août 1905.

sont munis de dispositifs protecteurs, tels que gaines et chéneaux de bois ou de fer, tambours pour les courroies et les bielles, ou de couvre-engrenages, garde-mains, grillages.

Les machines-outils à instruments tranchants, tournant à grande vitesse, telles que machines à scier, fraiser, raboter, découper, hacher, les cisailles, coupe-chiffons et autres engins semblables sont disposés de telle sorte que les ouvriers ne puissent, de leur poste de travail, toucher involontairement les instruments tranchants.

Sauf le cas d'arrêt du moteur, le maniement des courroies est toujours fait par le moyen de systèmes tels que monte-courroie, porte-courroie évitant l'emploi direct de la main.

On doit prendre autant que possible des dispositions telles qu'aucun ouvrier ne soit habituellement occupé a un travail quelconque dans le plan de rotation ou aux abords immédiats d'un volant, d'une meule ou de tout autre engin pesant et tournant à grande vitesse.

§ 4. La mise en train et l'arrêt des machines doivent être toujours précédés d'un signal convenu.

§ 5. L'appareil d'arrêt des machines motrices sera toujours placé sous la main des conducteurs qui dirigent ces machines.

Les contre-maîtres ou chefs d'atelier, etc., ont à leur portée le moyen de demander l'arrêt des moteurs.

Chaque moteur, métier, etc., sera en outre installé et entretenu de manière à pouvoir être isolé par son conducteur de la commande qui l'actionne.

§ 6. Des dispositifs de sûreté sont installés dans la mesure du possible pour le nettoyage et le graissage des transmissions et mécanismes en marche.

En cas de réparation d'un organe mécanique quelconque, son arrêt est assuré par un calage convenable de l'embrayage ou du volant ; il en sera de même pour les opérations de nettoyage qui exigent l'arrêt des organes mécaniques.

ART. 16. § a) *Sorties.* — Les portes des ateliers, des magasins ou des bureaux devront s'ouvrir de dedans en dehors, soit qu'elles assurent la sortie sur les cours, vestibules, couloirs, escaliers et autres dégagements intérieurs, soit qu'elles donnent accès à l'extérieur.

Dans ce dernier cas, la mesure ne sera obligatoire que lorsqu'elle aura été jugée nécessaire à la sécurité.

Si les portes s'ouvrent sur un couloir ou sur un escalier, elles devront être disposées de façon à se développer sans faire saillie sur ce dégagement. Les sorties seront assez nombreuses pour permettre l'évacuation rapide de l'établissement ; elles seront toujours libres et ne devront jamais être encombrées de marchandises, de matières en dépôt, ni d'objets quelconques.

Dans les établissements importants, des inscriptions bien visibles indiqueront le chemin vers la sortie la plus rapprochée.

Dans les ateliers, magasins ou bureaux où sont manipulées des matières inflammables, si les fenêtres sont munies de grilles ou grillages, ces grilles et grillages devront céder sous une légère poussée vers l'extérieur pour servir éventuellement de sorties de secours.

§ b) *Escaliers.* — Les escaliers desservant les locaux de travail seront construits en matériaux incombustibles ou en bois hourdé plein en plâtre.

Le nombre de ces escaliers sera calculé de manière que l'évacuation de tous les étages d'un corps de bâtiment contenant des ateliers puisse se faire immédiatement.

Une décision du ministre du Commerce, prise après avis du Comité consultatif des Arts et Manufactures, pourra toujours, si la sécurité l'exige, prescrire un nombre minimum de deux escaliers.

Tout escalier pouvant servir à assurer la sortie simultanée de vingt personnes au plus aura une largeur minimum de 1 mètre ; cette largeur devra s'accroître de 15 centimètres pour chaque nouveau groupe du personnel employé, variant de une à cinquante unités.

Les passages ménagés à l'intérieur des pièces, ainsi que les couloirs conduisant aux escaliers auront les mêmes largeurs que ceux-ci et seront libres de tout encombrement de meubles, sièges, marchandises ou matériel.

ART. 17. § a) *Éclairage et chauffage.* — Il est interdit d'employer pour l'éclairage et le chauffage aucun liquide émettant des vapeurs inflammables au-dessous de 35 degrés, à moins que l'appareil contenant le liquide ne soit solidement fixé pendant le travail ; la partie de cet appareil contenant le liquide devra être étanche, de manière à éviter tout suintement de liquide.

Aux heures de présence du personnel, le remplissage des appareils d'éclairage ainsi que des appareils de chauffage a combustible liquide, soit dans les passages ou escaliers servant à la circulation du personnel, ne pourra se faire qu'à la lumière du jour et à la condition qu'aucun foyer n'y soit allumé.

Les tuyaux de conduite amenant le gaz aux appareils d'éclairage ou de chauffage seront en métal ou enveloppés de métal.

Les flammes des appareils d'éclairage ou des appareils de chauffage portatifs devront être distantes de toute partie combustible de la construction, du mobilier ou des marchandises en dépôt, d'au moins 1 mètre verticalement, et d'au moins 30 centimètres latéralement ; des distances moindres pourront être tolérées en cas de nécessité en ce qui concerne les murs et plafonds, moyennant l'interposition d'un écran incombustible qui ne touchera pas la paroi à protéger.

Les appareils d'éclairage portatifs auront une base stable et solide.

Les appareils d'éclairage fixes ou portatifs devront, si la nécessité en est reconnue, être pourvus d'un verre, d'un globe, d'un réseau de toile métallique, ou de tout autre dispositif propre à empêcher la flamme d'entrer en contact avec des matières inflammables.

Tous les liquides inflammables, ainsi que les chiffons et colons imprégnés de ces substances ou de substances grasses, seront enfermés dans des récipients métalliques, clos et étanches.

Ces récipients ainsi que les gazomètres et les récipients pour l'huile et le pétrole lampant, seront placés dans des locaux séparés et jamais au voisinage des passages ou des escaliers.

§ b) *Consignes pour le cas d'incendie.* — Les chefs d'établissements prendront les précautions nécessaires pour que tout commencement d'incendie puisse être rapidement et efficacement combattu.

Une consigne affichée dans chaque local de travail indiquera le matériel d'extinction et de sauvetage qui doit s'y trouver et les manœuvres à exécuter en cas d'incendie, avec le nom des personnes désignées pour y prendre part.

La consigne prescrira des essais périodiques désignés à constater que le matériel est en bon état et que le personnel est préparé à en faire usage.

Cette consigne sera communiquée à l'inspecteur du travail, le chef d'établissement veillera à son exécution [1].

Art. 18. — Les ouvriers et ouvrières qui ont à se tenir près des machines doivent porter des vêtements ajustés et non flottants.

Art. 19. — Un arrêté ministériel déterminera pour chaque nature de locaux celles des prescriptions du présent décret qui doivent y être affichées.

Art. 20. — Le ministre du Commerce et de l'Industrie peut, par arrêté pris sur le rapport des inspecteurs du travail et après avis du Comité consultatif des Arts et Manufactures, accorder à un établissement, pour un délai déterminé, dispense permanente ou temporaire de tout ou partie des prescriptions des articles 1er (alinéa 3), 5 (alinéas 2 et 5), 9 et 10 (alinéa 6), dans le cas où il est reconnu que l'application de ces prescriptions est pratiquement impossible et que l'hygiène et la sécurité des travailleurs sont assurées dans des conditions au moins équivalentes à celles qui sont fixées par le présent décret.

Art. 21. — Sous réserve du délai spécial fixé par l'article 5 et des délais supplémentaires qui seraient accordés par le ministre en vertu de l'article 20, le délai d'exécution des travaux de transformation qu'implique le présent règlement est fixé à un an à dater de sa promulgation, pour les établissements non visés par la loi du 12 juin 1893.

Art. 22. — Les décrets des 10 mars 1894, 14 juillet 1901 et 6 août 1902 sont abrogés.

Art. 23. — Le ministre du Commerce, de l'Industrie, des Postes et des Télégraphes est chargé de l'exécution du présent décret, qui sera inséré au *Bulletin des Lois* et publié au *Journal officiel* de la République française.

[1] Décrets des 22 mars 1906 et 11 juillet 1907.

43. — Décret du 11 juillet 1907 sur la sécurité des travailleurs dans les établissements industriels qui mettent en œuvre des courants électriques.

Le Président de la République française.

Sur le rapport du ministre du Travail et de la Prévoyance sociale,

Vu l'article 3 de la loi du 12 juin 1893, modifiée par la loi du 11 juillet 1903, ainsi conçu :

« Des règlements d'administration publique, rendus après avis du Comité consultatif des Arts et Manufactures détermineront :

« 1°. . . . .

« 2° Au fur et à mesure des nécessités constatées. les prescriptions particulières relatives soit à certaines industries soit à certains modes de travail :

« . . . .

Vu le décret du 29 novembre 1904 modifié par les décrets des 6 août 1905 et 22 mars 1906 ;

Vu l'avis du Comité consultatif des Arts et Manufactures :

Le Conseil d'État entendu,

Décrète :

SECTION I

PRESCRIPTIONS GÉNÉRALES

Article premier. — Les installations électriques doivent comporter des dispositifs de sécurité en rapport avec la plus grande tension de régime existant entre les conducteurs et la terre.

Suivant cette tension, les installations électriques sont classées en deux catégories.

Première catégorie.

A. *Courant continu*. — Installations dans lesquelles la plus grande tension de régime entre les conducteurs et la terre ne dépasse pas 600 volts.

B. *Courant alternatif*. — Installations dans lesquelles la plus grande tension efficace entre les conducteurs et la terre ne dépasse pas 150 volts.

Deuxième catégorie.

Installations comportant des tensions respectivement supérieures aux tensions ci-dessus.

SECTION II

INSTALLATIONS DE MACHINES, APPAREILS ET LAMPES ÉLECTRIQUES

Art. 2. — Les machines électriques sont soumises. en outre des prescriptions générales du décret du 29 novembre 1904, et notamment de celles des articles 12. 14 et 15 de ce décret, aux prescriptions spéciales suivantes :

Pour celles qui appartiennent à des installations de la deuxième catégorie, les bâtis et les pièces conductrices non parcourus par le courant doivent être reliés électriquement à la terre ou isolés électriquement du sol. Dans ce dernier cas. les machines sont entourées par un plancher de service non glissant, isolé du sol et assez développé pour qu'il ne soit pas possible de toucher à la fois à la machine et à un corps conducteur quelconque relié au sol.

La mise à la terre ou l'isolement électrique est constamment maintenu en bon état.

Les mêmes prescriptions sont applicables aux transformations dépendant d'installations de la deuxième catégorie ; ces appareils ne doivent être accessibles qu'au personnel qui en a la charge.

ART. 3. — Si une machine ou un appareil électrique de la deuxième catégorie se trouve dans un local ayant, en même temps, une autre destination, la partie du local affectée à cette machine ou à cet appareil est rendue inaccessible, par un garde-corps ou un dispositif équivalent, à tout autre personnel qu'à celui qui en a la charge ; une mention indiquant le danger doit être affichée en évidence.

ART. 4. — Dans les locaux destinés aux accumulateurs, dans les ateliers qui contiennent des corps explosifs et dans ceux où il peut se produire soit des gaz détonants, soit des poussières inflammables, il est interdit d'établir des machines électriques à découvert, des lampes à incandescence non munies de double enveloppe, des lampes à arc ou aucun appareil pouvant donner lieu à des étincelles, sans qu'ils soient pourvus d'une enveloppe de sûreté les isolant de l'atmosphère du local.

La ventilation des locaux destinés aux accumulateurs doit être suffisante pour assurer l'évacuation continue des gaz dégagés.

SECTION III

TABLEAUX DE DISTRIBUTION ET LOCAUX

ART. 5. — Pour les tableaux de distribution de courants appartenant à la première catégorie, les conducteurs doivent présenter les isolements et les écartements propres à éviter tout danger.

Pour les tableaux de distribution portant des appareils et pièces métalliques de la deuxième catégorie, le plancher de service sur la face avant (où se trouvent les poignées de manœuvre et les instruments de lecture) doit être isolé électriquement et établi comme il est dit ci-dessus au sujet des machines.

Quand des pièces métalliques ou appareils de la deuxième catégorie sont établis à découvert sur la face arrière du tableau, un passage entièrement libre de 1 mètre de largeur et de 2 mètres de hauteur au moins est réservé derrière lesdits appareils et pièces métalliques ; l'accès de ce passage est défendu par une porte fermant à clef, laquelle ne peut être ouverte que par ordre du chef de service ou par ses préposés à ce désignés ; l'entrée en sera interdite à toute autre personne.

ART. 6. — Les passages ménagés pour l'accès aux machines et appareils de la deuxième catégorie placés à découvert ne peuvent avoir moins de 2 mètres de hauteur ; leur largeur, mesurée entre les machines, conducteurs ou appareils eux-mêmes aussi bien qu'entre ceux-ci et les parties métalliques de la construction, ne doit pas être inférieure à 1 mètre.

Dans tous les locaux, les conducteurs et appareils de la deuxième catégorie doivent, notamment sur les tableaux de distribution, être nettement différenciés des autres par une marque très apparente une couche de peinture par exemple .

Dans les locaux où le sol et les parois sont très conducteurs, soit par construction, soit par suite de dépôts salins résultant de l'exercice même de l'industrie ou par suite d'humidité, on ne doit jamais établir, à la portée de la main, des conducteurs ou des appareils placés à découvert.

ART. 7. — Les salles des machines génératrices d'électricité et les sous-stations doivent posséder un éclairage de secours continuant à fonctionner en cas d'arrêt du courant.

SECTION IV

INSTALLATION DES CANALISATIONS

ART. 8. — Les canalisations nues appartenant à une installation de la deuxième catégorie doivent être établies hors de la portée de la main sur des isolateurs convenablement espacés et être écartées des masses métalliques telles que piliers ou colonnes, gouttières, tuyaux de descente, etc.

Les canalisations nues appartenant à une installation de la première catégorie établies à l'intérieur, et qui sont à portée de la main, doivent être signalées à l'attention par une marque bien apparente; l'abord en est défendu par un dispositif de garde.

Les enveloppes des autres canalisations doivent être convenablement isolantes.

Aucun travail n'est entrepris sur des conducteurs de la première catégorie en charge sans que des précautions suffisantes assurent la sécurité de l'opérateur.

Des dispositions doivent être prises pour éviter l'échauffement anormal des conducteurs à l'aide de coupe-circuit, plombs fusibles ou autres dispositifs équivalents.

Toute installation reliée à un réseau comportant des lignes aériennes de plus de 500 mètres doit être suffisamment protégée contre les décharges atmosphériques.

Art. 9. — Les colonnes, les supports et, en général, toutes les pièces métalliques de la construction qui risqueraient, par suite d'un accident sur la canalisation, d'être accidentellement soumis à une tension de la deuxième catégorie doivent être convenablement reliés à la terre.

Art. 10. — Il est formellement interdit de faire exécuter aucun travail sur les lignes électriques de la deuxième catégorie, sans les avoir, au préalable, coupées de part et d'autre de la section à réparer. La communication ne peut être rétablie que sur l'ordre exprès du chef de service ; ce dernier doit avoir été au préalable avisé par chacun des chefs d'équipes que le travail est terminé et que le personnel ouvrier est réuni au point de ralliement fixé à l'avance.

Pendant toute la durée du travail, la coupure de la ligne doit être maintenue par un dispositif tel que le courant ne puisse être rétabli que sur l'ordre du chef de service.

Dans les cas exceptionnels où la sécurité publique exige qu'un travail soit entrepris sur des lignes en charge de la deuxième catégorie, il ne doit y être procédé que sur l'ordre exprès du chef de service et avec toutes les précautions de sécurité qu'il indiquera.

Art. 11. — Il est interdit de faire exécuter des élagages ou des travaux analogues pouvant mettre directement ou indirectement le personnel en contact avec des conducteurs ou pièces métalliques de la deuxième catégorie, sans avoir pris des précautions suffisantes pour assurer la sécurité du personnel par des mesures efficaces d'isolement.

Art. 12. — Les lignes téléphoniques, télégraphiques ou de signaux particulières aux établissements ayant des installations électriques et affectées à leur exploitation, qui sont montées, en tout ou en partie de leur longueur, sur les mêmes supports qu'une ligne électrique de la deuxième catégorie, sont soumises aux prescriptions de l'article 8, §§ 1 et 6, et à celles des articles 10 et 11.

Leurs postes de communication, leurs appareils de manœuvres ou d'appel doivent être disposés de telle manière qu'il ne soit possible de les utiliser ou de les manœuvrer qu'en se trouvant dans les meilleures conditions d'isolement par rapport à la terre, à moins que leurs appareils ne soient disposés de manière à assurer l'isolement de l'opérateur par rapport à la ligne.

SECTION V
AFFICHAGE, DÉROGATION, CONTRÔLE

Art. 13. — Les chefs d'industrie, directeurs ou gérants sont tenus d'afficher dans un endroit apparent des salles contenant des installations de la deuxième catégorie :

1° Un ordre de service indiquant qu'il est dangereux et formellement interdit de toucher aux pièces métalliques ou conducteurs soumis à une tension de la deuxième catégorie, même avec des gants en caoutchouc, ou de se livrer à des travaux sur ces pièces et conducteurs, même avec des outils à manche isolant;

2° Des extraits du présent règlement et une instruction sur les premiers soins à donner aux victimes des accidents électriques, rédigée conformément aux termes qui seront fixés par un arrêté ministériel.

Art. 14. — Dans les ateliers de construction ou de réparation de matériels électriques (machines, instruments, appareils, câbles et fils), où l'emploi des tensions de la deuxième catégorie est d'un usage courant pour les essais du matériel en cours de fabrication, il peut être dérogé, pour ces essais, aux prescriptions du présent décret, à la condition que les organes dangereux ne soient accessibles qu'à un personnel expérimenté, désigné expressément par le chef d'établissement et que la sécurité générale ne soit pas compromise.

Une consigne spéciale réglementant ces essais doit être rédigée par le chef d'établissement et portée à la connaissance du personnel.

Art. 15. — Le ministre du Travail et de la Prévoyance sociale peut, par arrêté pris sur le rapport des inspecteurs du travail et après avis du Comité consultatif des Arts et Manufactures, accorder dispense, pour un délai déterminé, de tout ou partie des prescriptions des articles 5 § 3, et 6 § 1 :

1° Aux installations créées avant la promulgation du présent décret :

2° Lorsque l'application de ces prescriptions est pratiquement impossible.

Dans les deux cas, la sécurité du personnel doit être assurée dans des conditions équivalentes à celles définies auxdits articles.

Art. 16. — Dans les deux mois qui suivront la promulgation du présent règlement, le chefs d'industrie, directeurs ou gérants devront adresser à l'inspecteur du travail un schéma de leurs installations électriques de la deuxième catégorie indiquant : l'emplacement des usines. sous-stations, postes de transformateurs et canalisations.

Une note jointe indiquera :

a) Si, par application de l'article 2 § 2 du présent règlement concernant les machines et transformateurs de la deuxième catégorie, les bâtis et masses métalliques non parcourues par le courant sont isolés électriquement du sol ou s'ils sont reliés à la terre.

b) Les renseignements techniques nécessaires pour assurer le contrôle de l'exécution des prescriptions du présent règlement (nature du courant, tensions des différentes parties de l'installation, pièces métalliques visées à l'article 9, etc.).

Dans la première quinzaine de chaque année, le schéma et les renseignements qui l'accompagnent sont complétés s'il y a lieu par les chefs d'industrie, directeurs, gérants ou préposés et les modifications transmises à l'inspecteur du travail.

En cas de modifications importantes ou d'installations nouvelles, le schéma et les renseignements complémentaires sont adressés à l'inspecteur du travail avant la mise en exploitation.

SECTION VI

DISPOSITIONS DIVERSES

Art. 17. — Le présent décret ne s'applique pas, en dehors de l'enceinte des usines de production, aux distributions d'énergie électrique réglementées en vertu de la loi du 15 juin 1906.

Art. 18. — Le ministre du Travail et de la Prévoyance sociale est chargé de l'exécution du présent décret, qui sera publié au *Journal officiel* de la République française et inséré au *Bulletin des lois*.

44. — Circulaire du 12 mai 1908 pour l'application du décret du 11 juillet 1907.

MINISTÈRE
DU TRAVAIL
ET
DE LA PRÉVOYANCE
SOCIALE
————
DIRECTION
DU TRAVAIL
————
2e BUREAU

RÉPUBLIQUE FRANÇAISE
————

CIRCULAIRE
DU 12 MAI 1908
————

INSPECTION
DU TRAVAIL
————
Circulaire n° 7-1908.
——
Application du décret
du 11 juillet 1907 sur la
sécurité des travailleurs
dans les établissements
qui emploient des cou-
rants électriques.

LE MINISTRE DU TRAVAIL ET DE LA PRÉVOYANCE SOCIALE

à Messieurs les Inspecteurs divisionnaires du Travail.

J'ai l'honneur de vous adresser ci-après le texte du décret du 11 juillet 1907 sur la sécu- rité des travailleurs dans les établissements qui mettent en œuvre les courants électriques : les dispositions nouvelles remplacent celles de l'article 17 du décret du 29 novembre 1904, devenues insuffisantes par suite du développement croissant des applications industrielles de l'électricité. Vous trouverez à la suite le texte d'un autre décret en date également du 11 juillet 1907, abrogeant l'ancien article 17 du décret du 29 novembre 1904.

Les quatre premières sections du décret du 11 juillet 1907 contiennent des dispositions d'ordre technique concernant les installations électriques.

1° La première section classe les installations en deux catégories suivant que la tension entre les conducteurs et la terre est inférieure ou supérieure à 600 volts pour les installa- tions à courant continu, et à 150 volts pour celles à courant alternatif : les tensions de la première catégorie ne pouvant qu'exceptionnellement devenir dangereuses, la plupart des dispositions du décret s'appliquent exclusivement aux installations de deuxième catégorie.

2° Vous remarquerez (section II) que les exploitants devront, en ce qui concerne les bâtis des machines, soit les relier électriquement à la terre, soit les isoler électriquement du sol. L'article 2 du décret, à la différence de l'ancien article 17 du décret du 29 novembre 1904, leur laisse le choix entre les deux méthodes, mais il prescrit des mesures de protection affé- rentes à chacune d'elles.

3° L'installation des tableaux de distribution et la protection du personnel affecté à leur surveillance font l'objet de prescriptions détaillées (section III). Vous remarquerez en parti- culier que, lorsque le danger d'une électrocution apparaît possible, notamment lorsque le sol est très conducteur, les prescriptions du décret deviennent plus sévères.

4° En ce qui concerne l'installation des canalisations (section IV), le danger résultant des manœuvres intempestives sur des lignes en charge sera considérablement atténué par les prescriptions très complètes de l'article 10 qui sont également applicables aux lignes télé- phoniques, télégraphiques ou de signaux, spéciales aux établissements industriels et mon- tées sur les mêmes supports que les lignes principales.

Je crois devoir me borner pour le moment à ces indications très sommaires sur les pre- mières sections du décret. Des instructions précises seront données au fur et à mesure des demandes de renseignements que vous m'adresserez pendant la première période d'applica- tion, et seront réunies, s'il y a lieu, dans une circulaire d'ensemble.

Je n'insisterai aujourd'hui que sur les deux dernières sections qui organisent les mesures de contrôle, et déterminent le champ d'application du décret.

a) L'article 13, 2°, prescrit que des extraits du présent règlement seront affichés dans les salles contenant des installations de la deuxième catégorie. Ces extraits peuvent varier

Le texte donné (voir *infra* n° 42) tient compte de ces modifications.

suivant la nature et la disposition des installations. Les textes dont l'affichage semble s'imposer le plus généralement sont les articles 6, §§ 3, 7, 10, 11 et 12. Le texte de l'article 4 devra être affiché dans les locaux de deuxième catégorie destinés aux accumulateurs, dans les ateliers contenant des corps explosifs ou dans lesquels il peut se produire soit des gaz détonants, soit des poussières inflammables.

b) Quant à l'instruction sur les premiers soins à donner aux victimes d'accidents électriques, prévue par le même article 13.2°, elle est actuellement en cours de préparation. Je vous ferai parvenir l'arrêté ministériel qui doit en fixer les termes.

c) Vous aurez soin de veiller, dans les cas prévus par l'article 14, à ce que la consigne spéciale visée par le deuxième paragraphe de cet article soit portée à la connaissance du personnel.

d) Lorsque les établissements créés avant la promulgation du présent décret ne se trouveront point conformes aux prescriptions des articles 5, § 3 et 6, § 1er, vous aurez à examiner si les conditions d'installation vous permettent ou non de proposer la dispense prévue par l'article 15, § 1er. Si vous estimez que cette dispense ne doit pas être accordée, vous devrez le faire connaître à l'industriel par une mise en demeure, en *l'avisant toutefois qu'un recours lui est ouvert,* conformément à l'article 15, § 1er.

Dans le cas contraire vous auriez à proposer, avec avis motivé, la dispense prévue par cet article. Mais il appartient à l'industriel de vous indiquer lui-même *au préalable,* dans une note technique, les mesures de sécurité par lesquelles il s'engage à satisfaire au dernier paragraphe de l'article 15, mesures sur lesquelles le Comité consultatif des Arts et Manufactures sera consulté.

La même procédure s'appliquerait au n° 2 de l'article 15. au cas où l'application des prescriptions des articles 5, § 3 et 6. § 1er serait pratiquement impossible.

e) Champ d'application du décret. — L'article 17 stipule que le décret ne s'applique pas, en dehors de l'enceinte des usines de production, aux distributions d'énergie électrique réglementées en vertu de la loi du 15 juin 1906. L'application de cette loi qui a abrogé la loi du 25 juin 1895 est en effet assurée par le ministre des Travaux publics, et la compétence respective des deux départements ministériels, en matière de sécurité, doit être définie d'après les principes ci-après.

Le contrôle de l'Administration des Travaux publics ne porte que sur les distributions proprement dites, c'est-à-dire sur les canalisations, transformateurs, sous-stations et ouvrages de toute nature qui servent à transporter ou à transformer le courant depuis les usines de production jusqu'aux usines d'utilisation ou jusqu'aux immeubles particuliers.

Tous les autres ouvrages servant à produire ou à utiliser l'énergie électrique, et affectés à un usage industriel, relèvent du ministère du Travail, notamment les usines de production même si elles sont concédées par l'acte qui autorise la distribution.

Ces principes très précis permettront, dans la grande majorité des cas, de délimiter la compétence des deux Administrations. Il peut arriver, toutefois, que des installations comportent à la fois des ouvrages de distribution et des ouvrages de production. C'est notamment le cas lorsqu'une sous-station de transformation de courant alternatif en courant continu comprend des moteurs à vapeur ou hydrauliques produisant normalement du courant.

Dans ce cas le caractère d'usine de production est prédominant et l'installation tout entière doit être placée dans les attributions d'un seul ministère, celui du Travail.

Reste la question des distributions établies sur des terrains particuliers :

En ce qui concerne les distributions concédées, dans les parties où elles n'empruntent ni la grande voirie, ni les voies vicinales ou urbaines, la compétence de l'Administration des Travaux publics résulte de la loi elle-même. Toute distribution qui emprunte, ne fût-ce qu'en un point, le domaine public est placé sous son contrôle non seulement en ce qui concerne les parties établies sur la voirie, mais encore en ce qui concerne toutes ses autres parties.

Les distributions qui sont exclusivement établies sur des terrains privés et ne sont pas reliées à des distributions empruntant la voirie sont soustraites, par la loi, au contrôle de l'Administration des Travaux publics, et, si elles sont affectées à un usage industriel, elles rentrent dans les attributions du service de l'Inspection du travail.

Toutefois, les distributions établies sur des terrains privés, mais à moins de dix mètres des lignes télégraphiques ou téléphoniques préexistantes doivent, aux termes des articles 2 et 4 de la loi du 15 juin 1906, satisfaire aux conditions techniques fixées par l'Administration des Travaux publics en vertu de l'article 19 de cette même loi, et il vous appartiendra de veiller à l'exécution de ces conditions et le cas échéant, de m'en signaler l'inexécution, pour que je puisse en faire part au service compétent.

Reste à préciser comment s'exerce la surveillance des conditions proprement dites du travail (durée du travail, hygiène, etc.).

La loi du 15 juin 1906, en spécifiant explicitement que les distributions seraient soumises au point de vue de la sécurité des personnes et des services publics, aux dispositions d'arrêtés réglementaires du ministre des Travaux publics, a soustrait leurs installations à celles des prescriptions de la loi du 12 juin 1903 qui concernent la sécurité du personnel, mais la loi de 1906 est muette en ce qui touche l'hygiène et les conditions proprement dites du travail.

J'estime, en conséquence, qu'il appartient aux inspecteurs du travail d'en assurer la surveillance pour les distributions d'énergie électrique comme pour les autres industries.

Je vous rappelle enfin que la loi du 12 juin 1893-11 juillet 1903 n'est pas applicable aux mines, minières et carrières, ni aux chemins de fer et tramways, ni par conséquent aux installations électriques qui desservent ces entreprises. Ne sont notamment pas soumises aux dispositions du décret du 11 juillet 1907 les usines de production d'énergie, affectées au service des mines, minières ou carrières ou des chemins de fer et tramways, leur contrôle appartient à l'Administration des Travaux publics. Au contraire, les ateliers et établissements industriels visés dans la circulaire du 20 janvier 1904 relèvent, dans les conditions fixées par cette circulaire, du contrôle commun du ministère des Travaux publics et du ministère du Travail.

Pour des motifs analogues, les usines génératrices qui, tout en fournissant en fait l'énergie électrique nécessaire aux mines, aux chemins de fer ou aux tramways, n'ont pas été spécialement créées en vue de leur service ou en vertu de leurs actes de concession, mais sont destinées à produire du courant pour d'autres usages industriels ou commerciaux, ne rentrent pas dans les exceptions prévues par la loi du 12 juin 1893 ; par conséquent elles doivent être placées dans les attributions du ministère du Travail, et vous aurez à assurer dans ces usines l'application du décret du 11 juillet 1907.

Je vous adresse ci-joint un nombre suffisant d'exemplaires de la présente circulaire dont vous assurerez l'envoi aux inspecteurs placés sous vos ordres. Vous trouverez, annexés à la circulaire, à titre documentaire, la loi du 15 juin 1906 ainsi que le décret du 17 octobre 1907 organisant le service du contrôle de distribution d'énergie électrique, en exécution de l'article 18 (3°) de ladite loi et l'arrêté du 21 mars 1908 du ministre des Travaux publics déterminant les conditions techniques auxquelles doivent satisfaire les distributions d'énergie électrique pour l'application de la loi du 15 juin 1906 et le décret du 3 avril 1908 portant réglementation d'administration publique pour l'application de la loi du 15 juin 1906 sur les distributions d'énergie.

Le ministre du Travail
et de la Prévoyance sociale,

René Viviani.

V

DOCUMENTS ÉMANANT DU MINISTÈRE DES FINANCES

DIRECTION
GÉNÉRALE
DE
L'ENREGISTREMENT
DES DOMAINES
ET
DU TIMBRE

3 | BUREAU CENTRAL

N° 3239

45. — Instruction de la Direction générale de l'enregistrement, des domaines et du timbre, relative à l'exécution : 1° de la loi du 15 juin 1906 sur les distributions d'énergie ; 2° du décret du 17 octobre 1907 portant fixation des redevances pour l'occupation du domaine public par les entreprises de distribution d'énergie.

Du 15 février 1908.

La loi du 15 juin 1906 sur les distributions d'énergie, promulguée au *Journal officiel* du 17 (*Annexe n° I*) dispose (*Art. 3*) que celles de ces distributions qui empruntent, sur tout ou partie de leur parcours, des voies publiques, pourront être établies et exploitées en vertu soit de permissions de voirie, soit de concessions accordées avec ou sans déclaration d'utilité publique.

Par son article 18-7°, elle a remis à un règlement d'administration publique le soin de fixer le tarif des redevances auxquelles donnera ouverture, sous l'un ou l'autre de ces régimes, l'occupation du Domaine public national, départemental ou communal par les ouvrages de transport et de distribution du courant électrique.

Ce règlement est intervenu le 17 octobre 1907 (*Journal officiel* du 26, *Annexe n° II*) ; il renferme au sujet des occupations du Domaine public de l'État, des dispositions qui intéressent particulièrement le service.

TARIF DES REDEVANCES. — Le transport de l'énergie électrique s'effectue au moyen soit de canalisations souterraines soit de conducteurs aériens soutenus de distance en distance par des poteaux ou des pylônes ; il nécessite, en outre, l'installation de cabines ou bâtiments pour les postes de transformateurs et les ouvrages de distribution.

A chacun de ces modes d'occupation du Domaine public correspond une redevance spéciale, proportionnelle : pour les conducteurs à la longueur de la portion des routes nationales qu'ils empruntent, pour les supports, à leur nombre, et, pour les postes de transformateurs ou autres établissements analogues à la superficie du terrain occupé.

Ces redevances sont annuelles. Leur taux varie à la fois d'après la nature des ouvrages, d'après leur destination et d'après la population des communes traversées par les lignes électriques.

En ce qui concerne la destination des ouvrages, le décret a divisé les occupations en deux catégories, suivant qu'elles ont pour objet : 1° les ouvrages de transport d'énergie alimentant les services publics assurés ou concédés par l'État, les départements et les communes (*Art. 1er*).

2° Les ouvrages particuliers de transport et les ouvrages de distribution établis dans un intérêt soit public soit privé (*Art. 2*).

Les premiers sont assujettis aux tarifs suivants (Voir le tableau à la page 258) :

Quant aux ouvrages particuliers de transport et aux ouvrages de distribution, ils supporteront des redevances doubles de celles qui figurent au tableau qui précède.

Le tarif appliqué aux conducteurs aériens appelle une observation particulière. Jusqu'à ce jour, l'Administration considérant que le Domaine public ne s'étend pas en hauteur s'était abstenue d'imposer les fils aériens, lorsqu'ils n'avaient aucun point d'appui sur ce Domaine

Distributions d'énergie électrique.   17

(Comp. de Récy, Traité du Domaine public, n° 1125 *bis*) : elle n'exigeait de redevances que pour les poteaux établis sur la voie publique.

Il n'en sera plus ainsi sous l'empire du décret du 17 octobre 1907, qui tarifie à la fois les conducteurs aériens et leurs supports.

SITUATION DES EMPLACEMENTS du domaine public occupé.	TAUX de la redevance annuelle par mètre de ligne aérienne ou souterraine	REDEVANCE annuelle fixe par chaque support. (Poteau ou pylône).	TAUX de la redevance annuelle par mètre carré pour les postes de transformateurs et autres établissements analogues avec minimum d'un franc par poste.
	Francs.	Francs.	Francs.
Paris..........................	0,10	10,00	25,00
Communes de 100 000 habitants et au-dessus .	0,02	2,00	5,00
— de 20 000 à 100 000 habitants. . .	0,01	0,50	2,50
— ayant moins de 20 000 habitants . .	0,005	0,25	1,00

CALCULS DES REDEVANCES. — Pour le calcul des redevances, les canalisations aériennes installées sur les mêmes supports et les canalisations souterraines dont les conducteurs sont juxtaposés doivent être considérées comme formant une seule ligne, dont la longueur est égale à celle de la voie canalisée; elles ne donnent, par conséquent, ouverture qu'à une seule redevance d'après la longueur totale de la canalisation (*Art. 4*).

Les branchements desservant les immeubles ainsi que les supports et appuis établis sur des immeubles particuliers n'entrent pas en compte (même article).

Les redevances seront calculées par trimestre, au vu des relevés dont il sera question ci-après, tout trimestre commencé étant compté pour un trimestre entier.

Enfin, chaque permission de voirie et chaque concession donne lieu à la perception d'une redevance distincte (même article).

RÉVISION DES TARIFS. — Aux termes de l'article 7, les tarifs prévus par les articles 1 et 2 seront revisés au plus tard le 1er janvier 1913 et, après cette première revision, ils ne pourront plus être modifiés que tous les trente ans. Les tarifs revisés seront applicables de plein droit à tous les ouvrages existants sauf stipulations contraires du cahier des charges des distributions concédées en ce qui concerne les redevances dues à l'autorité concédante.

RECOUVREMENT DES REDEVANCES. — Les règles suivantes ont été adoptées pour le recouvrement des redevances (*Art. 5*).

L'ingénieur en chef du contrôle adressera au directeur des Domaines de chaque département, au commencement du trimestre, un relevé des occupations du Domaine public national, existant à la fin du trimestre précédent.

Ces relevés, préalablement soumis à l'acceptation des entrepreneurs de distribution, renfermeront tous les renseignements nécessaires à l'application des tarifs prévus par les articles 1 et 2 du décret, c'est-à-dire l'indication :

1° De la population des communes traversées;

2° De la destination des lignes (affectation au transport d'énergie électrique alimentant des services publics ou affectation soit au transport d'énergie électrique pour l'usage privé, soit à la distribution de l'énergie);

3° De la longueur des lignes aériennes ou souterraines;

4° Du nombre des supports en cas de ligne aérienne ;

5° De la superficie des ouvrages occupant le Domaine public.

Les directeurs veilleront à ce que cette dernière indication soit fournie pour chaque ouvrage (poste de transformateurs et autres établissements analogues), afin que les tarifs minima de 1 franc et de 2 francs puissent être appliqués, le cas échéant.

Les relevés seront transmis, comme titres de recouvrement, aux receveurs compétents. Ceux-ci ouvriront, aussitôt après réception, et pour chaque entreprise, sur le sommier des droits constatés n° 2, un article présentant une liquidation détaillée de la fraction de redevance exigible pour le trimestre auquel le relevé se rapporte.

Mais ils s'abstiendront de poursuivre le recouvrement immédiat des articles trimestriels ainsi consignés. L'article 4 (4° alinéa) du décret dispose, en effet, dans le but d'éviter de multiples déplacements, que les redevances sont *calculées* par trimestre et *perçues* annuellement.

En conséquence, c'est seulement après la réception des relevés du trimestre d'octobre, que les receveurs réclameront les redevances afférentes à chacun des trimestres de l'année écoulée et, s'il y a lieu, les compléments de droit de bail à 0 fr. 20 p. 100 (*Instr.* 3036).

BUREAU COMPÉTENT. — Le payement des redevances pour concessions temporaires du Domaine public doit, en principe, être effectué au bureau dans la circonscription duquel est situé l'immeuble occupé.

Cette règle ne sera pas suivie en matière de distribution d'énergie électrique.

Afin de simplifier les écritures et aussi pour faciliter la libération des entrepreneurs, l'Administration a décidé que les redevances prévues par le décret du 17 octobre 1907 seront payables, savoir : au bureau des Domaines du chef-lieu du département, lorsque l'entreprise a son siège dans le ressort de ce bureau ou dans un autre département, et au bureau du siège de l'entreprise, dans les autres cas.

En outre, le receveur du bureau dans la circonscription duquel se trouve le siège social de l'entreprise pourra encaisser pour le compte de son collègue les redevances dues par cette entreprise au bureau des Domaines du chef-lieu d'un autre département. Dans ce cas, l'avertissement envoyé par le receveur de ce dernier bureau devra être représenté au receveur qui sera appelé à effectuer la recette par virement de la redevance mentionnée dans cet avertissement (*Circ. Comptabilité publique du 15 mai 1907, § III, 3e alinéa ; Circ. du 10 juin 1907*).

Pour Paris, la désignation du bureau compétent fera l'objet d'une décision spéciale.

Il est à peine besoin d'ajouter que, nonobstant les mesures ainsi adoptées, si des poursuites devenaient nécessaires, la compétence du président du tribunal chargé de viser la contrainte qui doit être décernée par le directeur (*L. 19 août-12 septembre 1791, art. 4*) et celle du tribunal lui-même continueront à être déterminées par la situation de la portion du domaine public occupé.

DISPOSITIONS TRANSITOIRES. — CONCESSIONS TEMPORAIRES TOMBANT SOUS L'APPLICATION DES NOUVEAUX TARIFS. — Les distributions qui ont été établies en vertu de concessions accordées avant la promulgation de la loi du 15 juin 1906 échappent aux tarifs édictés par le décret du 17 octobre 1907. Elles n'y seront soumises qu'à dater de l'expiration de ces concessions.

Quant aux distributions qui fonctionnent en vertu de permissions de voirie antérieures à la loi précitée, elles ne seront passibles des nouvelles taxes qu'à partir du moment où les conditions financières de ces permissions seront susceptibles d'être revisées (Art. 6).

Le Directeur général de l'Enregistrement,
des Domaines et du Timbre,

PIERRE MARRAUD.

ANNEXE n° 1. — Loi du 15 juin 1906 sur les distributions d'énergie.

ANNEXE n° 2. — Décret du 17 octobre 1907 portant fixation des redevances pour l'occupation du domaine public par les entreprises de distribution d'énergie.

46. — Instruction faisant suite à l'Instruction n° 3239, relative à l'exécution : 1° de la loi du 15 juin 1906 sur les distributions d'énergie ; 2° du décret du 17 octobre 1907 portant fixation des redevances pour l'occupation du domaine public par les entreprises de distributions d'énergie.

DIRECTION GÉNÉRALE
DE
L'ENREGISTREMENT
DES DOMAINES
ET
DU TIMBRE.

BUREAU CENTRAL.

N° 3300.

Du 23 mai 1910.

La question s'est posée de savoir si, dans le cas d'une demande d'autorisation d'occuper le domaine public pour l'installation d'une distribution d'énergie électrique, le demandeur devait être tenu de souscrire, préalablement à toute décision, une soumission portant engagement de payer les redevances exigibles, bien que le décret du 17 octobre 1907 ait fixé le taux invariable des redevances dues pour les occupations de cette nature.

Par une décision du 19 mai 1909, le Ministre des Finances a reconnu que, lorsque l'autorisation doit faire l'objet d'une concession, la soumission est inutile, car l'acte de concession, signé par le concessionnaire, contient l'engagement de celui-ci de se conformer aux conditions du cahier des charges dont l'article 27 stipule l'obligation d'acquitter les redevances fixées par le décret du 17 octobre 1907.

En ce qui concerne les autorisations données sous forme de permissions de voirie, la même décision avait reconnu qu'une soumission devait être exigée, indépendamment de la pétition et par application de la règle établie par l'article 5 de l'arrêté interministériel du 3 août 1878 (*Instr.* n° 2600), soit pour former, par sa réunion à l'arrêté préfectoral autorisant l'occupation, le contrat de jouissance passible du droit d'enregistrement de 0 fr. 20 p. 100, soit pour servir de titre de recouvrement.

A la suite de nouvelles observations présentées sur ce dernier point par le Département des Travaux publics, le Ministre des Finances a admis, le 20 octobre 1909, que si, dans l'état actuel des règlements, le dépôt d'une soumission paraissait utile lorsque l'occupation du domaine public était autorisée par voie de permission de voirie, on pourrait cependant y suppléer en complétant l'arrêté-type des permissions de voirie, établi par le Ministère des Travaux publics, par une clause indiquant d'une façon formelle et expresse que le permissionnaire sera tenu de payer la redevance prévue par le décret du 17 octobre 1907. Dans ce cas, la réunion de la pétition à l'arrêté préfectoral constituerait l'acte synallagmatique renfermant le consentement des deux parties sur la chose et sur le prix et assujetti au droit d'enregistrement de 0 fr. 20 p. 100.

Par une dépêche du 25 avril dernier, le Ministre des Travaux publics a fait connaître qu'il se ralliait à cette manière de voir et qu'il avait, en conséquence, modifié l'article 1er du modèle de l'arrêté préfectoral, portant permission de voirie, par l'insertion d'une clause indiquant d'une façon formelle et expresse que le pétitionnaire serait tenu de payer la redevance prévue par le décret de 1907.

Il résulte de cette décision qu'il n'y aura plus lieu désormais, au cas de demande d'occupation du domaine public pour l'installation d'une distribution d'énergie, de faire souscrire par le pétitionnaire une soumission portant engagement de payer les redevances exigibles, soit que l'autorisation sollicitée doive faire l'objet d'un acte de concession, soit qu'elle doive être donnée sous la forme de permission de voirie.

Dans cette dernière hypothèse, l'ampliation de l'arrêté préfectoral autorisant l'occupation du domaine public servira de titre à la perception du droit d'enregistrement de 0 fr. 20 p. 100.

Le Conseiller d'État,
Directeur général de l'Enregistrement,
des Domaines et du Timbre,
PIERRE MARRAUD.

VI

DIVERS

47. — Décret du 7 février 1907, organisant le fonctionnement du Comité d'électricité, prévu par l'article 20 de la loi du 15 juin 1906.

DÉCRET

LE PRÉSIDENT DE LA RÉPUBLIQUE FRANÇAISE,

Sur le rapport du ministre des Travaux publics, des Postes et des Télégraphes,

Vu la loi du 15 juin 1906 sur les distributions d'énergie, notamment l'article 20, instituant un Comité permanent d'électricité et portant que le mode de fonctionnement de ce Comité sera déterminé par un règlement d'administration publique ;

Le Conseil d'État entendu,

DÉCRÈTE :

ARTICLE PREMIER.

Les membres du Comité permanent d'électricité, institué par la loi du 15 juin 1906 sur les distributions d'énergie, sont nommés pour des périodes de deux ans, la première période ayant son terme au 31 décembre 1908.

ART. 2.

Cessent, de plein droit, de faire partie du Comité des membres qui n'occupent plus la situation en raison de laquelle ils avaient été nommés.

ART. 3.

En cas de vacance par suite de changement de situation, de démission ou de décès, il y est immédiatement pourvu, dans les conditions déterminées par l'article 20 de la loi du 15 juin 1906.

ART. 4.

Le Directeur des Routes, de la Navigation et des Mines, le Directeur des Chemins de Fer et le Directeur de la Construction et du Matériel à l'Administration des Postes et des Télégraphes ont entrée au Comité avec voix consultative pour les affaires de leur service.

ART. 5.

Un président, un vice-président et un secrétaire sont désignés par arrêté du ministre des Travaux publics parmi les membres du Comité. La durée de leur mandat est d'un an. Ce mandat peut être renouvelé.

ART. 6.

Deux secrétaires-adjoints, pris, l'un dans le ministère des Travaux publics, l'autre dans le personnel de l'Administration des Postes et des Télégraphes, sont attachés au Comité par arrêté ministériel. Ils ont voix consultative et peuvent être appelés à présenter des rapports sur les affaires d'importance secondaire.

ART. 7.

Le Comité se réunit obligatoirement trois fois par an[1], aux époques fixées par un arrêté du ministre des Travaux publics.

Il peut, en outre, être convoqué à une époque quelconque par le ministre pour l'examen des questions urgentes qui lui seraient soumises.

ART. 8.

Le président arrête l'ordre du jour des séances et désigne les rapporteurs. Cet ordre du jour est distribué par les soins du secrétariat, huit jours au moins avant la séance.

[1] Réunions obligatoires du Comité permanent d'électricité : 1er lundi de février, 1er lundi de juin et 3e lundi d'octobre (arrêté ministériel du 18 mai 1907).

Art. 9.

Le Comité peut entendre les personnes dont il juge l'audition utile pour ses délibérations. Ces personnes sont convoquées soit d'office, soit sur leur demande, par les soins du président.

Art. 10.

Des sous-commissions temporaires, composées par parties égales, de fonctionnaires et représentants professionnels des industries, peuvent être constituées dans le sein du Comité pour l'examen préalable d'affaires déterminées ; les membres en sont désignés par le président.

Art. 11.

Les avis sont pris à la majorité des voix des membres présents. En cas de partage, la voix du président est prépondérante.

Art. 12.

Le Comité est autorisé à émettre des vœux tendant à l'étude des questions intéressant les distributions d'énergie électrique.

Art. 13.

Les avis et les vœux du Comité sont transmis aux ministres intéressés par le ministre des Travaux publics,

Art. 14.

Les fonctions de membre du Comité sont gratuites.

Art. 15.

Le ministre des Travaux publics, des Postes et des Télégraphes, est chargé de l'exécution du présent décret, qui sera publié au *Journal officiel* et inséré au *Bulletin des Lois.*

Fait à Paris, le 7 février 1907.

A. FALLIÈRES.

Par le Président de la République :
Le ministre des Travaux publics,
des Postes et des Télégraphes.
LOUIS BARTHOU.

48. — Circulaire du Ministre des Travaux publics en date du 28 février 1907 prescrivant des conférences avec le service des télégraphes en ce qui concerne les chemins de fer d'intérêt local et les tramways.

MINISTÈRE
DES
TRAVAUX PUBLICS,
DES POSTES
ET
DES TÉLÉGRAPHES.

DIRECTION
DES CHEMINS DE FER.

1ʳᵉ DIVISION

1ᵉʳ BUREAU

Chemins de fer
d'intérêt local et
tramways.

Conférence
avec l'administration des
Postes et Télégraphes.

CIRCULAIRE
Série B, n° 7.

RÉPUBLIQUE FRANÇAISE

Paris, le 28 février 1907.

LE MINISTRE,

à Monsieur le Préfet du département d

Aux termes d'une circulaire de l'un de mes prédécesseurs, en date du 10 juillet 1882, MM. les ingénieurs en chef des Ponts et Chaussées doivent, — avant toute approbation des cahiers des charges des chemins de fer d'intérêt local par les Conseils Généraux — entrer en conférences avec MM. les directeurs départementaux des Postes et des Télégraphes, pour l'examen des stipulations à insérer dans les cahiers des charges, dans l'intérêt des services qui sont confiés à ces fonctionnaires.

En vous rappelant ces prescriptions, une seconde circulaire, du 4 juin 1901, a décidé qu'elles seraient étendues aux entreprises de tramways à traction mécanique, pour voyageurs et marchandises.

En ce qui concerne les tramways à traction électrique, il est dit, dans la circulaire du 9 octobre 1899, que MM. les ingénieurs auront à tenir des conférences spéciales avec les représentants de l'Administration des Postes et des Télégraphes, au cours de l'instruction locale qui doit précéder la déclaration d'utilité publique. Ces conférences, motivées par le mode de traction des tramways dont il s'agit, sont distinctes de celles prévues par les circulaires de 1882 et 1901. Elles devront, bien entendu, être tenues, non seulement pour les tramways, mais encore pour les chemins de fer d'intérêt local, sur lesquels serait employée la traction électrique.

Enfin, il est évident que, par application des règles générales relatives au mode d'instruction des affaires intéressant plusieurs services, MM. les ingénieurs des Ponts et Chaussées doivent conférer avec les fonctionnaires des Postes et des Télégraphes, préalablement à la clôture de l'enquête d'utilité publique, toutes les fois que l'établissement d'une voie ferrée est susceptible d'intéresser des installations faites par l'Administration des Télégraphes, par exemple si la voie ferrée dont il s'agit doit être établie au-dessus d'une canalisation souterraine appartenant à cette dernière Administration.

Ces règles paraissent avoir été perdues de vue dans un certain nombre de départements, et je crois devoir vous signaler la nécessité qu'il y a à ce qu'elles soient rigoureusement observées.

Je vous prie de donner connaissance de la présente circulaire à MM. les ingénieurs de votre département, et de veiller à ce qu'elle soit exactement appliquée.

LOUIS BARTHOU.

49. — Circulaire du ministre des Travaux publics en date du 17 décembre 1907, relative aux gardes particuliers des distributions d'énergie électrique.

MINISTÈRE
DES
TRAVAUX PUBLICS,
DES POSTES
ET
DES TÉLÉGRAPHES

DIRECTION
DES ROUTES,
DE LA NAVIGATION
ET
DES MINES

DIVISION
DES
ROUTES ET PONTS

2ᵉ BUREAU

Distributions
d'énergie électrique.

Gardes particuliers.

RÉPUBLIQUE FRANÇAISE

Paris, le 17 décembre 1907.

LE MINISTRE

à Monsieur le Préfet du département d

J'ai été saisi de la question de savoir si une personne ou une société qui exploite un réseau de distribution d'énergie électrique établi en vertu d'une simple permission de voirie peut faire agréer un garde particulier, l'article 25 de la loi du 15 juin 1906 ne paraissant accorder cette faculté qu'au seul concessionnaire.

Sans doute, l'article 25 habilite explicitement à verbaliser « les gardes particuliers du concessionnaire agréés par l'Administration et dûment assermentés » ; je ne crois pas cependant que le silence de la loi, en ce qui concerne le permissionnaire, fasse obstacle à ce que ce dernier fasse agréer des gardes particuliers chargés de constater les délits et les contraventions prévus au dit article.

Il semble, en effet, à lire le commentaire dont M. Léon Janet, rapporteur de la loi sur les distributions d'énergie devant la Chambre des députés, a accompagné l'article 25, qu'il y a eu omission. M. Léon Janet dit expressément : « Cet article reproduit, avec quelques modifications insignifiantes, les articles 13 et 14 du texte de la précédente législature ».

Or, les projets de loi antérieurs sur la matière rapportés devant la Chambre par M. Guillain (6ᵉ législature, session de 1898) et par M. Berthelot (7ᵉ législature, session de 1899) s'étaient préoccupés d'imposer aux entreprises de distributions d'énergie électrique le régime de la concession et de n'admettre qu'exceptionnellement la permission ; c'est pourquoi le concessionnaire était seul visé dans les articles 12 (24 de la loi de 1906) 13 et 14 (25 de la loi de 1906) identiques dans les deux projets de loi de 1898 et de 1899.

La loi du 15 juin 1906 a, au contraire, admis le double régime de la permission de voirie et de la concession. En concordance avec ces nouvelles dispositions, le mot « permissionnaire » a été ajouté à l'article 24 ; il m'apparaît que c'est par un oubli du législateur qu'il n'a pas été inséré à l'article 25.

Alors que le concessionnaire et le permissionnaire sont astreints aux mêmes pénalités pour les infractions susceptibles de porter atteinte à la circulation (article 24), il est légitime de donner également au permissionnaire — qui, au regard de la loi, a les mêmes devoirs que le concessionnaire — la faculté de faire constater par des agents à lui les infractions qui pourraient être commises aux prescriptions réglementaires édictées dans l'intérêt de la sécurité des personnes (article 25), et dont la responsabilité peut lui incomber en cas d'accident résultant de ces infractions.

Pour ces motifs je ne vois aucun inconvénient à ce que vous accueilliez les demandes en agrément de gardes particuliers qui vous seraient adressées par des entrepreneurs de distributions d'énergie électrique établies en vertu de permissions de voirie.

Louis BARTHOU.

50. — Décret du 14 octobre 1909 relatif à l'application en Algérie sous certaines réserves, de la loi du 15 juillet 1906 sur les distributions d'énergie électrique.

LE PRÉSIDENT DE LA RÉPUBLIQUE FRANÇAISE,

Vu la loi du 15 juin 1906 sur les distributions d'énergie ;

Vu les décrets des 17 octobre 1907, 3 avril 1908, 17 mai 1908 et 20 octobre 1908 portant règlements d'administration publique pour l'exécution de cette loi ;

Vu les décrets du 18 août 1897, du 30 décembre 1907, du 23 mars 1898, du 25 mai 1898 et du 12 octobre 1901, organisant les services des travaux publics, de l'hydraulique agricole, de l'agriculture, de l'enregistrement, des domaines et du timbre, et des postes et des télégraphes, du 23 août 1898, organisant le gouvernement et la haute administration de l'Algérie ;

Vu l'avis du conseil du gouvernement de l'Algérie en date du 5 mars 1909 ;

Sur le rapport du président du Conseil, ministre de l'Intérieur et des Cultes, du ministre des Travaux publics, des Postes et des Télégraphes, du ministre des Finances et du ministre de l'Agriculture, d'après les propositions du gouverneur général de l'Algérie,

DÉCRÈTE :

ARTICLE PREMIER. — Sont exécutoires en Algérie sous les réserves indiquées aux articles 2 à 8 ci-après :

La loi du 15 juillet 1906 sur les distributions d'énergie ;

Le décret du 17 octobre 1907, organisant le service du contrôle des distributions d'énergie électrique en exécution de l'article 18 (3°) de ladite loi ;

Le décret du 17 octobre 1907, portant fixation des redevances prévues par l'article 18 (7°) de ladite loi pour l'occupation du domaine public par les entreprises de distribution d'énergie ;

Le décret du 3 avril 1908, portant règlement d'administration publique pour les objets énoncés aux nos 1°, 2°, 3°, 4°, 5°, 6° et 8° de l'article 18 de ladite loi ;

Le décret du 17 mai 1908, portant approbation d'un cahier des charges type pour la concession d'une distribution publique d'énergie électrique par une commune ou un syndicat de communes ;

Le décret du 20 août 1908, portant approbation d'un cahier des charges type pour la concession d'une distribution publique d'énergie par l'État.

ART. 2. — Les pouvoirs attribués par ces lois et règlements au ministre des Travaux Publics, des Postes et des Télégraphes, au ministre de l'Intérieur, au ministre des Finances et au ministre de l'Agriculture sont exercés en Algérie par le gouverneur général.

ART. 3. — Toutefois lorsqu'il doit être statué par un décret, cet acte est, après instruction de l'affaire sur place par le gouverneur général, préparé et contresigné par le ministre des Travaux publics et par le ministre de l'Intérieur.

ART. 4. — Dans les cas où la consultation du Comité d'électricité institué auprès du ministre des Travaux publics, des Postes et des Télégraphes est prescrit par la loi et les décrets et dans les cas où le gouverneur général reconnaît l'utilité de prendre l'avis de ce Comité, cette consultation est provoquée par les soins du ministre à qui le dossier est transmis à cet effet et qui le renvoie ensuite au gouverneur général avec l'avis du Comité.

ART. 5. — Lorsqu'il y aura lieu à expropriation, il y sera procédé conformément à la législation spéciale à l'Algérie.

ART. 6. — Par dérogation aux dispositions de l'article 13 du décret du 17 octobre 1907, organisant le service du contrôle des distributions d'énergie électrique, le tarif maximum des frais de contrôle prévus aux articles 9 et 11 dudit décret sera revisé au plus tard le 1er janvier 1912.

ART. 7. — Les cautionnements à verser par les concessionnaires de distribution d'énergie électrique pourront être constitués en obligations émises par le gouvernement général de l'Algérie.

ART. 8. — Les extraits de carte à joindre aux demandes de permissions de voirie ou de concessions seront établis à l'échelle 1/50 000.

ART. 9. — Les ministres de l'Intérieur, des Travaux publics, des Postes et des Télégraphes, des Finances et de l'Agriculture sont chargés, chacun en ce qui le concerne, de l'exécution du présent décret, qui sera publié au *Journal officiel* de la République française et inséré au *Bulletin des lois*, ainsi qu'au *Bulletin officiel* des actes du gouvernement général de l'Algérie.

Fait à Rambouillet, le 14 octobre 1909.

A. FALLIÈRES.

Par le Président de la République :

Le Président du Conseil,
Ministre de l'Intérieur et des Cultes.
ARISTIDE BRIAND.

Le ministre des Travaux publics,
des Postes et des Télégraphes
A. MILLERAND.

Le Ministre des Finances,
GEORGES COCHERY.

Le Ministre de l'Agriculture,
J. RUAU.

51. — Ordonnance du Préfet de police, en date du 10 août 1908, concernant les théâtres, cafés-concerts et autres spectacles publics.

PRÉFECTURE DE POLICE

ORDONNANCE

CONCERNANT LES

THÉATRES, CAFÉS-CONCERTS ET AUTRES SPECTACLES PUBLICS

Paris, le 10 août 1908.

Nous, Préfet de Police,

Vu la loi des 16-24 août 1790 (titre XI), celle des 19-22 juillet 1791 (titre Ier, art. 46), les arrêtés du 12 messidor an VIII, du 3 brumaire an IX et la loi du 10 juin 1853 ;

Vu l'arrêté du Directoire du 1er germinal an VII, le décret du 6 janvier 1864 et la loi du 7 décembre 1874 et la loi du 2 novembre 1892 ;

Vu l'article 471, § 15 du Code pénal ;

Vu la circulaire ministérielle du 6 janvier 1864 ;

Vu les délibérations de la Commission supérieure des Théâtres en date des 2 mai, 2, 11, 18, 23, 30 juin et 7 juillet 1908 ;

TITRE PREMIER

DISPOSITIONS GÉNÉRALES

CHAPITRE PREMIER
Formalités préliminaires.

ARTICLE PREMIER.

Toute personne qui voudra construire ou exploiter un établissement où seront donnés des spectacles, représentations théâtrales, concerts, exhibitions, bals, divertissements quelconques comportant l'admission du public devra adresser une demande à la Préfecture de Police.

Exception est faite pour les théâtres visés par le décret du 6 janvier 1864, dont la construction et l'exploitation doivent faire l'objet d'une déclaration préalable, tant au ministère de l'Instruction publique et des Beaux-Arts qu'à la Préfecture de Police.

ART. 2.

A la demande ou à la déclaration, devront être joints des plans détaillés, des coupes et élévations à l'échelle de 0m, 02 pour un mètre. Ces plans indiqueront, par étages et par espèces, le nombre des places et la largeur des dégagements mis à la disposition du public. Ces plans seront fournis en triple expédition et seront signés.

Les intéressés devront, en outre, fournir les plans, notices, etc., relatifs à l'installation électrique de l'établissement, conformément au titre V de la présente ordonnance.

La Préfecture de Police notifiera aux intéressés l'acceptation ou le refus des plans, ou, s'il y a lieu, indiquera les modifications à y apporter.

Art. 3.

Les travaux ne devront être commencés qu'après approbation des plans définitifs et aucune modification ne devra être apportée en cours de construction, si elle ne Nous a été soumise et n'a été acceptée par Nous.

Art. 4.

Avant toute autorisation d'ouverture d'un établissement au public, il sera procédé à une visite de réception par la Préfecture de Police, qui s'assurera de la concordance des plans et de l'exécution et prescrira les modifications de détail reconnues nécessaires.

Art. 5.

Aucun changement ne pourra être apporté dans la construction et l'aménagement d'un établissement existant sans que ces modifications aient été acceptées par Nous. Pour ces modifications, les propriétaires ou les exploitants devront satisfaire aux formalités définies aux articles 2 et 3 ci-dessus.

CHAPITRE II
Division des établissements.

Art. 6.

Les établissements définis à l'article 1er sont divisés en trois catégories suivant les dangers que peuvent présenter les installations et aménagements de la scène :

Sont de la 1re catégorie :

Les établissements ayant une scène machinée avec dessus et dessous.

Sont de la 2e catégorie :

Les établissements ayant une scène non machinée sans dessus ni dessous.
Cette catégorie comprend également les cirques, les hippodromes, les vélodromes et les autres établissements analogues qui n'ont pas de scène, mais une piste pouvant recevoir des décors, des praticables et des accessoires de scène.

Sont de la 3e catégorie :

Les établissements n'ayant pas de scène, mais pouvant comporter une simple estrade fixe ou mobile.
La classification d'un établissement dans une catégorie est déterminée par la destination habituelle de cet établissement. Elle pourra être modifiée si l'établissement change de destination et remplit les conditions applicables à une autre catégorie.

TITRE II
CONSTRUCTION ET AMÉNAGEMENT GÉNÉRAL

CHAPITRE PREMIER
Mesures d'isolement.

Art. 7.

Tous les établissements de la 1re catégorie et ceux de la 2e et 3e catégories pouvant contenir au moins 500 personnes devront avoir, à chaque étage, sur une ou plusieurs rues, une façade d'au moins 6 mètres de largeur.

La largeur des façades sera augmentée à raison d'un mètre par 100 personnes en plus des 500 premières.

Art. 8.

Lorsque le nombre des spectateurs dépassera 1 500 sans être supérieur à 2 000, l'établissement devra avoir une façade sur deux rues ou être isolé sur deux faces.

Art. 9.

Lorsque le nombre des spectateurs dépassera 2 000 sans être supérieur à 3 500, l'établissement devra avoir une façade sur trois rues ou être isolé sur trois faces.

Art. 10.

Lorsque le nombre des spectateurs sera supérieur à 3 500, l'établissement devra être isolé sur toutes ses faces.

Art. 11.

Les rues et cours d'isolement prévues aux articles précédents auront des dimensions conformes aux prescriptions du décret du 13 août 1902, mais leur largeur ne sera jamais inférieure à 5 mètres.

Cette largeur sera au moins égale à celle des sorties de l'établissement sur ces rues et cours d'isolement. Ces dernières devront être en communication facile avec les voies publiques.

Art. 12.

Dans les parties où les établissements de la 1re catégorie joindront des constructions ou des propriétés occupées par des tiers, un mur d'isolement en maçonnerie d'au moins $0^m,45$ d'épaisseur sera établi pour protéger le voisinage ; ce mur sera plein, sans aucune ouverture sur les voisins.

Art. 13.

Dans le périmètre des établissements de la 1re catégorie, il ne pourra être logé qu'un concierge, un gardien et le directeur de l'établissement ou son représentant.

Il est interdit d'établir dans ce périmètre aucune installation ou exploitation étrangères à l'établissement.

CHAPITRE II

Scène.

§ 1er. — *Établissements de la 1re catégorie.*

Art. 14.

La scène sera limitée par de gros murs en maçonnerie ayant une épaisseur d'au moins $0^m,45$. Ces murs présenteront une surface plane sans aucune partie en retrait de leur aplomb.

Les fenêtres percées dans les murs de la cage de scène devront toujours être plus élevées que les constructions voisines dans un rayon de 10 mètres.

Art. 15.

Le mur d'avant-scène devra s'élever d'au moins un mètre en contre-haut du comble de la salle et sera terminé, à sa partie supérieure, de manière à former un chemin de secours facilement accessible.

Art. 16.

Aucune communication ne pourra exister entre la scène et la coupole de la salle.

Art. 17.

Il ne sera pratiqué dans les murs limitant la scène, que les ouvertures strictement nécessaires pour assurer le service des représentations et le service des secours.

A la hauteur du plancher de scène, il devra toujours y avoir au moins deux issues de dégagement, une de chaque côté, d'une largeur suffisante pour permettre l'évacuation rapide du personnel.

Dans la partie haute de la scène, aucune communication ne pourra exister avec les escaliers et dégagements desservant les loges d'artistes et les bâtiments d'administration.

ART. 18.

Toutes ces baies seront fermées par des portes battantes construites en matériaux résistant au feu et de façon à s'opposer au passage de la fumée et des gaz.

Les portes situées au niveau du plancher de scène devront s'ouvrir en dehors de la scène : toutes les autres portes s'ouvriront à l'intérieur de la scène.

Les portes de communication entre la scène et la salle ou ses dépendances seront maintenues fermées à clef pendant la représentation ; elles devront pouvoir facilement s'ouvrir de la scène.

ART. 19.

L'ouverture de scène sera fermée complètement par un rideau plein métallique d'une manœuvre facile et non bruyante.

La manœuvre de descente de ce rideau devra pouvoir être effectuée de deux endroits différents, l'un à l'intérieur de la cage de scène à hauteur du plateau, et l'autre à l'extérieur dans un lieu toujours accessible. Elle devra se produire par un simple déclanchement et se continuer automatiquement.

Pour le cas où, accidentellement les appareils de manœuvre ne fonctionneraient pas, la descente devra pouvoir s'effectuer facilement à la main. Les treuils de commande ne devront pas être munis de cliquets, ou ceux-ci devront se relever automatiquement.

Le rideau métallique sera normalement tenu baissé ; il ne pourra être relevé que pendant les représentations, les répétitions et les opérations de mise en scène nécessitant son ouverture.

ART. 20.

Il sera établi, dans le comble de la scène une baie fermée par une ou plusieurs trappes : la section de cette baie sera égale au 1/20 de la surface de la scène.

La manœuvre d'ouverture de cette baie devra se faire de deux points différents situés : l'un sur la scène à proximité de la mise en œuvre du rideau métallique, l'autre, à proximité de la deuxième manœuvre de ce rideau.

ART. 21.

La charpente du comble sera en matériaux incombustibles ; la couverture sera en matériaux peu combustibles ; le chevronnage et le voligeage seront en matériaux légers et facilement combustibles.

Un septième au moins de la surface de la couverture sera en verre mince.

ART. 22.

Les escaliers, les échelles, les ponts de service, les grils, les divers planchers des dessus et dessous, les supports de ces planchers, la machinerie, et, en général, toutes les installations stables aménagées dans la cage de scène, seront en matériaux incombustibles ; le parquet de la scène pourra être en bois injecté d'une solution ignifuge.

Les fils de suspension seront également en matériaux incombustibles ; les fils de manœuvre pourront être recouverts de chanvre ou de toute autre matière maniable.

ART. 23.

Les décors, les praticables, les accessoires de scène, le rideau d'avant-scène et en général tous les objets et installations mobiles dans la cage de scène seront ininflammables.

Les directeurs d'établissements devront donner, en temps utile, avis à la Préfecture de Police de la mise en service des décors et autres objets ci-dessus désignés pour qu'ils soient essayés au point de vue de l'ininflammabilité par un délégué du service technique. Les essais seront renouvelés au moins une fois par an, et ils seront constatés chaque fois par l'apposition d'un cachet portant le millésime de l'année.

Sont considérées comme ininflammables les matières qui brûlent sans émettre de flammes. L'ininflammabilité ne sera pas obligatoire pour les meubles.

Art. 24.

La cage de scène ne pourra être encombrée de décors. La consigne spéciale à chaque établissement fixera pour chacun d'eux le nombre maximum de décors qui pourra être conservé.

Art. 25.

Les praticables, les accessoires et les meubles utilisés pour les représentations de la journée devront être enlevés au fur et à mesure et déposés dans des magasins situés en dehors de la scène et de la salle.

Art. 26.

Les accessoires très combustibles, tels que les pailles, paniers, fagots, guirlandes, etc., etc..., seront enfermés dans une resserre spéciale construite entièrement en matériaux incombustibles et maintenue fermée par une porte d'isolement également incombustible.

Art. 27.

Les décors, les praticables, les accessoires de scène et les meubles non en service ne pourront être conservés dans l'enceinte de l'établissement ; ils devront être transportés dans des magasins éloignés construits comme il est prescrit par l'ordonnance du 27 mars 1906.

Art. 28.

Les contrepoids des installations de scène ne devront jamais être placés au-dessus de locaux accessibles aux artistes et au public, ni au-dessus des canalisations d'eau et d'éclairage.

Art. 29.

Il est interdit d'établir des loges dans la cage de scène.

Des emplacements nécessaires au service pourront être réservés à l'avant-scène.

Art. 30.

Aucune loge d'artiste ou autre local annexe, sauf le magasin d'accessoires, ne pourra s'ouvrir directement dans la cage de scène.

Art. 31.

Les sapeurs-pompiers devront pouvoir accéder facilement sur la scène sans passer par les dégagements du public.

Art. 32.

Il est interdit de fumer dans la cage de scène et ses dépendances.

§ 2. — *Établissements de 2ᵉ catégorie.*

Art. 33.

La scène sera limitée par des murs en matériaux incombustibles.

Art. 34.

Si la scène surmonte des étages ou est surmontée d'étages occupés par des tiers, des planchers en matériaux incombustibles isoleront la scène de ces divers locaux. Aucune ouverture ne pourra être établie dans ces planchers. Aucun tuyau de fumée, provenant de locaux voisins, ne devra exister dans la cage de scène.

ART. 35.

Il n'y aura dans les murs limitant la scène, que les baies strictement nécessaires à l'exploitation de l'établissement ; toutes ces baies seront fermées par des portes d'isolement.

ART. 36.

Toutes les installations stables aménagées dans la cage de scène seront en matériaux incombustibles ; seul, pourra être en bois injecté d'une solution ignifuge, le parquet du plancher de scène.

ART. 37.

Les décors en tôle, toile métallique, amiante ou autres substances analogues, également incombustibles, montées sur métal.

Les praticables seront en matériaux incombustibles. Les accessoires de scène et, en général, tous les objets d'installation mobile dans la cage de scène seront ininflammables, ainsi que les tentures et le rideau d'avant-scène. L'ininflammabilité ne sera pas obligatoire pour les meubles.

ART. 38.

Les articles 24, 25, 27, 29, 30, 31, 32 ci-dessus sont également applicables aux établissements de 2ᵉ catégorie.

§ 3. — *Établissements de la 3ᵉ catégorie.*

ART. 39.

Les établissements de la 3ᵉ catégorie ne devront pas avoir de scène ; une simple estrade fixe ou mobile pourra être installée dans la salle. Cette estrade sera construite en matériaux incombustibles, ou tout au moins tous les bois seront recouverts de plâtre. Le parquet de l'estrade et les menuiseries pourront seuls être en bois apparent.

ART. 40.

Sur les estrades fixes — ou les limitant — il ne pourra être établi qu'une décoration unique, fixe et incombustible ou marouflée sur cloisons incombustibles. Les accessoires devront être rendus ininflammables.

Les estrades mobiles ne pourront recevoir aucune décoration.

CHAPITRE III
Salle.

§ 1ᵉʳ. — *Établissements de 1ʳᵉ catégorie.*

ART. 41.

La salle et toutes ses dépendances : vestibules, escaliers, foyers, buvettes, dégagements, etc..., et en général, tous les locaux accessibles ou non au public seront construits en matériaux incombustibles.

ART. 42.

La calotte au-dessus de la salle, les planchers séparant les divers étages et les combles seront hourdés en maçonnerie.

ART. 43.

Les points d'appui isolés, les pièces de charpente apparentes, les poutres et les solives non enveloppées de maçonnerie, seront entourés d'une enveloppe résistant au feu.

ART. 44.

Les menuiseries, les parquets et les dessus de marches pourront être en bois. Les parquets et les dessus des marches seront parfaitement adhérents aux hourdis des planchers et escaliers.

Le dessus des marches des escaliers ne pourra être ciré ou en matériaux pouvant prendre le poli à l'usage.

Art. 45.

Des grillages métalliques, à mailles suffisamment serrées, seront établis sous les châssis vitrés éclairant la salle et ses dépendances, accessibles au public.

Les châssis du toit seront protégés au-dessus par un grillage métallique.

Art. 46.

Les tentures, les toiles et les objets de décoration devront adhérer complètement aux surfaces qu'ils recouvriront.

Art. 47.

Des portières, des rideaux pourront être établis aux portes et aux croisées, des tapis sur les sols, mais ces tentures et tapis seront en tissus ininflammables et ne devront pas gêner la circulation du public.

Art. 48.

Il est interdit d'établir des ateliers ou des chambres à feu dans les locaux qui surmontent la salle et ses dépendances, comme aussi dans les locaux qui pourront être en dessous.

Art. 49.

Dans les locaux spécifiés à l'article 41 pourront être établis des magasins de costumes, des salles pour répétitions, archives, bibliothèques.

Ces magasins et autres services n'auront aucune communication avec la salle et ses dépendances, ni avec la scène. On ne pourra y accéder que des bâtiments d'administration ; les baies de communication seront fermées par des portes battantes et en matériaux résistant au feu. Ces portes seront maintenues fermées à clef pendant la présence du public dans la salle.

§ 2. — *Établissements de 2ᵉ et de 3ᵉ catégorie.*

Art. 50.

Les salles de la 2ᵉ et de la 3ᵉ catégorie devront être construites et aménagées comme celles de la 1ʳᵉ catégorie. Les planchers qui pourront séparer ces établissements des locaux voisins seront en matériaux incombustibles.

Exception est faite pour la grosse construction des salles contenant moins de 500 personnes, qui, si elle n'est pas en matériaux incombustibles, devra être hourdée et recouverte de plâtre.

Art. 51.

Aucune communication ne pourra exister entre la salle et les locaux des voisins.

CHAPITRE IV

Bâtiments d'administration (dispositions applicables à tous les établissements).

Art. 52.

Les bâtiments d'administration, qui comprennent les loges d'artistes, les ateliers d'électriciens, de tailleurs, couturières, coiffeurs, etc., etc., et les divers magasins nécessaires à l'exploitation de l'établissement seront construits conformément aux prescriptions applicables aux salles de leur catégorie. Ils seront séparés de la salle et de ses dépendances par des murs pleins en maçonnerie.

Distributions d'énergie électrique. 18

Art. 53.

Il n'existera dans ces murs que les baies nécessaires à l'exploitation et aux secours. Ces baies seront fermées par des portes battantes en matériaux résistant au feu. Les magasins et ateliers seront éloignés des escaliers et fermés par des portes semblables.

Art. 54.

Des escaliers et dégagements faciles seront aménagés pour les artistes ; ceux-ci devront toujours pouvoir utiliser deux dégagements différents.

Art. 55.

Les couloirs et dégagements des bâtiments d'administration, ceux des musiciens de l'orchestre, ne seront jamais encombrés par des accessoires, des costumes, etc., etc. ; ils devront être maintenus libres pour la circulation.

Art. 56.

Dans les loges d'artistes, foyers, magasins, ateliers et dégagements, il est interdit d'établir aucune tenture, portière, rideau, etc., etc., combustible. Les murs et plafonds ne pourront être décorés que de peinture, papiers et tentures parfaitement adhérents aux maçonneries.

Il est interdit de fumer dans ces locaux.

Art. 57.

Les costumes non en service ne pourront être conservés dans les loges d'artistes. Ils devront être transportés et conservés dans des magasins spéciaux.

Dans ces magasins, les costumes, s'ils ne sont pas enfermés dans des meubles, seront recouverts d'une toile ininflammable.

Art. 58.

Il est interdit d'accrocher ou de déposer des vêtements en dehors des vestiaires qui devront être mis à la disposition du personnel.

Art. 59.

Aucune fabrique ou magasin d'artifices, aucun dépôt de substances explosives quelconques ne pourra exister dans l'établissement. Les pièces nécessaires au jeu seront apportées au moment de la représentation et déposées dans un local approprié.

TITRE III

DÉGAGEMENTS DE LA SALLE

CHAPITRE PREMIER

Dispositions générales.

Art. 60.

Les places du rez-de-chaussée ne pourront jamais être à un niveau inférieur à 3^m,50 en contre-bas des sols extérieurs.

Art. 61.

Le niveau du rez-de-chaussée des salles des établissements de la première catégorie, et celui des salles des établissements de deuxième catégorie contenant plus de 500 personnes, ne pourra jamais être à plus de 4 mètres en contre haut des sols extérieurs.

Le niveau du rez-de-chaussée des salles des établissements de deuxième catégorie contenant moins de 500 personnes et celui des salles des établissements de troisième catégorie contenant plus de 500 personnes ne pourra jamais être à plus de 8 mètres en contre-haut des sols extérieurs.

Art. 62.

Pour définir le nombre des spectateurs admis à chacune des catégories de places, on ajoutera au nombre de places assises le nombre des spectateurs pouvant stationner dans les promenoirs à raison de trois personnes par mètre carré de surface de promenoir.

Seront considérés comme promenoirs tous les espaces où le public pourra stationner pour voir la représentation ou les attractions.

Dans les rangs de banquettes, lorsque les places assises ne seront pas séparées ou déterminées par un numéro, le nombre des spectateurs sera évalué à raison d'une personne par 0^m,45 de largeur de banquette.

Art. 63.

Le nombre et la largeur des dégagements seront proportionnels au nombre des spectateurs admis dans la salle pour l'ensemble et aussi par catégories de place. Cette règle s'appliquera non seulement aux issues sur l'extérieur, mais aux escaliers et dégagements à l'intérieur de l'établissement.

Art. 64.

Les escaliers et dégagements généraux devront être disposés de manière que les courants de public se dirigeant vers les vestibules et les sorties ne puissent se heurter.

Art. 65.

Des vestiaires pourront être aménagés dans la salle et ses dépendances et en dehors des chemins de circulation et des escaliers. Ces vestiaires seront disposés de manière que le public, stationnant aux abords, ne gêne pas la circulation dans les couloirs et dégagements. En aucun cas, les vêtements ne pourront être déposés ou accrochés dans les couloirs et dégagements.

Art. 66.

Il est interdit de déposer et laisser séjourner dans les escaliers, les dégagements et aux abords des sorties, des objets quelconques pouvant gêner la circulation ou diminuer la largeur de ces escaliers, dégagements et sorties, même si cette largeur était supérieure aux largeurs obligatoires qui seront définies plus loin. Les bureaux de contrôle seront mobiles et ne devront jamais obstruer les sorties.

Art. 67.

Des strapontins pourront être établis dans les dégagements de circulation générale pour le personnel de l'établissement. Ces strapontins devront se relever automatiquement et être installés de telle sorte qu'ils ne réduisent pas la largeur obligatoire des dégagements, ne gênent pas la circulation du public et ne forment, dans les passages, aucune saillie lorsqu'ils seront relevés.

Art. 68.

Il est interdit de ménager des marches dans les passages de circulation générale de la salle ; les différences de niveau devront être réunies par des plans inclinés dont la pente ne dépassera pas 10 centimètres pour un mètre.

Art. 69.

Les portes fermant à coulisse, les portes tournantes et tambours tournants, les tapis et chemins roulants et les escaliers mobiles sont interdits.

Les ascenseurs et monte-charges ne pourront motiver une diminution dans le nombre et les dimensions obligatoires des escaliers et dégagements tels qu'ils seront définis plus loin. Ils ne pourront être actionnés que par le personnel de l'établissement.

Art. 70.

Des inscriptions bien visibles indiqueront au public la direction des chemins vers les escaliers et les sorties. Il est interdit de disposer des glaces qui pourraient tromper le public sur la direction des sorties et des escaliers.

Les baies sans issue pour le public devront être signalées comme telles par une inscription.

CHAPITRE II

Sorties.

Art. 71.

Les sorties seront convenablement espacées dans l'établissement ; si l'établissement donne sur des espaces découverts tels que rues, cours, terrains vagues, etc., des sorties seront ménagées sur chacun de ces espaces découverts.

Art. 72.

La salle, la scène et ses dépendances devront avoir sur l'extérieur des issues indépendantes.

Art. 73.

Lorsque plus de 100 personnes et moins de 500 seront réunies dans un établissement, il sera toujours établi pour le public deux sorties au moins ; il sera établi une sortie en plus par chaque groupe ou fraction de groupe de 250 personnes en plus des 500 premières.

Art. 74.

La largeur des portes de sortie ne sera jamais inférieure à $0^m,75$.

Art. 75.

Les portes de sortie sur l'extérieur devront s'ouvrir dans le sens de la sortie. Des tambours pourront être autorisés devant ces portes après examen des services techniques.

Art. 76.

La largeur exigible des issues sur l'extérieur ne s'appliquera qu'aux baies destinées exclusivement à la sortie du public. Dans cette largeur ne seront pas comptées les sorties qui pourraient exister au travers des cafés, buvettes et autres locaux annexes des établissements.

Ne seront pas comptées non plus les sorties de secours qui pourraient être établies sur le voisinage.

Art. 77.

Les portes fermant les dégagements intérieurs de la salle, celles s'ouvrant dans les couloirs généraux, les foyers, les vestibules, etc., etc., devront s'ouvrir dans la direction de l'issue plus rapprochée.

Ces portes seront disposées de manière à ne former aucune saillie dans les couloirs, passages, escaliers de dégagements et à ne pas gêner la circulation du public vers les sorties.

Art. 78.

Le sens dans lequel ouvriront les portes des loges sera déterminé, après examen du plan, par les services techniques.

Art. 79.

Les portes donnant sur l'extérieur, à l'exception de celles maintenues constamment ouvertes, celles fermant les passages intérieurs, les couloirs, escaliers, vestibules, etc., devront être vitrés à la partie supérieure pour permettre au public de se diriger vers des points éclairés.

CHAPITRE III
Couloirs et dégagements généraux.

Art. 80.

La largeur des portes et sorties sur l'extérieur sera basée sur une largeur minimum de 0,80 *m* pour 100 personnes.

Art. 81.

La largeur de tous les dégagements généraux : chemins, passages, couloirs, escaliers, etc., sera proportionnelle au nombre des spectateurs devant utiliser ces dégagements.

Elle sera basée sur une largeur minimum de 0,60 *m* pour 100 personnes et ne sera pas inférieure à 1,50 *m*.

Art. 82.

Lorsque les places du rez-de-chaussée seront en contrebas des sols extérieurs ou à un niveau supérieur à deux mètres au-dessus des sols extérieurs, la largeur des dégagements et escaliers devant faire communiquer le rez-de-chaussée de la salle avec les vestibules et avec l'extérieur, sera calculée à raison de 0,80 *m* pour 100 personnes devant utiliser ces dégagements.

Lorsque les places du rez-de-chaussée seront entre contre-bas des sols extérieurs, les dégagements et escaliers desservant ces places devront être indépendants de ceux desservant les étages supérieurs.

CHAPITRE IV
Dispositions spéciales aux escaliers

Art. 83.

Les emplacements des escaliers devront être choisis de manière à desservir facilement toutes les parties des établissements et à diriger rapidement le public vers les vestibules et sorties.

Art. 84.

Lorsque plus de 100 personnes et moins de 500 pourront être réunies dans un ou plusieurs étages au-dessus du rez-de-chaussée des établissements, il sera toujours établi deux escaliers au moins ; il sera établi un escalier en plus par chaque groupe de 250 personnes ou fraction de 250 personnes en plus des 500 premières.

Ce nombre sera calculé à part pour chacun des étages, de sorte que le nombre des escaliers augmente en proportion avec le nombre des spectateurs appelé à les fréquenter à la sortie.

Art. 85.

Les escaliers de dégagement devront être prolongés sans interruption jusqu'au niveau du sol extérieur.

Art. 86.

Les escaliers destinés à la circulation du public seront droits sans quartiers tournants. Leur largeur ne sera jamais inférieure à 1.20 *m*. Ils seront munis de mains courantes des deux côtés.

Art. 87.

La largeur d'un escalier, en un point quelconque, ne pourra jamais être rétrécie dans la direction des sorties.

Art. 88.

Des paliers seront établis de manière à limiter à 20 marches au plus les volées d'escalier. Les paliers auront une largeur égale à celle des escaliers ; leur longueur ne sera pas inférieure à 1,20 m.

Art. 89.

Si les salles sont limitées par des couloirs ou des chemins de circulation, les escaliers et leurs paliers seront situés en dehors des couloirs ou chemins.

Art. 90.

Les portes qui pourront fermer les escaliers sur les vestibules, couloirs et dégagements, etc., ne devront former aucune saillie dans les escaliers ni en rétrécir la largeur. Un palier d'un mètre au moins les précédera du côté des escaliers.

Art. 91.

Pour la sortie, tous les escaliers devront communiquer entre eux, de manière à pouvoir être utilisés par le public de toutes les catégories de places, sauf l'exception établie à l'article 82 pour les escaliers desservant les places en contre-bas des sols extérieurs.

CHAPITRE V
Dégagements intérieurs de la salle.

Art. 92.

Les places de stalles ou banquettes aux divers étages (amphithéâtres, balcons, fauteuils d'orchestre, etc.), seront desservies par des chemins de circulation perpendiculaires aux rangs de sièges. Ces passages seront établis de manière que chaque spectateur, pour atteindre un passage, ne devra jamais être obligé de passer devant un nombre de sièges supérieur à sept.

Art. 93.

Toutes les places sur le parquet du rez-de-chaussée de la salle, et celles des balcons, galeries, amphithéâtres, dans les étages au-dessus, seront desservies par des chemins d'au moins un mètre de largeur et en nombre suffisant pour assurer une prompte évacuation des spectateurs.

Le nombre et la largeur des portes de sortie des places du rez-de-chaussée, des balcons, galeries et amphithéâtres seront toujours proportionnés au nombre des spectateurs admis à ces étages. La largeur de ces portes ne sera jamais inférieure à un mètre.

Art. 94.

Les rangs de fauteuils, stalles, banquettes, etc., seront espacés de manière à ménager un passage libre de 0,45 m entre les rangs de sièges ; ce passage sera mesuré entre les parties les plus saillantes des sièges et des dossiers qui leur font face. Ces sièges seront fixés sur le sol, sauf autorisations spéciales qui pourront être accordées après avis des Services techniques, pour les établissements de 2e et de 3e catégorie.

Art. 95.

L'installation de tabourets ou autres sièges mobiles est absolument interdite dans les passages de circulation intérieure. Des strapontins pourront être établis dans ces passages, à la condition qu'ils se relèveront automatiquement et seront installés conformément aux prescriptions de l'article 67 ci-dessus.

Art. 96.

Les boîtes à lorgnettes, à bonbons, les tablettes pour consommations ou autres installations du même genre, ne seront tolérées qu'à la condition de ne faire aucune saillie dans les passages et ne pas gêner la circulation.

Art. 97.

Aucune barre ou obstacle quelconque ne pourra être placé dans les rangs de stalles ni dans les passages de circulation desservant ces rangs.

Aux places supérieures, les balcons et leurs garde fous seront disposés de manière à éviter la chute des spectateurs.

Art. 98.

En outre des sorties qui leur sont réservées, des moyens de communication seront établis pour les musiciens entre l'orchestre et la salle.

CHAPITRE VI

Dégagements de secours.

Art. 99.

En plus des issues régulières de la scène, des bâtiments d'administration, de la salle et de ses dépendances, il sera établi des baies de secours, des escaliers, des échelles, des balcons et chemins de secours pour le public, les artistes et le personnel.

Les emplacements et les dispositions de ces issues de secours seront déterminés après avis des Services techniques.

Les fenêtres ne pourront être grillées, sauf autorisation spéciale.

TITRE IV

CHAUFFAGE — VENTILATION — HYGIÈNE

Art. 100.

Les établissements de la 1re catégorie et les salles de toutes catégories pouvant contenir cinq cents personnes au moins ne pourront être chauffées au moyen de calorifères à air chauffé directement par le feu.

Les appareils de chauffage à l'eau et à la vapeur seront établis de manière que la pression dans les conduites ne soit pas supérieure à 2 kilogrammes par centimètre carré.

Des appareils de chauffage électrique pourront être installés après avis des Services techniques.

Art. 101.

Les foyers des appareils de chauffage seront placés dans des locaux entièrement construits en matériaux incombustibles. Ces locaux seront largement ventilés sur l'extérieur et seront sans communication directe avec la scène, la salle et ses dépendances.

Les approvisionnements de combustibles seront conservés dans des locaux semblables aux précédents et maintenus suffisamment éloignés des foyers.

Art. 102.

Les tuyaux de fumée ne pourront traverser la scène, les magasins d'objets combustibles ni la salle et les dégagements du public. Ils seront construits en briques d'au moins 0.10 m d'épaisseur.

Les foyers, leurs tuyaux de fumée, les conduits et bouches de chaleur seront pour le surplus installés conformément aux dispositions de l'ordonnance du 27 mars 1906.

Art. 103.

Il est interdit de placer dans les établissements de toutes catégories pouvant recevoir plus de deux cent cinquante personnes, et dans leurs dépendances, des cheminées, des poêles, des appareils fixes ou mobiles de chauffage au feu.

Des autorisations spéciales régleront les conditions d'installation et d'usage des appareils de chauffage dans ceux de ces établissements contenant moins de deux cent cinquante personnes.

Art. 104.

Les directeurs de théâtres, concerts, cirques et établissements similaires devront veiller dans leurs établissements respectifs à la stricte application des dispositions édictées par le Règlement sanitaire de la Ville de Paris du 22 juin 1904.

Art. 105.

Le sol des diverses parties de l'établissement sera nettoyé avant chaque représentation. Ce nettoyage sera fait soit par un lavage, soit à l'aide de brosses ou de linges humides, si les conditions de l'exploitation ou la nature du revêtement du sol s'opposent au lavage.

Les murs et les plafonds seront l'objet de fréquents nettoyages ; les enduits et les peintures seront refaits toutes les fois qu'il sera nécessaire. Les directeurs devront, en outre, faire procéder à des opérations de nettoyages ayant pour but la disparition totale des poussières, autant de fois qu'il sera nécessaire pour maintenir l'établissement dans un état constant de propreté.

Art. 106.

Tous les locaux de l'établissement devront être soumis à une ventilation énergique, notamment après chaque répétition ou représentation.

Art. 107.

Dans tous les établissements, des cabinets d'aisances et des urinoirs devront être établis en nombre suffisant. Ces cabinets et urinoirs devront être distribués de façon telle que le public et le personnel puissent aisément en faire usage.

Ils devront être entretenus dans un état constant de propreté, être éclairés et aménagés de manière à ne dégager aucune odeur.

Art. 108.

Les effets, perruques, etc., portés par les artistes, danseurs, danseuses, figurants, figurantes, choristes, etc., devront être immunisés au moins à chaque changement de titulaire.

Art. 109.

Les locaux destinés au personnel de l'établissement, notamment ceux où les artistes et figurants procèdent à leur déshabillage et à leur habillage, devront être suffisamment éclairés et ventilés et établis de façon telle qu'ils ne puissent nuire à la santé des occupants, soit par suite de l'encombrement excessif, soit pour toute autre cause d'insalubrité.

TITRE V

ÉCLAIRAGE

CHAPITRE PREMIER

Dispositions générales.

Art. 110.

Les établissements de 1re et de 2e catégorie ne pourront être éclairés qu'à l'électricité.

Toutefois, à titre exceptionnel et par dérogation spéciale, l'autorisation de s'éclairer au gaz pourra être accordée à certains établissements de 2e catégorie se trouvant dans des conditions particulières.

Art. 111.

L'emploi des huiles minérales, de l'essence, de l'alcool et des hydrocarbures est formellement interdit dans les établissements de toutes catégories.

Art. 112.

Les appareils d'éclairage portatifs sont interdits dans les loges et foyers d'artistes et dans toutes les dépendances de la scène.

Des réchauds et chauffe-fers alimentés à l'électricité pourront seuls être établis après avis des services techniques.

Art. 113.

Les établissements de 2e et 3e catégorie ne pourront faire usage que d'appareils d'éclairage fixes.

Art. 114.

Pour l'usage de l'énergie électrique comme aussi pour l'emploi du gaz, les directeurs d'établissement devront satisfaire à tous les règlements imposés par la Préfecture de la Seine.

CHAPITRE II

Éclairage électrique.

§ 1er. — *Formalités préliminaires et dispositions*
générales.

Art. 115.

Tout Directeur devant installer la lumière électrique dans son établissement est tenu d'adresser à la Préfecture de Police (Bureau des Théâtres), au moins un mois avant le commencement des travaux :

1° Une note indiquant si le courant sera fourni par un concessionnaire ou par des machines installées dans l'établissement ;

2° Un plan détaillé, en triple exemplaire, qui indiquera l'emplacement des générateurs, des machines, des dynamos, des accumulateurs, des tableaux de distribution, des interrupteurs, des résistances, des lampes de secours et autres servant à l'éclairage normal, ainsi que le tracé des conducteurs, et un exemplaire du cahier des charges imposées par les secteurs ;

3° Une note explicative sur les machines motrices, leur force en chevaux-vapeur, sur les dynamos et sur les lampes à arc ou à incandescence, leur nombre par circuit et leur pouvoir éclairant ;

4° Un échantillon de chacun des conducteurs avec une note détaillée sur la distribution des circuits, la nature et le diamètre des conducteurs et le courant qui doit les traverser.

Art. 116.

Après réception, aucune modification ne pourra être apportée à l'installation, sans l'accomplissement des mêmes formalités.

Toute modification, même provisoire, apportée à l'éclairage de la salle ou de la scène, telle qu'accessoires lumineux, devra être l'objet d'une autorisation spéciale.

Art. 117.

Les établissements de 1re catégorie devront recevoir le courant de deux sources distinctes d'électricité, l'éclairage de la salle et des dégagements étant réparti sur deux circuits et chacun d'eux étant disposé de façon qu'il puisse suffire à l'éclairage de l'établissement (salle, scène, administration) pour en assurer l'évacuation si la première source venait à manquer.

L'éclairage du jeu de scène sera fourni par l'une ou l'autre source, suivant les besoins.

Art. 118.

Si la lumière électrique est produite dans l'établissement même, les générateurs de vapeur ou de gaz, moteurs, machines, etc., ne pourront en aucun cas être installés au-dessous des locaux accessibles au public.

Art. 119.

La mise en service d'une installation électrique nouvelle ou modifiée ne pourra avoir lieu qu'après vérification de l'installation en présence et sous le contrôle du Service technique.

La même vérification aura lieu au moins deux fois par an, notamment au moment de la réouverture annuelle.

Toutefois, pour les établissements de troisième catégorie recevant moins de 500 personnes, la réception de l'installation électrique par le secteur suffira pour qu'une autorisation provisoire soit accordée, en attendant la visite du Service technique.

Art. 120.

L'isolement électrique devra être mesuré fréquemment par les soins de la direction de l'établissement, et les résultats de constatations seront communiqués à la Préfecture de police chaque fois qu'elle le demandera.

Art. 121.

Chaque fois qu'un établissement recevra un courant à un potentiel entre fils supérieur à 220 volts, l'Administration prescrira des mesures spéciales après avis du Service technique.

§ 2. — *Câbles, fils conducteurs, tableaux de distribution,*
etc., etc.

Art. 122.

L'emploi des parties métalliques de la construction comme conducteurs est rigoureusement interdit.

Les conducteurs concentriques sont interdits.

Art. 123.

Dans chacune des parties d'un circuit, le diamètre des conducteurs devra être en rapport avec l'intensité du courant, de telle sorte qu'il ne puisse se produire en aucun point un échauffement dangereux pour l'isolement des conducteurs ou des objets voisins.

Il ne pourra passer dans un câble plus de deux ampères au minimum par millimètre carré de section ; au-dessus de six ampères, le câble devra avoir une section d'un millimètre carré par ampère.

Art. 124.

Les fils et les câbles seront recouverts d'une matière offrant toutes garanties au point de vue de l'isolement électrique. Cet isolement sera au moins égal à celui imposé aux secteurs par la Préfecture de la Seine.

Art. 125.

Les câbles de polarité différente seront éloignés d'au moins 10 millimètres et à une distance proportionnée à l'intensité du courant qui doit les traverser. L'espace entre les fils et les pièces métalliques de la construction sera de 10 centimètres au minimum.

Art. 126.

Quand les conducteurs traverseront des planchers, paliers, murs et cloisons, ils seront recouverts d'une gaine en caoutchouc supplémentaire et protégés en outre par une enveloppe en matière dure et incombustible. Aux croisements des câbles, ceux-ci seront également recouverts d'une gaine isolante supplémentaire ; il en sera de même lorsque les fils seront en contact avec les parties métalliques d'appareils d'éclairage tels que lustres, bras, appliques, qui seront eux-mêmes isolés électriquement.

Art. 127.

Tous les câbles d'amenée de courant seront bien en vue, marqués, numérotés, suffisamment séparés les uns des autres et solidement fixés sur des supports isolants.

Un voltmètre et un ampère-mètre seront installés à poste fixe au tableau d'arrivée pour contrôler les courants.

En aucun cas les câbles d'arrivée du courant ne pourront traverser la cage de scène.

Art. 128.

Les tableaux d'arrivée et de distribution seront convenablement placés, d'un accès facile et hors de la portée du public ; les commutateurs employés pour diriger les courants seront montés sur des supports incombustibles et en matière isolante.

Chaque circuit sera indiqué par une inscription fixe et bien apparente.

Les tableaux seront disposés de façon à permettre un accès facile aux bornes.

Art. 129.

Chaque circuit principal partant du tableau de distribution sera commandé par un interrupteur bipolaire et par un double coupe-circuit. Il y aura un coupe-circuit bipolaire à chaque dérivation de lampes à incandescence, et pas plus de 5 ampères par dérivation. Chaque ligne d'arcs comprendra un interrupteur double, un coupe-circuit sur chaque pôle et un rhéostat monté sur un support incombustible et suffisamment éloigné des conducteurs.

Les interrupteurs devront avoir une longueur suffisante d'interruption et être construits de façon à ne pouvoir occuper une position intermédiaire et à prévenir la formation d'un arc.

Art. 130.

Les traînes, les portants et tous les accessoires de lumière devront être munis de fusibles bipolaires montés sur l'appareil même.

Les coupe-circuit montés sur socles isolants et incombustibles seront disposés de telle sorte que la fusion d'un fil fusible détermine une rupture efficace et immédiate du courant. Les fils fusibles devront pouvoir être facilement remplacés et seront recouverts de manière à ne pas donner lieu à des projections de métal fondu.

Les fusibles des circuits supportant un courant de 10 ampères devront être séparés par une cloison isolante. Les coupe-circuit devront être marqués pour indiquer l'intensité pour laquelle ils sont étalonnés et ne pas être interchangeables, c'est-à-dire que la forme des coupe-circuit devra varier avec l'intensité pour laquelle ils sont établis.

Art. 131.

Il ne pourra être fait usage de fils souples que pour l'éclairage des herses, portants, traînées et accessoires. Tout autre usage de fils souples est interdit tant sur la scène que dans les loges d'artistes.

Art. 132.

Tous les câbles souples de la scène et de la salle seront garnis de cuir sur toute leur longueur et leurs attaches seront renforcées ; la section de ces câbles souples sera au moins de un millimètre par ampère et leur enveloppe isolante sera doublée.

Art. 133.

Sauf au voisinage des lampes, tous les fils et câbles seront placés sous moulures ; ils pourront être montés sur isolateurs quand ils seront inaccessibles au public. Dans les caves, sous-sols, et en général, dans tous les endroits humides, les conducteurs seront supportés par des isolateurs.

Art. 134.

Les câbles de suspension des appareils d'éclairages seront incombustibles et indépendants des fils conducteurs ; ils seront isolés électriquement.

Les fils conducteurs ne pourront en aucun cas servir de câbles de suspension aux appareils.

Art. 135.

Les lustres seront suspendus par deux câbles au moins, chacun de ces câbles étant capable de supporter à lui seul dix fois le poids du lustre et de le maintenir en cas de rupture d'un des câbles de suspension.

Art. 136.

Les câbles de suspension des lustres dans la salle seront munis d'une broche de sûreté rendant les lustres fixes quand ils seront à leur place d'éclairage.

La manœuvre des lustres ne pourra être faite que dans l'intervalle des représentations et à l'aide d'un treuil à pédales.

Art. 137.

Les herses devront être suspendues par au moins trois fils métalliques, qui seront disposés de telle sorte qu'aucune traction ne puisse s'exercer sur les conducteurs électriques.

Art. 138.

Les circuits principaux seront interrompus en dehors des représentations ou répétitions. Pendant les représentations, un électricien se tiendra en permanence au tableau de distribution de la scène.

Art. 139.

Lorsqu'il sera fait usage de transformateurs ou de dynamos réceptrices, ces appareils devront être disposés de façon à éviter tout accident ; des précautions spéciales seront prises pour les isoler et les mettre hors de la portée des personnes qui ne seront pas appelées à s'en servir.

Les transformateurs devront être placés près de l'arrivée du courant, de manière à réduire le plus possible, dans l'établissement, la longueur des conducteurs amenant le courant à haute tension.

Ces transformateurs seront placés en dehors de la cage de scène et dans un local ventilé sur l'extérieur.

§ 3. — *Lampes, rhéostats.*

Art. 140.

Les lampes à arc ne pourront être à feu nu ; elles seront munies de globes grillagés pour arrêter les étincelles et les bris de verre et de cendriers.

Les lampes à arc servant de projecteurs seront enfermées dans des lanternes à parois métalliques.

Les lampes à incandescence dont l'intensité dépassera dix carcels (100 bougies) devront également être protégées par un grillage.

Art. 141.

Les lampes des portants et des herses seront placées de manière à être protégées contre les chocs.

Art. 142.

Les rhéostats de l'éclairage de scène seront montés sur des supports incombustibles et placés dans un local spécial incombustible, aéré et en dehors de la cage de scène.

CHAPITRE III
Éclairage au gaz.

Art. 143.

Pourront être éclairés au gaz les établissements de troisième catégorie et exceptionnellement certains établissements de deuxième catégorie. Ces établissements ne pourront avoir qu'un éclairage fixe ; l'emploi des appareils mobiles, des tuyaux et des raccords souples est interdit.

Art. 144.

Un compteur pourra être exigé pour chaque partie de l'établissement (scène, salle, et bâtiments d'administration).

Les tuyaux ayant plus de 10 millimètres de diamètre seront en fer ou en tout autre métal suffisamment résistant au feu et aux chocs.

Art. 145.

Les herses seront entourées d'un grillage assez résistant pour maintenir éloigné tout objet combustible.

Elles devront être fixes, suspendues par trois fils métalliques au moins.

La canalisation qui les alimentera sera toujours à une hauteur supérieure à celle des plus hauts châssis.

Les prises de gaz et les herses seront établies dans le même plan vertical.

La rampe d'avant-scène sera établie à flamme renversée.

Art. 146.

Les lumières de rampes verticales seront garanties jusqu'à hauteur d'homme par des grillages à mailles serrées et leur partie supérieure sera couronnée par un fumivore de dimension suffisante.

Art. 147.

Les becs placés dans les loges et foyers d'artistes seront entourés d'un manchon de verre ou d'une toile métallique.

Art. 148.

Les couloirs d'accès et les escaliers seront éclairés par des appliques vitrées et protégées par des grillages métalliques.

Art. 149.

Les lumières d'allumage seront défendues par une enveloppe en toile métallique et montée sur une tige rigide.

CHAPITRE IV

Éclairage de secours.

Art. 150.

Des lampes dites de secours, allumées depuis l'entrée du public jusqu'à sa sortie, seront placées en nombre suffisant dans toutes les parties des établissements des trois catégories, pour éviter l'obscurité en cas d'extinction subite de l'éclairage normal.

Les lampes de secours, quelles qu'elles soient, devront avoir chacune une intensité au moins égale à celle d'un carcel (10 bougies).

A chaque direction ou porte de sortie, il sera installé une lampe de secours.

Art. 151.

Les établissements de 1re catégorie étant munis de deux sources d'électricité différentes sont considérés comme pourvus d'un éclairage de secours.

Art. 152.

Dans le cas où l'éclairage de secours serait constitué par des accumulateurs, ceux-ci devront avoir la capacité et un débit suffisants pour alimenter les lampes de secours pendant toute la durée de la représentation

Art. 153.

Les accumulateurs seront installés dans un local spécial bien ventilé.

On n'emploiera, dans la salle des accumulateurs, que des lampes à incandescence.

La batterie sera toujours en charge.

Un disjoncteur automatique placé sur le circuit de charge permettra de couper automatiquement toute communication avec le secteur, si celui-ci venait à manquer.

Art. 154.

Des interrupteurs servant à relier la batterie d'accumulateurs au courant de charge ou de décharge devront être placés dans des endroits apparents et d'un accès facile ; ils seront fixés sur un tableau indiquant clairement la disposition adoptée pour isoler la batterie ; ce tableau sera muni d'un ampère-mètre et d'un volt mètre pour le contrôle et la charge des accumulateurs.

Art. 155.

Les câbles ou fils amenant le courant aux lampes de secours seront placés en dehors de la cage de scène et complètement indépendants des câbles et interrupteurs servant à l'éclairage ordinaire.

Une dérivation du circuit de secours pénétrera dans la cage de scène et alimentera les lampes de secours de la scène et ses dépendances. Une autre dérivation assurera l'éclairage de l'administration et des loges d'artistes.

Art. 156.

Le tableau de distribution de l'éclairage de secours sera placé dans un local aussi éloigné que possible du tableau d'arrivée commandant l'éclairage normal et, comme ce dernier, il sera muni d'un ampère-mètre et d'un volt-mètre.

Art. 157.

Les lampes de secours ne devront pas être teintées, mais elles porteront un signe particulier permettant au service qui en sera chargé d'exercer facilement une surveillance efficace sur l'éclairage de secours.

Art. 158.

L'éclairage de secours des établissements de 3e catégorie, et, s'il y a lieu, des établissements de 2e catégorie, s'il n'est pas électrique, pourra être assuré soit par des lampes à huile végétale, soit par le gaz.

Dans le premier cas, les lampes à huile seront enfermées dans des lanternes hermétiquement closes du côté de la salle par des verres ; ces lanternes n'auront que deux ouvertures, l'une destinée à l'introduction de l'air pris à l'extérieur de l'établissement, l'autre servant à l'évacuation à l'extérieur des produits provenant de la combustion.

Dans le 2e cas, les canalisations de gaz seront en fer ou en métal suffisamment résistant au feu et aux chocs, et placés à l'extérieur de l'établissement.

Les becs seront séparés du côté de la salle et des couloirs par une glace dormante ; l'allumage devra se faire de l'extérieur.

TITRE VI

SECOURS CONTRE L'INCENDIE

CHAPITRE PREMIER

Conduites d'eau et avertisseurs.

§ 1er. — *Établissements de 1re catégorie.*

Art. 159.

Il y aura, sauf en cas de force majeure, dans chaque établissement de 1re catégorie, deux canalisations d'eau en pression suffisante pour défendre aussi bien les parties hautes que les parties basses, l'une dite de « secours ordinaire », l'autre dite « grand secours ».

Ces deux canalisations devront être indépendantes l'une de l'autre et être alimentées par deux prises sur deux conduites de ville distinctes, présentant les meilleures garanties comme pression et comme débit ; elles devront posséder une communication permettant de mettre indifféremment les deux canalisations en pression sur l'une ou l'autre des deux prises.

Des manomètres indiqueront en permanence la pression de l'eau de chaque canalisation.

Art. 160.

La canalisation de secours ordinaire alimentera des robinets de secours armés de tuyaux et de lances dont l'emplacement sera déterminé par le service technique.

Art. 161.

La canalisation de grand secours devra être installée de façon que la scène tout entière puisse être inondée rapidement en cas de sinistre : elle sera munie soit d'extincteurs automatiques, soit de déversoir commandé par deux robinets de mise en œuvre, dont l'un à proximité de la scène, et l'autre dans un endroit toujours accessible.

Art. 162.

Le diamètre des canalisations sera proportionnel au nombre de robinets à desservir.

Ces canalisations seront munies de robinets de barrage en nombre suffisant pour parer au danger qu'entraînerait leur rupture.

Art. 163.

Il y aura séparation absolue entre la canalisation des eaux de secours contre l'incendie et celle du service particulier de l'établissement.

Art. 164.

Les robinets de la cage de scène devront être armés de tuyaux conservant la forme cylindrique en permanence. Ces tuyaux seront constamment montés et tenus plein d'eau.

Art. 165.

Tous les engins et appareils de secours contre l'incendie seront constamment entretenus en bon état de fonctionnement.

§ 2.   *Établissements de 2ᵉ et 3ᵉ catégorie.*

Art. 166.

La canalisation de grand secours ne sera pas obligatoire dans les établissements de 2ᵉ et de 3ᵉ catégorie.

Une canalisation et des robinets de secours ordinaire seront établis dans les établissements et aux emplacements qui seront désignés, après avis des services techniques.

§ 3. — *Avertisseurs d'incendie.*

Art. 167.

A Paris et dans tous les centres où existera un poste permanent d'incendie, des avertisseurs téléphoniques relieront chacun des établissements de 1ʳᵉ catégorie et chacun de ceux de 2ᵉ catégorie et de 3ᵉ catégorie contenant plus de 1.000 personnes, avec la caserne de sapeurs-pompiers la plus voisine.

Le nombre et les emplacements de ces avertisseurs seront déterminés pour chaque établissement par le service technique.

CHAPITRE II
Services de surveillance.

Art. 168.

Un service de surveillance permanent, de jour et de nuit, contre l'incendie, sera assuré dans chaque établissement de 1re catégorie, et dans les établissements de 2e et de 3e catégorie où il sera jugé nécessaire.

ART. 169.

En dehors de la présence du public, ce service sera assuré, suivant des consignes arrêtées par Nous, par des pompiers civils appartenant à l'établissement, et agréés par Nous.

ART. 170.

Les pompiers civils auront un uniforme spécial distinct de celui des sapeurs-pompiers et agréé par Nous.

ART. 171.

Des rondes pointées seront faites, par toute personne agréée par Nous, aux heures fixées par les consignes.

Un pompier civil devra se tenir en permanence sur le plateau de scène.

ART. 172.

Pendant la présence du public, le service d'incendie sera assuré par le régiment de sapeurs-pompiers, conformément aux consignes approuvées par Nous. Il sera rétribué par la direction de l'établissement.

Un poste convenablement installé devra être mis à la disposition des pompiers de service.

ART. 173.

Une consigne intérieure sera dressée par les soins du directeur de l'établissement et approuvée par Nous, pour assurer la collaboration du personnel et du service d'incendie.

ART. 174.

Un service de surveillance pendant la représentation pourra être imposé aux établissements de 2e et de 3e catégorie dans lesquels cela sera jugé nécessaire.

TITRE VII

DISPOSITIONS SPÉCIALES A CERTAINES ATTRACTIONS

CHAPITRE PREMIER
Cinématographes.

ART. 175.

L'appareil à projection sera placé dans une cabine construite en matériaux incombustibles. Cette cabine aura au moins une dimension de 1,60 m de longueur sur 1,35 m de largeur. Elle sera d'un accès facile et située de manière à ne pouvoir nuire à la sortie du public dans le cas où un commencement d'incendie surviendrait à l'intérieur.

ART. 176.

Les spectateurs ne pourront être placés à moins de 2 mètres de la cabine.

ART. 177.

La cabine sera aérée à l'aide d'une large ouverture ménagée dans le plafond et garni d'une toile métallique à mailles fines. Chaque fois que cela sera possible, la ventilation devra être faite directement à l'extérieur.

ART. 178.

Les ouvertures pratiquées sur le devant de la cabine et servant au passage des rayons lumineux seront munies de volets métalliques se manœuvrant de l'extérieur.

Art. 179.

La porte de la cabine ne sera fermée qu'au loqueteau se manœuvrant des deux côtés.

Art. 180.

Il sera interposé, entre le condensateur de lumière et la pellicule, une cuve d'eau dont la contenance ne pourra être inférieure à un demi-litre ; cette cuve sera en permanence remplie d'une solution absorbant les rayons caloriques (par exemple d'une solution d'alun dans l'eau distillée, d'un mélange d'eau et d'acide acétique, etc., etc.)

Deux autres cuves semblables et remplies de l'une de ces solutions seront en réserve dans la cabine, pour que l'opérateur puisse en changer fréquemment.

Art. 181.

L'appareil sera à enroulement automatique et les bandes seront renfermées dans deux boites métalliques dites « carter » de sûreté, à fermeture automatique.

Art. 182.

Il ne sera fait usage pour les projections que de la lumière électrique, sauf dérogation qui ne pourra être accordée que dans des cas exceptionnels.

Art. 183.

Le rhéostat sera monté soit sur un support métallique, soit sur un tableau de bois évidé.

Art. 184.

Les conducteurs d'amenée de courant devront avoir au minimum une section de un millimètre carré par ampère : ils seront protégés par un fourreau isolant à leur pénétration dans la cabine. La partie souple aura la longueur strictement nécessaire au réglage de l'appareil ; cette partie des conducteurs devra être protégée par une gaine de cuir.

En aucun cas, les conducteurs d'arrivée ou de sortie de courant ne devront passer au-dessus ou à proximité du rhéostat.

Art. 185.

Les lampes mobiles et les fils souples sont interdits dans la cabine; les conducteurs seront séparés et tendus sur des isolateurs.

Art. 186.

Le tableau de distribution situé dans la cabine sera muni d'un interrupteur bipolaire et d'un coupe-circuit sur chaque pôle. Les mêmes appareils de sûreté seront placés au départ des conducteurs allant à la cabine.

Art. 187.

Il sera placé, à la portée de la main de l'opérateur, un extincteur de cinq litres et deux siphons d'eau de seltz ; un seau plein d'eau sera placé à proximité de la cabine.

Art. 188.

Il n'y aura dans la cabine que la bande en service sur l'appareil ; les autres bandes seront renfermées dans des boites métalliques placées dans une resserre isolée du public et ventilée.

Art. 189.

Il sera interdit de fumer dans la cabine.

Art. 190.

Les groupes électrogènes et les moteurs à gaz ne pourront être placés sous les locaux affectés au public. Ils devront être installés dans des pièces suffisamment ventilées.

Distributions d'énergie électrique.   19

CHAPITRE II

Ménageries et exhibitions d'animaux.

Art. 191.

Les cages seront construites de manière à résister aux efforts des animaux et à s'opposer à leur évasion.

Art. 192.

Une barrière suffisamment solide sera placée en avant des cages, à une distance d'un mètre au moins, pour empêcher le public de s'approcher des animaux.

Art. 193.

Il sera établi, au-devant des portes qui donnent accès aux dompteurs dans les cages, un tambour d'entrée de petites dimensions ; ce tambour sera construit comme les cages et sera disposé de manière qu'à aucun moment la porte du tambour vers l'extérieur et la porte de la cage ne puissent être ouvertes simultanément.

Art. 194.

Les cages d'animaux devront être lavées régulièrement au moins une fois par jour au moyen d'eau additionnée d'une solution désinfectante (200 grammes de chlorure de zinc suffisent pour 20 litres d'eau : la dissolution doit se faire dans un vase de bois, de verre ou de faïence).

Les urines des animaux seront canalisées ; elles seront recueillies, ainsi que les sciures de nettoyage, dans des vases étanches contenant une dissolution de chlorure de chaux, et enlevées journellement.

Les os, les fumiers et autres détritus devront être enlevés régulièrement tous les jours.

CHAPITRE III

Attractions dangereuses.

Art. 195.

Les directeurs d'établissements qui désireront exploiter, soit sur la scène, soit dans la salle ou ses dépendances, des attractions susceptibles d'être une cause de danger, devront en demander l'autorisation à la Préfecture de Police.

TITRE VIII

MESURES D'ORDRE ET DE POLICE

CHAPITRE PREMIER

Commissions et Sous-Commissions.

Art. 196.

Une commission supérieure des théâtres sera chargée d'étudier les questions relatives aux théâtres, concerts ou établissements analogues, qui lui seront soumises par Nous, et de donner son avis sur ces questions.

Art. 197.

Une commission technique spéciale, dont les membres seront désignés par Nous après avis de la commission supérieure des théâtres, aura pour mission d'étudier les questions d'éclairage et d'examiner si les prescriptions de la présente ordonnance relatives à l'éclairage des établissements de spectacle sont observées.

ART. 198.

A des époques rapprochées, une sous-commission par Nous constituée, visitera chaque établissement.

Ces visites auront pour objet :

1º De vérifier si les prescriptions de la présente ordonnance sont observées, et notamment si tous les appareils de secours contre l'incendie fonctionnent régulièrement ;

2º De signaler les améliorations qu'il pourrait y avoir lieu d'apporter aux dispositions ou à l'aménagement de l'établissement, et les modifications qui auraient pu y être apportées sans notre autorisation préalable.

A l'issue de chaque visite il sera dressé un procès-verbal qui sera transmis à l'Administration à telles fins que de droit.

ART. 199.

Les membres de la commission supérieure des théâtres, sur la présentation de la carte qui leur est délivrée par Nous, et les membres de la sous-commission locale auront accès dans chaque établissement à toute heure, et devront être mis à même d'y exercer la surveillance qu'ils jugeront utile.

CHAPITRE II
Annonce du spectacle et Billets d'entrée.

ART. 200.

Le tarif du prix des places, pour chaque représentation, devra toujours être indiqué très ostensiblement sur les affiches, en même temps que la composition des spectacles annoncés.

Un exemplaire du tarif sera apposé sur les bureaux de location des établissements.

Une fois annoncé, le tarif de chaque représentation ne pourra être modifié.

ART. 201.

Les billets payants, y compris ceux à prix réduit, devront porter le prix de la place à laquelle ils donneront droit, en caractères très apparents. Cette mention sera remplacée sur les billets d'invitation par la suivante, en caractères également très apparents: « Billet de faveur ne pouvant être vendu ».

Dans les établissements où le prix de la place donne droit à une consommation ou au vestiaire le billet de faveur devra spécifier que ni la consommation ni le vestiaire ne sont obligatoires.

ART. 202.

La vente et l'offre de vente de billets ou contremarques ou le racolage ayant ce trafic pour objet sont interdits sur la voie publique.

ART. 203.

Ne peuvent être louées à l'avance que les loges et les places converties en fauteuils ou en stalles et numérotées. La location doit cesser avant l'heure de l'introduction du public dans la salle.

Le nombre des places inscrit sur les portes des loges ne devra pas être supérieur à celui des spectateurs qu'elles peuvent contenir.

ART. 204.

Une feuille de location indiquera toutes les places louées.

Il est défendu de mettre l'étiquette « Louée » sur une place non portée sur cette feuille.

ART. 205.

Les directeurs devront tenir à la disposition du Commissaire de police de service ou du Chef du service d'ordre un double de la feuille de location.

CHAPITRE III
Police des représentations.

Art. 206.

Les services de police seront déterminés suivant l'importance de l'établissement.
Des locaux convenablement installés seront mis à la disposition de ces services.

Art. 207.

Un commissaire de police sera chargé de la surveillance générale pendant les représentations dans les établissements où cela sera jugé nécessaire ; une place convenable lui sera assignée dans l'intérieur de la salle.

Art. 208.

Des agents ou des gardes, rétribués par l'établissement, seront placés à l'intérieur, au foyer ou sur certains points déterminés, en vue de tenir la main au maintien de l'ordre et à l'exécution des consignes spéciales.
La garde de police assurera le maintien de l'ordre public et la libre circulation au dehors de l'établissement.

Art. 209.

Lorsqu'une matinée ou une répétition générale devra être donnée dans un établissement, le directeur ou l'organisateur devra en aviser la Préfecture de Police trois jours au moins à l'avance, afin que les mesures d'ordre et de sûreté habituelles puissent être prises.

Art. 210.

En cas de relâche, fermeture ou réouverture, avis devra être donné, en temps utile, à la Préfecture de Police. Lorsque la durée de la fermeture sera de plus d'un mois, avis de la réouverture devra être donné quinze jours au moins à l'avance.

Art. 211.

Dans le cas où le service d'ordre et de sûreté se serait rendu dans un établissement à l'occasion d'une représentation qui, bien qu'annoncée à l'avance, n'aurait pas eu lieu, ce service devra être rétribué comme d'usage.

Art. 212.

La salle devra être livrée au public et la représentation commencera aux heures indiquées par l'affiche.
Les bureaux de distribution de billets devront être ouverts au moins une demi-heure avant le lever du rideau.

Art. 213.

Il est défendu d'introduire les spectateurs dans la salle avant l'ouverture des bureaux et par d'autres portes que celles affectées au public.
Les files d'attente des spectateurs seront établies de manière à ne pas gêner la circulation et à permettre la vérification des billets.

Art. 214.

L'autorisation donnée à un établissement sera retirée en cas d'atteinte à la morale ou à l'ordre public.

Art. 215.

Les artistes ne pourront pénétrer dans la partie de la salle affectée au public, soit pour consommer, soit sous prétexte de quêtes, loteries ou tombolas, lesquelles sont expressément interdites, sauf autorisation spéciale.

Art. 216.

Conformément à l'article 8 de loi du 2 novembre 1892, aucun enfant âgé de moins de 13 ans ne pourra figurer dans une représentation, sans une autorisation spéciale délivrée par le ministère de l'Instruction publique et des Beaux-Arts pour les établissements de Paris, et par Nous pour les établissements de la banlieue.

Art. 217.

Conformément à l'article 1er de la loi du 7 décembre 1874, il est interdit de faire exécuter sur une scène quelconque, par un enfant de moins de 16 ans, des tours de force périlleux et des exercices de dislocation.

Les théâtres d'acteurs enfants demeurent formellement prohibés, conformément à l'article 4 du décret du 6 janvier 1864.

Art. 218.

Il est interdit de fumer dans l'intérieur des établissements, sauf autorisation spéciale accordée à tel établissement pour telle partie des locaux.

Art. 219.

Dans tout établissement où des consommations seront servies, le tarif en devra être affiché à l'intérieur dans un lieu apparent.

Art. 220.

Il est défendu de troubler systématiquement la représentation ou d'empêcher les spectateurs de voir ou d'entendre le spectacle, de quelque manière que ce soit.

Toute personne, notamment, dont le chapeau serait un obstacle à la vue des spectateurs placés derrière elle, sera tenue d'obtempérer à toute réquisition en vue de faire cesser le trouble qu'elle aura occasionné.

Art. 221.

Toutes les fois que dans une représentation, il devra être fait usage d'armes à feu, la mise en scène sera réglée de façon que le tir ne s'effectue pas dans la direction de la salle.

Quand la représentation d'une pièce comportera un simulacre d'incendie, le tir de pièce d'artifice, ou l'emploi d'appareils de projections lumineuses, la Préfecture de Police devra être prévenue à l'avance, afin que les précautions nécessaires puissent être prescrites.

Les pièces d'artifice et la poudre ne devront être apportées du dehors qu'au commencement de chaque représentation.

Art. 222.

Les objets perdus par le public et trouvés dans l'intérieur des salles de spectacle devront être déposés le lendemain au bureau du commissariat du quartier où est situé l'établissement.

Art. 223.

Les couloirs et les passages ménagés pour la circulation devront rester entièrement libres pendant la représentation.

Il sera défendu d'y stationner.

Art. 224.

La manœuvre du rideau de fer, dans les établissements de 1re catégorie, devra être faite en présence du public au début de chaque représentation.

Art. 225.

Il est expressément défendu aux directeurs de faire cesser l'éclairage de la salle ou de ses dépendances avant l'entière évacuation du public.

Il leur est également interdit de faire cesser l'éclairage dans les dépendances de l'établissement avant l'évacuation complète du personnel.

Art. 226.

L'heure de clôture des représentations est fixée à minuit et demi en tout temps, sauf autorisation spéciale.

CHAPITRE IV

Service médical.

Art. 227.

Dans chaque établissement de la 1re catégorie et dans tout établissement des autres catégories pouvant recevoir plus de huit cents spectateurs, il y aura un service médical. Le médecin de service devra, à première réquisition, donner sur place ses soins tant aux spectateurs qu'au personnel de l'établissement.

Un cabinet, convenablement installé, sera aménagé pour le service médical.

Art. 228.

Les médecins, choisis par le directeur, devront être agréés par la Préfecture de Police, hormis les médecins des théâtres nationaux, qui sont nommés par le ministre de l'Instruction publique et des Beaux-Arts.

Art. 229.

Le directeur devra donner connaissance à la Préfecture de Police de la façon dont le service médical sera assuré et réglé.

Art. 230.

Ce service devra être organisé de manière à ce qu'il y ait constamment un médecin présent dans l'établissement, depuis le commencement jusqu'à la fin de toutes les représentations ou répétitions générales.

Art. 231.

Le médecin de service, empêché, pour une raison quelconque, de se rendre à la représentation, devra immédiatement prévenir la Direction de l'établissement qui prendra les mesures nécessaires pour le faire remplacer par un autre médecin.

Art. 232.

Tout médecin qui fera preuve de négligence ou d'inexactitude dans son service devra être rayé de la liste des médecins de l'établissement et remplacé par les soins du directeur dans les conditions prévues par l'article 229 ci-dessus.

Art. 233.

Une boîte de secours sera placée dans le cabinet du médecin. Cette boîte de secours sera composée de façon à répondre aux besoins les plus urgents et portera sur le couvercle la nomenclature des médicaments et objets qui y seront contenus. Le médecin de service devra veiller à ce que les instruments soient toujours en bon état et que les médicaments ne soient pas altérés.

Il devra Nous transmettre ses observations.

TITRE IX

DISPOSITIONS EXCEPTIONNELLES
MESURES D'EXÉCUTION

Art. 234.

Les dispositions spéciales des établissements pourront motiver des prescriptions particulières, comme aussi des mesures spéciales devront être prises selon les cas pour assurer la sécurité du public, du personnel et du voisinage.

Art. 235.

Les prescriptions de la présente ordonnance sont immédiatement applicables.

Toutefois, les délais ci-après sont accordés aux établissements actuellement en exploitation pour se conformer aux dispositions nouvelles contenues dans les articles ci-dessous :

Délai de trois mois : articles 16, 17 § 1er, 18, 19 §§ 2 et 3, 26, 31, 35, 49, 53, 58, 70, 77, 97, 109, 152, 153, 154, 155, 156, 157, 158, 167 ;

Délai de six mois : articles 23, 27, 30 :

Délai d'un an : articles 20, 21 § 2, 28, 42, 43, 48, 71, 89, 92, 98, 102. 107 ;

Délai de cinq ans : article 22 § 1er.

En outre, l'exécution des prescriptions contenues dans les articles 7, 8, 9, 10, 11, 12, 13 § 2, 14, 15, 17 §§ 2 et 3, 21 § 1er, 22 § 2, 41, 51, 52, 54, 60, 61, 64, 65, 68, 72, 73, 80, 81 § 2, 82, 83, 84, 85, 86, 87, 88, 89, 100, 101, 117, 118, ne sera pas intégralement exigée dans les établissements actuellement en exploitation, en cas d'impossibilité matérielle établie. Tout ou partie de ces prescriptions deviendra immédiatement exigible dans le cas où des modifications à la construction ou à l'état des lieux en permettront l'exécution.

Art. 236.

Les établissements auxquels certaines tolérances temporaires avaient été accordées en vertu de l'article 111 de l'ordonnance de police du 1er septembre 1898 devront dans le délai d'un an se conformer, soit aux prescriptions concernant les établissements de 2e catégorie, soit à celles concernant les établissements de 1re catégorie.

Art. 237.

Sont rapportées toutes les dispositions des autres ordonnances ou arrêtés qui seraient contraires à la présente.

Art. 238.

La présente ordonnance sera imprimée, publiée et affichée dans Paris et dans les communes du ressort de la Préfecture de Police. Elle sera apposée, au moins en extrait, dans des cadres grillés placés en permanence sous les vestibules et dans les corridors des théâtres, concerts et établissements analogues, sur les points où la circulation n'en sera pas gênée.

Sont chargés d'en assurer l'exécution, chacun en ce qui le concerne :

A Paris, le directeur de la police municipale, les commissaires de police, officiers de paix et autres préposés à la Préfecture de Police ;

Et dans les villes et communes du département de la Seine et du département de Seine-et-Oise placées sous Notre juridiction, les maires, commissaires de police et tous les agents de force publique ;

Le colonel de la Garde républicaine, le colonel de la Gendarmerie de la Seine et le colonel commandant les Sapeurs-Pompiers sont requis de concourir à son exécution.

Le Préfet de Police,
LÉPINE.

Par le Préfet de Police :
Le Secrétaire Général,
E. LAURENT.

TABLE ANALYTIQUE

52. — Circulaire du 15 août 1893 des Ministres de l'Intérieur et des Travaux Publics indiquant les règles à suivre en ce qui concerne les demandes en établissement de conduites d'eau, de gaz et d'électricité[1].

MINISTÈRES
DE
L'INTÉRIEUR
ET DES
TRAVAUX PUBLICS.

MINISTÈRE
DE
L'INTÉRIEUR.

DIRECTION
DE L'ADMINISTRATION
DÉPARTEMENTALE
ET COMMUNALE

4ᵉ BUREAU

Circulaire nº 6.

MINISTÈRE
DES
TRAVAUX PUBLICS.

DIRECTION
DES ROUTES,
DE LA NAVIGATION
ET
DES MINES

DIVISION
DES
ROUTES ET PONTS

2ᵉ BUREAU

Circulaire nº 9.

Canalisations
sur les voies publiques.

Instructions.

RÉPUBLIQUE FRANÇAISE

Paris, le 15 août 1893.

Monsieur le Préfet

L'Administration des Travaux publics a été saisie récemment de diverses réclamations soulevées par une circulaire du ministre des Travaux publics en date du 22 juin 1882 et par la jurisprudence suivie depuis quelques années, en exécution de cette circulaire, à l'égard des demandes de permissions de grande voirie relatives aux conduites d'eau, de gaz et d'électricité.

Nous croyons devoir, Monsieur le Préfet, vous rappeler les faits qui ont motivé la circulaire de 1882.

Des industriels avaient demandé, en 1882, aux préfets d'un certain nombre de départements l'autorisation de poser des conduites de distribution de gaz dans les traverses des routes nationales et départementales des villes. Ces demandes se fondaient sur ce que lesdites routes, ne faisant pas partie du domaine municipal, paraissaient se trouver en dehors des concessions d'éclairage consenties par les municipalités. Quelques préfets crurent pouvoir donner les autorisations qui leur étaient demandées. C'est ainsi que les industriels en question obtinrent l'autorisation d'établir une canalisation de gaz sur les routes nationales et départementales d'une de nos grandes villes, autorisation qu'ils abandonnèrent d'ailleurs, quelques semaines après, à la compagnie concessionnaire de l'éclairage municipal, moyennant une forte indemnité.

Informé de ces faits, le ministre des Travaux publics rappela aux préfets, par une circulaire du 22 juin 1882, que « l'Administration ne doit pas paraître se prêter à ce que des tiers, sur lesquels ne pèse aucune des charges imposées aux sociétés concessionnaires des distributions municipales d'eau ou de gaz, puissent compromettre l'économie des conventions passées entre elles et les villes ; que d'ailleurs les permissions de poser des conduites d'eau

---

[1] Cette circulaire, bien qu'antérieure à la législation actuelle applicable aux distributions d'énergie électrique, est donnée ici à titre documentaire, en raison de son importance et parce qu'elle est rappelée, notamment, dans la circulaire du 3 août 1908.

ou de gaz sortent de la catégorie des permissions ordinaires de grande voirie concernant les riverains des routes, ces dernières permissions n'ayant pour objet que des intérêts absolument privés, tandis que les premières affectent des intérêts généraux et peuvent apporter des entraves à la circulation, en raison de la fréquence des remaniements de chaussée qu'entraîne nécessairement la multiplicité des canalisations ». M. Varroy invitait en conséquence les préfets à prendre dorénavant, sur chaque cas d'espèce, les instructions de l'Administration centrale, avant de donner l'autorisation de poser les conduites.

L'Administration centrale des Travaux publics n'eut pas souvent l'occasion de se prononcer sur des demandes de canalisation de gaz depuis 1882, car les entrepreneurs, dont les pétitions multiples avaient provoqué la circulaire de M. Varroy, renoncèrent à ce genre d'opérations. Mais la question se présenta bientôt sous une autre forme lorsque l'éclairage par l'électricité commença à prendre une grande importance. Pour éviter de créer au bénéfice des riverains de la grande voirie un régime spécial différent de celui de la voirie urbaine, et de contrecarrer ainsi l'action des autorités municipales, le ministre des Travaux publics adopta, en 1889, une jurisprudence qui a été suivie jusqu'à ce jour : le préfet ne doit délivrer dans chaque commune qu'à la municipalité elle-même ou à ses concessionnaires ou permissionnaires l'autorisation d'établir sur la grande voirie une distribution de lumière par l'électricité.

Cette jurisprudence a soulevé les protestations de la plupart des compagnies d'électricité, en raison de ce qu'un grand nombre de traités de concession d'éclairage par le gaz contiennent des clauses qui empêchent les municipalités d'autoriser sur la voirie urbaine des distributions d'électricité faisant concurrence au concessionnaire de gaz, ou même de favoriser de telles distributions sur la grande voirie dans le territoire de la commune. Ces protestations ont été appuyées par quelques Conseils généraux et par quelques municipalités. Les réclamants demandent que le ministre renonce à la jurisprudence de 1889, qu'il rapporte la circulaire du 22 juin 1882, et qu'il laisse les préfets statuer directement en matière de permission de grande voirie pour distribution d'eau ou de lumière, suivant leur appréciation personnelle des conditions diverses qui peuvent motiver, dans chaque cas spécial, soit l'admission, soit le rejet des pétitions.

Pour résoudre définitivement ces difficultés, les ministres de l'Intérieur et des Travaux publics ont institué une commission spéciale composée de Conseillers d'État et de délégués des deux ministères.

Cette commission, après avoir étudié les précédents et entendu les représentants des divers intérêts en jeu, a formulé son avis de la manière suivante :

Les désaccords prolongés qu'a soulevés cette question proviennent de ce qu'il s'est produit, dans l'esprit des administrations locales et des demandeurs en concession, une confusion entre deux choses de nature bien distincte : le droit d'accorder les concessions de distributions d'eau ou d'éclairage, et celui de délivrer les permissions de voirie nécessaires à leur exécution. Aussi est-il tout d'abord indispensable de dégager nettement les principes qui doivent diriger l'Administration en cette matière.

Il convient de rappeler en premier lieu que les voies publiques de toutes catégories étant essentiellement destinées à la circulation, c'est à raison de cette destination qu'elles sont classées dans le domaine public national, départemental ou communal, et réparties, suivant les caractères spéciaux de la circulation qu'elles desservent, entre la grande et la petite voirie, cette dernière subdivisée en voirie urbaine, voirie vicinale (grande et petite) et voirie rurale. C'est pour assurer leur conservation et leur bon entretien en vue de cette destination qu'elles sont administrées, les unes par le préfet au nom de l'État, du département ou des groupes de communes intéressées, les autres par le maire au nom de la commune. Mais les attributions qui sont conférées à ces fonctionnaires dans l'intérêt exclusif de la circulation ne sauraient être exercées par eux, en vue d'un autre objet, sans un véritable détournement de pouvoir.

La distinction des diverses voies entre la grande et la petite voirie n'existe plus pour tout ce qui touche à la sécurité ou à la salubrité publiques et les pouvoirs municipaux s'exercent, en ces matières, sur les voies de l'une et de l'autre catégorie. Cette distinction n'existe pas davantage en ce qui concerne d'autres intérêts dont la sauvegarde est confiée à l'État (par exemple, les servitudes militaires).

Le service de l'éclairage public intéresse au plus haut point le bon ordre, la commodité de la circulation et la sécurité des citoyens dans les agglomérations communales ; il est placé, à ce titre, dans les attributions municipales pour toutes les voies publiques de la commune, sans aucune distinction. Ce point n'a jamais été contesté ni en fait ni en droit. C'est ainsi que les municipalités se sont toujours considérées comme chargées d'assurer l'éclairage public, dans la mesure où il était reconnu nécessaire, sur toute l'étendue de leur territoire, et qu'elles ont très valablement passé, dans ce but, des contrats de concession s'étendant aussi bien à la grande qu'à la petite voirie.

L'éclairage privé est entièrement libre, pourvu qu'il n'emprunte pas les voies publiques ; mais s'il ne peut être assuré qu'au moyen de canalisations ou de conducteurs établis sur ces voies, il est assujetti à des autorisations dont il convient de préciser le caractère, suivant les cas qui peuvent se présenter.

Il peut arriver qu'un particulier (par exemple, dans le cas où sa propriété est coupée en deux par une voie publique) demande à établir sur cette voie, pour son propre usage, une canalisation de gaz ou un conducteur électrique ; rien ne s'oppose à ce que cette autorisation lui soit accordée à titre de permission de voirie précaire et révocable, pourvu qu'il n'en résulte aucun inconvénient pour la circulation.

Mais, lorsqu'un particulier demande à établir sur une voie publique, quelle qu'elle soit, de grande ou de petite voirie, des ouvrages permanents, destinés à un usage collectif, pour faire commerce de leur exploitation, l'autorité compétente n'a plus seulement à examiner la question de savoir si l'existence de ces ouvrages est compatible avec l'utilisation normale du domaine public ; elle doit examiner, en outre, si l'installation demandée n'est pas de nature à créer à son auteur une situation privilégiée, en laissant le public sans garanties contre ses exigences. Dans l'affirmative, elle doit prendre les précautions nécessaires pour que les avantages offerts par l'exploitation dont il s'agit soient assurés, aussi largement et aussi équitablement que possible, à tous ceux qui seraient en situation d'en profiter. Il ne suffit plus, dès lors d'une simple permission de voirie qui ne pourrait régler que les conditions de l'occupation du domaine public, abstraction faite de l'exploitation des ouvrages autorisés. L'autorisation doit être donnée par un acte de concession qui réglemente cette exploitation et qui en fixe le tarif maximum.

Une telle procédure est particulièrement nécessaire lorsqu'il s'agit d'une distribution de lumière au moyen de canalisations souterraines ou de conducteurs aériens établis sur la voie publique. Le nombre des systèmes de distributions parallèles est nécessairement limité par le peu de place disponible sous la chaussée ou le long des façades et surtout par les inconvénients très graves que présenterait le remaniement fréquent des chaussées, en cas de canalisations souterraines multiples, ou le voisinage de plusieurs conducteurs aériens chargés d'électricité à haute tension. Les autorisations ne pourraient ainsi être données sur une même voie qu'à un très petit nombre de bénéficiaires, en faveur desquels on créerait un monopole de fait sans obligations connexes, si l'on se contentait d'une simple permission de voirie. Un acte de concession fixant les tarifs et les conditions de l'exploitation est donc indispensable.

Les mêmes considérations s'appliquent aux distributions d'eau pour les usages domestiques, avec cette seule différence que la compétence communale est motivée, en ce qui concerne le service public de distribution d'eau, non plus par un intérêt de sécurité publique, comme dans le cas de l'éclairage, mais par un intérêt d'alimentation, d'hygiène et de salubrité publiques.

A quelle autorité appartient-il de délivrer l'acte de concession d'une distribution d'eau ou d'éclairage ? Telle est, en réalité, la question que soulèvent les réclamations dont l'Administration a été saisie. C'est ici qu'il convient de mettre en lumière, au point de vue des compétences, la différence qui existe entre les permissions de voirie et les contrats de concessions.

Les permissions de voirie sont délivrées par l'autorité qui administre les voies auxquelles elles s'appliquent. La compétence résulte du classement de ces voies.

Les contrats de concessions, au contraire, relèvent de l'autorité dans les attributions de laquelle sont placés, à raison de leur nature, les services qui font l'objet de ces concessions, quelle que soit la catégorie des voies publiques à emprunter. La compétence résulte ici de la nature des services.

Toutefois, si les ouvrages visés dans l'acte de concession édicté par une autorité doivent s'étendre sur des voies administrées par une autre autorité, celle-ci est appelée ultérieurement (à moins de dispositions législatives spéciales) à délivrer les permissions de voirie nécessaires ; l'acte de concession, même complétement rendu, comporte ainsi une réserve, explicite ou implicite, quant à sa complète exécution sur les diverses catégories de voies publiques.

Lorsqu'il s'agit d'une concession que l'Etat est compétent pour délivrer à raison de la nature des services à rendre, les ouvrages du concessionnaire ne pourront être établis sur la voirie urbaine sans une permission de voirie délivrée par le maire, à moins qu'une loi spéciale n'en ait autrement ordonné (par exemple en matière de tramways concédés par l'Etat) ; d'ailleurs, en cas de refus du maire non motivé par l'intérêt général, le préfet a le droit de délivrer d'office la permission de voirie sur les voies communales (§ 4 de l'article 98 de la loi municipale du 5 avril 1884).

De même, lorsqu'il s'agit d'une concession qui rentre par sa nature dans la compétence de l'autorité communale, les ouvrages du concessionnaire ne pourront être établis sur la grande voirie ou sur les chemins vicinaux de grande communication ou d'intérêt commun sans une permission de voirie délivrée par le préfet, sauf recours au ministre compétent.

Cela posé, quelle est l'autorité compétente pour faire les concessions de distribution d'eau ou d'éclairage privé collectif ? La commission constate que c'est exclusivement le corps municipal, dans les conditions déterminées par les articles 115 et 145 de la loi du 5 avril 1884, et cela pour plusieurs raisons.

En premier lieu, la nécessité de réduire le plus possible, dans l'intérêt de la circulation, le nombre des canalisations établies sur la voie publique rend toujours désirable, et souvent même nécessaire, d'une part l'association de l'éclairage privé à l'éclairage public municipal au moyen d'une seule canalisation, d'autre part l'association de la distribution d'eau pour les usages domestiques à la distribution d'eau municipale pour les fontaines publiques et pour les services d'arrosage et d'incendie. Cette association, n'existât-elle pas au début, doit être envisagée comme une éventualité à prévoir et à réserver dans l'intérêt public. En fait, du reste, dans toute localité de quelque importance, il n'y a pas d'autre moyen d'assurer aux particuliers les commodités désirables au point de vue de l'eau et de la lumière. Ce seul motif paraît déterminant pour placer toutes les concessions d'éclairage ou de distribution d'eau dans les attributions municipales, sans qu'il soit nécessaire d'invoquer le caractère d'intérêt purement local de ces entreprises.

En second lieu, la solution contraire, consistant à attribuer le pouvoir de concession en matière de distribution d'eau ou de lumière au Gouvernement sur les traverses des routes nationales, au Conseil général du département sur les traverses des routes départementales, produirait des résultats absolument inadmissibles. Elle créerait, sans aucune raison, une situation privilégiée aux riverains de la grande voirie et pourrait rendre plus onéreuse, peut-être même impossible, la concession de l'éclairage ou de la distribution d'eau sur les autres voies dans une même ville.

Les diverses parties du territoire communal n'offrent pas, en effet, à l'entrepreneur d'une distribution d'eau ou de lumière des conditions égales au point de vue des abonnements. Si certains quartiers peu habités devaient seuls être desservis par ses canalisations, il n'engagerait certainement pas ses capitaux dans l'entreprise ; et s'il ne pouvait pas compter absolument sur les abonnements rémunérateurs que comportent les rues les plus animées et les plus luxueuses, les tarifs auxquels il lui est possible de souscrire seraient notablement plus élevés. Lorsqu'une concession unique comprend la totalité du territoire communal, les tarifs, égaux pour tous, qui sont consentis par l'entrepreneur, sont calculés en raison de ce que les chances de gain sur les grandes artères compensent les chances de perte sur les rues éloignées et secondaires. Cette compensation disparaîtrait si l'Etat concédait, sur la grande voirie, des entreprises concurrentes sur lesquelles ne pèserait aucune des charges du concessionnaire municipal. De telles concessions, sans doute avantageuses pour les riverains de la grande voirie, causeraient un grave préjudice à tous les autres habitants de la commune, puisque la municipalité ne pourrait plus obtenir pour ceux-ci des conditions aussi favorables dans les négociations relatives soit au renouvellement ou à la modification des traités de concession existants, soit à la conclusion de nouveaux traités. Ainsi, en autorisant sur la grande voirie des entreprises ayant pour but de faire concurrence à celles que la municipalité a mandat d'organiser pour l'ensemble du territoire communal, l'Etat rendrait pour l'avenir, l'exercice de ce mandat municipal singulièrement plus difficile et moins efficace.

Une telle ingérence de l'État aurait des conséquences d'autant plus graves que les concessions de distribution de gaz de beaucoup de villes importantes expirent dans une quinzaine d'années et feront alors retour à la commune ; que plusieurs municipalités sont en négociation pour obtenir de leurs concessionnaires un abaissement immédiat du prix du gaz moyennant une prorogation de concession ; et que, d'autre part, un grand nombre de communes, qui ne sont pas liées avec des compagnies de gaz pour leur éclairage, préparent des contrats de concession d'éclairage du territoire communal par l'électricité. Les améliorations qu'on espère apporter aux concessions actuelles et les avantages qu'on se promet des concessions nouvelles disparaîtraient le plus souvent, si les communes et leurs contractants n'avaient pas la certitude que l'État ne viendra pas détruire l'équilibre de ces concessions par des autorisations spéciales à la grande voirie.

Pour ces différents motifs, il paraît conforme à la logique, aussi bien qu'à l'intérêt général, de laisser toutes les concessions d'éclairage tant privé que public, aussi bien que les concessions de distribution d'eau, dans les attributions exclusives de l'autorité municipale.

Ces principes étant établis, les conséquences à en tirer pour la solution des questions posées s'en déduisent naturellement.

En ce qui concerne l'avenir, il semble qu'aucune difficulté ne puisse plus s'élever, les attributions des diverses autorités étant bien définies. Il convient toutefois d'appeler l'attention des corps municipaux sur les précautions qu'ils devront prendre dans les contrats futurs de concession de distribution d'eau ou d'éclairage public et privé (clauses de déchéance et de rachat, réserves relatives à l'adoption de perfectionnements ou de procédés nouveaux, etc...) en vue de sauvegarder l'intérêt public contre les abus. Ils devront d'ailleurs rappeler toujours, dans ces actes, que, si les concessions accordées par eux s'étendent à toutes les voies publiques sans distinction, leur mise à exécution, en ce qui concerne la grande voirie et les chemins vicinaux de grande communication et d'intérêt commun, n'en reste pas moins subordonnée aux permissions de voirie à obtenir du préfet pour l'occupation de ces voies.

En ce qui concerne le passé, la question est plus complexe à raison des conditions diverses dans lesquelles ont été conclus les contrats existants. Mais la solution n'en paraît pas plus difficile : ou les municipalités ont formellement excepté de leurs concessions de distribution d'eau ou d'éclairage les traverses des routes nationales et départementales, et alors rien ne s'oppose à ce qu'elles en fassent elles-mêmes l'objet de concessions spéciales si elles y trouvent un intérêt public ; ou elles ont compris ces voies dans les concessions qu'elles ont faites, et leur prétention de recourir à l'Administration supérieure pour échapper à leurs engagements n'est pas soutenable.

En résumé, la commission est d'avis qu'il y a lieu d'appliquer les règles suivantes pour l'établissement et l'exploitation des canalisations souterraines ou des conducteurs aériens sur les voies publiques :

A. — Les canalisations ou conducteurs qu'un particulier demande à établir pour le service d'un immeuble dont il est propriétaire, usufruitier ou locataire, sont installés sous ou sur la voie publique, en vertu d'une simple permission de voirie délivrée par le maire pour la petite voirie, ou par le préfet pour la grande voirie et pour les chemins vicinaux de grande communication ou d'intérêt commun.

B. — Toute entreprise de distribution collective d'eau ou de lumière sur les voies publiques doit faire l'objet d'une concession municipale.

Le projet de concession est soumis par le maire au conseil municipal. Ce projet doit indiquer : 1° le tarif maximum des abonnements ; 2° les conditions du service qui sera offert au public moyennant ce tarif ; 3° toutes les autres conditions d'établissement et d'exploitation de la distribution collective sur l'ensemble des voies publiques du territoire de la commune ; le tout arrêté dans un cahier des charges, qui, d'une part, règle les obligations de l'entrepreneur envers la commune et envers le public, notamment en ce qui concerne le service à fournir et le maximum des tarifs exigibles, et qui, d'autre part, détermine les obligations de la commune envers l'entrepreneur. Ledit cahier des charges soumet l'entrepreneur aux règlements de voirie et autres, faits ou à faire par l'autorité compétente ; il subordonne l'établissement des ouvrages de la distribution sur les voies nationales ou départementales et sur les chemins de grande communication ou d'intérêt commun à des permissions de voirie qui seront éventuellement délivrées, s'il y a lieu, par le préfet, sur la demande du maire.

Le projet, après avoir été voté par le Conseil municipal, est soumis par le maire à l'approbation de l'autorité supérieure compétente.

Une fois cette approbation intervenue, s'il y a lieu, les permissions de voirie à délivrer par le préfet font l'objet d'arrêtés préfectoraux ; elles sont données à la commune, représentée par le maire, et non à l'entrepreneur du service de la distribution collective d'eau ou de lumière. Elles soumettent l'établissement et l'exploitation des ouvrages de la distribution sur la voie publique aux conditions jugées nécessaires pour assurer la sécurité et la commodité de la circulation et pour éviter tout danger et toute gêne au public comme aux riverains ; elles réservent notamment l'application de tous règlements faits ou à faire dans ce but.

A la suite d'un premier examen de ce rapport de la commission, nous avons demandé l'avis du Conseil d'Etat sur une question de droit qu'il soulevait et dont la solution, indépendamment des motifs de bonne administration invoqués par le rapport, présentait une sérieuse importance au point de vue de la décision que nous avions à prendre. Cette question de droit est la suivante : « Le corps municipal est-il exclusivement compétent pour accorder une concession de distribution d'eau ou de lumière, suivant les conditions d'un tarif et d'un cahier des charges, pour toutes les voies publiques du territoire communal, même pour celles de la grande voirie, étant entendu que le cahier des charges subordonne l'exécution des travaux sur la grande voirie à la permission du préfet. »

Le Conseil d'Etat (sections réunies de l'intérieur et des travaux publics) a, dans un avis du 27 juin 1893, résolu par l'affirmative la question de droit ainsi posée, en réservant d'ailleurs, comme l'avait fait la commission, le pouvoir qu'a le préfet de donner des permissions de voirie sans l'intervention du corps municipal, lorsqu'il s'agit d'installations qui ne comportent pas un acte de concession.

Adoptant cet avis des sections réunies du Conseil d'Etat, nous avons, par décision de ce jour, approuvé, chacun en ce qui nous concerne, les conclusions ci-dessus énoncées du rapport de la commission.

Vous voudrez bien, Monsieur le Préfet, veiller à l'observation des règles ainsi arrêtées.

Le ministre des Travaux publics adresse directement aux ingénieurs en chef ampliation de la présente circulaire, qui annule la circulaire ministérielle du 22 juin 1882.

Recevez, Monsieur le Préfet, l'assurance de notre considération la plus distinguée.

    Le Ministre des Travaux,
        Viette.

            Le Président du Conseil, Ministre de l'Intérieur,
                Ch. Dupuy.

53. -- Circulaire du ministre des Travaux publics en date du 1ᵉʳ février 1907 relative à la traversée des chemins de fer par des conducteurs d'énergie électrique autres que ceux destinés au service des chemins de fer, tramways ou voies navigables [1].

MINISTÈRE
DES
TRAVAUX PUBLICS,
DES POSTES
ET
DES TÉLÉGRAPHES

DIRECTION
DES
CHEMINS DE FER
—
3ᵉ DIVISION
—
3ᵉ BUREAU
—

Traversée des lignes
de chemins de fer par
les conducteurs d'éner-
gie électrique autres que
ceux destinés au ser-
vice de chemins de fer,
tramways ou voies na-
vigables.

Série B. — Nº 3.

RÉPUBLIQUE FRANÇAISE
———

Paris, le 1ᵉʳ février 1907.

Le Ministre.

A Monsieur le Préfet d

J'ai l'honneur de vous adresser, ci-joint, ampliation de mon instruction en date de ce jour, relative à l'établissement pour la traversée des lignes de chemins de fer, de conducteurs d'énergie électrique autres que ceux destinés au service de chemins de fer, tramways ou voies navigables. Cette instruction abroge la circulaire ministérielle du 23 mai 1904.

Vous trouverez également le modèle, approuvé par moi, de l'arrêté que, dans chaque cas d'espèce intéressant votre département, vous aurez à prendre comme il est dit à l'article 2 de mon instruction ; ce modèle devra toujours être exactement suivi.

Vous remarquerez que, d'après l'article 3 du modèle d'arrêté, le texte de mon instruction doit rester annexé à chaque arrêté d'espèce. Il conviendra à cet effet que ce texte soit imprimé à la suite de l'arrêté.

Je vous communique enfin, à titre de renseignement, en ce qui concerne notamment le montant de la redevance à fixer par l'article 2 de votre arrêté, copie de ma lettre d'envoi des mêmes documents à l'Administration des chemins de fer de l'État et aux compagnies de chemins de fer.

Les règlements d'administration publique à intervenir par application de la loi du 15 juin 1906 pourront entraîner une modification prochaine de l'instruction de l'arrêté type ci-joint. J'ai cru devoir néanmoins faire établir ces deux documents, en présence des réclamations très pressantes des représentants de l'industrie électrique qui demandaient la publication d'un règlement uniforme afin de pouvoir préparer plus facilement les projets de leurs installations.

Louis BARTHOU.

[1] Cette circulaire a été abrogée par la loi du 15 juin 1906 et remplacée par la circulaire du 5 septembre 1908 ; le texte en est cependant donné pour ordre afin de faciliter les comparaisons au point de vue technique.

INSTRUCTION[1]

DU MINISTRE DES TRAVAUX PUBLICS, DES POSTES ET DES TÉLÉGRAPHES

RELATIVE A L'ÉTABLISSEMENT, POUR LA TRAVERSÉE DES LIGNES
DE CHEMINS DE FER, DES CONDUCTEURS D'ÉNERGIE ÉLECTRIQUE
AUTRES QUE CEUX DESTINÉS AU SERVICE DE CHEMINS DE FER,
TRAMWAYS OU VOIES NAVIGABLES

L'établissement, à la traversée des lignes de chemins de fer, des conducteurs d'énergie électrique autres que ceux destinés au service de chemins de fer, tramways ou voies navigables, est soumis aux prescriptions suivantes :

TITRE PREMIER

CONDITIONS APPLICABLES A LA FOIS AUX TRAVERSÉES AÉRIENNES ET AUX TRAVERSÉES SOUTERRAINES

ARTICLE PREMIER. — Toute traversée d'un chemin de fer par une canalisation électrique autre que celles affectées au service de chemins de fer, tramways ou voies navigables, donne lieu, sauf toutefois si cette canalisation doit traverser le chemin de fer sous un passage inférieur sans avoir aucun contact avec cet ouvrage et en passant à 0,50 m au moins de distance de son tablier métallique si ledit ouvrage en comporte un, à une demande d'autorisation adressée au préfet du département de la situation des lieux.

Cette demande accompagnée, s'il y a lieu, de dessins ou croquis cotés, doit contenir tous renseignements[2] utiles sur les dispositions générales et les détails techniques de la traversée projetée, la nature et la tension du courant, les moyens de coupure proposés pour permettre son isolement rapide, etc...

ART. 2. — Le préfet statue[3], en la matière, sur le rapport du service du contrôle du chemin de fer, après avis du service départemental des Postes et des Télégraphes, et l'Administration exploitante ou la Compagnie concessionnaire du chemin de fer entendue.

Lorsque la canalisation électrique projetée au travers du chemin de fer doit donner passage à des courants d'une tension supérieure à 20.000 volts efficaces, ou présenter des dispositions ne rentrant pas dans les prévisions ou contraires à quelque prescription de la présente instruction, l'arrêté préfectoral y relatif devra être soumis en projet à l'approbation du ministre des Travaux publics, des Postes et des Télégraphes.

ART. 3. — L'autorisation préfectorale d'établir une canalisation électrique à la traversée d'une ligne de chemins de fer ne sera jamais accordée qu'à titre de tolérance essentiellement précaire et révocable à toute époque, sans indemnité ni dédommagement quelconque.

En conséquence, l'Administration pourra toujours, si elle le juge utile dans l'intérêt de la circulation sur le chemin de fer, exiger du permissionnaire qu'il déplace, modifie ou supprime tout ou partie des installations autorisées, et, dans ce dernier cas, qu'il remette les lieux dans leur état primitif. Faute, par lui, d'exécuter à la première réquisition les modifications

---

[1] Cette instruction abroge la circulaire du ministre des Travaux publics du 25 mai 1904.

[2] Pour la commodité du public et la rapidité de l'instruction des affaires, il est recommandé de consigner ces renseignements sur la formule dont le modèle est joint à la présente instruction et dont l'Administration des chemins de fer de l'État et les six grandes compagnies tiendront gratuitement des exemplaires à la disposition des pétitionnaires.

[3] Le modèle de l'arrêté préfectoral est annexé à la présente instruction.

ou les suppressions prescrites, l'Administration pourra, après une simple mise en demeure, y faire procéder d'office, aux frais, risques et périls du permissionnaire.

ART. 4. — Le permissionnaire paiera à l'Administration exploitante ou à la Compagnie concessionnaire du chemin de fer, et à l'État ensuite, pour l'occupation du domaine public par les ouvrages de la traversée, une redevance annuelle dont le montant sera énoncé dans l'arrêté préfectoral d'autorisation.

ART. 5. — Le permissionnaire sera responsable, vis-à-vis de l'Administration exploitante ou Compagnie concessionnaire du chemin de fer, ainsi que des tiers, de tous dommages qui seraient la conséquence directe ou indirecte de l'existence des installations de la traversée autorisée.

ART. 6. — Toutes les fois que le fonctionnement de la canalisation autorisée occasionnera, dans les communications électriques établies pour le service du chemin de fer, des troubles de nature à compromettre la sécurité de ce service, le permissionnaire devra, sans pouvoir de ce chef prétendre à indemnité ni dédommagement quelconque, couper le courant, à première réquisition de l'Administration exploitante ou Compagnie concessionnaire dudit chemin de fer, pour ne le rétablir qu'après complète exécution, par lui-même, ou, à son défaut, d'office et aux frais dudit permissionnaire par ladite Administration ou Compagnie, des réparations ou modifications nécessaires pour la sécurité du service du chemin de fer.

Les réquisitions prévues au premier alinéa du présent article pourront, en cas d'urgence, être formulées par télégraphe ou par téléphone, sauf à être ensuite confirmées par écrit dans les vingt-quatre heures.

Le permissionnaire devra également, sans pouvoir non plus, de ce chef, prétendre à indemnité ni dédommagement quelconque, couper le courant chaque fois que la dite Administration ou Compagnie le lui demandera pour pouvoir effectuer, dans l'intérêt de la sécurité du service du chemin de fer, la visite, la réparation ou la modification de quelque ouvrage dépendant dudit chemin de fer.

Avis des réquisitions et demandes ci-dessus prévues dans le présent article devra être immédiatement donné par l'Administration ou Compagnie de qui elles auront émané, au service du Contrôle.

ART. 7. — Pour traverser le chemin de fer, la canalisation électrique devra, de préférence, emprunter un ouvrage d'art (passage supérieur, passage inférieur ou passage à niveau) et, autant que possible, ne pas franchir cet ouvrage en diagonale, mais s'y établir le long de sa tête amont ou aval.

A défaut de pouvoir, en raison de circonstances locales, emprunter un ouvrage d'art, cette canalisation devra, autant que possible, effectuer sa traversée en un point de moindre largeur de l'emprise du chemin de fer.

ART. 8. — Le réseau électrique dont fera partie la canalisation traversant le chemin de fer devra être pourvu, de part et d'autre dudit chemin de fer, d'appareils de coupure.

L'arrêté préfectoral d'autorisation déterminera les emplacements et les dispositions de ces appareils.

ART. 9. — La canalisation électrique traversant le chemin de fer devra être établie de manière à présenter une résistance absolue d'isolement au moins égale à celle qui aura été dûment prescrite pour l'ensemble du réseau dont cette canalisation fera partie.

ART. 10. — La traversée se fera au moyen soit de câbles nus ou fils nus aériens, soit de câbles armés noyés dans le sol.

TITRE II

CONDITIONS APPLICABLES AUX SEULES CANALISATIONS AÉRIENNES

ART. 11. — La canalisation aérienne franchira les voies ferrées suivant une direction aussi voisine que possible de la normale à ces voies, et, en tout cas, sous un angle d'au moins 60°; elle les franchira toutes d'une seule portée, c'est-à-dire sans supports intermédiaires, et son point le plus bas sera situé à 7 mètres au moins de hauteur au-dessus du rail le plus haut ;

elle sera établie à 2 mètres au moins de distance, dans le sens vertical, du conducteur électrique préexistant le plus voisin.

ART. 12. Les supports de la traversée, établis de préférence hors de l'emprise du chemin de fer, seront distants chacun d'au moins 3 mètres du bord extérieur du rail le plus voisin, et, si faire se peut, placés en dehors des lignes de conducteurs électriques existant le long des voies.

Les supports de la traversée devront être constitués et encastrés dans un massif de maçonnerie ou de béton de façon assez solide pour pouvoir, en cas de rupture de tous les fils les sollicitant d'un côté, résister à la traction qu'exerceraient sur eux les fils subsistant de l'autre côté.

Ils seront reliés efficacement à la terre par une double torsade de deux fils de cuivre d'au moins 3 millimètres de diamètre chacun, aboutissant à une plaque de cuivre rouge étamé d'au moins 3 millimètres d'épaisseur et 2.500 centimètres carrés de surface enterrée dans le sol.

L'arrêté préfectoral d'autorisation déterminera la matière constitutive des supports.

Tout support métallique ou formé d'une matière non complètement isolante, comme aussi tout dispositif de mise à la terre, devra, jusqu'à une hauteur d'au moins 3 mètres à partir du sol, être mis à l'abri de tout contact humain par un coffrage en planches jointives goudronnées, surmonté d'une bordure d'au moins 50 centimètres de hauteur en ronces artificielles.

Tout support en bois devra être solidement étayé par des jambes de force disposées de manière à prévenir sa chute sur la voie ferrée au cas où il viendrait à se rompre.

Chaque support ou son revêtement portera, en gros caractères les mots : « Danger de mort » suivis des mots : « Défense absolue de toucher aux fils, même tombés à terre. »

ART. 13. — Les isolateurs devront pouvoir résister à une tension électrique au moins triple de celle qu'ils auront à supporter en service normal.

Ils seront soigneusement scellés à leurs supports au moyen de matières inoffensives pour eux-mêmes et pour leur tige.

ART. 14. — Les conducteurs seront des fils nus, ou plutôt des câbles nus. Aucune épissure, soudure ou ligature, ne sera tolérée dans la portée embrassant les voies, ni dans les portées contiguës.

Chaque conducteur sera, sur chacun de ses deux supports, relié à deux isolateurs le plus solidement possible et de manière à ne pouvoir glisser sur ces isolateurs au cas où il viendrait à se rompre dans leur voisinage.

A chacun des supports sera fixé un cadre que traversera tout le faisceau des conducteurs afin qu'aucun d'eux ne puisse tomber sur la voie ferrée en cas de rupture d'un ou de plusieurs isolateurs.

La densité du courant dans les conducteurs ne pourra excéder 3 ampères par millimètre carré.

ART. 15. — A titre exceptionnel, il pourra être prescrit, par l'arrêté préfectoral d'autorisation, l'établissement d'un filet de protection inférieur et parallèle aux conducteurs d'énergie projetés et destiné à les retenir s'ils venaient à se rompre.

En ce cas, ce filet, dont la section transversale sera en forme d'U ou de V, devra remplir les conditions ci-après :

a) Entourer les conducteurs sur trois côtés ;

b) Etre formé d'au moins 3 fils ou câbles de 3 millimètres de diamètre minimum, en acier galvanisé ou en cuivre dur, relié entre eux à des intervalles d'au plus 50 centimètres, par des fils transversaux d'au moins 2 millimètres de diamètre, également en acier galvanisé ou en cuivre dur ;

c) Etre disposé de telle façon qu'en cas de rupture d'une de ses attaches il ne puisse, en pivotant, venir toucher ni les conducteurs d'énergie projetés ni quelque canalisation électrique préexistante ;

Enfin d) être relié efficacement à la terre ou isolé électriquement des supports de la traversée.

ART. 16. — Lorsque les conducteurs d'énergie projetés devront croiser quelque canalisation électrique préexistante, l'arrêté préfectoral d'autorisation prescrira toutes dispositions utiles pour la protection de la dite canalisation.

Art. 17. — Les dimensions de tous les éléments constitutifs de la traversée (fondations, supports, isolateurs, conducteurs, filets, etc...) seront calculées de telle sorte que le travail de chacun d'eux, sous les efforts les plus grands auxquels il puisse être soumis après l'installation et la mise en service de cette traversée, n'excède pas le dixième de sa charge de rupture.

Pour chacun de ces éléments, le travail maximum sera calculé en tenant compte à la fois, savoir :

Pour tout élément autre que les fils ou câbles conducteurs, des charges permanente qu'il aura à supporter et de la plus défavorable, en l'espèce, des deux combinaisons des charges accidentelles résultant des circonstances ci-après :

a) Température minimum de la région, couche de verglas de 5 millimètres d'épaisseur recouvrant toute l'installation, vent produisant une pression de 30 kilogrammes par mètre carré, et rupture complète des fils sur l'une des attaches ;

Ou b) température moyenne de la région, vent produisant une pression de 150 kilogrammes par mètre carré, et rupture complète des fils sur l'une des attaches ;

Et pour les fils ou câbles conducteurs, de leur poids propre et de la plus défavorable, en l'espèce, des deux combinaisons de charges accidentelles résultant des circonstances ci-après :

a) Température minimum de la région, couche de verglas de 5 millimètres d'épaisseur recouvrant les fils ou câbles, vent produisant sur leur section diamétrale une pression de 18 kilogrammes par mètre carré ;

Ou b) Température moyenne de la région et vent produisant sur leur section diamétrale une pression de 90 kilogrammes par mètre carré.

TITRE III

CONDITIONS APPLICABLES AUX SEULES CANALISATIONS SOUTERRAINES

Art. 18. — Les câbles armés employés pour les canalisations souterraines devront être des meilleurs modèles connus comportant une chemise en plomb, sans soudure, et une armature en acier.

Ils devront être noyés dans le sol, non pas seulement à la traversée des voies ferrées, mais encore de part et d'autre des dites voies et jusqu'à 3 mètres, au moins, au delà des lignes électriques existant le long de ces voies.

Dans la traversée des voies ferrées tout au moins, les câbles seront placés dans des conduites en fonte d'au moins 6 centimètres de diamètre intérieur, prolongées de part et d'autre des deux rails extérieurs de l'ensemble de ces voies de telle façon que l'on puisse, sans opérer aucune fouille, poser et retirer les dits câbles.

Sur le reste de leur parcours dans l'emprise du chemin de fer, ces câbles pourront être placés à nu dans le sol, mais devront, alors, y être enfoncés jusqu'à 70 centimètres au moins de profondeur en contrebas de la plateforme des terrassements et toutes dispositions utiles devront être prises pour les protéger mécaniquement contre les avaries que pourraient leur causer le tassement des terres, le contact des corps durs, le choc des outils en cas de fouille, etc...

Art. 19. — Les câbles armés ne pourront être mis en place qu'après que le permissionnaire aura dûment prouvé au service du contrôle du chemin de fer, savoir :

Qu'à l'essai à l'usine, ils ont offert une résistance d'isolement d'au moins 100 mégohms par kilomètre ;

Et qu'ils ont subi, avec succès, l'essai à la rupture d'isolant, effectué au moyen d'un courant alternatif; sous une différence de potentiel, au moins double de la tension prévue en service ; le dit courant alternatif devant, si le courant du réseau doit être alternatif, avoir été d'une fréquence égale à celle de ce dernier.

La densité du courant dans les câbles armés sera au plus égale à $\dfrac{10}{\sqrt[3]{S}}$, S représentant, en millimètres carrés, les sections cumulées des fils conducteurs entrant dans la composition de ces câbles.

TITRE IV

DISPOSITIONS RELATIVES A L'EXÉCUTION DES TRAVAUX

ART. 20. — L'établissement, l'entretien et la réparation des installations autorisées dans la traversée du chemin de fer seront exécutés aux frais exclusifs du pétitionnaire, soit par ses soins propres sous la surveillance des agents de l'Administration exploitante ou Compagnie concessionnaire du chemin de fer, qui veilleront à ce qu'il n'en résulte aucun obstacle à la circulation sur le dit chemin de fer ni aucun frais particuliers pour la dite Administration ou compagnie et à ce que soient prises toutes mesures de précaution et de sécurité nécessaires, soit, pour tout ou partie, par la dite Administration ou Compagnie elle-même, si elle le demande et que l'arrêté préfectoral le stipule.

Le coût des travaux exécutés par ladite Administration ou Compagnie pour le compte du permissionnaire, ainsi que tous frais de gardiennage, éclairage, exposés par elle à l'occasion de l'établissement, de l'entretien et de la réparation des dites installations. lui seront remboursés par le permissionnaire dans le mois de leur achèvement, avec une majoration de 15 p. 100 pour frais généraux et intérêts.

ART. 21. — Le permissionnaire devra, chaque fois qu'il en sera requis, soit par le service du Contrôle. soit par l'Administration exploitante ou la Compagnie concessionnaire du chemin de fer, mettre gratuitement à leur disposition tous instruments de mesure et autres moyens nécessaires pour la vérification, aux frais dudit permissionnaire, au cours de l'exploitation du réseau électrique dont feront partie les conducteurs traversant le chemin de fer, de la tension et de l'intensité du courant dans ces conducteurs et du bon isolement des dits conducteurs par rapport aux masses métalliques de la voie ferrée et des lignes électriques dépendant du chemin de fer.

Ce permissionnaire sera tenu, en outre, de communiquer régulièrement aux dits services du Contrôle et Administration ou Compagnie les procès-verbaux des mesures d'isolement exécutées sur le dit réseau électrique.

Les vérifications prévues au premier alinéa du présent article seront effectuées les unes périodiquement, à raison d'une par année. les autres inopinément. Ces vérifications seront effectuées en présence du permissionnaire ou lui dûment convoqué; et si le service du Contrôle y est représenté, donneront lieu à un procès-verbal de ce service.

ART. 22. — Avant la mise en service des conducteurs électriques, les installations autorisées seront récolées par un agent du service du contrôle pourvu hiérarchiquement de l'arrêté d'autorisation, en présence ou après due convocation du service départemental des Postes et des Télégraphes, de l'Administration exploitante ou Compagnie concessionnaire du chemin de fer, et du permissionnaire.

Paris, le 1er février 1907.

Le ministre des Travaux Publics,
des Postes et des Télégraphes,

LOUIS BARTHOU.

ANNEXE N° 1 A L'INSTRUCTION DU 1er FÉVRIER 1907

MODÈLE D'UN ARRÊTÉ PRÉFECTORAL

AUTORISANT LA TRAVERSÉE D'UN CHEMIN DE FER
PAR UNE CANALISATION ÉLECTRIQUE NON DESTINÉE AU SERVICE
DE CHEMINS DE FER, TRAMWAYS OU VOIES NAVIGABLES

Le préfet du département d
Vu :
La pétition en date du   , avec renseignements, dessins et
croquis à l'appui, présenté par M.   , demeurant à
en vue d'obtenir l'autorisation d'établir, en travers du chemin de fer d

à {
au point kilométrique
au passage à niveau du point kilométrique
sur le passage supérieur du point kilométrique
sous le passage inférieur du point kilométrique
}

une canalisation électrique {
aérienne
souterraine
partiellement aérienne et partiellement souterraine
}
devant former partie d'un réseau électrique destiné à

La loi du 15 juillet 1845 sur la police des chemins de fer, l'ordonnance du 15 novembre 1846, modifiée par le décret du 1er mars 1901, sur la police, la sûreté et l'exploitation des chemins de fer, et la loi du 15 juin 1906 sur les distributions d'énergie ;
L'instruction du ministre des Travaux publics, des Postes et des Télégraphes, en date du 1er février 1907, relative à l'établissement, pour la traversée des lignes de chemins de fer des conducteurs d'énergie électrique autres que ceux destinés au service de chemins de fer tramways ou voies navigables ;
Les observations en date du
de {
l'Administration des chemins de fer de l'État
la Compagnie des chemins de fer d
}
L'avis, en date du   , du service départemental des Postes et de Télégraphes ;
Sur le rapport des Ingénieurs du Contrôle d
chemin de fer d
Considérant que l'établissement de la traversée projetée paraît ne devoir, quant à présent du moins, apporter ni entrave ni gène à l'exploitation du chemin de fer :

ARRÊTE :

ARTICLE PREMIER.

M   , demeurant à   est autorisé à
établir, au travers du chemin de fer d

à {
au point kilométrique
au passage à niveau du point kilométrique
sur le passage supérieur du point kilométrique
sous le passage inférieur du point kilométrique
}

une canalisation électrique {
aérienne
souterraine
partiellement aérienne et partiellement souterraine
}

devant porter des courants {
continus
alternatifs {
monophasés
diphasés
triphasés
}
}

d'une intensité efficace de   ampères, et présentant une tension efficace entre fils de   volts, aux conditions fixées par l'instruction ministérielle sus-visée du 1ᵉʳ février 1907, et aux conditions spéciales ci-après ;

ARTICLE 2[1].

A. Formule relative au cas d'une traversée aérienne.

La canalisation aérienne franchira les voies sous un angle de par une travée unique   mètres d'ouverture.

Ses supports seront en $\left\{\begin{array}{l}\text{fer}\\\text{acier}\\\text{béton armé}\\\text{bois}\end{array}\right\}$ présentant une résistance minimum à la rupture par $\left\{\begin{array}{l}\text{traction}\\\text{compression}\end{array}\right\}$ de   kilogrammes par $\left\{\begin{array}{l}\text{millimètre carré}\\\text{centimètre carré}\end{array}\right\}$ de section.

Ils auront   mètres de hauteur au-dessus du sol et seront placés $\left\{\begin{array}{l}\text{dans}\\\text{hors de}\end{array}\right\}$ l'emprise du chemin de fer et à   mètres $\left\{\begin{array}{l}\text{en dedans}\\\text{en dehors}\end{array}\right\}$ des lignes de conducteurs électriques existant le long des voies.

Ses isolateurs, à   cloches en $\left\{\begin{array}{l}\text{porcelaine}\\\text{verre}\end{array}\right\}$ seront fixés à leurs supports au moyen de ferrures montées sur des traverses en $\left\{\begin{array}{l}\text{fer.}\\\text{acier.}\\\text{bois de chêne.}\end{array}\right.$

La canalisation sera formée de $\left\{\begin{array}{l}\text{câbles}\\\text{fils}\end{array}\right\}$ nus, en $\left\{\begin{array}{l}\text{cuivre}\\\text{cuivre dur}\\\text{aluminium}\end{array}\right\}$ présentant une résistance minimum à la rupture de   kilogrammes par millimètre carré.

Les conducteurs auront, chacun, une section de   millimètres carrés. Ils seront disposés parallèlement et espacés, deux à deux, d'au moins   centimètres. La densité du courant n'y excédera pas   ampères par millimètre carré.

Les appareils de coupure, prévus à l'article 8 de l'instruction ministérielle sus-visée du 1ᵉʳ février 1907, seront des $\left\{\begin{array}{l}\text{appareils de débranchement}\\\text{interrupteurs}\\\text{disjoncteurs}\end{array}\right\}$ placés, savoir : ......

[2] La canalisation sera pourvue de parafoudres, distants d'au moins   mètres du rail le plus proche.

[3] Il sera établi, dans toute l'étendue de la canalisation aérienne, un filet de protection inférieur et parallèle à cette canalisation.

B. — Cas d'une traversée souterraine.

La canalisation sera formée de   câbles armés, constitués comme suit :

La densité du courant n'y excédera pas   ampères par millimètre carré.

Les conduites en fonte, prévues à l'article 18 de l'instruction ministérielle sus-visée du 1ᵉʳ février 1907, auront   centimètres de diamètre intérieur ; elles s'étendront entre deux points situés, l'un à la gauche et à   mètres au moins de distance du rail extérieur de gauche de l'ensemble des voies ferrées, et l'autre à la droite et à   mètres au moins de distance du rail extérieur de droite du dit ensemble de voies.

---

[1] A rédiger, suivant les cas, selon l'une des formules A, B, ou d'après les indication données sous la lettre C du présent modèle.

[2] A supprimer si les parafoudres sont jugés inutiles.

[3] A supprimer si le filet est jugé inutile.

[1] Sur le reste de leur parcours dans l'emprise du chemin de fer, les câbles seront placés à   centimètres en contrebas de la plateforme des terrassements, et protégés par

[2] Les boîtes de coupure étanches au moyen desquelles, hors de l'emprise du chemin de fer, les câbles armés de la traversée se raccorderont, sous terre, avec les conducteurs souterrains du réseau électrique dont ils feront partie, auront les dimensions suivantes : elles seront placées, savoir :

Les câbles armés se prolongeront souterrainement de part et d'autre du chemin de fer, jusqu'au pied des supports extérieurs de la canalisation aérienne à laquelle ils devront se rattacher, et se raccorderont à cette canalisation dans les conditions ci-après :

C. — Cas d'une traversée partiellement aérienne et partiellement souterraine.

NOTA. — Le nombre et l'alternance des parties aériennes et des parties souterraines de la traversée pouvant être très divers, suivant les espèces, il n'est pas possible de donner, pour ce troisième cas, comme il vient d'être fait pour les deux premiers, une forme invariable à l'article 2.

Dans chaque espèce particulière, cet article devra être rédigé, en combinant entre elles comme il conviendra les dispositions formulées ci-dessus sous les lettres A et B.

ARTICLE 3.

Le permissionnaire est tenu de se conformer aux prescriptions de l'instruction ministérielle en date du 1er février 1907, relative à l'établissement, pour la traversée des lignes de chemin de fer, des conducteurs d'énergie électrique autres que ceux destinés au service de chemins de fer, tramways ou voies navigables. La dite instruction restera annexée au présent arrêté.

ARTICLE 4.

La redevance annuelle prévue à l'article 4 de l'instruction ministérielle sus-visée du 1er février 1907, sera de   francs [3].

ARTICLE 5.

Le permissionnaire fera connaître au moins huit jours à l'avance à l'Ingénieur du Contrôle résidant à   , rue   . N°   , le jour qu'il désirera lui voir choisir pour le tracé des ouvrages autorisés ; il l'avisera, le moment venu, de l'achèvement de ces ouvrages.

ARTICLE 6.

Les droits des tiers sont et demeurent expressément réservés.

ARTICLE 7.

La présente autorisation sera périmée s'il n'en est pas fait usage dans le délai d'une année à compter du jour de sa notification au permissionnaire.

ARTICLE 8.

Ampliation du présent arrêté sera adressée :
1° Au maire de la commune d   , chargé de le notifier au permissionnaire ;

[1] A supprimer, si les conduites en fonte prévues à l'alinéa précédent doivent s'étendre jusqu'aux limites de l'emprise du chemin de fer.

[2] A supprimer, si les câbles armés de la traversée doivent se raccorder avec des conducteurs aériens.

[3] Le consentement de l'Administration exploitante ou de la Compagnie concessionnaire du chemin de fer à cette fixation devra toujours avoir été demandé et obtenu avant la signature de l'arrêté préfectoral.

2° A l'Ingénieur en chef du Contrôle de la Voie et du Bâtiment du réseau
chargé de le notifier $\left\{\begin{array}{l}\text{à l'Administration des chemins de fer de l'État}\\ \text{à la Compagnie d}\end{array}\right.$
et d'en assurer l'exécution.

      Fait à   , le

           Le Préfet d

Vu pour être joint à notre instruction en date de ce jour.

      Paris, le 1er février 1907.

                               Le ministre des Travaux publics,
                              des Postes et des Télégraphes,

                                    LOUIS BARTHOU.

ANNEXE N° 2 A L'INSTRUCTION DU 1er FÉVRIER 1907

DÉPARTEMENT

d ....

RENSEIGNEMENTS

joints à la demande de traversée de la ligne de chemin de fer d . . . .
à ...., par des conducteurs d'énergie électrique destinés à . . . .
....
présentée par M. ....
demeurant à ....

LIGNE OU RÉSEAU ÉLECTRIQUE

d (a) ....à........ ....

LIGNES DE CHEMINS DE FER traversées.	POINTS KILOMÉTRIQUES des dites lignes de chemins de fer.

(a) Indiquer les points extrêmes du réseau électrique et son appellation spéciale s'il en a une.

DEMANDE	RÉPONSE

I. — DISPOSITIONS GÉNÉRALES DES TRAVERSÉES

Les traversées demandées sont-elles projetées :

    Sur un passage supérieur ;
    Sous un passage inférieur ;
    Sur un passage à niveau ;
    En pleine voie ;
    Dans les gares et stations de.............. ?

Motifs du choix des points de traversée.

Dans les deux derniers cas (traversée en
pleine voie ou dans une gare ou station), indiquer les distances des traversées projetées :

Au passage supérieur le plus proche ;
    —   inférieur   —
    —   à niveau   —

Indiquer la largeur de l'emprise du chemin
de fer entre clôture au point de traversée.

Dans le cas des traversées à niveau indiquer la situation, dans ou hors cette emprise,
des supports des dites traversées.

II. — RENSEIGNEMENTS SUR LA TRAVERSÉE AU POINT DE VUE DES CONDITIONS ÉLECTRIQUES

Nature du courant circulant dans les conducteurs :

Continu
Alternatif   ....phasé
à.............. périodes........ par seconde.

Nombre de conducteurs.

Section de chaque conducteur en millimètres
carrés.

Disposition des conducteurs les uns par rapport aux autres.

Intensité maximum efficace (b) traversant
les conducteurs.

Différence maximum de potentiel efficace
(c) entre les conducteurs.

Différence maximum de potentiel efficace :

    sur le réseau ;
    à l'usine.

(b) Dans le cas de courants alternatifs, les valeurs efficaces sont celles qui sont lues sur les appareils de mesure.

(c) Ce coefficient doit être égal au moins à 10 (art. 17 de l'instruction ministérielle du
1er février 1907).

DEMANDE	RÉPONSE
Densité maximum de courant dans les conducteurs.	
Emplacement et distance des appareils de sécurité les plus proches de la traversée ;	

| | EN AMONT | | EN AVAL | |
| | DE LA TRAVERSÉE | | | |
	Emplacement.	Distance de la traversée.	Emplacement.	Distance de la traversée
Interrupteurs.				
Disjoncteurs ou coupe-circuit				
Parafoudres				

III. — DÉTAILS TECHNIQUES DE LA TRAVERSÉE

A. — CANALISATIONS AÉRIENNES (d)

Aa. — *Supports constituant la traversée (e).*	
Nombre total des supports dans l'emprise du chemin de fer.	
Distance des supports entre lesquels a lieu la traversée.	
Largeur de l'emprise entre clôtures.	
Hauteur des supports (au-dessus du sol. (au-dessous du sol.	
Disposition et calcul de ces supports (f).	A fournir dans une note spéciale.
Dimensions et calculs de stabilité du massif (béton ou maçonnerie) servant de fondation aux supports.	
Nature des matériaux constituant les supports ou entrant dans leur constitution.	

(d) Voir l'instruction ministérielle du 1er février 1907. Les conducteurs aériens sont nus (art. 14).

(e) Indiquer leur nature.

(f) Dans les circonstances les plus défavorables données par l'une des deux hypothèses suivantes (art. 17 de l'instruction ministérielle du 1er février 1907) :

1° Température minimum de la région (couche de verglas de 5 millimètres d'épaisseur recouvrant toute l'installation), vent produisant une pression de 30 kilogrammes par mètre carré et rupture complète des fils sur l'une des attaches.

2° Température moyenne de la région, vent produisant une pression de 150 kilogrammes par mètre carré et rupture complète des fils sur l'une des attaches.

DEMANDE	RÉPONSE
Résistances minima des matériaux (g).	
Fatigue maximum des matériaux dans les pylônes, résultat des calculs fournis.	
Coefficient de sécurité ou rapport entre la résistance minimum à la rupture par traction et la fatigue maximum (h).	
Ab. — *Autres supports placés dans l'enceinte du chemin de fer* (i).	
Nombre.	
Nature.	
Disposition et calcul de ces supports (f).	A fournir dans une note spéciale.
Fatigue maximum (f).	
Coefficient de sécurité (h).	
Ac. — *Conducteurs électriques* (i).	
Distance minimum au-dessus ou au-dessous de la voie ferrée.	
Distance verticale aux fils télégraphiques ou téléphoniques ou de signaux.	
Nature du métal.	
Résistance maximum de rupture à la traction.	
Résistivité maximum à 15°.	
Fatigue maximum (k).	
Coefficient de sécurité (l).	
Dispositif de sécurité employé pour le cas de rupture (m) des conducteurs.	

(g) Pour les métaux, indiquer la dimension des éprouvettes, l'allongement proportionnel avant rupture par traction, etc... ; d'une manière générale, préciser les conditions de l'essai de résistance.

(h) Ce coefficient doit être égal au moins à 10 (art. 17 de l'instruction ministérielle du 1er février 1907).

(i) Indiquer leur nature.

(j) Voir l'instruction ministérielle du 1er février 1907.

(k) Dans les circonstances les plus défavorables données par l'une des deux hypothèses suivantes (art. 17 de l'instruction ministérielle du 1er février 1907) :
1° Température minimum de la région (couche de verglas de 5 millimètres d'épaisseur recouvrant les fils ou câbles, vent produisant sur leur section diamétrale une pression de 18 kilogrammes par mètre carré ;
2° Température moyenne de la région et vent produisant sur leur section diamétrale une pression de 90 kilogrammes par mètre carré.

(l) Ce coefficient doit être égal au moins à 10 (art. 17 de l'instruction ministérielle du 1er février 1907).

(m) En principe, les conducteurs électriques, quelle que soit la différence de potentiel, seront nus et la sécurité sera obtenue d'une part par la valeur élevée du coefficient de sécurité de toute l'installation et, d'autre part, par des étriers de garde. Par conséquent, on peut se dispenser en général de prévoir l'emploi de filets satisfaisant aux conditions de l'article 15 pour retenir les conducteurs en cas de rupture. Mais si les conducteurs d'énergie projetés doivent

DEMANDE	RÉPONSE
Des fils télégraphiques ou téléphoniques ou de signaux.	
Ad. — *Isolateurs.*	
Nature.	Simple cloche, double cloche, triple cloche (*j*).
Disposition.	A fournir dans une note spéciale.
Mode de fixation sur les pylônes avec calculs à l'appui.	
Fatigue maximum des ferrures (*n*).	
Coefficient de sécurité.	

B. — CANALISATIONS SOUTERRAINES (*o*)

Nombre de conducteurs.
Nature du métal des conducteurs.
Résistivité maximum à 15°.
Nature des isolants.
Epaisseur de la couche de plomb.
Epaisseur de la couche protectrice intermédiaire.
Epaisseur de l'armature métallique.
Nature et épaisseur de la couverture extérieure.
Valeur de l'isolement minimum en service de la canalisation constituant la traversée (*p*).
Dispositions prises pour le raccordement entre les canalisations souterraine et aérienne *n*).

IV. — CONTRÔLE

Moyens mis par le permissionnaire à la disposition du service de contrôle pour lui permettre de faire toutes les vérifications intéressant l'application du règlement, notamment :

1° Mesure de la différence maximum de potentiel efficace entre les conducteurs ;

2° Mesure de l'isolement dans le tronçon de canalisation constituant la traversée.

croiser quelques canalisations électriques préexistantes, l'arrêté préfectoral d'autorisation prescrira toutes dispositions utiles pour la protection de ladite canalisation (article 16 de l'instruction ministérielle du 1er février 1907).

(*n*) Voir le renvoi (*f*, p. 315.

(*o*) Voir les articles 16 et 18 de l'instruction ministérielle du 1er février 1907. Ces canalisations seront constituées par des câbles isolés, dits armés, c'est-à-dire que la traversée ne comportera qu'un câble unique, renfermant tous les conducteurs isolés et à l'abri d'une armature métallique faisant corps avec les conducteurs.

(*p*) La valeur de cet isolement exprimé en *ohms*, ne doit pas être inférieure à $5U^2$, U étant la différence maximum de potentiel efficace sur le réseau de distribution.

Je fournis ci-dessous, ainsi qu'il est demandé plus haut, la disposition et le calcul des pylônes métalliques, des autres supports, des isolateurs, de leurs attaches, des boucles de garde, des filets de protection contre la chute des fils télégraphiques ou téléphoniques ou de signaux, etc.

A (Lieu)   , le (date)

(*Signature*).

Vu pour être joint à notre Instruction en date de ce jour.

Paris, le 1er février 1907.

Le ministre des Travaux publics,
des Postes et des Télégraphes,
Louis Barthou.

54. — Circulaire du ministre de la Guerre relative aux conditions de l'installation, sur les terrains ou les bâtiments militaires, de supports pour conducteurs d'énergie électrique.

*Directions du Génie, de l'Artillerie et des Poudres et Salpêtres ;
Bureau du Matériel du Génie.*

Paris, le 14 mai 1909.

Les autorisations pour l'installation de supports de conducteurs électriques sur les terrains ou les bâtiments militaires seront, à l'avenir, accordées sous la forme de concessions temporaires de jouissance précaires et révocables, avec redevance et sans limitation de durée.

Les conditions de la concession seront nécessairement variables suivant les circonstances ; néanmoins, la rédaction de l'acte d'autorisation devra se rapprocher du modèle ci-après et en contenir toutes les prescriptions essentielles.

Avant d'obtenir l'autorisation de commencer les travaux, les concessionnaires devront justifier qu'il se sont bien conformés à toutes les prescriptions de la loi du 15 juin 1906 sur les distributions d'énergie, du décret du 17 octobre 1907 organisant le service du contrôle de ces distributions, de la circulaire n° 7 du 18 octobre 1907 du ministre des Travaux publics, des Postes et des Télégraphes, sur le même sujet (*B. O., P. R.*, année 1908, p. 1893 et *Journal officiel* du 26 octobre 1907) et du décret du 3 avril 1908 fixant les mesures nécessaires à l'exécution de la loi du 15 juin 1906 (*Journal officiel* du 7 avril 1908).

Enfin, le taux de la redevance annuelle devra être fixé, suivant le cas, conformément aux tarifs établis à l'article 1er ou à l'article 2 du décret du 17 octobre 1907 portant fixation des redevances prévues par la loi du 15 juin 1906 pour l'occupation du domaine public par les entreprises d'énergie (*Journal officiel* du 26 octobre 1907).

MODÈLE

ART.

Les travaux d'installation seront exécutés sous la surveillance du service de l'artillerie (ou du génie ou des poudres et salpêtres, suivant le cas) et après entente avec ce service. Ils ne devront, après leur achèvement, apporter aucune modification dans l'aspect général et la forme du terrain ou des ouvrages militaires.

ART.

Les installations devront remplir toutes les conditions techniques imposées par l'arrêté du 21 mars 1908 [1] du ministre des Travaux publics, des Postes et des Télégraphes, relatif à l'établissement des conducteurs d'énergie électrique (*Journal officiel* du 22 mars 1908).

[1] Remplacé par l'arrêté du 21 mars 1910.

Art.

Le concessionnaire sera entièrement responsable envers l'État et envers les tiers de tous dommages qui pourraient résulter des travaux d'installation ou de réparation ainsi que du fonctionnement des lignes projetées, et de tous accidents à provenir du fait du passage sur le terrain et les bâtiments militaires des conducteurs d'énergie électrique.

Art.

Le concessionnaire s'engage à interrompre momentanément et sans indemnité, sur simple réquisition de l'autorité militaire motivée par les besoins du service, le courant passant sur ses lignes dans l'emprise du terrain militaire.

Art.

L'administration de la guerre se réserve le droit d'effectuer toutes modifications à l'état des lieux sur lesquels seront installées les lignes faisant l'objet de la concession. L'enlèvement ou le déplacement de ces lignes, ainsi que la remise des lieux en leur état primitif, devront alors être exécutés, aux frais du concessionnaire et sur les indications du service de l'artillerie, du génie ou des poudres et salpêtres, suivant le cas, dans un délai de trois mois après que notification lui en aura été faite.

En outre, dans le cas où les supports à installer ou les lignes elles-mêmes seraient une cause quelconque de danger pour les bâtiments ou le personnel militaires, le courant devra être coupé à première réquisition, les supports enlevés dans les vingt-quatre heures et les lieux remis en l'état dans le plus bref délai, le tout aux frais du concessionnaire.

La remise des lieux en leur état primitif devra de même être exécutée, aux frais du concessionnaire et dans un délai de trois mois, au cas où il enlèverait de son propre gré les installations qui font l'objet de la présente concession.

VII

APPLICATION DE LA LOI DU 15 JUIN 1906
ET DES RÈGLEMENTS ANNEXES

55. — Résumé de diverses décisions ministérielles prises sur des affaires de distributions d'énergie électrique depuis le 15 juin 1906 jusqu'au 31 décembre 1909 [1].

ARRÊTÉ TECHNIQUE DU 21 MARS 1910 (Application de l'— aux distributions antérieures à la loi du 15 juin 1906).

L'arrêté technique du 21 mars 1910 constitue un acte de gouvernement, édictant des mesures dans l'intérêt de la sécurité publique. Il abroge tous les actes antérieurs de même nature et possède, en vertu d'une jurisprudence constante, un effet rétroactif. Toutes les distributions existantes ou à créer doivent satisfaire aux prescriptions qu'il édicte et il n'est pas besoin à cet effet d'un arrêté spécial. L'article 39 permet d'ailleurs d'autoriser, sur la demande des intéressés, pour les distributions existantes, les dérogations qui paraîtraient sans inconvénient pour la sécurité publique.

ARRÊTÉ TECHNIQUE DU 21 MARS 1910, ART. 20 (Dérogation à l'—).

Quand, dans une ville, il existe une distribution publique d'énergie électrique et qu'un industriel peut facilement être relié à cette distribution, il n'y a pas lieu de l'autoriser, par dérogation à l'article 20 de l'arrêté technique du 21 mars 1910, à se relier à un réseau de tramways au moyen d'un fil nu, enfoui dans le sol et branché sur le rail de roulement formant conducteur, et de s'exposer ainsi à augmenter les courants vagabonds et les risques d'électrolyse.

ARRÊTÉ TECHNIQUE DU 21 MARS 1910 (Interprétation de l'article 37 de l'—).

Si l'article 37 de l'arrêté technique du 21 mars 1910 interdit d'employer la terre comme partie du circuit d'une distribution, il ne prohibe pas la mise à la terre d'un point du réseau dans les distributions à plusieurs fils. Mais si, par suite de vice d'installation, dans une distribution à 3 fils, le fil neutre est à la terre en plusieurs points, cette situation est défectueuse et il doit y être remédié.

ARRÊTÉ TECHNIQUE DU 21 MARS 1910 (Interprétation de l'— art. 12. § 2).

Voir TRANSFORMATEUR.

---

[1] Ce résumé n'est présenté que sous réserve des modifications qu'une expérience plus prolongée conduirait à apporter aux règles aujourd'hui admises.

APPONTEMENT (Établissement par permission de voirie d'une canalisation électrique sur un —. Redevances).

Quand une canalisation électrique est établie sur un appontement, régulièrement autorisé sur le domaine public maritime ou fluvial, doit être perçue pour cette canalisation la redevance fixée par l'article 2 du décret du 17 octobre 1907 (Redevances).

Cette taxation spéciale est indépendante de la redevance à percevoir pour l'occupation du domaine public par l'appontement.

CANALISATION AÉRIENNE (Conditions techniques d'établissement d'une — sur le domaine public fluvial).

Quand une canalisation aérienne électrique emprunte le domaine public fluvial, son installation doit satisfaire en particulier aux conditions techniques suivantes :

a. Les poteaux et pylônes, longeant la rivière ou fleuve, doivent être placés de manière à laisser entre eux et la crête de la berge une largeur suffisante avec un minimum de 3ᵐ,25 pour le halage des bateaux ainsi que pour la manœuvre et l'entretien des appareils et ouvrages.

b. Sur les points où les massifs qui les supportent descendent à un niveau inférieur à celui des plus hautes crues, ces massifs doivent être construits dans des fouilles blindées entièrement remplies en béton ou en maçonnerie et être à l'abri des affouillements.

c. La hauteur libre à réserver au-dessus des plus hautes eaux navigables doit être fixée dans chaque cas suivant la nature des bateaux fréquentant la rivière ou fleuve et le mode de navigation, conformément à l'article 22 de l'arrêté technique du 21 mars 1910.

d. Dans les traversées, les conducteurs aériens et leurs supports doivent satisfaire aux prescriptions de l'article 23 du même arrêté, et il peut n'être pas établi de filets, étant entendu que le coefficient de sécurité de l'installation dans la traversée sera au moins égal à 5 (art. 23, § 1).

e. Sur les dépendances du domaine public et le long de la rivière ou fleuve, l'installation de la canalisation aérienne doit offrir un coefficient de sécurité au moins égal à 3 (art. 23, § 2) et, dans ces conditions, il peut n'être pas établi de filets.

f. Au cas où le pétitionnaire désirerait établir des filets dans les parties indiquées aux paragraphes *d* et *e*, même avec les coefficients 5 et 3, il peut être autorisé à le faire, étant entendu que ces filets seront posés sur poteaux spéciaux et que leur installation présentera les mêmes coefficients de sécurité 5 et 3.

CANALISATIONS AÉRIENNES (Redevances applicables aux —).

Voir REDEVANCES.

CAUTIONNEMENT (Obligation et fixation du — dans les concessions communales).

Par application de l'article 31 du cahier des charges type annexé au décret du 17 mai 1908, le cautionnement est obligatoire dans les communes de 1 000 habitants et au-dessus. Il peut d'ailleurs être fixé, pour les petites communes, à un taux modéré tenant compte des divers intérêts en présence. Il appartient aux parties contractantes (aidées et conseillées au besoin par le service de contrôle) d'en estimer le montant d'après la valeur technique et financière de l'entreprise et les autres garanties qu'offre le contrat.

Il faut avoir principalement en vue dans cette détermination que le cautionnement doit permettre de satisfaire aux amendes et aux mesures à prendre, aux frais du concessionnaire, en cas d'interruption ou de cessation de l'exploitation, comme l'indique l'article 31, § 2, du cahier des charges.

Si l'on remarque, d'ailleurs, que le cautionnement doit être (art. 31, § 4) reconstitué au fur et à mesure que des prélèvements y sont opérés, il convient de se garder de toute exagération de nature à gêner l'entreprise à ses débuts.

CHEMINS DE FER (Distribution d'énergie électrique établie par une compagnie de —. Frais de contrôle).

Voir CONTRÔLE (Frais de —).

CONCESSIONS ANTÉRIEURES A LA LOI DU 15 JUIN 1906 (Modification des clauses d'une —).

Toute modification apportée après le 15 juin 1906, à un contrat de concession antérieure à la loi du 15 juin 1906, doit être établie en conformité des prescriptions de cette loi.

CONCESSIONS accordées entre le 15 juin 1906 et le 17 mai 1908.

Une concession de distribution accordée par une commune postérieurement au 15 juin 1906 (date de la loi), mais antérieurement au 17 mai 1908, est valable quand bien même le cahier des charges de cette concession ne serait pas conforme au cahier des charges type du 17 mai 1908, mais à la condition qu'il ne renferme aucune clause contraire à la loi et que l'octroi de la concession ait reçu une publicité suffisante, pouvant être considérée comme équivalente à l'enquête prévue par la loi.

Toutefois, la commune aurait intérêt à remplacer, d'accord avec le concessionnaire, ce cahier des charges par un autre conforme au cahier des charges type. Elle peut être, en effet, appelée à donner une concession ultérieure, par exemple, de force motrice. Or, un cahier des charges différent du cahier des charges type ne manquerait pas de lui créer alors d'assez graves difficultés en ce qui touche l'application de l'article 8 de la loi sur les distributions d'énergie aux termes duquel « aucune concession ne peut faire obstacle à ce qu'il soit accordé des permissions de voirie — ou une concession à une entreprise concurrente, sous réserve que celle-ci n'aura pas de conditions plus avantageuses ».

CONCESSION (Avantage pour le public du régime de la — sur le régime de la permission de voirie).

Voir PERMISSION DE VOIRIE (Établissement d'une distribution communale par —).

CONCESSION COMMUNALE. — Redevances.

Est contraire aux prescriptions de la loi du 15 juin 1906 un traité de concession de distribution d'énergie électrique, passé par une commune postérieurement à la loi, dans lequel les redevances ne sont pas conformes aux prescriptions du décret du 17 octobre 1907 (redevances). Ne peuvent être invoquées pour passer outre à l'application du décret du 17 octobre 1907, les difficultés qui en résulteraient pour la ville avec d'autres entrepreneurs de distributions concédées antérieurement à la loi du 15 juin 1906.

CONCESSION (Nécessité de l'enquête pour une demande de —).

L'enquête, prévue par les articles 6 de la loi du 15 juin 1906 et 15 du décret du 3 avril 1908, pour une demande de concession de distribution d'énergie électrique, est une formalité essentielle qu'on ne peut supprimer et le fait pour un conseil municipal de décider qu'il n'y a pas lieu de procéder à cette enquête doit être considéré comme équivalent à un refus de la concession.

Un conseil municipal interprète donc mal l'article 15 du décret du 3 avril 1908 en accueillant, d'une part, une demande en concession et en décidant, d'autre part, qu'il n'y a pas lieu de la soumettre à l'enquête.

CONCESSIONS COMMUNALES (Obligation du cautionnement dans les —).

Voir CAUTIONNEMENT.

CONCESSIONS COMMUNALES (Fixation du montant du cautionnement dans les —).

Voir CAUTIONNEMENT.

CONCESSIONNAIRE ANTÉRIEUR A LA LOI DU 15 JUIN 1906 (Remplacement d'un —).

Quand il existe dans une commune une concession de distribution antérieure à la loi du 15 juin 1906, un nouveau concessionnaire peut être substitué à l'ancien, à la condition qu'il accepte les clauses du cahier des charges de la concession existante ou des clauses plus favorables pour la commune ou les particuliers, mais ne contenant, bien entendu, rien de contraire à la loi de 1906 et aux règlements annexes.

Toutefois, si le nouveau concessionnaire exige de nouvelles clauses, ne satisfaisant pas à la condition qui vient d'être indiquée, il y a, non pas cession de concession, mais octroi d'une nouvelle concession qui est soumise aux dispositions de la loi de 1906 et aux clauses du cahier des charges type du 17 mai 1908, toute dérogation au type devant être approuvée par décret rendu au Conseil d'Etat.

En conséquence, dans ce dernier cas, doit être refusée par le préfet l'approbation d'une délibération du conseil municipal qui vote la substitution du nouveau concessionnaire à l'ancien. En outre, le préfet doit rappeler au maire de la commune que la municipalité ne peut accorder la nouvelle concession, conformément à la procédure régie par le décret du

3 avril 1908, qu'après avoir mis un terme anticipé à la concession existante en usant des droits qu'elle détient en vertu du cahier des charges
existant.

CONCESSIONS DE DISTRIBUTION D'ÉNERGIE ÉLECTRIQUE ANTÉRIEURES A LA LOI
DU 15 JUIN 1906 (Modifications aux traités de —).

Si, postérieurement aux décrets qui ont approuvé les cahiers des charges
types visés par l'article 6 de la loi du 15 juin 1906, des modifications sont
proposées aux traités de concession de distribution d'énergie électrique
antérieurs à la loi du 15 juin 1906, elles ne peuvent, en *principe* (article 7),
être approuvées que par un décret délibéré en Conseil d'État.

Il ne pourrait être fait d'exception que s'il résultait nettement de l'instruction :

1° Que les modifications envisagées portent sur les points secondaires ;

2° Que les dispositions nouvelles ne dérogent ni à la loi, ni aux règlements
d'administration publique.

CONCESSION de gaz avec autorisation de fourniture d'énergie élec-trique (Prolongation d'une —).

Quand une municipalité désire modifier le contrat de concession d'une
compagnie de gaz et y adjoindre une distribution d'énergie électrique, il y
a deux manières de procéder. savoir :

Ou bien remplacer le contrat existant par un autre, comprenant, en ce
qui concerne la distribution d'énergie électrique, un cahier des charges
conforme au type du 17 mai 1908 avec convention annexe, renfermant,
s'il y a lieu, des clauses spéciales n'existant pas au cahier type, par
exemple en ce qui concerne la règlementation de l'éclairage des bâtiments
publics ;

Ou bien remanier le contrat existant et le mettre simplement en harmo-
nie avec les prescriptions de la loi du 15 juin 1906 et des règlements
annexes.

Dans le premier cas, la concession modifiée peut être simplement
approuvée par le préfet ; dans le second cas, il est nécessaire de soumettre
le dossier au ministre des Travaux publics et au Conseil d'État ; la concession modifiée ne peut alors être approuvée que par décret, délibéré en
Conseil d'État.

CONCESSION nouvelle de distribution d'énergie électrique à accorder dans une commune où il existe une concession antérieure au 15 juin 1906. — Articles 8 et 9 de la loi du 15 juin 1906.

Quand il existe dans une commune une concession de distribution d'énergie électrique antérieure à la loi du 15 juin 1906, cette concession doit, en
vertu de l'article 26 de la loi, être maintenue jusqu'à son expiration.

Si une concession nouvelle y est demandée, il y a lieu de faire application de la loi du 15 juin 1906 et des règlements annexes, en particulier
des articles 8 et 9 qui s'appliquent d'ailleurs exclusivement aux concessions nouvelles. Il appartient toutefois au pouvoir concédant : d'une part,
d'avoir égard aux contrats antérieurs dans les clauses des nouvelles con-

cessions qui ne sont pas imposées par les articles 8 et 9 de la loi : d'autre part, de faire, dans tous les cas, réserve des droits que le concessionnaire préexistant peut tirer de son contrat antérieur.

CONCESSION de distribution d'énergie électrique accordée par une commune sous forme d'entreprise générale. — Illégalité d'un privilège général de distribution.

Constitue une véritable concession communale de distribution d'énergie électrique, le traité passé entre une ville et une société, pour la fourniture par cette dernière à la ville, pendant 30 ans, de l'énergie électrique à distribuer par la ville.

Doit être considérée comme illégale la clause par laquelle la ville s'engage à n'accorder pendant la durée de cette convention à aucun particulier ou société l'autorisation de distribuer l'énergie électrique concurremment avec elle sur le territoire de la commune. La situation ainsi créée est en désaccord avec la loi du 15 juin 1906, notamment dans son article 8, et elle peut amener dans l'avenir des difficultés, aussi bien pour la ville que pour la société, au cas où un demandeur en permission ou en concession provoquerait l'annulation de cette partie du traité comme entachée d'illégalité, sauf en ce qui concerne l'éclairage.

CONTROLE DES CONCESSIONS COMMUNALES de distribution d'énergie électrique, antérieures à la loi du 15 juin 1906.

Les concessions communales de distribution d'énergie électrique, antérieures à la loi du 15 juin 1906, sont soumises au contrôle des municipalités, lorsque ces concessions sont de la compétence des communes en vertu de la loi du 15 juin 1906, et au contrôle exclusif de l'Etat dans les autres cas.

CONTROLE des distributions.

Le contrôle d'une distribution d'énergie électrique, établie par permission de voirie, sur des voies qui ne sont pas exclusivement vicinales et urbaines, appartient à l'Etat. Le permissionnaire est tenu de fournir au service du contrôle le relevé des canalisations empruntant le domaine public départemental et communal aussi bien que le domaine national.

CONTROLE (Frais de —).

Voir CHEMINS DE FER, etc.

CONTROLE (Obligation de supporter les frais de —).

Le contrôle des distributions d'énergie électrique constitue une garantie de la sécurité publique, instituée par l'article 16 de la loi du 15 juin 1906. Ce contrôle est obligatoire et les frais correspondants constituent une taxe nouvelle immédiatement applicable à l'industrie électrique, aussi bien pour les distributions antérieures que pour les distributions postérieures à la loi du 15 juin 1906, quel qu'en soit le régime.

Contrôle (Frais de —).

Quand une compagnie de chemins de fer établit pour son service une distribution d'énergie électrique, sans que les canalisations sortent du domaine public du chemin de fer, elle ne doit pas être assujettie au paiement des frais de contrôle établis par la loi du 15 juin 1906 (décret du 17 octobre 1907 — article 8 — Contrôle).

Contrôle (Point de départ des frais de —).

Il y a lieu de prendre comme point de départ de la taxation des frais de contrôle, suivant les cas :

a. — La date du décret de concession pour le réseau initial, tel qu'il est défini dans l'acte de concession ;

b. — La date de présentation des projets pour les canalisations complémentaires qui feront l'objet de projets ultérieurs ;

c. — La date du préavis, prévu par l'article 35 du décret du 3 avril 1908 pour les lignes secondaires qui ne font pas l'objet de projets, par application de l'article 35 du décret du 3 avril 1908 :

d. — La date du commencement des travaux, si ce commencement a irrégulièrement précédé soit la concession, soit l'envoi du projet, soit le préavis, par suite de circonstances exceptionnelles.

Contrôle (Nature du service de —).

Quand une concession communale de distribution d'énergie électrique traverse une ligne de chemin de fer d'intérêt général et est située pour toutes ses autres parties sur le domaine public national ou le domaine public communal, le contrôle de la distribution entière doit être fait par la commune, étant entendu que le service du contrôle du chemin de fer doit surveiller la partie de la canalisation traversant la voie ferrée, en s'adressant, en cas de besoin, au service du contrôle de la distribution électrique, par application de l'article 17 de la loi du 15 juin 1906.

Contrôle (Tarif à appliquer aux frais de —).

Le tarif à appliquer à chaque ligne de distribution pour les frais de contrôle à recouvrer est déterminé par le régime d'autorisation de la ligne dans les conditions fixées par la circulaire du 18 octobre 1907 et par l'arrêté du 30 mars 1908.

Courant monophasé haute tension (Traction par —).

Voir TRACTION ÉLECTRIQUE PAR COURANT MONOPHASÉ HAUTE TENSION.

Décret du 3 avril 1908 (Interprétation de l'article 35 du — et en particulier des mots « lignes secondaires »[1] de cet article).

Les « lignes secondaires », visées par l'article 35 du décret du 3 avril 1908, sont celles « ayant pour unique objet de relier un immeuble

---

[1] Le législateur du décret du 3 avril 1908 a employé le mot « secondaire » dans le sens commun de « offrant une faible importance » ; il peut en résulter des confusions avec le sens de cette expression dans le langage employé en matière d'électricité, celui de « lignes secondaires » opposé aux lignes primaires ». Il importe de prévenir cette erreur.

à une canalisation existant sur ou sous la voie publique ». Toutefois, dans la pratique, quand un concessionnaire aura eu le soin de soumettre à l'avance les projets d'exécution aux services intéressés et se sera mis avec eux d'accord officieusement avant l'exécution, il y a lieu d'appliquer libéralement l'article 35. La circulaire du 3 août 1908 porte : « Une distribution est un organisme en voie constante de transformation ; il importe que les formalités administratives ne retardent pas sa croissance normale quand la sécurité n'est pas en jeu ». En conformité des termes de cette circulaire, « les ouvrages secondaires nécessaires pour assurer le développement de l'exploitation » pourront être considérés comme rentrant dans la catégorie des ouvrages visés à l'article 35 toutes les fois que le service du contrôle sera fondé à penser qu'il ne se produira pas d'opposition.

Cette interprétation favorable à l'industrie est particulièrement justifiée dans le cas des canalisations en câbles armés qui offrent des garanties particulières au point de vue de la sécurité publique.

Au surplus, tout service public peut exercer le droit de réquisition (art. 17 de la loi du 15 juin 1906) pour prévenir ou faire cesser toute perturbation nuisible à son propre fonctionnement.

Décret du 17 octobre 1907 (Redevances).

Voir Redevances autres que celles du décret du 17 octobre 1907 (Illégalité de —).

Voir Lignes de transport (redevances applicables aux —).

Distributions antérieures à la loi du 15 juin 1906.

Voir Arrêté technique du 21 mars 1910.

Distribution établie sous le régime de l'arrêté du 15 septembre 1893. — Infractions.

Quand une distribution est établie sous le régime de l'arrêté du 15 septembre 1893, aujourd'hui abrogé, et que des infractions sont commises aux prescriptions de cet arrêté, il y a lieu de se reporter à l'arrêté technique du 21 mars 1910 et de ne retenir que les infractions qui subsistent par application de ce dernier.

Il n'y a pas lieu, en particulier, de retenir les infractions relatives aux traversées des conducteurs souterrains, aux conducteurs sous trottoirs et aux conducteurs aériens sur façades, les prescriptions y relatives ne figurant pas dans l'arrêté du 21 mars 1910.

Distribution à tension supérieure à 30.000 volts. (Communication des projets définitifs au Ministre).

Les projets, que la circulaire ministérielle du 21 juillet 1908 (avant dernier alinéa) invite les préfets à communiquer au ministre, avant de statuer, pour les distributions dont la tension de régime dépasse 30.000 volts, sont les projets définitifs. Cette interprétation est confirmée par la circulaire autographiée du 24 juillet 1909 (page 4).

La transmission de ces projets peut être faite au ministre soit directement par les ingénieurs en chef du contrôle, soit par les préfets.

Comme le recommande la circulaire du 3 août 1908, il y a lieu de conseiller aux demandeurs de fournir les projets définitifs en même temps que les demandes de permission de voirie, de manière que l'instruction technique et l'instruction administrative de l'affaire puissent être poursuivies parallèlement. Le service du contrôle procède alors conformément aux règles tracées par les articles 5, 31, 32 et 33 du décret du 3 avril 1908 et ce n'est qu'après la transmission du dossier à l'Administration supérieure qu'il sera statué à la fois sur la permission de voirie et sur les projets.

Cet aboutissement à une seule décision d'ensemble aurait l'avantage de faire disparaître toute éventualité de divergence entre les représentants de l'Administration supérieure (préfets et ingénieurs en chef) dans les départements ; car les préfets ne seraient plus exposés à accorder — avant de savoir si quelque obstacle d'ordre technique s'y oppose — des permissions de voirie que la non approbation ultérieure des projets définitifs rendrait inutilisables pour les bénéficiaires.

DOMAINE PUBLIC FLUVIAL (Conditions techniques d'établissement d'une canalisation aérienne sur le —).

Voir CANALISATIONS AÉRIENNES (Conditions techniques d'établissement d'une — sur le domaine public fluvial).

DOMAINE PUBLIC non affecté à la circulation. (Exécution des travaux d'une distribution d'énergie sur le —).

Dans le cas d'emprunt du domaine public non affecté à la circulation, par une distribution d'énergie électrique, s'il est nécessaire de demander, avant l'autorisation, l'avis du ministre des Travaux publics, par application de l'article 8 du décret du 3 avril 1908, par contre, la délivrance de l'autorisation de l'exécution des travaux appartient à l'ingénieur en chef du contrôle, en vertu de l'article 34 du décret du 3 avril 1908. Cette autorisation doit être donnée en la forme prescrite par l'annexe n° 4 de la circulaire du 25 octobre 1908.

ECLAIRAGE accessoire des locaux où est utilisée la force motrice.

Quand un usinier reçoit du dehors la force motrice sous forme de courant électrique transporté par une canalisation régulièrement autorisée, il peut utiliser le courant à l'éclairage accessoire des locaux dans lesquels l'énergie est utilisée comme force motrice, et cela même dans une commune où il existe une concession de gaz avec privilège.

Cet éclairage accessoire est assimilé par la loi même du 15 juin 1906, article 8, § 2, à l'utilisation de la force motrice et, par conséquent, ne fait pas partie du privilège concédé à la compagnie du gaz. Mais il ne doit s'entendre que des locaux où l'énergie électrique est utilisée, à l'exclusion des autres parties des bâtiments comme, par exemple, les bureaux, cours, magasins, etc...

ECLAIRAGE ÉLECTRIQUE (Etablissement de l'— dans une commune).

L'établissement d'une distribution communale d'éclairage électrique, même sur une route nationale, est une affaire d'ordre essentiellement communal. et il appartient au Conseil municipal de décider de la suite à donner à la demande.

ÉCLAIRAGE (Branchement sur une ligne de tramway d'une canalisation pour l' —).

Quand une canalisation électrique, branchée sur une ligne de tramways électriques, est destinée à l'éclairage, l'instruction de la demande doit comporter :

1° La consultation du service du contrôle des tramways pour savoir si l'emprunt d'énergie n'est pas nuisible à l'exploitation du tramway et, en cas d'affirmative, pour que cet emprunt soit fait régulièrement :

2° La consultation du Conseil municipal, par application de l'article 4 du décret du 3 avril 1908.

Cette instruction doit être faite par les soins de l'ingénieur en chef du contrôle des distributions d'énergie électrique.

EMPRUNT LONGITUDINAL D'UN CANAL par une distribution d'énergie électrique.

Dans la section où une canalisation aérienne d'une distribution d'énergie électrique emprunte longitudinalement le domaine public d'un canal, le coefficient de sécurité de l'installation doit être égal à 3 (art. 23 de l'arrêté technique du 21 mars 1908).

ENTREPRISES CONCURRENTES (art. 8 de la loi du 15 juin 1906).

Voir Loi du 15 juin 1906 (article 8).

ENQUÊTE (Nécessité de l' — pour une demande en concession).

Voir CONCESSION (Nécessité de l'enquête pour une demande de —).

FILETS (Emploi justifié des — sous les fils télégraphiques ou téléphoniques, placés au-dessus des conducteurs d'énergie électrique).

Si l'emploi des filets sous des conducteurs d'énergie électrique n'est pas justifié d'une manière générale, vu les avantages et la facilité qu'il y a à établir, sans avoir recours aux dits filets, l'installation des conducteurs dans d'excellentes conditions de solidité, cet emploi peut être justifié lorsque des fils télégraphiques ou téléphoniques sont placés au-dessus des conducteurs. Dans ce cas, l'emploi d'un filet au-dessus des conducteurs peut être justifié s'il est difficile de prendre les dispositions nécessaires pour prévenir d'une manière certaine la rupture des fils télégraphiques ou téléphoniques.

FILETS (Non nécessité de l'installation de —).

Dans l'établissement d'une distribution d'énergie électrique, même de seconde catégorie, la pose de filets à la traversée des voies publiques, et en particulier au débouché des chemins transversaux, n'est pas prescrite par l'arrêté technique du 21 mars 1910. Cette pose de filets ne paraît pas devoir être imposée, l'observation des règles prescrites par l'arrêté technique du 21 mars 1910 suffisant à sauvegarder la sécurité publique.

FILETS (Emploi des — pour la traversée des fleuves et rivières).

Voir CANALISATION AÉRIENNE (Conditions techniques d'établissement d'une — sur le domaine public fluvial).

FILET TRANSVERSAL DE PROTECTION.

Voir TRAVERSÉE DE CHEMIN DE FER par des conducteurs électriques.

FORCE MOTRICE (Distribution de — avec privilège exclusif).

Est contraire à loi du 15 juin 1906 sur les distributions d'énergie la clause d'un cahier des charges par laquelle un concessionnaire jouirait d'un privilège exclusif pour l'exploitation de la force motrice.

FOURNITURE GRATUITE d'énergie électrique à une commune (Légalité de la —).

Voir SUBVENTION à payer à une commune par un concessionnaire (Illégalité d'une —).

LIGNE DE TRANSPORT (Établissement par permission de voirie d'une — à 45.000 volts triphasés).

Les supports avec sommets d'angle doivent être en matière incombustible, être encastrés dans des massifs de béton ou de maçonnerie et satisfaire aux conditions de résistance prescrites par l'article 6 de l'arrêté technique du 21 mars 1910.

Dans les régions montagneuses, particulièrement exposées au vent et aux intempéries de l'hiver, il y a lieu de faire attacher les conducteurs sur tous les isolateurs.

LIGNES DE TRANSPORT (Redevance applicable aux —).

Le tarif simple de l'art. 1er du décret du 17 octobre 1907 (redevances) est applicable à toute la longueur des lignes de transport alimentant des services publics assurés ou concédés par l'État, les départements ou les communes, et, en particulier, à la partie de ces lignes de transport qui ne font que traverser, sans distribuer l'énergie, des communes autres que celles où fonctionnent ces services publics assurés ou concédés par l'État, les départements ou les communes.

LIGNES SECONDAIRES (Interprétation de l'article 35 du décret du 3 avril 1908 et en particulier des mots — de cet article).

Voir DÉCRET DU 3 AVRIL 1908 (Interprétation de l'art. 35 du —).

LOI DU 15 JUIN 1906 (Distributions antérieures à la —).

Voir ARRÊTÉ TECHNIQUE.

LOI DU 15 JUIN 1906 (Application de la —, art. 8, § 2).

Voir ÉCLAIRAGE ACCESSOIRE.

LOI DU 15 JUIN 1906 (art. 8). Entreprises concurrentes. — Réserve que l'entreprise concurrente n'aura pas de conditions plus avantageuses. — Interprétation de cette prescription.

Il y a lieu, pour faire l'application du premier alinéa de l'article 8 de la loi du 15 juin 1906, de ne comparer comme entreprises concurrentes que les entreprises de même nature au point de vue administratif, savoir : distribution par permission de voirie, entre elles ; de même pour les distributions par concession.

Si une distribution concurrente par permission de voirie se présente en face d'une concession municipale déjà établie, il y a lieu d'imposer à l'entreprise concurrente des conditions équivalentes à celles imposées au concessionnaire, dans la mesure où ces conditions sont susceptibles d'être communes à une permission de voirie et à une concession municipale.

Loi du 15 juin 1906 (art. 8). (Demande d'établissement par permission de voirie d'une canalisation électrique venant de l'extérieur et allant alimenter un immeuble, appartenant à un tiers, dans une ville qui a accordé une concession d'éclairage avec le privilège prévu par la —).

Quand un entrepreneur demande à établir, par permission de voirie, une canalisation électrique pour alimenter un immeuble, appartenant à un tiers, dans une ville qui a accordé une concession d'éclairage avec le privilège prévu par l'article 8 de la loi du 15 juin 1906, il n'y a lieu de n'accorder la permission demandée que sous les réserves suivantes :

a. La fourniture ainsi faite comportera seulement l'emploi de l'énergie à tous usages autres que l'éclairage ou son emploi accessoire pour l'éclairage des locaux dans lesquels l'énergie sera ainsi utilisée.

b. L'égalité de traitement portera sur les conditions susceptibles d'être communes à la permission de voirie sollicitée et à la concession municipale, notamment sur les redevances perçues en vertu de la loi du 15 juin 1906.

Maire (Refus par le — de permission de voirie).

Lorsque certains maires refusent la délivrance des autorisations qui sont de leur compétence pour les occupations ou traversées de voies publiques par une distribution d'énergie électrique et que cette opposition n'est pas fondée sur des nécessités de viabilité ou un autre motif d'intérêt général, il appartient au préfet de délivrer lui-même l'autorisation par application de l'article 98 de la loi du 5 avril 1884.

Particulier (Demande d'une canalisation électrique traversant la voie publique par un —).

Quand dans une commune a été accordée une concession de distribution d'énergie électrique avec privilège pour l'éclairage, ce privilège ne fait pas obstacle à ce qu'un particulier relie par une canalisation électrique traversant la voie publique deux immeubles qui lui appartiennent, sous la seule réserve que l'énergie électrique empruntant cette canalisation sera d'une part fournie par une usine appartenant en propre à ce particulier et, d'autre part, consommée exclusivement par lui, sans vente ni cession à des tiers.

Cette énergie électrique peut ainsi être employée à tous usages, et non point restreinte à la force motrice et à l'éclairage accessoire des locaux dans lesquels l'énergie est ainsi utilisée.

PERMISSION DE VOIRIE (Établissement par — d'une ligne de transport à 45.000 volts triphasés).

Voir LIGNE DE TRANSPORT (Établissement par permission de voirie d'une — à 45 000 volts triphasés).

PERMISSION DE VOIRIE (Établissement d'une distribution communale par —).

Quand une demande d'établissement de distribution communale est faite sous le régime des permissions de voirie, ce régime n'offrant pas au public les avantages du régime de la concession, notamment au point de vue de la garantie d'un tarif maximum, il convient de demander la justification du régime proposé ; en tout cas, il est nécessaire d'appeler l'attention de la commune sur les garanties qu'offre au public le régime de la concession, par rapport au régime des permissions de voirie.

PERMISSION DE VOIRIE (Établissement par — d'une canalisation électrique sur un appontement. Application des redevances).

Voir APPONTEMENT.

PERMISSION DE VOIRIE (Établissement par — d'une canalisation électrique traversant la voie publique pour relier deux immeubles appartenant au même particulier dans une commune où il existe une concession avec privilège exclusif pour l'éclairage).

Voir PARTICULIER (Demande d'une canalisation électrique traversant la voie publique par un – pour relier deux immeubles lui appartenant dans une commune où il existe une concession avec privilège exclusif pour l'éclairage).

PERMISSION DE VOIRIE (Refus par un maire de —).

Voir MAIRE (Refus par un — de permission de voirie).

PRIVILÈGE EXCLUSIF DE DISTRIBUTION DE FORCE MOTRICE.

Voir FORCE MOTRICE (Distribution de — avec privilège exclusif).

PRIVILÈGE EXCLUSIF POUR L'ÉCLAIRAGE (Demande par un particulier d'une canalisation électrique traversant la voie publique pour relier deux immeubles lui appartenant dans une commune où il existe une concession avec —).

Voir PARTICULIER (Demande par un — d'une canalisation électrique traversant la voie publique).

PRIVILÈGE DE DISTRIBUTION non prévu par la loi du 15 juin 1906 (Illégalité du —).

Est nulle de plein droit et sans valeur légale, la concession, accordée par une commune, dont le cahier des charges renferme une clause contraire à la loi du 15 juin 1906.

Constitue une clause contraire à la loi, celle qui prévoit un privilège de distribution pour le chauffage ou la force motrice, ou les deux.

PRIVILÈGE GÉNÉRAL DE DISTRIBUTION (Illégalité d'un —).

Voir CONCESSION de distribution d'énergie électrique accordée par une commune sous forme d'entreprise générale. Illégalité d'un privilège général de distribution.

REDEVANCES.

Voir APPONTEMENT.

REDEVANCES.

Voir CONCESSION COMMUNALE.

REDEVANCES (Point de départ des —).

Toute occupation du domaine public par des ouvrages de distribution d'énergie électrique survenant au cours d'un trimestre est passible de redevance à payer pour ledit trimestre en cours et, dès lors, les constatations d'existence, en fin de trimestre, servent à établir les redevances pour ce même trimestre (article 4, § 4, du décret du 17 octobre 1907 sur les redevances).

REDEVANCES applicables aux canalisations aériennes.

Le décret du 17 octobre 1907 (redevances) impose une redevance aussi bien aux conducteurs aériens qu'à leurs supports. Une instruction du directeur général de l'Enregistrement, des domaines et du timbre, en date du 15 juin 1908, a prescrit la perception des redevances ainsi établies.

Dans ces conditions, par application de l'article 6 du décret précité, il y a lieu d'imposer à toutes les canalisations aériennes établies avec ou sans point d'appui sur le domaine public par permission de voirie, les redevances fixées par ledit décret, dès l'époque où les conditions fiscales des permissions autorisant les canalisations seront susceptibles d'être revisées, c'est-à-dire, soit à l'expiration de la période fixée pour la revision des redevances, soit, dans le cas où cette période n'est pas précisée dans les arrêtés, à l'expiration de la période maximum de cinq ans, spécifiée dans l'article 4 de l'arrêté interministériel du 3 août 1878 pour la grande voirie nationale, ou du délai qui peut être fixé par l'article 26 de l'arrêté réglementaire du 15 septembre 1893 pour les routes départementales.

Pour le domaine public communal, si les permissions de voirie ne comportent ni conditions, ni délais pour la revision des redevances, la loi du 15 juin 1906 ne modifie en rien la situation créée par les permissions antérieures à cette loi.

REDEVANCES.

Voir LIGNES DE TRANSPORT (Redevances applicables aux —).

REDEVANCES à appliquer pour une distribution d'énergie faite par une compagnie de tramways électriques.

Voir TRAMWAYS ÉLECTRIQUES (Vente d'énergie par une compagnie de —).

Redevances autres que celles du décret du 17 octobre 1907 (Illégalité des —).

Doit être considérée comme nulle la convention passée avec une commune et fixant à 5 francs par pylône et par an la redevance pour implantation de pylônes sur un chemin rural dans une commune de moins de 20.000 habitants, pour une distribution d'énergie électrique, cette clause étant contraire à l'article 5 de la loi et au décret du 17 octobre 1907 (redevances). La nullité de la délibération du conseil municipal, approuvant cette convention, doit être prononcée par le préfet dans les formes indiquées à l'article 65 de la loi du 5 avril 1884.

Régisseur pour l'établissement et l'exploitation d'une distribution publique d'énergie électrique (Traité d'une commune avec un —).

N'est pas en opposition avec la loi du 15 juin 1906 le contrat passé par une commune avec un tiers et le chargeant d'établir et d'exploiter une distribution publique d'énergie électrique dans la commune, étant entendu que cette dernière en assume les charges d'établissement et d'exploitation, en comblant, s'il y a lieu, les insuffisances au moyen de centimes additionnels.

Ce contrat constitue une exploitation en régie et le tiers est un simple régisseur.

Toutefois la clause qui assure à ce tiers ou à ses héritiers le maintien pendant trente ans de cette situation particulière vis-à-vis de la commune est anormale et inadmissible dans un traité qui concerne la rémunération d'une gestion par un régisseur d'un service communal.

La durée du contrat paraît excessive et cet engagement trentenaire semble difficilement compatible avec la situation d'un réseau autorisé par permission de voirie, précaire et révocable dans un intérêt public.

En outre, rien dans le traité ne prévoit l'établissement d'une entreprise concurrente. Or, l'existence d'une distribution municipale ne saurait être un obstacle à l'établissement d'une autre distribution susceptible de vendre l'énergie à un taux très inférieur. Les situations réciproques de la commune et du tiers deviendraient dans ce cas très difficiles.

La meilleure des solutions consiste dans l'octroi d'une concession, conforme au cahier des charges type du 17 mai 1908.

Réquisitions des services intéressés.

Quand un service intéressé estime qu'une distribution d'énergie électrique produit ou risque de produire des perturbations nuisibles, il y a lieu pour ce service d'adresser une réquisition au service de contrôle en la motivant, conformément aux dispositions des articles 47 du décret du 3 avril 1908, 17 de la loi du 15 juin 1906. S'il s'agit d'une concession communale ou d'une distribution établie par la commune même, le service du contrôle doit donner connaissance de cette réquisition au maire de la commune intéressée et prendre les mesures nécessaires pour qu'il soit immédiatement déféré à cette requête (article 17 précité).

Consulté s'il y a désaccord entre le maire et le service intéressé, le ministre des Travaux publics statue définitivement, après avis du Comité d'électricité, par application de l'article 38 (3e alinéa) du décret du 3 avril 1908, sur le vu des propositions du service de contrôle des distributions d'énergie électrique.

SERVICE PUBLIC faisant bénéficier les lignes de transport de l'application du tarif de l'article 1er du décret du 17 octobre 1907 (redevances).

Il y a lieu de faire bénéficier du tarif simple de l'article 1er du décret du 17 octobre 1907 (redevances) les lignes de transport alimentant tout service public, assuré ou concédé par l'État, les départements ou les communes, quelles que soient l'étendue et l'importance de ce service, qu'il s'applique seulement à l'éclairage public ou privé, ou à tous usages autres que l'éclairage public ou privé.

SUBVENTION A PAYER A UNE COMMUNE PAR UN CONCESSIONNAIRE (Illégalité d'une —).

Doit être considérée comme contraire aux dispositions de l'article 9 de la loi du 15 juin 1906 la clause d'un contrat de concession, clause adoptée postérieurement au 15 juin 1906, qui prévoit le versement à la commune par le concessionnaire d'une somme en espèces ou d'une subvention en travaux.

Par contre, est licite la stipulation d'une fourniture gratuite d'énergie électrique à la commune, cette stipulation n'étant qu'une clause de réduction de prix que la loi autorise.

TRACTION ÉLECTRIQUE par courant monophasé haute tension.

Le projet de construction d'une ligne de tramway à traction électrique avec courant monophasé à tension de 6.600 volts (15 périodes) doit être approuvé par le ministre [1].

Les dispositions du projet doivent satisfaire en particulier aux dispositions suivantes de l'arrêté du 21 mars 1910 :

Article 3 (§ 4) (bonne communication des poteaux métalliques avec le sol) :

Article 5 (§ 2b 4 et 6) (hauteur des conducteurs égale au moins à 8 m. à la traversée des voies publiques ; — angle de la traversée au moins égal à 30° ; — dispositif spécial sur les poteaux pour empêcher, autant que possible, d'atteindre les conducteurs ; — dans les traversées et aux appuis d'angle, dispositif de retenue spécial des conducteurs pour le cas où ils viendraient à abandonner l'isolateur ; — inscription réglementaire sur chaque poteau, signalant le danger) ;

Article 31 (§ 3) (prescriptions spéciales pour le croisement des conducteurs et des lignes télégraphiques, téléphoniques et de signaux). La compagnie du tramway doit se conformer à la convention qu'elle a dû conclure avec l'Administration des Postes et Télégraphes, et exécuter, en cas de troubles ultérieurs, les travaux nécessaires dans les conditions prévues par le règlement d'administration publique du 3 avril 1908.

[1] Cette manière de voir a été ratifiée par l'arrêté ministériel du 21 mars 1910 (chap. II, section III, note 1).

Doivent être soumis, en particulier, au service du contrôle des tramways :

a) les calculs justificatifs de la résistance mécanique des conducteurs, fils, supports, ferrures, etc..., dressés conformément à l'article 6 de l'arrêté précité, en vue de faire ressortir le coefficient de sécurité de tous les éléments ;

b) les dessins d'exécution des dispositions prévues pour l'installation sur les voitures de canalisations et appareils à haute tension, afin que le service du contrôle puisse se rendre compte que toutes les précautions ont été prises en vue d'assurer la sécurité des voyageurs et du personnel.

La compagnie doit se soumettre, dans la suite, à toute réglementation nouvelle qui pourrait être édictée pour la traction monophasée à haute tension et, en attendant, elle doit s'engager à ajouter, sur la demande du service du contrôle, tous les dispositifs complémentaires de sécurité dont l'expérience démontrerait l'opportunité, soit sur ses lignes, soit dans les voitures, sauf recours au ministre en cas de désaccord sur l'opportunité de ces mesures.

Ces mesures complémentaires peuvent être, notamment, l'installation d'une mise à la terre automatique des lignes aériennes, l'établissement d'un frotteur de contact entre les châssis des voitures et les rails, l'établissement de plaques de terre, reliées aux rails, un dispositif protecteur ne permettant pas au mécanicien de toucher les appareils de basse tension s'ils venaient à être soumis accidentellement à la haute tension, notamment par défaut de fonctionnement des commutateurs.

Enfin, la ligne aérienne doit être visitée très soigneusement au moins une fois par an, sous la surveillance du service du contrôle.

TRAMWAY ÉLECTRIQUE (Établissement d'un — à courant monophasé haute tension).

Voir TRACTION ÉLECTRIQUE par courant monophasé haute tension.

TRAMWAYS (Compagnie de — faisant distribution d'énergie électrique).

Quand une compagnie de tramways électriques, en sus de son entreprise de transport, fait commerce, en vertu d'une autorisation régulière, de distribution d'énergie électrique, les canalisations électriques de cette compagnie ne donnent lieu à la perception des frais de contrôle, spéciaux à la distribution, que dans le cas où ces canalisations constituent des distributions séparées, alimentant, outre le tramway, des consommateurs particuliers. Dans ce cas, les frais de contrôle sont calculés d'après la longueur de ces canalisations à l'exclusion des branchements et des sections situés sur les terrains particuliers.

TRAMWAYS (Une compagnie de — ne peut se livrer au commerce de l'énergie électrique que sous la réserve d'une décision spéciale du pouvoir concédant).

Si une compagnie de tramways est régulièrement autorisée à faire le commerce d'énergie électrique, elle doit se conformer aux prescriptions de la loi du 15 juin 1906 et ne peut faire cette distribution que soit par permission de voirie, soit par concession.

Distributions d'énergie électrique.   22

Si l'autorisation est donnée par permission de voirie, les canalisations alimentant les abonnés à la fourniture d'énergie électrique doivent payer les redevances prévues par le décret du 17 octobre 1907, depuis l'usine génératrice ou le poste récepteur alimentant le réseau de tramways, jusqu'au branchement de chaque abonné.

Si la distribution est faite dans une commune où il y a déjà une distribution avec privilège d'éclairage (article 8 de la loi du 15 juin 1906), l'autorisation de distribution ne pourra être accordée que pour la vente d'énergie destinée à tous usages autres que l'éclairage et à l'éclairage accessoire des locaux dans lesquels cette énergie est ainsi utilisée.

TRAMWAYS (Compagnie de — qui demande à distribuer et à vendre de l'énergie à des tiers).

Le fait par une compagnie de tramways de fournir l'énergie électrique à des tiers la constitue en entreprise de distribution d'énergie qui se superpose à l'entreprise de traction en vue de laquelle elle a été créée. Cette nouvelle entreprise tombe sous le coup de la loi du 15 juin 1806 et de tous les règlements qui en découlent, notamment des deux décrets du 17 octobre 1907 relatifs aux frais de contrôle et aux redevances.

Par suite, après avoir obtenu l'autorisation de la vente d'énergie à des tiers, qui est donnée soit par décret en Conseil d'État, quand il y a lieu d'autoriser la compagnie de tramways à employer une partie de son capital au commerce de l'énergie électrique, soit par simple décision ministérielle constatant qu'il n'y a pas lieu de s'opposer à cette vente, quand il n'est pas nécessaire d'employer une partie du capital au commerce de l'énergie, la compagnie de tramways doit se pourvoir auprès de l'autorité compétente de l'autorisation nécessaire pour pouvoir utiliser en vue de leur nouvelle destination les artères qu'elle a établies sur le domaine public pour le service propre des tramways, en vertu des actes de concession des dits tramways.

En effet, la compagnie de tramways ne pourra faire de la distribution d'énergie qu'en vertu de permissions de voirie ou de concessions, dans les conditions prévues par l'article 3 de la loi du 15 juin 1906 et dans les formes indiquées par le décret du 3 avril 1908, étant entendu que ces permissions ou concessions donneront lieu à la perception de redevances pour toute la canalisation s'étendant de l'usine aux points de consommation, les parties établies sur des terrains particuliers et les branchements exceptés.

Par application de l'article 8 de la loi du 15 juin 1906, l'autorisation demandée par la compagnie de tramways ne pourra lui être accordée dans les communes où existe déjà une concession d'éclairage avec privilège que sous la réserve qu'il s'agira seulement de l'emploi de l'énergie à tous usages autres que l'éclairage ou de son emploi accessoire pour l'éclairage des locaux dans lesquels l'énergie est ainsi utilisée et qu'il lui sera imposé, notamment en ce qui concerne les redevances pour l'occupation du domaine public, des conditions équivalentes à celles qui sont imposées au concessionnaire préexistant, dans la mesure où ces conditions sont susceptibles d'être communes à une permission de voirie ou à une concession municipale.

En outre, si la compagnie de tramways est simple rétrocessionnaire, le concessionnaire doit être consulté sur la demande et intervenir dans l'instruction, tout particulièrement si le concessionnaire est une commune ou un département.

TRAMWAYS (Distribution d'énergie électrique par une compagnie de —).

Quand le ministre des Travaux publics a déclaré qu'il ne voyait aucune objection au point de vue du service des tramways à ce qu'une compagnie de tramways distribue aux particuliers sans inconvénient pour le service public dont elle a la charge et sans qu'il en résulte la nécessité d'agrandir ses installations, les excédents d'énergie électrique dont elle dispose, il appartient au préfet d'accorder les autorisations sollicitées par permissions de voirie, précaires et révocables.

Ce qui précède s'applique même à une compagnie de tramways qui ne produit pas elle-même l'énergie, mais qui l'achète à une station centrale.

Les autorisations accordées ne peuvent d'ailleurs faire obstacle aux concessions éventuelles de distribution publique d'énergie électrique par les communes traversées.

Les canalisations et ouvrages nécessaires pour assurer cette distribution doivent supporter les redevances fixées par l'article 2 du décret du 17 octobre 1907 (redevances) sur toute leur longueur depuis l'usine centrale ou la sous-station, suivant que l'usine centrale appartient ou n'appartient pas à la compagnie de tramways, jusqu'aux branchements desservant les immeubles particuliers.

TRAMWAYS ÉLECTRIQUES (Emprunt de courant à une ligne de —).

Voir ÉCLAIRAGE.

TRAMWAYS ÉLECTRIQUES (Vente d'énergie par une compagnie de —).

Les fils de trolley d'un tramway électrique, utilisés pour la distribution d'énergie à des particuliers, sont frappés de la redevance, prévue par l'article 2 du décret du 17 octobre 1907 (redevances); il en est de même pour les supports de la ligne.

Si un conducteur a été spécialement posé sur les supports pour assurer le service de la distribution d'énergie, il doit aussi être frappé de la redevance.

TRAMWAY A TRACTION ÉLECTRIQUE (Traversée à niveau d'un chemin de fer d'intérêt général par un —).

Voir TRAVERSÉE A NIVEAU d'un chemin de fer d'intérêt général par un tramway à traction électrique.

TRANSFORMATEUR (Usage d'un poste de — pour dépôt d'outils).

Par application du paragraphe 2 de l'article 12 de l'arrêté technique du 21 mars 1910, il est interdit à un entrepreneur de distribution de laisser des ouvriers déposer des outils dans un poste de transformateur, sans avoir, au préalable, par un garde-corps ou un dispositif équivalent, rendu inaccessible à toute personne autre que celle qui en a la charge, la partie du poste où se trouve le transformateur.

Traversée a niveau d'un chemin de fer d'intérêt général par un tramway à traction électrique.

Quand un tramway à traction électrique traverse à niveau un chemin de fer d'intérêt général, le projet de cette traversée doit fournir toutes indications utiles sur le retour du courant par les rails du tramway au droit de cette traversée, et il appartient au ministre des Travaux publics de statuer sur l'ensemble des dispositions à adopter pour la traversée, notamment sur les dispositions qui concernent l'installation électrique, tant pour l'amenée que pour le retour du courant.

Traversée de chemins de fer par des conducteurs électriques.

Dans une traversée de chemins de fer par des conducteurs d'énergie électrique, il n'est pas nécessaire d'établir un filet transversal sous ces conducteurs, l'application des prescriptions de l'arrêté technique du 21 mars 1910 étant le système qui offre pratiquement le plus de sécurité.

Toutefois, dans le cas où les intéressés sont d'accord pour demander l'établissement de ce filet, l'autorisation peut en être donnée sous la réserve générale que le projet de cette installation soit soumis à l'administration avant exécution et sous les réserves spéciales suivantes :

a) Le filet sera établi sur quatre pylônes métalliques spéciaux :

b) Il sera en forme d'U et devra entourer les conducteurs sur trois côtés ;

c) Il sera disposé de façon à pouvoir être parcouru par un homme pour sa visite et son entretien :

d) Les mailles du filet auront au plus 50 cm., mais ne seront pas assez petites pour risquer de retenir la neige et le verglas ;

e) Un intervalle d'au moins 1 mètre le séparera du point le plus bas des conducteurs électriques ;

f) Au cas où ce filet ne serait pas isolé électriquement, les dimensions des fers seront telles qu'ils ne puissent pas fondre sous l'action d'un contact avec le conducteur électrique ;

g) Le coefficient de sécurité de toute l'installation sera égal à celui qui est prescrit par l'article 25, § 7, de l'arrêté du 21 mars 1910 :

h) Dans le calcul prévu par l'article 25, § 7, de l'arrêté du 21 mars 1910, on supposera que toutes les pièces de l'installation sont recouvertes par une couche de verglas de 5 millimètres d'épaisseur dans l'hypothèse de la température minimum de la région (Article 6, § 1er de l'arrêté du 21 mars 1910) :

i) La visite et l'entretien de ce filet n'auront lieu que dans des conditions fixées par ordre de service de la compagnie de chemins de fer, moyennant toutes les précautions nécessaires pour assurer la sécurité du visiteur ; le courant, en particulier, sera supprimé pendant la visite.

Traversée des fleuves et rivières (Emploi de filets).

Voir Canalisation aérienne (condition technique d'établissement d'une — sur le domaine public fluvial).

Traversée des fleuves et rivières navigables ou flottables par une distribution d'énergie électrique.

A la traversée des fleuves et rivières navigables ou flottables par une distribution d'énergie électrique, la portée des conducteurs doit être aussi réduite que possible.

La hauteur libre sous les conducteurs à la traversée doit être fixée, non au-dessus des eaux moyennes, mais au-dessus des plus hautes eaux navigables ou flottables (article 22, § 1, de l'arrêté du 21 mars 1910).

L'installation de la traversée doit offrir un coefficient de sécurité égal à 5 (article 23 de l'arrêté technique du 21 mars 1910) ; et dans ces conditions il est inutile d'établir un filet de protection. Toutefois, si, pour des raisons particulières, ce filet était établi, il devrait l'être sur des poteaux spéciaux.

Table analytique des décisions ministérielles rendues pour l'application de la loi du 15 juin 1906.

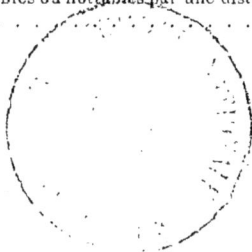

TABLE DES MATIÈRES

348

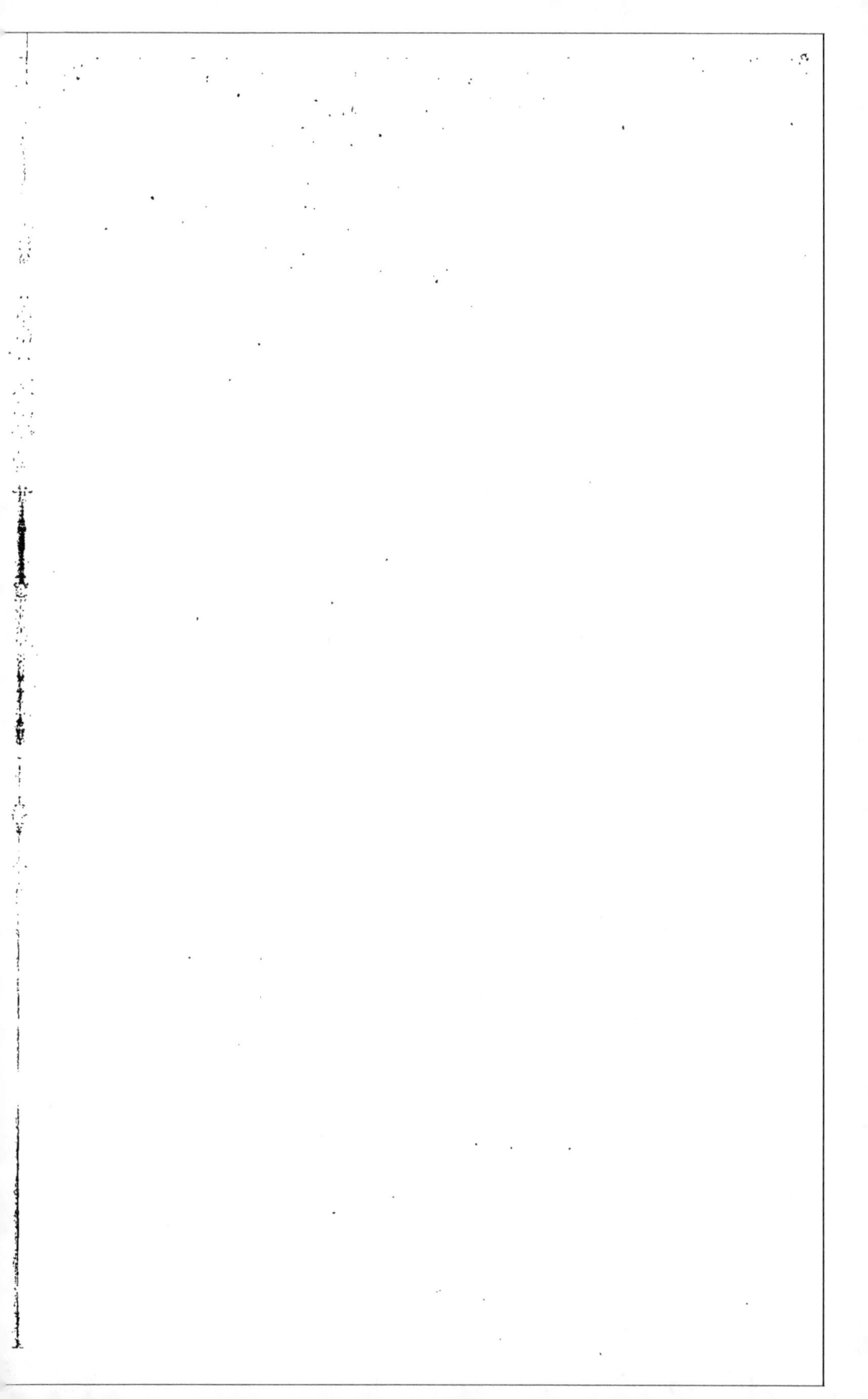

www.ingramcontent.com/pod-product-compliance
Lightning Source LLC
Chambersburg PA
CBHW061126220326
41599CB00024B/4180